KB233180

天王
至寶

새 시대를 위한

禮記 3

天王
至寶

새 시대를 위한

禮記 3

서정기 譯註

KSi 한국학술정보(주)

머리말

어이쿠, 예절은 천리(天理)를 밝혀 만물의 조리질서를 세워서 진리의 세계를 구현하며, 성리(性理)를 밝혀 인간의 심리(心理)체계를 바로잡아 지선(至善)의 인격을 완성하며, 윤리(倫理)를 밝혀 사회의 화합규범을 제정하여 아름다운 풍속을 건설하는 원리이다.

그러므로 성인(聖人)이 예절을 제정함에, 첫째는 태극(太極)의 대통일원리를 본체(本體)로 하며, 하늘과 땅을 만물의 근본으로 하며, 음양(陰陽)을 운동의 발단으로 하며, 4시(四時)를 경영의 시기로 하며, 일시(日時)를 작업의 시간으로 하며, 달[月]을 공적 평가의 기간으로 하며, 귀신(鬼神)을 수호사도(守護使徒)로 하며, 5행(五行)을 본질속성으로 하여 천도(天道)의 공명정대(公明正大)함을 본받아 확연대공(廓然大公)의 자연질서를 구현하였으니 이것이 예절의 근본이넘이다.

둘째는 인간성(人間性)의 지극히 착한 인의예지(仁義禮智)를 본성(本性)으로 하고, 총명예지(聰明睿知)한 지각(知覺)을 인식(認識)의 주체(主體)로 하며, 측은(惻隱), 수오(羞惡), 사양(辭讓), 시비(是非)의 4단(四端)을 양지양능(良知良能)으로 하며, 희로애구애오욕(喜怒哀懼愛惡欲)의 7정(七情)을 삶의 정서(情緒)로 하여 천덕(天德)의 중정화평(中正和平)함을 본받아 거룩하고 신성(神聖)한 인격 주체를 확립하였으니 이것이 예절의 자체 성능이다.

셋째는 천하국가사회의 안녕을 보장하고 억조만민의 융성(隆盛)한 생활터전을 개척하며, 부자(父子), 군신(君臣), 부부(夫婦), 장유(長幼), 붕우(朋友)의 5륜(五倫)을 밝히며, 생로병사(生老病死)에 서로 경조(慶弔)하며, 우주만상이 쾌활하게 하며, 만물을 일체로 사랑하며, 봉린용귀(鳳麟龍龜)가 노는 복지낙원(福祉樂園)의 대동세계(大同世界)를 건설하여 천륜(天倫)의 정체(正體)와 인륜(人倫)의 주체(主體)가 순조롭게 계승 발전토록 하나니 이것이 예절의 역할과 기능이다.

그리하여 예절의 범위는 천계(天界)와 신계(神界)와 인계(人界)와 물계(物界)에 두루 미치지 않는 곳이 없어 그 광대(廣大)함을 다하였고, 예절의 종류는 길례(吉禮), 흉례(凶禮), 빈례(賓禮), 군례(軍禮), 가례(嘉禮)의 5례(五禮)를 갖추었으니 그 미세(微細)함을 다하였다. 주례(周禮) 춘관(春官) 태종백(大宗伯)에 말하기를 길례(吉禮)는 천지신명(天地神明)과 조상신(祖上神)에게 제사 지내는 제례(祭禮)요, 흉례(凶禮)는 초상 치고 장사 지내는 상례(喪禮)요, 빈례(賓禮)는 빈객(賓客)을 대접하는 조근(朝覲), 회동(會同), 사상견례(士相見禮), 빙례(聘禮)요, 군례(軍禮)는 군진(軍陣)의 의례(儀禮)를 갖추는 예절이요, 가례(嘉禮)는 경사스러운 일에 친목하는 사관례(士冠禮), 사혼례(士昏禮), 향음주례(鄉飮酒禮), 향사례(鄉射禮), 대사(大射), 연례(燕禮), 공사대부례(公食大夫禮)라고 하였으니 가정에서 거행하는 관혼상제(冠婚喪祭)를 가례(家禮)라 하며, 사회에서 거행하는 사상견례(士相見禮)와 향음주례(鄉飮酒禮), 향사례(鄉射禮)를 향례(鄉禮)라 하며, 나라에서 거행하는 것을 국례(國禮)라 하며, 천하에서 거행하는 것을 천하례(天下禮)라고 하였다.

일찍이 요(堯) 임금과 순(舜) 임금이 예절과 음악으로 인민을 가르쳐 어진 정치를 베풀어 봉황이 노래하는 태평성대(太平聖代)를 건설하였으니 하(夏)나라의 우(禹) 임금과 은(殷)나라의 탕(湯) 임금 및 주(周)나라의 문왕(文王)과 무왕(武王)이 거듭 이어받아 인정(仁政)을 베풀고 예치(禮治)를 숭상하여 정치적 대통(大統)과 학문적 도통(道統)을 계승하여 인륜도덕을 준수하는 사회제도를 정착시키고, 청렴정직을 숭상하는 정치제도를 수립하고, 예의염치를 지키는 교육제도를 구비하여 소강사회(小康社會)를 통해서 대동세계(大同世界)로 들어가는 길을 활짝 열었다.

이에 주공(周公)이 정한 의례(儀禮)와 주례(周禮)에서는 예절의 등급을 나누어 천자례(天子禮), 제후례(諸侯禮), 대부례(大夫禮), 사례(士禮)로 분류하였으니 모두 자율규범으로 인격의 향상에 따라 더욱 아름다운 규범을 갖추도록 배려한 것이다. 무릇 서민대중은 타율규범인 국법(國法)의 질서를 지키되 향상 발전의 길로 인도하기 위하여 서민례(庶民禮)는 만들지 않고, 가능하면 힘써 사례(士禮)를 거행하게 하였으니 이것은 서민을 낮추지 않고, 모두 선비가 되도록 권장하기 위함이다. 그리고 선비는 초급지식인으로서 하급관료의 신분이고, 또한 나이가 젊은 세대인 까닭에 활달하고 번듯한 생활예절과 인류의 보편적인 의례(儀禮)를 따르게 하니 상례(喪禮)의 5복(五服)을 시마(緦麻)까지 모두 입게 하였다. 따라서 인간은 태어나면서부터 고귀한 사람이 없으므로 관혼(冠昏)은 오로지 사관례(士冠禮), 사혼례(士昏禮)뿐이요, 왕세자관례(王世子冠禮)나 제후혼례(諸侯昏禮)는 아예 없었는데 후세에 전제군주(專制君主)가 속임수로 날조한 것이다.

대부례(大夫禮)는 고급지식을 체득한 군자(君子)로서 고급관료의 신분이고 또한 나이를 먹고 경험이 풍부한 까닭에 가지런하고 엄숙한 생활예절과 사회의 지도자적인 의례(儀禮)를 실천하게 하였다. 따라서 상복(喪服)도 자최(齊衰)까지만 입고 대공(大功) 이하는 면제하였으니 국사(國事)에 전념토록 배려함이며, 특히 향음주례(鄕飮酒禮)와 향사례(鄕射禮)를 거행하도록 하였는바 지역문화발전에 기여할 사명이 있는 까닭이다.

제후례(諸侯禮)는 나라를 지도하는 어진 이로서 위로 천자(天子)를 받들고 아래로 민심(民心)의 공론(公論)에 따라 일백 관료를 거느리고 나라를 다스리는 까닭에 성대하고 훌륭한 생활예절과 나라의 모범적인 의례(儀禮)를 실천하게 하였다. 따라서 상복(喪服)도 3년복(三年服)만 입고 1년복(一年服) 이하는 입지 않도록 하였으니 임금의 직무에 전념토록 배려함이며 특히 연례(燕禮), 제후대사(諸侯大射), 빙례(聘禮), 공사대부례(公食大夫禮), 근례(覲禮)를 부지런히 거행하여 국가문화 발전에 기여하면서 국제교류 협력에 힘쓰도록 하였다.

천자례(天子禮)는 천하를 다스리는 신성(神聖)한 자리에 올라 위로 천명(天命)을 받들고 아래로 억조만민(億兆萬民)을 다스림에 인류의 사표(師表)가 되고 정치의 모범을 보여야 하는 까닭에 그윽하고 거룩한 생활예절과 천하의 모범적인 의례(儀禮)를 실천하게 하였다. 따라서 상복(喪服)도 3년복만 입고 1년복 이하는 입지 않도록 하였으니 천자의 직무에 전념토록 배려함이며, 특히 예악사어서수(禮樂射御書數)의 국민교육을 장려하여 문덕(文德)과 무예(武藝)와 기술(技術)을 진작(振作)하고, 5례(五禮)를 아름답게 다듬어 문명(文明)을 널리 보급하여, 병기(兵器)를 쓰지 않고도 세계평화를 길이 보장하고, 형벌(刑罰)을 쓰지 않고도 사회 안녕을 널리 보장함으로써 상서(祥瑞)로운 기운이 우주에 가득하며 지평천성(地平天成)의 새 시대를 창조하도록 하였다.

공자(孔子)는 춘추(春秋)의 어지러운 시대에 성인(聖人)의 예악정치(禮樂政治)가 무너지고 난신적자(亂臣賊子)가 횡행(橫行)하므로 고례(古禮)를 찾아 세상을 바로잡기 위하여 예절의 대의(大義)를 밝히고 제자들에게 가르쳤으니 제자들이 그 기록을 모아서 예기(禮記)를 편집하였다.

아, 예기(禮記)는 49편이 남아서 2,500년의 긴 세월 동안 전해 오거니와 그 뜻이 깊고 그 말이 간결하여 파악하기 어려운데다가 전제군주(專制君主) 시대에 왕권신성화(王權神聖化) 작업에 함몰한 지성(知性)의 몰락으로 착각 오인한 내용이 적지 않고 또한 어리석은 사람들이 자의적으로 해석까지 하여 그 실체를 발견하기 쉽지 않았다.

이에 내가 평생 동안 쉬지 않고, 세계 속의 한국문화를 연구하여 주역(周易), 춘추(春秋), 시경(詩經), 서경(書經)을 역주(譯註)한 경험을 쌓아 마침내 6년을 집필하여 『새 시대를 위한 예기(禮記)』를 빠짐없이 역주하였으니 예기(禮記)의 대동세계를 건설하는 위대한 가치가 태양처럼 빛나도다.

단기 4343년 1월 17일
동양문화연구소장 대구 서정기 삼가 씀

새 시대를 위한 禮記

차 례

제1권

제2권

일러두기

1. 이 책은 명(明)나라 한림원에서 칙찬(勅纂)한 예기집설대전(禮記集說大全)을 대본으로 하였다.

2. 원문 앞에 고유번호를 넣었는데 앞자리의 수는 편을 나타내고, 가운데 자리의 수는 장을 나타내고, 끝자리의 수는 절을 나타내서 찾아보기 쉽게 했다. 다만 편의 분류는 원전을 따랐고 장절의 분류는 내가 처음 나누었으나 원문의 순서를 그대로 따랐다.

3. 현토(懸吐)와 구두법은 우리나라 민족문화추진회에서 국역연수원의 교재로 영인한 『예기집설대전』에 옛사람이 구결(口訣)로 토를 달아 놓았기 때문에 참고하고 문법에 어긋난 것은 내가 바로잡았다.

4. 원문의 한글번역은 『 』 표기 안에 간명하게 직역하였으며 성인의 말씀이므로 옛 말투를 그대로 살려 두었다.

5. 주해는 ☯ 표를 넣어 역주자의 『새 시대를 위한 예기』임을 밝히고 원칙적으로 한글로만 설명하고 고유명사나 꼭 필요한 곳에만 괄호 속에 한자를 넣어서 한글세대가 알기 쉽게 하였다.

6. 『예기집설대전』의 49편 가운데 대학(大學)과 중용(中庸)은 주자(朱子)가 이미 분리 독립하여 사서(四書)로 표창하였고 예운(禮運)은 내가 역주하여 분리 독립해서 『새 시대를 위한 大學·中庸·禮運』(한국학술정보(주) 刊, 2006)을 단행본으로 출

간하였음을 알린다.

7. 이 책은 먼저 원문을 읽고 경전의 진수를 음미할 수 있도록 한
   글 음을 붙였으니 한자는 뜻에 따라 음이 다른 것이 있으므로
   바르게 읽도록 돕기 위함이고, 또한 한문을 몰라도 쉽게 읽을
   수 있게 함이다.

8. 원문을 존중한다는 뜻에서 원문을 먼저 넣고 번역문을 뒤로 넣
   었으나 한글세대는 번역문과 주해를 먼저 읽고 글의 뜻을 파악
   한 다음에 원문을 읽으면 암기하기 쉬울 것이다.

새 시대를 위한 禮記

제 3 권

란도(鸞刀): 난새의 소리가 나는 방울이 칼의 머리와 중간과 끝에 달려 있어 칼을 쓸 때 상단부와 중간부와 하단부가 모두 같은 소리를 내어 일을 결단하여 착수하고 끝냄을 상징. 민주적인 화합 경영을 하라는 뜻

10. 예기(禮器)

예(禮)는 앞에 예운(禮運) 편 해제에서 이미 해설하였고 기(器)는 그릇이니 길이와 부피와 무게를 재는 도량형기(度量衡器)이다. 예절은 남녀노소와 빈부귀천의 신분과 사물의 장단(長短), 대소(大小), 경중(輕重)의 성격을 파악하여 사회적으로 가장 보편타당한 의례절차를 지켜야 되는 것이다.

그러므로 예절은 그 등급과 종류가 많으니 사람의 신분에 따라 사례(士禮), 대부례(大夫禮), 제후례(諸侯禮), 천자례(天子禮) 등의 등급이 있고 사업의 성격에 따라 가례(嘉禮), 길례(吉禮), 흉례(凶禮), 군례(軍禮), 빈례(賓禮) 등 종류가 있어서 결코 분수를 어기거나 절도를 잃어서는 안 된다. 모름지기 그릇의 용량과 용도가 있듯이 예절도 등급과 종류가 있음을 알아야 한다.

10-1-1 ——————————————— 禮는 器니 是故로 大備하나니
大備는 盛德也라 禮는 釋回하고
增美質이라 措則正하고 施則行하나니
其在人也에 如竹箭之有筠也하며
如松栢之 有心也하니 二者는 居天下之大端矣라
故로 貫四時而不改柯易葉하나니 故로
君子가 有禮면 則外諧而內無怨하나니 故로
物無不懷仁하며 鬼神이 饗德하나니라.

『예절은 그릇이니 이런 까닭으로 크게 갖추나니 크게 갖춤은 성대한 덕이다. 예절은 복잡하고 변화가 많은 것을 해소하고, 아름다운 자질을 더함이라, 가지면 바르고, 베풀면 행하나니 그 사람에게 있음에 마치 대나무와 산죽의 푸른 껍질이 있는 것과 같으며, 마치 소나무와 잣나무에 붉은 중심이 있는 것과 같으니 두 가지 것은 천하에 머물러 사는 큰 근본이다. 그러므로 네 철을 일관하면서 줄기를 고치거나 잎을 바꾸지 아니하나니 그러므로 군자가 예절이 있으면 밖으로 함께하고, 안으로 원망이 없나니 그러므로 만물이 인애심을 그리워하지 않음이 없으며, 귀신이 덕을 흠향하니라.』

　◉ 이 장은 예절의 본질과 형식을 서술하여 그 내용에 따라 담는 형식이 일정불변한 그릇과 같은 것임을 밝혔다.

　기(器)는 길이와 부피와 무게에 따라 용도가 다른 그릇이고 대비(大備)는 자기의 신분에 맞는 관혼상제(冠婚喪祭)의 예절을 모두 갖추는 것이며 성덕(盛德)은 성대한 덕성(德性)이니 훌륭한 인격이다. 석(釋)은 풀어서 해소(解消)하는 것이요, 회(回)는 꾸부러지고 꺾이는 곡절(曲折)이니 복잡하고 변화가 많은 것이며 미질(美質)은 아름다운 자질이다. 조(措)는 가지는 것이니 곧 예절을 지킴이요, 시(施)는 예절을 베풀어 거행하는 것이며 전(箭)은 화살대로 쓰이는 산죽(山竹)이고 균(筠)은 푸르고 질긴 겉대이며 심(心)은 붉고 단단한 속줄기이다. 이자(二者)는 균(筠)과 심(心)이니 균(筠)은 예절의 형식이고 심(心)은 예절의 정신으로 모두 몸을 세우는 힘이며 대단(大端)은 큰 근본이다. 군자가 예절의 분수와 정성을 한결같이 지키면 밖으로 사람들과 더불어 신의를 돈독히 하고 안으로 성실하기 때문에 만물이 그 사랑을 그리워하고 귀신이 그 덕을 흠향(歆饗)하는 것이다.

先王之立禮也가 有本有文하나니
忠信은 禮之本也요 義理는 禮之文也니
無本이면 不立하고 無文이면 不行하나니라.

『선왕이 예절을 정하는 것은 근본이 있고 문채 있나니 진실과 믿음은 예절의 근본이요, 정의와 공리는 예절의 문채이니 근본이 없으면 세우지 못하고, 문채가 없으면 시행하지 못하니라.』

◑ 이 절은 앞 절에 이어 선왕이 예절을 제정함에 반드시 인간의 진실성과 사물의 속성을 예절의 근본정신으로 삼고 사회의 정의와 자연의 공리(公理)를 예절의 아름다운 형식으로 삼았음을 서술하였다.

선왕(先王)은 요·순·우·탕·문무이고 입(立)은 제정하여 시행하는 것이며 본(本)은 내면의 근본정신이요, 문(文)은 외면의 표현형식이다. 충(忠)은 충직(忠直)으로 인간본성을 진실하게 나타냄이고 신(信)은 확신(確信)으로 사물의 이치를 확고하게 믿어 따르는 것이다. 의(義)는 사회정의이고 이(理)는 자연의 공리(公理)이니 곧 보편적이고 합리적인 형식과 절차와 방법이다. 대저 예절이 인성(人性)과 물리(物理)에 어긋나면 어떻게 제정할 것이며 세상에 불의(不義)하고 무리(無理)한 방식이라면 어떻게 시행하겠는가!

禮也者는 合於天時하며 設於地財하며
順於鬼神하며 合於人心하야 理萬物者也라
是故로 天時有生也하며 地理有宜也하며
人官有能也하며 物曲有利也하니 故로 天不生하며

$$地不養이어든 君子不以爲禮하며 鬼神弗饗也하나니$$
$$居山하되 以魚鼈爲禮하고 居澤하되 以鹿豕爲禮를$$
$$君子謂之不知禮라 하니라.$$

『예절이라는 것은 하늘의 때에 합하며, 땅의 재물에 베풀어 갖추며, 귀신에 순응하며, 사람의 마음에 화합하여, 만물을 다스리는 것이다. 이런 까닭으로 하늘의 때는 생산함이 있으며, 땅의 이치는 마땅함이 있으며, 사람의 감각기관은 기능이 있으며, 사물의 세밀한 부분은 이로움이 있나니 그러므로 하늘이 내지 아니하며, 땅이 기르지 아니하거든 군자가 예물이라고 말하지 않으며, 귀신이 흠향하지 않으니 산에서 살되 물고기와 자라로 예물을 삼고, 못에 살되 사슴과 돼지로 예물을 삼은 것을 군자는 일컬어 예절을 알지 못한다고 하니라.』

◉ 이 절은 예절의 자연성에 기초하여 예물(禮物)의 실용성을 기술하였으니 예물은 제철에 그 지역에서 생산한 물건으로 귀신의 뜻에 순응하고 사람의 마음에 합당한 것을 써야 됨을 밝혔다.

설(設)은 베풀어 갖추는 것이고 지재(地財)는 땅에서 생산되는 재물이며 이(理)는 다스려 조리와 문채를 내는 것이다. 지리(地理)는 땅의 형질(形質)이고 인관(人官)은 사람의 감각기관이니 곧 사람의 5관(五官)이며 능(能)은 감각능력이니 곧 시각능력, 청각능력, 취각능력, 미각능력, 촉각능력인데 전배들은 벼슬의 관직으로 오해하여 내가 바로잡았다. 물곡(物曲)은 사물의 세밀한 부분이고 뿌리, 줄기, 가지, 잎, 꽃, 열매, 껍질 등등의 미세한 부분에 각각의 성질과 성능이 있으니 잘 이용하면 유익하게 활용할 수 있는 것이다. 무릇 예물

은 제철에 생산한 새 물건으로 그 지역풍토에 알맞게 전문기능인이
만든 가장 정밀하고 실용성이 있는 것이어야 한다.

10-1-4 ──────────────────────── 故^고로 必擧其定國之數^{필거기정국지수}하야
以爲禮之大經^{이위례지대경}하나니 禮之大倫^{례지대륜}은
以地廣狹^{이지광협}하고 禮之薄厚^{례지박후}는
與年之上下^{여년지상하}하니 是故^{시고}로 年雖大殺^{년수대쇄}하나
衆不匡懼^{중불광구}는 則上之制禮也^{즉상지제례야}가 節矣^{절의}할새이니라.

『그러므로 반드시 그 나라를 획정한 면적 수를 받들어 예절의 대
원칙을 삼나니 예절의 큰 윤리는 땅의 넓고 좁음으로 하고, 예절의
얄팍하고 두터움은 해의 풍년과 흉년에 더불으니 이런 까닭으로 해
가 비록 큰 흉년이라도 서민대중이 겁내고 두려워하지 않음은 곧 임
금이 예법을 세정하는 것이 질도에 알맞기 때문이니라.』

☯ 이 절은 국가예절의 항구적인 대원칙과 현실여건에 따른 예물
의 많고 적음을 기술하였다.

고(故)는 앞 절에서 밝힌 지역의 산물로 예물을 삼는 결과이고 거
(擧)는 받들어 사용함이며 정국(定國)은 국가의 영토로 획정함이요,
수(數)는 면적의 수량이다. 대경(大經)은 대원칙이니 항구적인 기초
이고 대륜(大倫)은 큰 윤리(倫理)로 곧 위대한 화합질서이며, 지광협
(地廣狹)은 천자국, 대국(大國), 차국(次國), 소국(小國), 부용국(附
庸國)의 차등이다.

예지박후(禮之薄厚)는 예물의 적고 많음이요, 여(與)는 비례(比例)함이며 년(年)은 가을에 곡식을 거두어들임이고 상(上)은 평년작 이상의 풍년이며 하(下)는 평년작 이하의 흉년이다. 대쇄(大殺)는 크게 흉년이 들어 소출이 감쇄함이고 광(匡)은 겁내는 것이며 절(節)은 절중(節中)이니 절도에 알맞게 함이다.

모름지기 예물은 나라의 크기와 당해 연도의 소득에 따라 형편에 알맞게 하는 것인즉 서민대중이 예물에 집착하지 않도록 배려한 것이다.

10-2-1 ──────────────────── 禮는 時爲大하니 順이 次之하고
體가 次之하며 宜가 次之하며 稱이 次之하니라.

『예절은 때가 중대하니 정통계승순서가 그 다음이고, 주체가 그 다음이며, 의당한 의식이 그 다음이며, 형편에 맞는 재물이 그 다음이니라.』

☯ 이 장은 예절의 5대 요건에 대한 순서를 기술하여 시일(時日)의 적합성과 정통(正統)의 계승과 주체(主體)의 확립은 필수불가결한 요건이고, 의식(儀式)의 타당성과 재물(財物)의 형평성은 필요충분조건임을 밝혔다.

시(時)는 천시(天時)에 따르는 시중(時中)으로 때에 적중하는 것이 가장 중대한 일이요, 순(順)은 현재의 위치상으로 계통을 승계할 순서에 있는 정위(正位)니 곧 정통(正統)의 계승이 두 번째로 중대하며, 체(體)는 행사를 주관할 능력이 있는 주체(主體)의 자립이니

세 번째로 중대하다. 의(宜)는 천하국가에서 예절로 제정하여 보편적으로 준수하는 의당한 의식(儀式)이니 네 번째로 중대하고, 칭(稱)은 있고 없는 형편에 따라 그 현실에 부합하는 재물(財物)의 형평성이니 다섯 번째로 중대한 것이다.

  대저 시일과 정통과 주체는 예절의 필요불가결한 구성요건이고, 의식과 재물은 예절의 필요 충분한 구비조건이다. 그러므로 시기나 시일을 어기면 비례(非禮)요, 정통의 순서를 어기면 무례(無禮)이며, 행사를 주관할 주체능력이 없으면 패례(悖禮)이고, 의식(儀式)의 절도(節度)를 어기면 허례(虛禮)이며, 현실적인 생활의 형편에 맞는 재물을 어기면 실례(失禮)인바 비례와 무례와 패례는 뒤에 재앙이 따르고, 허례와 실례는 당장 복을 받지 못하는 것이므로 그사이에 차별이 있는 것이다.

10-2-2 ──────────────────── 堯가 授舜하며 舜이 授禹하며
湯이 放桀하고 武王이 伐紂함은 時也니
詩에 云匪革其猶라 聿追來孝라 하나니라.

『요 임금이 순 임금에게 왕권을 대행하게 하며, 순 임금이 우 임금에게 왕권을 대행하게 하며, 탕 임금이 걸을 추방하고, 무왕이 주를 정벌함은 때이니 시전에 말하기를 그 하고자 함을 서둘지 않아도 이에 효자처럼 쫓아오도다 하니라.』

  ◐ 이 절은 때가 예절의 가장 중대한 가치임을 기술하였다.

수(授)는 수권행위(授權行爲)로 왕권을 대행하도록 위임하여 주는 것이니 순 임금과 우 임금이 처음에 섭정왕이 되어 왕권을 대행한 것이고, 방(放)은 추방이요, 벌(伐)은 정벌이다. 혁(革)은 급히 서둘러 재촉함이고 유(猶)는 유(猷)와 같으니 꾀하여 도모함이며, 률(聿)은 이에 추(追)는 쫓아옴이다. 시(詩)『서전(書傳)』대아(大雅)의 문왕유성(文王有聲) 편에 있는데 혁(革)은 극(棘)으로, 률(聿)은 휼(遹)로 되어 있고 내용은 문왕이 천도하여 성을 쌓음에 서둘지 않아도 국민이 효자가 부모를 돕듯이와서 협조했다는 뜻이다. 천도(天道)가 운행하는 시간의 흐름은 한순간도 그침이 없어 주기적으로 연월일시가 바뀌면서 사물을 변화시키기 때문에 인간의 생로병사(生老病死)와 국가의 흥망성쇠(興亡盛衰)가 있어 아무도 그 운명을 벗어날 수 없는 까닭에 가장 중대한 천명(天命) 또는 천운(天運)으로 받아들이지 않을 수 없는 것이다. 그러므로 요 임금과 순 임금이 늙어서 내각수반에게 왕권을 대행케 하고 탕 임금과 무왕이 쇠망한 나라를 혁명한 것은 천시(天時)에 순응하는 시대적 사명이다.

10-2-3 ─────────────────────────── 天地之祭와 宗廟之事와
父子之道와 君臣之義는 倫也니라.

『하늘땅의 제사와 종묘의 일과 아버지와 아들의 도리와 임금과 신하의 정의는 윤리이니라.』

◑ 이 절은 정통을 밝히는 윤리의 순서가 예절의 두 번째 가치임

을 기술하였다.

하늘과 땅의 제사는 천통(天統)과 지통(地統)과 인통(人統) 3통(三統)을 계승하여 대통(大統)을 계승한 천자만이 지낼 수 있고, 종묘(宗廟)를 수호하는 일은 종통(宗通)을 계승한 종자(宗子)만이 할 수 있으며 아버지와 아들의 도리는 적통(嫡統)을 이은 적자(嫡子)의 책임이 가장 크고, 임금과 신하의 정의는 전통을 계승한 정부와 국가를 주장하는 것이다. 륜(倫)은 천연의 질서를 밝혀 자연적인 화합을 이룩하는 윤리의 순서인즉 곧 정통(正統)을 계승하는 순서를 밝혀서 화합하는 조리체계이다.

10-2-4 ————————————社稷山川之事와 鬼神之祭는 體也니라.

『사직과 산천의 일과 귀신의 제사는 주체니라.』

☯ 이 절은 주체(主體)를 확립하는 것이 예절의 세 번째 가치임을 기술하였다.

사직(社稷)과 산천의 일은 곧 국가의 정치사업이요, 체(體)는 주체(主體)로 자주 독립하여 경영하고 관리할 수 있는 자체 역량을 가지고 있는 것이다.

무릇 국가는 자체적으로 다스리는 것이고, 제사는 자기 정성으로 지내는 것이므로 만일 주체를 확립하지 못하면 주권이 없는 국가로 전락할 것이며 정성이 없는 제사는 헛제사가 될 뿐이다. 그러므로 국가를 수호하지 못하면 혁명하고, 국민을 보호하지 못하면 반정(反正)

하며, 질병이 있거나 흉년에 기근이 들거나 죄인으로 복역 중에는 제
사를 지내지 않는 것이다.

10-2-5────────────────────── <ruby>喪祭之用<rt>상제지용</rt></ruby>과 <ruby>賓客之交<rt>빈객지교</rt></ruby>는 <ruby>義<rt>의</rt></ruby>也니라.

『상례와 제례의 거행과 손님과 손의 교제는 의당한 의식이니라.』

◑ 이 절은 합당한 의식(儀式)이 예절의 네 번째로 중대한 가치임
을 기술하였다.

용(用)은 시행(施行) 또는 거행하는 것이니 비용이 아니며, 교(交)
는 교제(交際) 또는 사교(社交)이고, 의(義)는 사회정의에 합당한 의
식(儀式)인데 시대적 조류와 지역적 풍토에 따라 마땅한 의례절차가
있는 것이다.

살피건대 상례(喪禮)는 흉례(凶禮)를 쓰고 제례(祭禮)는 길례(吉
禮)를 쓰며 손님과 교제는 빙례(聘禮)를 쓰나니 또한 상례(喪禮)는
죽은 사람의 신분을 쓰고, 제례(祭禮)는 산 사람의 신분을 쓰며, 빙
례(聘禮)는 손님은 손님의 신분을 쓰고 주인은 주인의 신분을 쓰며,
가례(嘉禮)는 선비의 신분 이상으로 당사자의 신분을 쓰되 혼례(昏
禮)에 신부는 신랑의 신분을 쓰며, 군례(軍禮)는 직위를 쓰나니 각각
응당히 지켜야 되는 의리(義理)가 있으므로 때와 장소와 사람에 따
라 분별해야 온전한 예절이 되는 것이다.

고돈이제　　　백관　　개족　　　대뢰이제
羔豚而祭에　百官이　皆足하며　大牢而祭에

불필유여　　　차지위칭야
不必有餘하나니　此之謂稱也요

제후　　　이귀위보
諸侯는　以龜爲寶하며

이규위서　　　가　　불보귀
以圭爲瑞하며　家는　不寶龜하고

불장규　　　불대문　　언유칭야
不藏圭하며　不臺門이　言有稱也니라.

『염소와 돼지를 잡아 제사 지냄에 일백 관리가 모두 만족하며, 큰 황소를 잡아 제사 지냄에 반드시 나머지가 있지 않게 하나니 이것을 일컬어 형평성이라 하는 것이요, 제후는 거북으로 보배를 삼고, 홀로 상서로움을 삼으며, 대부 집은 거북을 보배로 삼지 아니하고, 홀을 소장하지 아니하며, 대문에 누대를 세우지 않음이 형평성이 있다고 말하니라.』

◑ 이 절은 천자와 제후 및 대부의 물질에 대한 형평성을 기술하여 각각 소중한 예물(禮物)이 나름을 밝혔다.

고돈(羔豚)은 염소와 돼지를 제물로 바치는 것이고, 대뢰(大牢)는 큰 황소를 천자(天子)가 희생(犧牲)으로 바치는 것이다. 칭(稱)은 현실에 부합하는 재물의 형평성이며, 귀(龜)는 거북점을 치는 것으로 미래의 길흉(吉凶)을 판단하므로 보배로 삼고, 규(圭)는 신분을 표시하는 홀로 직책을 완성하면 상서로운 까닭에 제후가 여기에서 합당한 물질의 형평성을 찾아야 된다. 가(家)는 대부(大夫)의 집이니 사가(私家)이며 또한 고급관료는 국가와 운명을 같이해야 되기 때문에 거북점을 칠 필요가 없고, 관직을 세습하지 않으므로 홀을 보관할 이유가 없으며, 사사로운 가정이므로 누대를 세울 필요가 없는 것이다.

10-3-1 ──────────────────────────────── 禮有以多爲貴者하니 天子는 七廟요
諸侯는 五요 大夫는 三이요 士는 一이니라.

『예절은 많은 것으로 귀하게 여기는 것이 있나니 천자는 일곱 사
당이요, 제후는 다섯이요, 대부는 셋이요, 선비는 하나이니라.』

◉ 이 장은 예절의 도수(度數)를 기술하였으니 천자와 제후와 대
부와 선비의 신분에 따른 여러 가지 등급 차이를 밝혔는데 이 절에
서는 수량이 많은 것으로 귀중하게 여기는 것을 서술하였다.
　천자7묘(天子七廟)로부터 제후, 대부, 선비의 사당제도는 앞에 5-12
-1에서 이미 해설하였다.

10-3-2 ──────────────────────────── 天子之豆는 二十有六이요
諸公은 十有六이요 諸侯는 十有二요
上大夫는 八이요 下大夫는 六이니라.

『천자의 제기는 26이요, 제공은 16이요, 제후는 12요, 상대부는 8
이요, 하대부는 6이니라.』

◉ 이 절은 신분에 따라 제물(祭物)을 차림에, 제기(祭器)는 많은
것을 고귀하게 여기는 절도를 기술하였다.
　두(豆)는 나무로 만든 제기인데 보개(簠簋)와 조(俎)를 총칭하였
고 이십유륙(二十有六)은 제물의 가짓수인데 앞에 2-12-5～25에서

기술한 제물에 과일과 채소를 더한 것이다. 제공(諸公)은 천자국의 3 공(公)과 공작국(公爵國)의 임금이니 같은 제후의 예절을 씀에도 공작(公爵)과 후작(侯爵) 이하는 차이가 있고 같은 대부례(大夫禮)를 씀에도 상대부와 하대부의 제물은 차이가 있음을 알 것이니 봉록의 차이가 있는 까닭이다.

10-3-3 ——————————————— 諸侯는 七介七牢요 大夫는 五介五牢니라.

『제후는 일곱 부사에게 소 일곱 마리를 하사하고, 대부는 다섯 부사에게 소 다섯 마리를 하사하니라.』

◯ 이 절은 제후국이 천자에게 조빙(朝聘)할 때에 부사(副使)의 수 및 천자의 하사품(下賜品)은 많은 것을 귀하게 여기는 절도를 기술하였다.

7개(七介)는 제후가 천자에게 조회(朝會)할 때에 수행하는 부사(副使)가 7명이라는 뜻이고 7뢰(七牢)는 천자가 조회 온 제후에게 소 7마리를 선물로 하사한다는 말이다. 대부(大夫)의 빙(聘)이므로 2를 감했으니 조(朝)와의 차이를 둔 것이다.

10-3-4 ——————————————— 天子之席은 五重이요
諸侯之席은 三重이요 大夫는 再重이니라.

『천자의 자리는 다섯 겹이요, 제후의 자리는 세 겹이요, 대부는 두 겹이니라.』

◐ 이 절은, 좌석에 까는 자리는 여러 겹으로 하는 것을 고귀하게 여기는 절도를 기술하였다.

5중(五重)은 다섯 겹으로 포개서 까는 것이니 거적자리, 띠자리, 돗자리, 삿자리, 대자리 등을 까는 것이요, 3중(三重)은 세 겹이며 재중(再重)은 두 겹이니 선비의 자리는 한 겹임을 알 수 있다.

10-3-5 ──────────────────── 天子가 崩이어든 七月而葬하되
五重八翣하고 諸侯는 五月而葬하되
三重六翣하고 大夫는 三月而葬하되
再重四翣이니 此는 以多爲貴也라.

『천자가 승하하거든 7개월로 장사 지내되 널은 다섯 겹이며, 상여에 여덟 개의 삽을 세우고, 제후는 5개월로 장사 지내되 널은 세 겹이며, 상여에 여섯 개의 삽을 세우고, 대부는 3개월에 장사 지내되 널은 두 겹이며, 상여에 네 개의 삽을 세우니 이것은 많은 것으로 고귀함을 삼는 것이니라.』

◐ 이 절은 장기(葬期)와 널과 상여의 삽(翣)은 많은 것으로 고귀하게 여기는 절도를 기술하였다.

장기(葬期)에 대한 제도는 앞에 5-11-1에서 이미 해설하였고 5

중(五重)은 천자의 관곽(棺椁)으로 앞에 3-45-1에서 이미 해설하였으며 삽(翣)은 상여의 전면에 불삽(黻翣)을 세워 추진체를 상징하고 뒷면에 운삽(雲翣)을 세워 배기통을 상징하는바 8삽(八翣)은 전면에 불삽이 4개이고 뒷면에 운삽이 4개로 곧 추진동력기관이 4개임을 뜻한다. 따라서 제후의 상여는 추진동력기관이 3개요, 대부는 2개인즉 그만큼 상여의 무게가 가볍기 때문이다.

살피건대 사서인(士庶人)은 대부(大夫)와 같으니 앞에 5-11-1에서도 대부와 같다고 하였으며 많은 것으로 고귀함을 삼는 것은 도덕이 높은 조상의 제사와 공로가 많은 임금의 장례에 관한 예물(禮物)과 어진 신하에 대한 하사품이니 그 뜻이 심오하도다.

10-3-6 ─────── ^{유 이 소 위 귀 자}有以少爲貴者하니 ^{천 자}天子는 ^{무 개}無介하며 ^{제 천}祭天에 ^{특 생}特牲이니라.

『적은 것으로 고귀하게 여기는 것이 있나니 천자는 손님도우미가 없으며, 하늘에 제사 지냄에 어린 송아지를 희생으로 바치느니라.』

◉ 여기에서는 적은 것으로 고귀함을 삼는 것을 기술하였다.

무개(無介)는 손님을 수행하면서 돕는 사람이 없는 것이니 천자는 천하를 다스리는 주체이므로 손님이 될 수 없다는 뜻이며 또한 천자(天子)는 하느님의 아들이므로 어린 송아지를 희생으로 바쳐서 아버지처럼 섬겨야 됨을 밝혔다.

天子가 適諸侯이어든 諸侯가 膳以犢하고
諸侯가 相朝에 灌用鬱鬯하되
無籩豆之薦하며 大夫가 聘禮에는 以脯醢하니라.

『천자가 제후국에 가시거든 제후가 송아지로써 반찬거리를 드리고 제후가 서로 조회함에 울창주로써 강신하되 대나무제기와 나무제기에 올리는 제물이 없으며, 대부가 빙문하는 예절에는 포와 젓갈로만 하니라.』

◕ 여기에서는 아랫사람이나 동류에게 받은 예물은 적은 것으로 귀하게 여기는 절도를 기술하였다.

적(適)은 가는 것이요, 선(膳)은 반찬거리로 드리는 물건이며 독(犢)은 어린 송아지이다. 상조(相朝)는 제후들이 서로 조회함이고 관(灌)은 강신주를 땅에 부어서 적시는 관(祼)이며 용(用)은 이(以)와 같고 울창(鬱鬯)은 향기로운 강신주이다. 변(籩)은 대나무제기로 과일을 담고 두(豆)는 나무제기로 나물이나 적을 담는다.

살피건대 천자는 부강(富强)하고 제후는 약소(弱小)하므로 어진 천자는 제후에게 많이 받을 수 없고, 제후가 서로 조회함에 도덕과 예의를 숭상하고 물질의 풍성함을 추구하지 않으므로 향연(享宴)에 술만 있고 안주가 없으며, 대부는 제후보다 학문과 도덕이 낮으므로 술과 안주가 있지만 그러나 안주는 포와 젓갈에 그치는 것이다. 따라서 신분이 높은 사람으로부터 받은 예물은 많을수록 귀하고 낮은 사람으로부터 받은 예물은 적을수록 귀한 것임을 알아야 된다.

천 자　일 식　제 후　재
天子는 一食이요 諸侯는 再요
대 부 사　삼　식 력　무 수
大夫士는 三이요 食力은 無數라.

『천자는 한 가지 반찬이요, 제후는 두 가지요, 대부와 선비는 세 가지요, 자기의 노력으로 먹는 사람은 수량의 제한이 없느니라.』

◉ 여기에서는 신분에 따라 평상시의 밥상 차리는 절도를 기술하였으니 머리를 쓰는 사람은 적게 먹고 힘을 쓰는 사람은 많이 먹게 하였음을 밝혔다.

일식(一食)은 한 가지의 반찬이니 식(食)은 반찬으로 대개 먹을 만한 고기반찬이나 특별한 요리를 뜻하고 항상 먹는 밥이나 국 그리고 나물이나 간장 등을 말하는 것이 아니다. 천자는 덕이 가장 고결하고 정신이 가장 순결해야 되는 까닭에 정결하게 몸을 간직하고 제후는 활동량이 약간 더 필요하므로 두 가지를 먹으며 대부와 선비는 더욱 활동량이 많으므로 세 가지를 먹게 하였다. 식력(食力)은 자기의 노동력으로 벌어서 먹는 농민과 노동자이고 무수(無數)는 가짓수의 제한이 없는 것이니 강인한 체력이 필요한 사람들은 제한 없이 먹어서 충분한 영양을 공급하게 하였다.

살피건대 앞에 10-3-2에서 보듯이 조상의 신령을 위함에는 신분이 높은 사람이 더욱 많이 차리고 자기의 몸을 위함에는 높은 사람이 더욱 적게 먹으니 전체적으로는 귀천이 균평한 예절이다. 전배들은 전제독재사상에 물들어 이 절의 뜻을 크게 왜곡하여 반찬의 수량으로 해석하지 않고 밥을 먹는 예절로 오역하였기에 내가 바로잡았으니 살피기 바란다.

大路는 繁纓이 一就요
次路는 繁纓이 七就며 圭章은 特이요
琥璜은 爵이며 鬼神之祭는 單席이요
諸侯가 視朝할새 大夫는 特이요
士는 旅之니 此는 以少爲貴也라.

『왕의 큰 수레는 말배대 끈과 굴레가 한 가지 색으로 이루고, 다음 수레는 말배대 끈과 굴레가 일곱 가지 색으로 이루며, 옥홀과 옥구기는 순색이요, 무늬 진 호박과 황옥은 술잔을 만들며, 귀신의 제사에는 홑자리를 깔고 지내며, 제후가 조회를 봄에 대부는 각석이요, 선비는 합석하니 이는 적은 것으로 고귀하게 여기는 것이니라.』

◑ 여기에서는 수레와 도구와 좌석은 단순할수록 고귀한 사례를 기술하였으니 대체로 정신통일을 숭상함에는 단순함을 추구하고 생활문화를 존중함에는 다양함을 추구하였다.

태로(大路)는 태로(大輅)로 천자가 하늘에 제사 지낼 때에 타는 수레이며 반(繁)은 말배대 끈이고 영(纓)은 굴레로 마소를 부릴 때 고삐에 걸쳐 얽어매는 줄이다. 1취(一就)는 한 가지 색깔로 염직(染織)한 것으로 만들어 두르는 것이니 대개 봄에는 청색, 여름에는 붉은색, 가을에는 백색, 겨울에는 검은색으로 한다. 차로(次路)는 차로(次輅)니 천자가 일상적으로 타는 수레이며 7취(七就)는 일곱 가지 색깔로 염직(染織)한 것으로 만들어 두르는 것인데 뒤에 11-1-2에서는 5취라고 하였으며 규(圭)는 옥홀이고 장(璋)은 장찬(璋瓚)이며 특(特)은 순수한 단색이요, 호(琥)는 호박(琥珀)이고 황(璜)은 황색

옥이며 작(爵)은 술잔이니 순수한 단색(單色)으로는 작위의 신표(信標)와 종묘제례에 강신주를 붓는 구기를 만들고 무늬와 색깔이 있는 것으로는 술잔을 만드는 것이다. 대부특(大夫特)에서 대부는 각석(各席)으로 함이고 사여지(士旅之)에서 선비가 여럿이 합석(合席)으로 함이니 이것은 색상이 단순하고 수량이 적을수록 고귀하고 색상이 다양하고 수량이 많을수록 천박하게 여기는 물건이다.

10-3-10

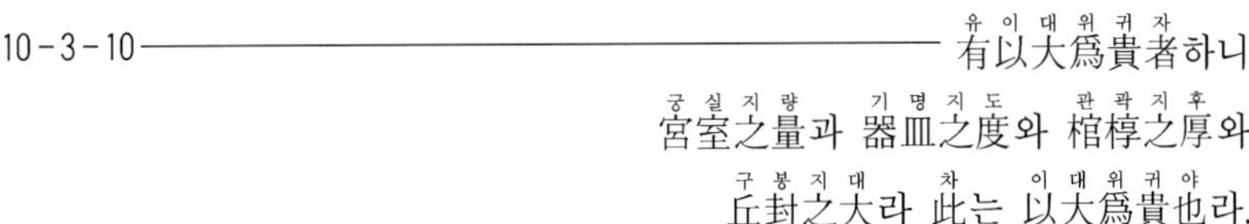

有以大爲貴者하니
宮室之量과 器皿之度와 棺椁之厚와
丘封之大라 此는 以大爲貴也라.

『큰 것으로 고귀하게 여기는 것이 있으니 궁실의 면적과 그릇의 척도와 속널과 겉널의 두께와 묘 둑의 길이니라. 이는 큰 것으로 고귀하게 여기는 것이다.』

◉ 여기에서는 큰 것으로 고귀하게 여기는 물건을 열거하였으니 산 사람의 생활공간과 사용하는 물건 그리고 죽은 사람의 널과 묘지는 클수록 좋음을 밝혔다.
　량(量)은 면적이고 도(度)는 척도이니 깊이와 넓이이며 후(厚)는 두께, 대(大)는 장대(長大)함인즉 곧 길이이다.

有以小爲貴者하니 宗廟之祭에
貴者에는 獻以爵하고 賤者에는
獻以散하며 尊者는 擧觶하고
卑者는 擧角하며 五獻之尊은
門外에는 缶요 門內에는 壺며
君尊은 瓦甒니 此는 以小爲貴也라.

『작은 것으로 고귀하게 여기는 것이 있나니 종묘의 제향에 귀한 사람에게는 제기술잔으로 드리고, 천한 사람에게는 대접술잔으로 드리며, 높은 사람은 향음주례 술잔을 받아 들고, 낮은 사람은 사발 술잔을 받아 들며, 다섯 가지 술을 드리는 술통은 문밖에는 질장군이요, 문 안에는 항아리이며, 임금의 술통은 질그릇으로 만든 독이니 이것은 적은 것으로 고귀함을 삼는 것이니라.』

◉ 여기에서는 종묘제례에 술잔과 술통은 적은 것으로 고귀하게 여기는 절도를 기술하였다.

헌(獻)은 제사를 지내고 음복(飮福)과 여수(旅酬: 여러 젊은이가 어른에게 술을 권함)에 술잔을 드림이요, 작(爵)은 제기술잔이니 한 되를 담고, 산(散)은 옻칠을 한 대접처럼 만든 술잔이니 다섯 되를 담는다. 거(擧)는 받아 들고 마시는 것이고 치(觶)는 3되를 담는 술잔이며 각(角)은 4되를 담는 술잔이다. 5(五)는 다섯 종류의 술이니 앞에 9-2-6에서 살피면 현주(玄酒), 예주(醴酒), 잔(醆酒), 제주(醍酒), 징주(澄酒)요, 준(尊)은 술통이며 부(缶)는 질장군이니 16두(斗)를 담고 호(壺)는 항아리로 10말을 담으며 와무(瓦甒)는 질그릇으로 만든 독이니 5말을 담는다.

　살피건대 향기롭고 순도가 높은 술은 생산량이 적게 하여 존귀하게 쓰고 향기가 적고 순도가 낮은 술은 생산량을 많게 하여 풍족하게 쓰려는 것이니 마음을 씀이 주밀하도다.

10-3-12 ─────────────── 有以高爲貴者하니 天子之堂은 九尺이요
諸侯는 七尺이요 大夫는 五尺이요 士는 三尺이며
天子諸侯는 臺門하나니 此는 以高爲貴也라.

『높은 것으로 고귀하게 여기는 것이 있나니 천자의 집은 9척이요, 제후는 7척이요, 대부는 5척이요, 선비는 3척이며, 천자와 제후는 대문에 누대를 지으니 이것은 높은 것으로 고귀함을 삼는 것이니라.』

　◐ 여기에서는 대청과 대문은 높은 것으로 고귀하게 여기는 절도를 기술하였다.

　당(堂)은 집무실이니 공간이 넓은 대청이며 구척(九尺)은 마당으로부터 마루까지의 높이가 9척이라는 뜻이니 대체로 마당에 축대를 쌓고 계단을 만든 위에를 당(堂)이라고 한다. 사람의 활동공간은 양택(陽宅)이므로 홀수를 숭상하였으며 최하를 3척으로 한 것은 습기와 해충을 방지하기 위함인즉 서민의 집은 선비에 준한다. 대문(臺門)은 누대를 세운 문이니 국가의 공공기관에만 세우고 개인의 집에는 세울 수 없다.

10-3-13 ──────────────────────────── 有以下爲貴者하니 至敬은 不壇하고
掃地而祭하며 天子諸侯之尊은 廢禁하고
大夫士는 棜禁하나니 此는 以下爲貴也라.

『아래로써 고귀하게 여기는 것이 있나니 지극한 공경은 제단을 만들지 않고 땅을 쓸고 제사 지내며, 천자와 제후의 술 단지는 쟁반을 제거하고, 대부와 선비는 소반이나 쟁반을 받치나니 이것은 아래로써 고귀함을 삼는 것이니라.』

☯ 여기에서는 지극히 공경함에는 도리어 낮은 것으로 고귀하게 여기는 절도를 기술하였다.

지경(至敬)은 교제(郊祭)로 황천상제(皇天上帝)를 최고로 숭상하여 공경함이며 불단(不壇)은 흙을 모아서 제단(祭壇)을 만들지 아니함이니 청소만 하고 제사를 지내는 것이다. 금(禁)은 상다리가 있는 직사각형의 상으로 술 단지나 술병을 놓는 받침대요, 어(棜)는 상다리가 없는 직사각형의 소반이니 천자와 제후의 술 단지는 맨바닥에 놓고, 대부는 상다리가 없는 쟁반에 놓고, 선비는 상다리가 있는 소반에 놓는 것이 예절이라는 말이다.

10-3-14 ──────────────────────────── 禮有以文爲貴者하니 天子는 龍袞이요
諸侯는 黼요 大夫는 黻이요
士는 玄衣纁裳이며 天子之冕은
朱綠藻하며 十有二旒요 諸侯는 九요

上大夫는 七이요 下大夫는 五요
士는 三이니 此는 以文爲貴也니라.

『예절은 문채로서 고귀하게 여기는 것이 있으니 천자는 용을 수놓은 곤룡포요, 제후는 도끼를 수놓은 것이요, 대부는 불을 수놓은 것이요, 선비는 검은 옷에 분홍치마로 된 조복이며, 천자의 면류관은 붉고 푸른 무늬로 하며, 열두 술을 드리우고, 제후는 아홉 술이요, 상대부는 일곱 술이요, 하대부는 다섯 술이요, 선비는 세 술이니 이것은 문채로서 고귀함을 삼는 것이다.』

☯ 여기에서는 조복(朝服)과 조관(朝冠)은 문채가 있는 것을 고귀하게 여기는 절도를 기술하였다.

문(文)은 문채이고 용곤(龍袞)은 자유자재한 경영력을 상징하는 쌍룡을 수놓은 임금의 곤룡포로 조회(朝會)할 때에 입는 예복(禮服)이다. 보(黼)는 도끼를 수놓은 제후의 곤의(袞衣)로 결단력을 상징하며 불(黻)은 불(巳)을 수놓은 조복(朝服)이니 추진력을 상징하며 현의훈상(玄衣纁裳)은 위는 검은색이고 아래는 분홍색의 관복(官服)이다. 면(冕)은 면류관이니 조회할 때에 쓰는 예관(禮冠)이며 주록조(朱錄藻)는 붉은색과 푸른색의 마름이 물의 흐름에 따라 아롱지듯이 아름다운 무늬가 있게 한다는 뜻이며 류(旒)는 면류관의 앞면과 뒷면에 작은 옥구슬을 꿰어서 매단 술이니 천자의 면류관은 앞뒤에 각각 12술이고 제후는 9술이며 상대부는 7술이요, 하대부는 5술이며 선비는 3술인즉 술이 많을수록 화려하고 적을수록 단순하다.

有以素爲貴者하니 至敬은 無文하며
父黨에는 無容하며 大圭는 不琢하며
大羹은 不和하며 大路는 素而越席하며
犧尊에는 疏布鼏과 樿杓이니 此는 以素爲貴也니라.

『소박함으로 고귀하게 여기는 것이 있나니 지극히 공경함에는 문채가 없으며, 아버지의 일가에는 용모를 갖춤이 없으며, 천자의 홀은 조각함이 없으며, 큰 제사의 고깃국은 조미료를 넣지 아니하며, 천자가 하늘에 제사 지내러 가는 수레는 소박하고, 부들자리로 하며, 소의 모양으로 만든 술통에는 성긴 베로 만든 덮개와 밋밋한 나무로 만든 구기니 이것은 소박한 것으로 고귀함을 삼는 것이다.』

◉ 여기에서는 지극히 공경하거나 가까운 일가친척에게는 소박한 것으로 고귀함을 삼는 절도를 기술하였다.

지경(至敬)은 천자가 하늘에 제사 지내는 공경심이고 무문(無文)은 장식하여 꾸밈이 없는 그릇을 사용한다는 뜻이며 부당(父黨)은 아버지의 일가겨레요, 용(容)은 용모를 단장하여 갖춤이다. 대규(大圭)는 천자가 의례용으로 허리에 차는 홀이고, 탁(琢)은 조각함이며 대갱(大羹)은 큰 제사에 희생을 삶은 고깃국이요, 화(和)는 조미하여 맛을 냄이며 태로(大路)는 앞에 10-3-9에서 이미 해설하였고 소(素)는 소박한 흰색이며 활석(越席)은 부들로 만든 방석이다. 사준(犧尊)은 소의 형상을 본떠서 만든 술통이니 천자의 종묘제례에서 사용하고 멱(鼏)은 덮개이며 전작(樿杓)은 밋밋한 나무로 구기의 자루를 만들어 술을 떠서 담는 국자처럼 생긴 기구이다.

　예절은 많은 것, 적은 것, 큰 것, 작은 것, 높은 것, 낮은 것, 문채
나는 것, 소박한 것 등 8가지 기준의 등급분류법이 있으니 다양하고
도 섬세하여 아름답기 그지없도다.

10-4-1 ──────────────── 孔子가 曰禮는 不可不省也니
　　　　　　　　　　　　禮는 不同이라 不豊하고
　　　　　　　　不殺함은 此之謂也니 蓋言稱也니라.

『공자가 말씀하시기를 예절은 살피지 않을 수 없는 것이니 예절은
똑같지 않으므로 풍성하게 아니하고, 감쇄하지 아니한다고 함은 이것을
일컬은 것이니 대개 저울처럼 서로 균형을 유지해야 됨을 말하니라.』

　☯ 이 장에서는 앞 장에서 말한 8가지 기준의 등급분류법을 살펴
서 신분에 알맞은 예절을 지켜야 되는 당위성을 기술하였다.
　성(省)은 살피는 것이고 부동(不同)은 천자, 제후, 대부, 선비의 예
절이 같지 않음이며 풍(豊)은 분수를 넘어서 풍성하게 함이요, 쇄(衰)
는 감쇄(減衰)니 신분에 미치지 못하게 축소하는 것이며 칭(稱)은 상
칭(相稱)이니 신분등급과 예절등급이 서로 균형을 유지하는 것이다.

10-4-2 ──────────────── 禮之以多爲貴者는 以其外心者也라
　　　　　　　　　德이 發揚詡萬物하야 大理라 物博이니 如此하면
　　　　　　　則得不以多爲貴乎아 故로 君子는 樂其發也니라.

『예절의 많은 것으로 고귀하게 여기는 것은 그 밖으로 나타난 마음을 쓰는 것이다. 덕이 만물을 두루 떨쳐 일으켜 크게 다스리므로 물건이 많은 것이니 이와 같으면 능히 많은 것으로 고귀함을 삼지 아니하겠는가. 그러므로 군자는 그 떨쳐 일으킴을 좋아하니라.』

◑ 여기에서는 많은 것으로 고귀하게 여기는 것은 밖으로 나타난 마음을 기준으로 등급을 만들었음을 밝혔으니 풍부한 사물의 경영성과를 평가한 것이다.

이기(以其)의 이(以)는 용(用)과 같고 외심(外心)은 밖으로 나타난 마음이며 발양(發揚)은 떨쳐 일으키는 것이요, 허(詡)는 보편적으로 두루 함이다. 대리(大理)는 대치(大治)와 같으니 크게 잘 다스림이며 박(博)은 많음이요, 요(樂)는 좋아하는 것이다. 정치를 잘하여 만물이 풍성하면 당연히 많은 것으로 고귀하게 여겨야 하는 것이다.

10-4-3 ─────────────────

禮^례之^지以^이少^소爲^위貴^귀者^자는 以^이其^기內^내心^심也^야라

德^덕産^산之^지致^치也^야는 精^정微^미하니 觀^관天^천下^하之^지物^물이라도

無^무可^가以^이稱^칭其^기德^덕者^자라 如^여此^차면 則^즉得^득不^불以^이少^소爲^위貴^귀乎^호아

是^시故^고로 君^군子^자는 愼^신其^기獨^독也^야니라.

『예절의 적은 것으로 고귀하게 여기는 것은 그 안에 마음을 쓰는 것이다. 덕이 나오는 극치를 완성함은 정밀하고 은미하니 천하의 물건을 관찰할지라고 그 덕을 비교할 만할 것이 없으므로 이와 같으면 능히 적은 것으로 고귀함을 삼지 아니하겠는가. 이런 까닭으로 군자

는 그 홀로만 아는 곳을 신중히 하니라.』

　　☯ 여기에서는 적은 것으로 고귀하게 여기는 것은 속에 간직한 마음을 기준으로 등급을 만들었음을 밝혔으니 하늘이 준 천성을 완성하여 밝은 도덕심을 간직한 것을 평가한 것이다.

　　내심(內心)은 속마음이고 덕산(德産)은 덕이 나오는 곳이니 곧 천성(天性)과 도심(道心)이며 치(致)는 극치(極致)를 완성함이니 여기에서는 천리(天理), 천도(天道), 천덕(天德), 천명(天命)에 이르러 감이다. 정미(精微)는 형이상(形而上)의 진리로 정밀(精密)하고 은미(隱微)함이요, 칭(稱)은 칭량(稱量)이니 저울질하여 서로 비슷한 것과 비교하여 일컫는 것이며 독(獨)은 마음속에 품고 있는 의사(意思)로 남이 알지 못하는 자기만의 정신이다.

10-4-4 ──────────────────

古之聖人은 內之爲尊하고
外之爲樂하야 少之爲貴하며
多之爲美하니 是故로
先王之制禮也는 不可多也며
不可寡也니 唯其稱也니라.

『옛 성인은 안으로 함을 존중하고, 밖으로 함을 즐거워하여 적게 함을 고귀하게 여기며, 많게 함을 아름답게 여기니 이런 까닭으로 선왕이 제정한 예절은 많이 해도 안 되고, 적게 해도 안 되니 오직 그 저울처럼 서로 균형을 유지해야 하니라.』

◉ 여기에서는 앞 절에 이어 마음과 정신으로 하는 것은 질박할수록 존귀하고 힘과 물질로 하는 것은 풍족할수록 즐겁고 아름다운 것임을 재강조하였다.

내(內)는 속에 마음을 쓰는 정신이요, 외(外)는 밖에 마음을 쓰는 물질이니 정신은 오로지 하나이어야 존귀하고 물질은 자못 풍성하고 많아야 즐겁고 아름다운 것이다.

10-4-5 ──────────────── 是故로 君子가 大牢而祭어든 謂之禮요
匹士가 大牢而祭어든 謂之攘이니라.

『이런 까닭으로 군자가 큰 황소를 잡아서 제사 지내거든 예절이라 이르고, 필부가 큰 황소를 잡아서 제사 지내거든 훔쳤다고 이르느니라.』

◉ 여기에서는 제물(祭物)이 제주(祭主)의 신분에 합당해야만 예절이고 만일 신분에 벗어나면 실례(失禮)임을 기술하였다.

군자(君子)는 대부(大夫) 이상의 벼슬에 있는 사람이고 필사(匹士)는 선비 이하의 신분이니 선비의 예절에는 황소를 잡아서 제물로 바치는 절도가 없다. 양(攘)은 슬그머니 도적질하여 훔치는 것인즉 떳떳한 양심(良心)을 속이는 행위이다.

10-4-6 ──────────────── 管仲이 鏤簋朱紘하며
山節藻梲한대 君子가 以爲濫矣라 하고

『관중이 제기에 조각을 하고, 면류관 끈을 붉은색으로 하며, 기둥
의 머리에 산을 그리고, 동자기둥에 마름을 그린대 군자가 넘쳤다고
말한다고 하고.』

　☯ 여기에서는 관중이 대부(大夫)로서 천자의 예절을 쓰는 허례허
식(虛禮虛飾)을 꾸짖었다.
　관중(管仲)은 제(齊)나라 환공(桓公)의 신하이고, 루개(鏤簋)는
제기에 조각을 함이요, 주굉(朱紘)은 면류관의 양쪽에 매달아 목으로
늘어뜨린 붉은 끈이며, 산절(山節)은 기둥의 상단에 산의 모양을 그
리는 것이고, 조절(藻梲)은 동자기둥에 마름을 그린 것이니 모두 천
자의 예절이다. 람(濫)은 참람(僭濫)이니 제 분수를 지나쳐서 방자스
러움이다.

10-4-7 ──────────────────── 晏平仲이 祀其先人하되
豚肩이 不揜豆하며 澣衣濯冠으로
以朝한대 君子가 以爲隘矣라 하니라.

『안평중이 그 선조를 제사 지내되 돼지고기가 제기를 가리지 아니
하며, 세탁한 의관으로 조회한대, 군자가 옹졸하다고 말하니라.』

　☯ 여기에서는 안평중이 대부(大夫)로서 선비의 예절을 쓰는 결례
(缺禮)를 꾸짖었다.
　안평중(晏平仲)은 제(齊)나라 경공(景公)의 신하로 이름이 영(嬰)

이며, 돈견(豚肩)은 어린 돼지를 잡아서 제물로 담는 것이고, 엄두
(揜豆)는 제기(祭器)의 접시에 가득함이다. 한의탁관(澣衣濯冠)은 세
탁하여 입은 의관인즉 천자와 제후와 공경(公卿)은 조복(朝服)이 낡
으면 버리는 것이요, 세탁하여 입는 예절이 없으며 단지 하대부와 선
비만 세탁하여 입는다.

10-4-8 ──────────────────── 是故로 君子之行禮也는 不可不愼也니
衆之紀也라 紀散而衆亂하니라.

『이런 까닭으로 군자가 예절을 거행함에는 신중하지 않을 수 없나
니 민중의 벼리이므로 벼리가 흩어지면 민중이 어지러우니라.』

◉ 여기에서는 고급관료들의 예절정신은 국가의 기강을 세우는 기
본임을 밝혔다.
중(衆)은 민중이고 기(紀)는 벼리로 기강(紀綱)이 되는 것이니 군
자가 먼저 분수를 지키는 모범을 보여야 민중이 따라서 분수를 지키
는 것이다.

10-5-1 ──────────────────── 孔子가 曰我는 戰則克하고
祭則受福하나니 蓋得其道矣니라.

『공자가 말씀하시기를 나는 전쟁을 하면 이기고, 제사를 지내면

복을 받나니 대개 그 도를 얻음이니라.』

◑ 이 장은 성왕(聖王)이 제정한 예절의 체계가 가장 합리적인 보편적 규범이기 때문에 그 예절을 지키면 반드시 성공을 보장함을 기술하였다.

극(克)은 승리하여 이김이요, 도(道)는 정도(正道)이다. 무릇 예절로써 세 번을 경고하고 군율(軍律)로써 출정하면 사기가 충천할 것이며, 예절로써 처리하여 인도주의(人道主義)를 실현하면 전후처리가 원만하여 먼저 종전(終戰)하는 것이다.

10-5-2 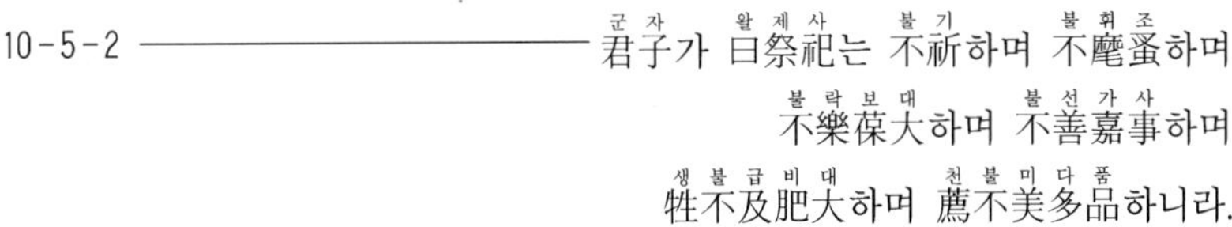

『군자가 말하기를 제사는 기도하지 아니하며, 일찍 지내는 것을 자랑하지 아니하며, 영광이 큰 것을 즐거워하지 아니하며, 경사스러운 일을 기리지 아니하며, 희생이 살찌고 큰 것에 미치지 아니하며, 올림에 많은 물품을 아름답게 여기지 아니하니라.』

◑ 여기에서는 제사예절의 기본 원리를 기술하여 귀신을 섬김에는 예절을 엄수해야 됨을 밝혔다.

기(祈)는 기도하여 소원을 비는 것이며, 휘(麾)는 휘(揮)와 같으니 깃발을 흔들며 자랑함이요, 조(蚤)는 정한 시간보다 일찍 지내는 것이요, 보대(葆大)는 영광이 아주 큰 것이다. 선(善)은 기리는 것이고, 가사(嘉事)는 경사스러운 관례와 혼례의 일이며 천(薦)은 제물을 올리는 것이다.

살피건대 제사는 정결하고 순수한 정성으로 조상을 추모하고 뿌리에 보답하는 예절로 인류가 보편적으로 거행하는 연례행사이기 때문에 거기에 개인적인 염원이나 경쟁심이나 가문의 영광과 자손의 경사 또는 제물 등등의 우월성을 표출하려는 세속적 잡념이 조금이라도 있으면 순수한 정성을 훼손하게 되나니 오로지 한결같은 정성이어야 귀신이 흠향하는 것이다.

10-5-3 ──────────────── 孔子가 曰臧文仲이 安知禮리오
夏父弗綦가 逆祀而弗止也하니라.

『공자가 말씀하시기를 장문중이 어찌 예절을 알리오. 하보불기가 제사의 순서를 뒤바꾸어도 저지하지 아니하니라.』

◐ 여기에서는 왕통과 종통의 중대함을 강조하여 종묘의 제사에 소목(昭穆)의 위패순서를 뒤바꾸면 안 되는 것임을 기술하였다.

장문중(臧文仲)은 노(魯)나라 대부(大夫) 장손진(臧孫辰)이요, 하보불기(夏父弗綦)는 노나라 종백(宗伯)으로 종묘제례를 주관하였다. 역사(逆祀)는 제사의 순서를 뒤바꾸는 것이니 노나라는 장공(莊公)의 뒤를 이어 민공(閔公)이 즉위하였으나 2년 만에 졸하므로 희공(僖公)이 즉위하였는데 희공이 죽고 그 아들 문공(文公)이 즉위하니

희공의 위패를 민공의 위로 올렸다. 그 까닭은 민공은 장공의 적자(嫡子)이지만 희공의 종제(宗弟)요, 희공은 장공의 서자(庶子)이지만 민공의 서형(庶兄)이므로 형을 먼저 제사 지내야 된다는 논리였다. 그러나 이것은 왕통(王統)을 이은 엄연한 역사적 사실을 왜곡하고 적서(嫡庶)의 종통(宗統)을 허무는 무례(無禮)이기 때문에 공자는 『춘추(春秋)』를 편수하면서 문공 2년 8월 정묘(丁卯)에 종묘에 제사 지내면서 희공을 위로 올렸다고 비판하였으니 『새 시대를 위한 춘추(春秋)』를 참고하기 바란다.

10-5-4 —————— 燔柴於奧하나니 夫奧者는 老婦之祭也라
盛於盆하며 尊於瓶이니라.

『제물을 장만하는 부엌에서 나무를 태워 불을 놓으나니 무릇 부엌이라는 것은 늙은 며느리가 제사 지내는 것이므로 제물을 오지그릇에 담고, 술병으로 술통을 하니라.』

◉ 여기에서는 부엌에서 요리할 권리는 여자에게 있으므로 늙은 며느리가 먼저 불을 피우고 간단한 음식과 술로 제사를 지내는 예절을 기술하였다.

번시(燔柴)는 나무를 태워 불을 놓은 것이니 깨끗하고 밝게 하기 위함이고 오(奧)는 찬(爨)과 같으니 음식을 삶고 요리하여 장만하는 부엌이요, 노부(老婦)는 집안의 가장 늙은 며느리로 젊은 며느리를 가르치는 위치에 있는 사람이다. 성(盛)은 담는 것이고 분(盆)은 오

지그릇이며 준(尊)은 술통이요, 병(瓶)은 술병이니 검소 질박한 제물과 약간의 술로 부엌신령에게 탈이 없기를 기원하는 제사임을 뜻하는바 이로써 새로운 음식재료로만 제물을 장만해야 되는 정결하고 정성스러운 책임의식을 부엌 신에게 다짐하는 것이다.

10-5-5 ──────────────────────── 禮也者는 猶體也니 體不備면
君子가 謂之不成人이라 하나니
設之不當이 猶不備也니라
禮는 有大有小하며 有顯有微하니
大者를 不可損하며 小者를 不可益하며
顯者를 不可揜하며 微者를 不可大也니라
故로 經禮三百과 曲禮三千이 其致는 一也니
未有入室而不由戶者하니라.

『예절이라는 것은 신체와 비슷하니 신체가 완비하지 않으면 군자가 일러 완성한 인간이 아니라고 하나니 예절을 베풀어 행함이 합당하지 않음은 신체를 갖추지 못함과 비슷하니라. 예절은 큰 것도 있고, 작은 것도 있으며, 나타내는 것도 있고, 은미한 것도 있으니 큰 것을 덜어서 축소해도 안 되고, 작은 것을 보태서 확대해도 안 되며, 뚜렷한 것을 감추어도 안 되고, 은미한 것을 크게 해도 안 되니라. 그러므로 총체적인 원칙의 예절 300조와 부분적인 항목의 예절 3,000 조항이 그 극치에 이르러서는 하나인 것이니 방으로 들어가면서 문을 말미암지 않은 사람이 있지 아니하니라.』

◑ 여기에서는 성왕(聖王)의 예절을 엄수하여야 완벽하기 때문에 임의로 예절을 변경하면 자가당착에 빠져서 균형을 상실하게 됨을 신체에 비유하여 해설하였다.

체(體)는 신체(身體)이고 불비(不備)는 불구자이며 설(設)은 예절을 베풀어 행함이요, 부당(不當)은 예절에 합당하지 못함이다. 손(損)은 덜어서 축소함이고 익(益)은 보태서 확대함이며 엄(揜)은 감추어 숨김이다. 경례(經禮)는 총제적인 대원칙의 예절이니 관(冠), 혼(昏), 상(喪), 제(祭)와 같이 모든 사람에게 공통으로 쓰이는 기본적인 예절이 300조이다. 곡례(曲禮)는 앞에 곡례(曲禮) 편에서 이미 해설하였으니 신분의 귀천과 가정의 빈부에 따라 천자와 제후와 대부와 선비의 의례절도가 다른 까닭에 3,000조항이나 있는 것이다. 치(致)는 극치에 이르는 것이고 일(一)은 하나이니 오직 하나의 성(誠)으로 일관한다는 뜻이다.

10-5-6 ──────────────── 君子之於禮也에 有所竭情하나니
盡愼하야 致其敬이 而誠若하며
有美而文이 而誠若하니라.

『군자가 예절에 인정을 다하는 바가 있나니 신중함을 다하여 그 공경함의 극치에 이름이 이에 정성스러우며 아름답고도 문채가 있음이 이에 정성스러우니라.』

◑ 여기에서는 군자의 예절이 인정(人情)에 성실한 것임을 기술하

였다.

갈정(竭情)은 인정(人情)을 다함이니 진심을 숨기지 않고 사악함이 없는 것이며 이(而)는 '이에'를 지칭하는 대명사요, 약(若)은 연(然)의 뜻이다. 대저 예절을 행함에 치성(致誠)을 드리면 천지신명(天地神明)이 감응하여 상서로운 복을 내리는 것이다.

10-6-1 ──────────────────────
君子之於禮也에 有直而行也하며
有曲而殺也하며 有經而等也하며
有順而討也하며 有撕而播也하며
有推而進也하며 有放而文也하며
有放而不致也하며 有順而摭也하니라.

『군자는 예절에 감정대로 정직하게 행함이 있으며, 감정을 완곡하게 표현하여 겸손함이 있으며, 떳떳하게 나란히 함이 있으며, 차례대로 찾아서 함이 있으며, 잘라서 옮김이 있으며, 밀어서 나아감이 있으며, 놓아서 문채롭게 함이 있으며, 놓아서 극치에 이르지 않음이 있으며, 차례로 주워서 가짐이 있느니라.』

☯ 이 장은 예절의 성실성은 때와 장소와 사람의 감정과 상황에 따라 다양하게 표출되는 경우를 기술하였다.

직(直)은 직정(直情)이니 숨김없이 감정을 바로 표현함이요, 행(行)은 경행(徑行)이니 지름길로 빨리 가는 것인즉 어버이의 초상에 울면서 달려가는 것이 예절이다. 곡(曲)은 완곡(緩曲)이니 느릿느릿

하면서 곡진함이요, 쇄(殺)는 감쇄(減殺)로 덜어서 줄이는 것인즉 아
버지가 계시고 어머니가 죽으면 1년복으로 줄이는 것이다. 경(經)은
경상(經常)이니 일상적인 떳떳한 마음이고, 등(等)은 균등하게 나란
히 함인즉 주인과 손님의 예절은 평상심으로 나란히 거행하는 것이
다. 순(順)은 순서이고, 토(討)는 찾아내는 것인즉 행사에 차례를 지
키고 순서를 기다리는 것이며, 참(撕)은 잘라서 끊은 것이고 파(播)
는 흩어 버리는 것인즉 행사를 파하면 즉각 정상적인 일상으로 돌아
가는 것이요, 추(推)는 추구(推究)함이요, 진(進)은 진행함인즉 예절
부흥운동을 힘써 추진하는 것이다. 방(放)은 석방(釋放)이니 기분을
풀어 놓는 것이고, 문(文)은 문채인즉 기분을 풀어서 마음껏 아름다
운 문채를 내는 것으로 상여(喪輿)에 용과 봉황을 그리고 불삽과 운
삽을 세우는 것이며, 불치(不致)는 극치에 이르지 않은 것인즉 향음
주례에서 주인과 손님이 세 번 청하고 세 번 사양하는 것으로 그치
는 것이며, 척(撫)은 습득(拾得)이니 순서에 따라 주워서 가지는 것
은 관직의 순시에 따라 해당한 봉록올 받은 것이다.

10-6-2 ─────────────────────^{삼 대 지 례} ^{일 야} ^민 ^{공 유 지}
三代之禮는 一也라 民이 共由之하나니
^{혹 소 혹 청} ^하 ^조 ^은 ^인
或素或靑하되 夏는 造하고 殷은 因하니라.

『3대의 예절은 성실성 하나이므로 인민이 함께 말미암았나니 혹
희거나 혹 푸르거나 하되 하나라는 만들고 은나라는 인습하니라.』

◐ 이 절은 역사적으로 예절의 성실성을 표현하는 색깔도 다양했

57

음을 기술하였다.

　일(一)은 앞에 10-5-5에서 말한 일(一)이니 곧 성(誠)이요, 소(素)는 흰색으로 질박함을 상징하니 은(殷)나라가 숭상하였고, 청(靑)은 물의 검푸른색으로 충직(忠直)함을 상징하니 하(夏)나라가 숭상하였으며, 조(造)는 제작하여 창조함이고, 인(因)은 인습(因襲)하여 이어받음이다.

　비록 시대와 나라에 따라 인정(人情)을 표현하는 방식은 달라도 그 성실성을 가장 고귀하게 여기는 것은 똑같았다.

10-6-3 ─────────────────── 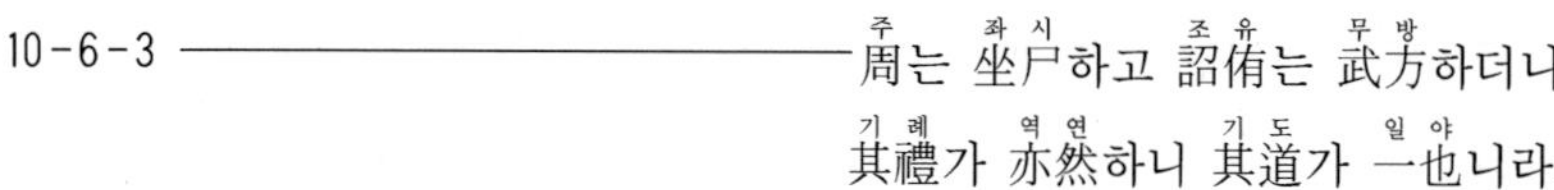

『주나라는 시동을 앉게 하고, 조령을 받든 사람과 유식하는 사람은 일정한 방소가 없더니 그 예절이 또한 그러하니 그 도가 하나이니라.』

　◉ 이 절은 주(周)나라 태묘의 제향에 시동(尸童)을 앉게 하였으나 조령(詔令)을 받드는 사람과 유식(侑食)하는 사람은 일정한 자리가 없었던 하나라와 은나라의 예절을 인습하므로 그 정성을 다하는 도가 동일하였음을 변증하였다.

　좌시(坐尸)는 시동(尸童)을 신위(神位)의 곁에 앉게 함이니 은나라를 따름이요, 하나라는 시동을 서게 하였다. 조(詔)는 임금의 명령을 받드는 사람이고 유(侑)는 유식(侑食)하는 사람이니 곧 신보(神保)인데 각각 임금의 명령을 전달하고 신령께 음식을 권하는 역할을 하기 때문에 일정한 자리에만 있을 수 없는 것이다. 무(武)는 무(無)이며 기례(其禮)는 하나라와 은나라의 예절이요, 일(一)은 성실성이다.

10-6-4 ────────────────── 夏는 立尸而卒祭하고 殷은 坐尸하고
周는 旅酬에 六尸하니
曾子가 曰周禮는 其猶醵與인저.

『하나라는 시동을 서게 하여 제향을 마치고, 은나라는 시동을 앉게 하고, 주나라는 여러 사람이 함께 음복주를 권함에는 시동을 서게 하니 증자가 말하기를 주나라 예절은 그 술추렴하는 것 같은저.』

◑ 여기에서는 하(夏), 은(殷), 주(周)의 시(尸)에 대한 예절을 기술하였다.

졸제(卒祭)는 제향을 마치는 것이고 여수(旅酬)는 앞에 7-5-1에서 이미 해설하였으며 육(六)은 입(立)의 오기(誤記)요, 거(醵)는 술추렴인데 여러 사람이 돈을 거두어 술을 사서 나누어 마시는 것이다.

전배들은 이 경문을 이해하지 못하였기에 내가 바로잡았으니 하나라는 처음부터 끝까지 시동을 서게 해서 제향을 지내고, 은나라는 처음부터 끝까지 시동을 앉게 하여 제향을 지냈으며, 주나라는 처음에 제향을 지낼 때에는 앉게 하였으나 음복주를 여러 사람에게 권할 시점에는 시동을 서게 하여서 제향을 마친 것이다. 그리고 하나라와 은나라는 물로 술을 대신하였으므로 여수(旅酬)의 예절이 없었는데 주나라에서는 술로 제사를 지내고 여러 손님이 함께 술을 권하였기 때

문에 마치 술추렴하는 것처럼 함께 즐기는 것과 같은 모습이 된 것
이다. 육시(六尸)는 분명 입시(立尸)니 전배들의 여섯 시동설은 일고
의 가치도 없는 억설이다.

10-7-1 ─────────────── 君子가 曰禮之近人情者는 非其至者也니
郊는 血이요 大饗은 腥이요
三獻엔 爓이요 一獻엔 孰이니라.

『군자가 말하기를 예절의 인정에 가까운 것은 그 지극한 것이 아
니니 하느님 제향에는 피를 올리고, 종묘의 제향에는 날고기를 올리
고, 세 잔의 술을 드리는 제향에서는 데쳐서 올리고, 한 잔의 술을
드리는 향사에는 익혀서 올리느니라.』

◉ 이 장은 예절의 존엄한 절도가 매우 다양하여 오로지 인정(人
情)에 합당한 것만을 쓰는 것이 아님을 경계하였다.

교(郊)는 천제(天祭)의 이름이요, 혈(血)은 희생(犧牲)의 피를 바
치는 것이며, 대향(大饗)은 종묘의 대제(大祭)이고, 성(腥)은 날고기
를 바치는 것이다. 3헌(三獻)은 세 잔의 술을 올리는 큰 제사이고,
섬(爓)은 살짝 데치기만 하여 바치는 제물이요, 1헌(一獻)은 한 잔의
술만 올리는 작은 제사이며, 숙(孰)은 숙(熟)이니 익혀서 바치는 것
이다.

살피건대 선혈(鮮血)이 가장 싱싱하고, 그 다음이 날고기며, 그 다
음이 표면만 살짝 데친 것이요, 그 다음이 속까지 익힌 것인바 만물

을 창조하신 하느님은 혈식(血食)하고, 성대한 덕을 베푸는 신령은 생생(生食)하며, 사람은 화식(火食)하므로 인간의 뜻으로만 할 수 없는 것이다.

是故로 君子之於禮也에 非作而致其情也니
此는 有由始也니라 是故로 七介以相見也니 不然이면
則已慤이요 三辭三讓而至하나니 不然이면 則已蹙이니라.

『이런 까닭으로 군자는 예절을 만들어서 그 인정의 극치에 이르게 하지 않으니 이것은 말미암아 비롯함이 있는 것이니라. 이런 까닭으로 일곱 부사로써 서로 만나 보는 상견례를 거행하나니 그렇지 않으면 너무 삼가고, 세 번을 사양하고 세 번을 양보하면서 이르나니 그렇지 않으면 너무 급박하니라.』

◉ 이 절은 예절의 신중성을 밝혀 예절을 지키지 않고 인정(人情)에 합당한 것만을 추구하면 도리어 사람의 마음이 편안치 못하게 되는 경우가 있음을 설파하였다.

작(作)은 작위적으로 예절을 고침이고, 유시(由始)는 성인이 최초에 예절을 제정한 배경이며 7개(七介)는 앞에 10-3-3에서 이미 해설하였다. 이(已)는 '매우 또는 너무'이고, 각(慤)은 삼가고 조심함이며, 3사(三辭)는 손님이 대문 밖에서 주인이 먼저 오르기를 세 번 권청(勸請)함에 세 번 사양함이요, 3양(三讓)은 손님이 대문 밖과 대문 안과 섬돌 계단 아래에서 감히 손님으로 자처하지 못하고 주인의 신하나 제자로 처신하기 위하여 주인의 뒤에 서려고 하면 주인이 양보하여 손님의 자리로 가게 하는 것이다. 지(至)는 당(堂)의 서쪽 계단 아래에 이르는 것이고 축(蹙)은 급박하여 여유가 없는 것이다.

10-7-3 ─────────── 故로 魯人이 將有事於上帝할새
必先有事於頖宮하고 晉人이 將有事於河할새
必有事於惡池하고 齊人이 將有事於泰山할새
必先有事於配林하니 三月을 繫하고 七日을
戒하며 三日을 宿은 愼之至也니라.

『그러므로 노나라 사람이 장차 위 하느님께 제향이 있을 때엔 반드시 먼저 국학에서 향사를 지내고, 진나라 사람이 장차 황하에 향사가 있을 때엔 반드시 먼저 오지에서 향사를 지내고, 제나라 사람이 장차 태산에 향사가 있을 때엔 반드시 먼저 배림에서 향사를 지내나니 희생을 3개월간 우리에 매고, 7일을 경계하며, 3일을 재계함은 신중함을 지극히 하는 것이다.』

◉ 이 절에서는 존엄한 예절은 철저하게 준비하고 신중하게 거행하여야 복을 받고 재난을 막을 수 있음을 기술하였다.

반궁(頖宮)은 국학(國學)에 모신 선성(先聖)의 사당이요, 하(河)는 황하이며 오지(惡池)는 전배들이 호지(虖池)로써 병주(幷州)에 있는 황하의 지류의 이름이라고 하였다. 배림(配林)도 태산에 종속한 숲의 이름이라고 하였으며, 계(繫)는 희생(犠牲)을 우리에 매어 두고

특별 사육함이요, 숙(宿)은 치재(致齊)함이다. 큰일을 함에 먼저 작
은 일부터 다스려서 완벽을 기하는 것은 미리미리 주선하여 순리로
대처하는 방법이다.

10-7-4 ──────────── 故로 禮有擯詔하며 樂有相步하니 溫之至也니라.

『그러므로 예절에 손님을 맞이하는 신하와 임금의 명령을 받드는
신하가 있으며, 음악에 장님악사를 안내하는 신하가 있나니 따뜻한
인정의 지극함이니라.』

☯ 여기에서는 예절 속에는 이미 따뜻한 인정이 갖추어 있음을 기
술하였다.
  빈(擯)은 빈(儐)과 같으니 접빈사(接賓使)이고 조(詔)는 앞에 10
─6─3에서 이미 해설하였으며 상보(相步)는 장님악사의 보행(步行)
을 돕는 안내인이다.

10-8-1 ──────────── 禮也者는 反本脩古하야 不忘其初者也니
故로 凶事에 不詔하며 朝事는 以樂하니라.

『예절이라는 것은 뿌리를 돌아보고, 옛것을 닦아 그 처음을 잊지
않은 것이니 그러므로 흉사에 임금의 명령을 받들지 아니하며, 조정
의 행사는 음악으로 하니라.』

　　◐ 이 장에서는 옛날에 처음 예절을 제정한 근본 뜻을 밝혀 흉사(凶事)와 길사(吉事)의 차이점을 분석했으니 어버이의 상사(喪事)에는 소자(小子)로 처신하여 왕명을 내리지 않고 말이 없이 3년복을 입으며 경사(慶事)에는 조정에 왕(王)으로 임하여 예절과 음악을 갖추어야 됨을 기술하였다.

　　반본(反本)은 근본(根本)을 되돌아보는 것이요, 수고(脩告)는 옛날의 예절을 닦는 것이며 초(初)의 애당초에 성왕이 예절을 제정한 본의(本義)이다. 흉사(凶事)는 국상(國喪)이 난 것이요, 불조(不詔)는 왕세자(王世子)가 왕위에 올랐지만 조령(詔令)을 내리지 아니하고 모든 정무를 총재(冢宰)에게 위임함이며, 조사(朝事)는 왕이 3년복을 마치고 정무를 회수하여 왕의 직무를 수행함이다.

10-8-2 ──────────────────────────────── 醴酒之用하되 玄酒之尙하며
割刀之用하되 鸞刀之貴하며
莞簟之安하되 而藁鞂之設하니라.

『단술과 술을 이에 쓰되 물이 이에 고상하며, 갈고리 칼도 이에 쓰되 방울 칼이 이에 고귀하며, 왕골자리와 대자리가 이에 편안하되 짚단과 거적자리를 이에 설치하니라.』

　　◐ 이 절은 앞 절에 이어 뿌리를 되돌아보고 옛것을 닦아 성왕이 최초에 제정한 예절의 뜻을 숭상했던 역사적 사실을 기술하였다.

　　예주(醴酒)는 단술과 술이고 현주(玄酒)는 물이니 태고시대에는

물로 제사를 지내다가 뒤에 단술 그리고 술로 바꾸었으니 앞에 9-2
-6에서 이미 해설하였다. 할도(割刀)는 갈고리처럼 생긴 칼이고, 난
도(鸞刀)는 방울이 달린 긴 칼인데 옛날에는 난도를 사용하다가 뒤
에 할도를 쓰게 되었다. 관(莞)은 왕골자리이고, 담(簟)은 대자리며,
고(稾)는 짚단이요, 갈(鞂)은 거적자리니 태초에는 짚단과 거적자리
를 사용하였다. 제사와 초상에는 옛날 조상을 생각하기 위하여 반드
시 물통을 방 안에 놓고, 난도로 제물을 썰며, 짚단과 거적자리를 설
치하게 하였으니 그 예절의 뜻이 심오하도다.

10-8-3 ────────────────── 是故로 先王之制禮也엔 必有主也하니

故로 可述而多學也니라.

『이런 까닭으로 선왕이 예절을 제정함에는 반드시 주장이 있는 것
이니 그러므로 계승하고 밝혀서 많이 배워야 하니라.』

◉ 이 절은 태초에 성왕이 제정한 예절의 깊은 뜻을 밝히고 배워
야 되는 이유를 서술하였다.

주(主)는 주장(主張)이니 가장 기본이 되는 핵심내용으로 곧 예절
을 거행하는 목적과 방법과 이유를 밝히는 주제이다. 술(述)은 계승
하고 밝히는 것이며, 다학(多學)은 인생의 모든 활동분야에 대하여
널리 배우는 것이니 예학(禮學)의 범위가 다양한 까닭이다.

10-8-4 ──────────────────────── 君子가 曰無節於內者는 觀物弗之察矣니
欲察物而不由禮면 弗之得矣라
故로 作事不以禮면 弗之敬矣요
出言不以禮면 弗之信矣니라
故로 曰禮也者는 物之致也니라.

『군자가 말하기를 내면에서 절제함이 없는 사람은 사물을 봄에 살
피지 않은 것이니 사물을 살피려고 하면서 예절을 말미암지 아니하면
얻지 못하는 것이니라. 그러므로 일을 하면서 예절로 하지 않으면 공
경하지 않는 것이요, 말을 하면서 예절로 하지 않으면 믿지 않은 것이
니라, 그러므로 말하기를 예절이라는 것은 사물의 극치인 것이니라.』

◉ 이 절에서는 태초에 선왕(先王)이 제정한 예절은 사물의 이치
를 살펴서 가장 아름다운 모범의 극치임을 기술하였다.
내(內)는 정의(情意)이고 치(致)는 극치이다.

10-8-5 ──────────────────────── 是故로 昔先王之制禮也엔 因其財物하사
而致其義焉爾니 故로 作大事에는
必順天時하며 爲朝夕에는 必放於日月하며
爲高에는 必因丘陵하며 爲下에는 必因川澤하나니
是故로 天時雨澤에 君子가 達亹亹焉하니라.

『이런 까닭으로 옛날에 선왕이 예절을 제정함에는 그 자연의 자재
와 산물을 인연하여 그 뜻을 이루게 하였을 뿐이니 그러므로 큰 행사

를 작정함에는 반드시 하늘의 때를 따르며, 아침과 저녁에 함에는 반드시 해와 달을 본받으며, 높게 함에는 반드시 언덕을 인연하며, 낮게 함에는 반드시 하천과 못을 인연하나니 이런 까닭으로 하늘이 때로 비를 내려 윤택함에 군자가 부지런히 힘써 노력함에 이르느니라.』

◯ 이 절은 선왕이 예절을 제정하는 기본 원칙을 기술하였으니 곧 천연의 부존자원을 인연하여 예절의 뜻을 이룩하는 것임을 밝혔다.

재물(財物)은 천연의 자재와 지방의 산물이고, 기의(其義)는 예절의 본의이며, 조석(朝夕)은 아침의 일과 저녁의 일이며, 방(放)은 방(倣)과 같으니 본받음이요, 일(日)은 일출(日出)이요, 월(月)은 월출(月出)이다. 위고(爲高)는 높게 함이니 성곽(城郭)을 쌓는 것이고, 위하(爲下)는 낮게 함이니 저수지를 만드는 것이며, 달(達)은 도달함이요, 미미(亹亹)는 부지런히 힘써 노력함이다.

살피건대 성왕의 예절은 현재 자기가 사는 지방에서 생산된 자재와 물산을 취히여 관혼상제(冠昏喪祭)의 뜻을 이룩하는 것이므로 누구나 계절변화에 따라 부지런히 힘써 노력하면 충분히 예절의 뜻을 이룩하는 데 도달할 수 있는 것이니 결코 불가능한 초인적 노력을 요구한 예절이 아니므로 모름지기 시대를 탓하고 처지를 타박해서는 안 되는 것이다.

10-8-6 ─────────────── 是故로 昔先王이 尙有德하시며 尊有道하시며
任有能하시며 擧賢而置之하시며 聚衆而誓之하시니
是故로 因天事天하시며 因地事地하시며

因名山하야 升中于天하시며 因吉土하야 以饗帝于郊하시니
升中于天而鳳凰이 降하고 龜龍이 假하며
饗帝于郊而風雨가 節하고 寒暑가 時하나니
是故로 聖人이 南面而立하시면 而天下가 大治하니라.

『이런 까닭으로 옛날 선왕은 덕이 있는 사람을 숭상하며, 도가 있는 사람을 존중하며, 능력이 있는 사람을 임명하며, 어진 이를 선거하여 배치하며, 민중을 모아서 맹세하니 이런 까닭으로 하늘을 인연하여 하늘을 섬기며, 땅을 인연하여 땅을 섬기며, 이름난 산을 인연하여 하늘에 알맞게 조화하였음을 말씀 올리며, 좋은 땅을 인연하여 교외에서 하느님께 제향을 드리니 하늘에 알맞게 조화하였음을 말씀 올리므로 봉황이 내려오고, 거북과 용이 이르러 오며, 하느님께 교외에서 제향을 드리므로 바람과 비가 조절하고, 추위와 더위가 때를 맞추나니 이런 까닭으로 성인이 천자의 자리에서 남쪽을 향하여 서시면 그 천하가 크게 다스려지니라.』

◑ 이 절은 하늘의 것으로 하늘을 섬기고, 땅의 것으로 땅을 섬기기 위해 성왕이 도덕적이고 현능(賢能)한 인재를 등용해서 부존자원을 개발 이용하여 전체 인민이 안락 태평한 세상을 만들고 하늘에 중화세계(中和世界)가 되었음을 보고하고 하느님께 제향을 드리면 길이길이 하늘의 보우(保佑)를 받을 수 있음을 변증하였다.

세(誓)는 성왕이 국토 개발과 물산 장려의 경제개발정책을 세움에 민부(民富)를 추구함이고, 결코 국부(國富)만을 추구함이 아님을 공개적으로 맹세함이다. 명산(名山)은 5악(嶽)이고 승(升)은 승문(升

聞)이니 위에 보고하여 알림이요, 중(中)은 중화(調和)로 양쪽 극단
이 알맞게 조화(調和)하여 가장 평화로운 상태에 이르는 것인즉 남
녀노소와 동서남북과 상하귀천이 두루 화합하여 명랑 쾌활한 기상이
있는 것이다. 길토(吉土)는 복지락원(福地樂園)을 건설한 문명중심지
요, 향(饗)은 제향(祭享)이며, 봉황(鳳凰)과 귀룡(龜龍)은 앞에 9−7
−1에서 이미 해설하였고, 격(假)은 격(格)이니, 이르러 옴이요, 절
(節)은 조절(調節)이며 시(時)는 때맞음이다. 남면(南面)은 천자가
남쪽을 향하여 앉은 왕위이니 남쪽은 밝은 태양을 상징하므로 태양처
럼 밝게 천하를 다스릴 책무가 있다는 뜻이요, 대치(大治)는 지치(至
治)와 같다.

전배들은 이 절을 모두 제천(祭天)의 의식(儀式)으로 해설하였으
나 옳지 않다. 모름지기 성왕은 당대의 도덕적 인물과 어질고 유능한
인재를 발탁 등용해서 개물성무(開物成務)의 책임을 완수한 다음에
천제(天祭)를 지낼 자격이 있는 것이지 한갓 제천의식만을 장중하게
하는 것은 권장사항이 이니다.

10−8−7 ──────────────天道는 至敎요 聖人은 至德이시니
廟堂之上엔 犧尊이 在阼하고 犧尊이 在西하며
廟堂之下엔 縣鼓가 在西하고 應鼓가 在東하며
君은 在阼하고 夫人은 在房하니 大明이 生於東이요
月이 生於西니라 此는 陰陽之分이며 夫婦之位也라
君은 西酌犧象하고 夫人은 東酌罍尊하니
禮가 交動乎上함과 樂이 交動乎下함이 和之至也라.

『하늘의 도는 지극한 가르침이요, 성인은 지극한 덕이시니 종묘의 당위에는 우레와 구름을 조각한 술통이 섬돌 쪽에 있고, 소를 조각한 술통이 서쪽에 있으며, 종묘의 당 아래에는 매단 큰 북이 서쪽에 있고, 매단 작은 북이 동쪽에 있으며, 임금은 섬돌에 있고, 부인은 방에 있으니 해가 동쪽에서 나오고 달이 서쪽에서 생기니라. 이것은 음과 양의 분수이며 지아비와 지어미의 자리이므로 임금은 서쪽에 소와 코끼리를 조각한 술통에서 술잔에 술을 담고, 부인은 동쪽에 우레와 구름을 조각한 술통에서 술잔에 술을 담으니 예절이 위에서 교대로 행동함과 음악이 아래에서 교대로 감동함이 화합의 지극함이니라.』

◑ 이 절은 천연의 질서와 자연변화를 본받은 성인의 예절을 지켜야 지극한 화합세계를 구현할 수 있음을 변증하였다.

천도(天道)는 우주만물의 근본원리인 천서(天叙)와 천질(天秩)의 원리니 만물의 궁극적 존재구조와 생성원리 그리고 자연변화법칙을 총칭하며 지교(至敎)는 말없이 모두 뚜렷이 나타내서 보여 주고 숨김이 없는 가르침이다. 지덕(至德)은 완전무결한 천덕(天德)에 거의 접근하여 조금도 부족하거나 어긋남이 없는 참되고 착하고 아름다운 심성(心性)이며, 묘(廟)는 종묘(宗廟)요, 뢰준(罍尊)은 우레와 구름을 조각한 술통이고, 조(阼)는 섬돌이니 동쪽 계단이다. 사준(犧尊)은 소나 코끼리를 조각한 술통이요, 현고(縣鼓)는 매단 큰 북이고, 응고(應鼓)는 매단 작은 북이다. 대명(大明)은 태양이요, 작(酌)은 술잔에 술을 담는 것이니 헌작(獻爵)하는 사람의 술잔에 술을 담아 주는 것으로 임금이 헌작하면 부인이 술을 담아 주고, 부인이 헌작하면 임금이 술을 담아 주는 것이며, 사상(犧象)은 술통이고, 교(交)는 교대함이다.

성인의 예절은 하늘과 땅, 해와 달, 낮과 밤이 서로 짝을 지어 교대로 순환 발전하듯이 음양(陰陽)의 원리를 분석하여 본말, 상하, 내외, 전후, 좌우의 조리 질서를 완벽하게 갖추어서 두터운 화합세계를 구현하도록 하였으니 성인의 예절을 실천하지 못할지언정 싫어하거나 비방해서는 안 된다.

10-9-1 ──────────────────────────
禮也者는 反其所自生이요 樂也者는
樂其所自成이니 是故로 先王之制禮也는
以節事하며 脩樂以道志니 故로 觀其禮樂而治亂을
可知也니라 蘧伯玉이 曰君子之人은 達이라
故로 觀其器而知其工之巧하며 觀其發而知其人之知하나니
故로 君子는 愼其所以與人者니라.

『예절이라는 것은 그 자기가 말미암아 나온 곳을 되돌아보는 것이요, 음악이라는 것은 그 자기가 말미암아 이루는 곳을 즐거워하는 것이니 이런 까닭으로 선왕이 예절을 제정한 것은 일을 조절하며, 음악을 닦아 뜻을 화순하게 하나니 그러므로 그 예절과 음악을 관찰하여 다스림과 혼란을 알 수 있느니라. 거백옥이 말하기를 군자는 사람에 대하여 달관한지라. 그러므로 그 그릇을 관찰해서 그 기능공의 정교함을 알며, 그 드러나는 것을 관찰하여 그 사람의 지식을 아나니 그러므로 군자는 그 사람과 더불으는 원리를 신중히 하니라.』

◉ 이 장은 군자가 예절과 음악을 신중히 따르는 절도를 기술하였으니 예절과 음악은 화합질서를 추구하는 가장 기본적인 정치경영원

리이기 때문이다.

소자생(所自生)은 자기가 말미암아 생겨 나온 곳이니 가까이는 시조(始祖)요, 멀리는 하늘이며, 소자성(所自成)은 자기가 말미암아 이룬 곳이니 안으로는 덕성(德性)이고, 밖으로는 사업(事業)이다. 절(節)은 조절이요, 도(道)는 화순(和順)함이며 거백옥(蘧伯玉)은 위(衛)나라 대부(大夫)로 이름이 원(瑗)이고 발(發)은 발양(發揚)이니 밖으로 드러남이며, 교(巧)는 정교한 솜씨이다.

10-9-2 ─────────────────── 太廟之內엔 敬矣라 君이 親牽牲하고
大夫가 贊幣而從하며 君이 親制祭하고
夫人이 薦盎하며 君이 親割牲하고 夫人이 薦酒하니라.

『태묘의 안에서는 공경하므로 임금이 친히 희생을 이끌고, 대부가 폐백을 도우면서 따르며, 임금이 친히 제향 지내기를 명하며, 단술을 드리고, 부인이 흰 술을 드리며, 임금이 친히 희생을 잘라서 바치고, 부인이 맑은 술을 드리니라.』

◉ 이 절에서는 태묘(太廟)의 제례가 화합질서를 밝혀 주인과 주부가 교대로 술을 드리고, 조상과 자손이 서로 감동하며, 임금과 신하가 더불어 기리는 절도의 아름다움을 기술하였다.

태묘(太廟)는 천자국의 사당이요, 군(君)은 왕(王)을 지칭하며, 부인(夫人)은 후비(后妃)인데 조상의 사당이므로 겸손하게 낮추었다. 제(制)는 임금이 명령으로 허락하는 제가(制可)로 제제(制祭)는 임

금이 직접 제상차림을 점검하고 집례가 제례의식의 거행을 청함에 임금이 재가(裁可)하여 강신례와 초헌례(初獻禮)를 행함이요, 천앙(薦盎)은 아헌(亞獻)으로 흰 술인 앙제(盎齊)를 드리는 것이며, 할생(割牲)은 희생을 잘라서 제물을 바치고 세 번째로 붉은 술인 제제(醍齊)를 드리는 것이고, 주(酒)는 맑은 술인 징주(澄酒)로 네 번째 드리는 술이니 앞에 9-2-6, 7에서 이미 해설하였는데 여기에서는 조상의 제사를 지냄이 주인은 첫째 잔과 셋째 잔을 드리고 주부는 둘째 잔과 넷째 잔을 드리는 절차를 분명히 기록하여 효자와 효부는 부모조상을 섬김에 몸소 직접 장만하여 드리는 것임을 다시 강조하였다.

10-9-3 ────────────────── 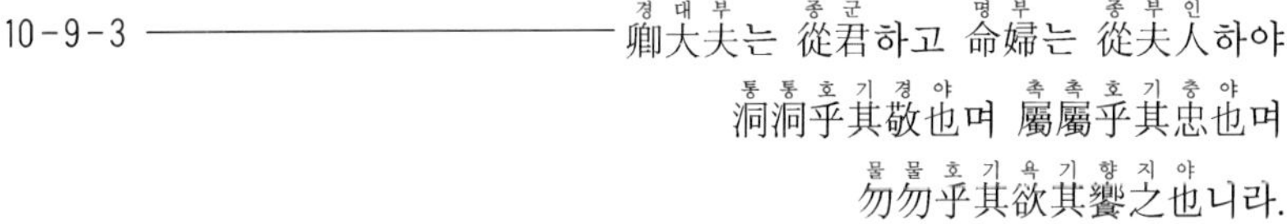

卿大夫는 從君하고 命婦는 從夫人하야
洞洞乎其敬也며 屬屬乎其忠也며
勿勿乎其欲其饗之也니라.

『경대부는 임금을 따르고, 봉호를 받은 부인은 임금의 부인을 따라서 공손하게 조심하여 그 공경하는 것이며, 오로지 한결같이 그 진실한 것이며, 정성스럽게 그 제향을 지내고자 하는 것이니라.』

◑ 이 절은 태묘(太廟)에서 경대부(卿大夫)와 명부(命婦)의 예절을 기술하였다.

명부(命婦)는 봉호(封號)를 받은 부인(婦人)이니 경대부의 아내이고 통통(洞洞)은 공손하게 조심하는 모양이요, 촉촉(屬屬)은 오로지

한결같은 모양이며 물물(勿勿)은 부지런히 힘써 정성을 다하는 모양
이다.

 納牲은 詔於庭하며 血毛는 詔於室하고
羹定은 詔於堂하나니 三詔가
皆不同位는 蓋道求而未之得也니라.

『희생을 태묘로 끌어들임은 마당에서 임금이 명령하고, 피와 털을
바침에는 방에서 임금이 명령하고, 국과 익은 고기는 뜰방에서 임금
이 명령하나니 세 번의 임금명령이 모두 같은 자리가 아님은 대개
찾아도 얻지 못한 것을 말하니라.』

◉ 이 절은 임금이 제사를 지내면서 조상의 신령을 간절하게 보고
싶어 하여 마당과 방과 뜰방으로 찾아다님을 기술하였다.

납생(納牲)은 임금이 친히 희생을 끌어들이는 예절이니 앞에 10-9
-2에서 이미 해설하였고, 조(詔)는 조령(詔令)으로 임금이 명령을
내리는 것이니 제(制)와 같으나 앞에 10-9-2에서 말한 제제(制祭)
는 행사의 기본목적을 규정하는 중대명령이고 조(詔)는 그 절차를
지시하는 사소한 명령이며, 정(庭)은 태묘의 마당이다. 혈모(血毛)는
희생의 피와 털이니 희생을 잡아서 그 피와 털을 조상신에게 확인시
키는 예절이요, 실(室)은 사당방으로 조상의 위패가 있는 곳이다. 갱
(羹)은 희생을 삶은 고깃국이고 정(定)은 희생을 익힌 고기니 당
(堂)은 마당과 방 사이에 있는 뜰방이다. 도(道)는 말함이고 구(求)

는 임금이 조상신령을 보기 위하여 마당으로, 방으로 또 마당과 방
사이인 뜰방으로 찾아다니는 것이며, 미지득(未之得)은 아직 조상신
을 얻어 보지 못함이다.

살피건대 제주(祭主)가 제사를 지내면서 조상신을 만나 보기 위하
여 이와 같이 찾아다니게 하였으니 성왕의 예절은 인간과 귀신이 감
통하는 간절하고 절실함의 극치라고 하겠도다.

10-9-5 ────────────────── 設祭於堂하고 爲祊乎外하나니
故로 曰於彼乎아 於此乎아 하니라.

『태묘의 뜰방에 제사 지내는 자리를 설치하고, 밖에서 사당문을 호
위하나니 그러므로 말하기를 저기에 계신가, 여기에 계신가 하니라.』

◯ 이 절은 앞 절에 이어 제사를 지냄에 술을 모두 드린 다음에는
제주(祭主)의 자리를 뜰방에 설치하여 유식(侑食), 음복(飲福), 여수
(旅酬)의 예절을 거행할 때까지 밖에서 사당문을 호위하며 조상신을
꼭 보려고 찾는 마음을 기술하였다.

설제(設祭)는 제주(祭主)가 서는 자리요, 위(爲)는 호위함이고 팽
(祊)은 사당의 가운데 문이니 신령이 출입하며 외(外)는 뜰방과 마
당이요, 피(彼)는 실내(室內)를 뜻하니 신령이 아직 제사를 잡숫고
계심이고, 차(此)는 당정(堂庭)을 지칭한다.

전배들은 이 경문을 전혀 파악하지 못하고 당(堂)에다가 제물을
차리고 또 제사 다음 날에 사당문에 제사를 지낸다고 해설하였으니

억설이다. 당당한 조상제사를 어찌 정결하고 신성한 태실(太室)과 세
실(世室)을 두고 당정(堂庭)에다가 제물을 차릴 것이며 무엇 때문에
사당문의 밖에서 또 제사를 지낼 것인가?

10-10-1─────────────────────────一獻은 質하고 三獻은 文하고
五獻은 察하고 七獻은 神하니라.

『한 잔을 드림은 질박하고, 세 잔을 드림은 문채 나고, 다섯 잔을
드림은 훌륭하고, 일곱 잔을 드림은 신성하니라.』

◉ 이 장에서는 향례(饗禮)의 등급을 기술하였으니 그 기준은 술과
희생과 주인의 진실성과 손님의 품격에 따라 차등이 있음을 밝혔다.
　1헌(一獻)은 주인이 손님에게 한 잔의 술을 드리는 것이요, 질(質)
은 질박한 예절인데 주인이 손님을 청하여 대접하는 향음주례(鄕飮
酒禮)나 하사(下祀)에 거행한다. 3헌(三獻)은 거듭 세 잔의 술을 드
리는 것이요, 문(文)은 문채가 아롱져서 아름다운 예절이니 제후로부
터 선비와 서민에 이르기까지의 방 안 제향(祭享)과 중사(中祀), 상
사(上祀)에 거행한다. 5헌(五獻)은 다섯 잔을 거듭 드리는 것이고,
찰(察)은 웅장하고 확실하여 훌륭한 예절이니 천자의 태묘(太廟) 제
향과 동서남북 중앙의 하느님 제향에 거행한다. 7헌(七獻)은 일곱 잔
을 거듭 드리는 것이고, 신(神)은 거룩하고 신비로워 신성한 예절이
니 황천상제(皇天上帝)의 제향에만 거행한다.

<ruby>大饗<rt>대향</rt></ruby>은 <ruby>其王事與<rt>기 왕 사 여</rt></ruby>인저 <ruby>三牲魚腊<rt>삼 생 어 석</rt></ruby>은
<ruby>四海九州之美味也<rt>사 해 구 주 지 미 미 야</rt></ruby>요 <ruby>籩豆之薦<rt>변 두 지 천</rt></ruby>은 <ruby>四時之和氣也<rt>사 시 지 화 기 야</rt></ruby>요
<ruby>內金<rt>내 금</rt></ruby>은 <ruby>示和也<rt>시 화 야</rt></ruby>요 <ruby>束帛加璧<rt>속 백 가 벽</rt></ruby>은 <ruby>尊德也<rt>존 덕 야</rt></ruby>요 <ruby>龜爲前列<rt>귀 위 전 렬</rt></ruby>은
<ruby>先知也<rt>선 지 야</rt></ruby>요 <ruby>金次之<rt>금 차 지</rt></ruby>는 <ruby>見情也<rt>현 정 야</rt></ruby>요 <ruby>丹漆絲纊竹箭<rt>단 칠 사 광 죽 전</rt></ruby>은 <ruby>與衆共財也<rt>여 중 공 재 야</rt></ruby>요
<ruby>其餘<rt>기 여</rt></ruby>는 <ruby>無常貨<rt>무 상 화</rt></ruby>요 <ruby>各以其國之所有<rt>각 이 기 국 지 소 유</rt></ruby>는 <ruby>則致遠物也<rt>즉 치 원 물 야</rt></ruby>요
<ruby>其出也<rt>기 출 야</rt></ruby>에 <ruby>肆夏而送之<rt>사 하 이 송 지</rt></ruby>는 <ruby>蓋重禮也<rt>개 중 례 야</rt></ruby>니라.

『큰 향례는 그 왕의 행사인저, 세 가지 희생과 물고기와 육포는 4해와 9주의 아름다운 맛이요, 대나무제기와 나무제기에 담아서 올리는 것은 4시의 고른 기상이요, 마당 안에서 징을 침은 화합함을 보임이요, 폐백을 묶고 도리옥을 더함은 덕을 높임이요, 거북으로 앞줄이 되게 함은 먼저 아는 것이요, 종을 다음 줄로 함은 뜻을 나타냄이요, 단사와 옻칠, 실과 솜, 대나무와 산죽은 민중과 더불어 생산하는 재물이요, 그 나머지는 일정한 재물이 없음이요, 각각 그 나라의 있는 바로써 함은 곧 먼 지방의 산물이 이르게 함이요, 그 나아감에 우 임금의 음악을 연주하면서 보냄은 대개 예절을 중후하게 함이니라.』

◉ 이 절은 향례(饗禮)의 최고등급인 대향례(大饗禮)는 오직 천자의 태묘(太廟)에서만 거행할 수 있음을 밝히고 그 이유를 서술하였다.

대향(大饗)은 7헌(七獻)을 드리는 최고로 신성한 예절이고 왕사(王事)는 천자의 행사이며 3생(三牲)은 소와 돼지와 양을 희생으로 바치는 것이요, 석(腊)은 육포이다. 변(籩)과 두(豆)는 앞에 10-3-7에서 이미 해설하였으니 과일과 나물, 채소는 모두 4시의 기후가 조화하여 생산된 것이다. 내(內)는 정내(庭內)이고 금(金)은 쇠로 만든 악기를 대표하는 징인데 행사를 시작할 때에 울려서 화합을 도모한다. 속백(束帛)은 비단을 묶어서 폐백을 드림이고 가벽(加璧)은 둥근 도리옥을 묶은 비단 위에 놓은 것이니 원만하고 은근한 덕을 상징한다. 귀(龜)는 거북을 폐백으로 씀이요, 전열(前列)은 폐백을 놓는 앞줄인데 거북은 신령하여 점을 쳐서 먼저 아는 지혜를 상징한다. 금차지(金次之)는 아래 11-2-4에서 종(鐘)이라고 하였으니 거북 다음 줄에 놓음이요, 현정(見情)은 즐겁고 화목하게 의식을 거행하는 뜻을 나타낸다는 뜻이다. 단(丹)은 붉은 단사(丹砂)니 곧 주사(朱砂)이고 칠(漆)은 검은 옻칠이며 사(絲)는 색실, 광(纊)은 흰 솜, 죽전(竹箭)은 대나무와 산죽으로 모두 서민대중이 공용하는 재물이요, 무상화(無常貨)는 항상 나오는 것이 아니라 때때로 나오는 귀한 재물이다. 기국(其國)은 제후국이고 치원물(致遠物)은 먼 지역에서 생산되는 특산품을 천자국에 바치는 것이다. 출(出)은 하느님이 향례를 잡수시고 나아감이요, 사하(肆夏)는 우(禹) 임금의 음악 9하(九夏) 가운데 하나로 매우 장엄하고 웅장하다.

　살피건대 천자가 4해9주의 아름다운 맛과 4시의 고른 기후가 생산한 과일과 채소로 큰상을 차리고 징을 울리면서 행사를 거행하여 비단과 도리옥의 폐백을 드리고 거북을 전열에, 종을 그 다음 줄에 놓으며 민중이 사용하는 그릇과 특별한 재물 그리고 지방정부에서 바친 물건으로 연회를 하고 신령이 돌아감에 성왕의 거룩하고 장엄한 음악을 연주하면서 행사를 마침은 지상 최대의 영광이 아닐 수 없는 것이다.

10-10-3────────────────────────
祀帝於郊엔 敬之至也요

宗廟之祭엔 仁之至也요 喪禮엔 忠之至也요

$$\overset{\text{비 복 기}}{備服器}\text{엔}\ \overset{\text{인 지 지 야}}{仁之至也}\text{요}\ \overset{\text{빈 객 지 용 폐}}{賓客之用幣}\text{엔}\ \overset{\text{의 지 지 야}}{義之至也}\text{라}$$
$$\text{故로}\ \overset{\text{군 자}}{君子}\text{가}\ \overset{\text{욕 관 인 의 지 도}}{欲觀仁義之道}\text{인댄}\ \overset{\text{례}}{禮}\text{가}\ \overset{\text{기 본 야}}{其本也}\text{니라.}$$

『교외에서 하느님께 제사 지냄에는 공경을 지극히 하는 것이요, 종묘의 제향에는 사랑을 지극히 하는 것이요, 상례에는 진실한 마음을 지극히 하는 것이요, 옷과 그릇을 갖춤에는 사랑을 지극히 하는 것이요, 손님과 손에게 폐백을 드림에는 의리를 지극히 하는 것이니라. 그러므로 군자가 사랑과 정의의 도덕을 보려고 할진댄 예절이 그 근본이니라.』

◑ 이 절에서는 앞 절에 이어 예절을 주최하는 주인의 마음가짐을 기술하면서 향례(饗禮)의 등급에 따라 마음가짐도 분별이 있음을 밝혔다.

사제(祀帝)는 제천(祭天)이니 앞에 5-12-3에서 이미 해설하였는데 하느님 제사에는 시동(尸童)이 없으므로 사(祀)라고 하였으며 경지지(敬之至)는 공경심을 극진히 하는 것으로 7헌(七獻)의 대향례(大饗禮)로 거행한다는 뜻이다. 종묘(宗廟)는 태묘(太廟)로 천자가 조상님께 제향을 지냄에는 혈연애(血緣愛)를 극진히 해서 곧 5헌(五獻)의 대향례(大饗禮)로 거행하는 것이다. 상례(喪禮)는 천자의 상례(喪禮)이고 충(忠)은 진심(盡心)이니 진실한 마음인데 3헌(三獻)의 대향례(大饗禮)로 거행하며 복(服)은 수의(壽衣)이고 기(器)는 널과 상여 등 상장기구를 대향례로 갖추는 것이다. 빈객(賓客)은 천자의 사부(師傅)와 제후에게 향음주례(鄕飮酒禮)를 주최하여 손님과 손으로 대우함이며 용폐(用幣)는 폐백을 드리는 것이고 의지지(義之至)

는 사회정의의 보편적 규범을 극진히 함이니 1헌(一獻)의 대향례로 거행한다는 뜻이다.

　대체로 대향례는 천자만 거행하고 제후는 중향례(中饗禮)를 거행하며 대부 이하 선비와 서민대중은 모두 소향례(小饗禮)를 거행하는 것이니 그 능력에 한계가 있기 때문이다.

10-11-1─────────────君子가 曰甘受和요 白受采라 하나니
忠信之人이라야 可以學禮니라 苟無忠信之人이면
則禮不虛道하나니 是以로 得其人之爲貴也니라.

『군자가 말하기를 단맛이 고루 조화함을 받아들이고, 흰색이 여러 가지 채색을 받아들인다고 하나니 진실하고 믿음직한 사람이어야 예절을 배울 수 있나니 참으로 진실하고 믿음직한 사람이 없으면 예절을 헛되이 말하지 아니하나니 이래서 그 사람을 얻음이 귀중하니라.』

　◑ 이 장은 예절의 극치는 담백하고 소박한 것임을 밝혀 예절을 교육함에 진실성이 가장 소중한 가치임을 기술하였다.

　화(和)는 5미(五味)를 화합하여 맛을 고르게 함이요, 채(采)는 채색이며 도(道)는 말함이다. 예절을 배움에는 편벽된 선입관이나 잡다한 사상을 버리고 명철한 지성과 바른 마음으로 성인의 예절을 겸허하게 익혀야 됨을 강조하면서 또한 최고의 극치는 담백하고 소박한 예절임을 발명하였다.

10-11-2─────────────────────────孔子가 日誦詩三百이 不足以一獻이요
一獻之禮는 不足以大饗이요 大饗之禮는
不足以大旅며 大旅를 具矣라도 不足以饗帝니
毋輕議禮니라.

『공자가 말씀하시기를 시 300편을 노래함이 한 잔의 술을 드리는 것에는 부족하고, 한 잔의 술을 드리는 예절은 큰 향례를 거행하는 것에는 부족하고, 대향의 예절은 큰 여제를 지내는 것에는 부족하며, 큰 여제를 갖출지라도 하느님을 제향 지내는 것에는 부족하니 가볍게 예절을 의논하지 말아야 하니라.』

◉ 이 절은 예절의 극치는 도리어 담백하고 소박함을 밝혀 성대한 말잔치보다는 한 잔의 술을 드리는 예절이 고귀하고 아름답고 성대한 대향례(大饗禮)보다는 담담하고 소박한 하느님 제사가 더욱 거룩함을 기술하였다.

송시3백(誦詩三百)은 덕풍(德風)을 칭송하여 노래로 찬양하는 말잔치이고 부족(不足)은 조금 모자란다는 뜻이며, 1헌(一獻)은 향음주례(鄕飮酒禮)나 하사(下祀)를 베풀어 주는 것이다. 대향(大饗)은 태묘(太廟)의 제향(祭亨)을 성대하게 지냄이요, 대려(大旅)는 천자가 5악(嶽)에 가서 5방위의 하느님께 여제(旅祭)를 지냄이니 한 마리의 송아지를 바치는데 앞에 5-12-8에서 이미 해설하였으며 구(具)는 격식을 모두 갖춤이다. 향제(饗帝)는 황천상제(皇天上帝)를 교(郊)에서 제향을 지내는 것으로 가장 소박하게 어린 송아지 한 마리만 바치는바 앞에 10-3-6, 13, 15와 다음 편의 교특생(郊特牲)을 참조하라.

10-11-3———————————————子路가 爲季氏宰러니 季氏가 祭할새
逮闇而祭하되 日不足이어늘 繼之以燭하니
雖有强力之容과 肅敬之心이라도 皆倦怠矣라
有司가 跛倚以臨祭하니 其爲不敬이 大矣니라.

『자로가 계씨의 가신장이러니 계씨가 제사 지낼 때에 어두운 새벽부터 제사 지내되 날이 부족하거늘 저녁에 촛불을 켜고 계속하니 비록 강력한 용모와 엄숙한 마음이 있을지라도 모두 싫증이 나서 나태하므로 유사가 기울어지고 의지하면서 제사에 임하니 그 불경함이 크니라.』

◉ 이 절은 예절을 행함에 지나치게 격식과 절차만을 고집하여 전체적으로 지루하고 권태감을 느끼게 해서는 안 됨을 기술하였다.
체암(逮闇)은 어두운 새벽에 미치는 것이고 일부족(日不足)은 하루해가 부족함이며 이촉(以燭)은 저녁에 촛불을 켰다는 뜻이다. 피의(跛倚)는 몸이 피곤하여 기울어지고 의지함이다.

10-11-4———————————————他日에 祭할새 子路가 與室事를 交乎戶하며
堂事를 交乎階하야 質明而始行事하야 晏朝而退한대
孔子가 聞之하시고 曰誰謂由也而不知禮乎아 하시다.

『다른 날에 제사 지낼 때에 자로가 사당방에서 더불어 하는 일을 문에서 주고받게 하며, 뜰방에서 더불어 하는 일을 계단에서 주고받

게 하여, 날이 샐 무렵에 행사를 시작하여 늦은 아침에 제사를 마치고 물러간대, 공자가 들으시고 말씀하시기를 누가 유를 일러 예절을 알지 못한다고 하겠는가 하셨다.』

　◑ 이 절은 부분적인 격식과 절차에 집착하여 전체적으로 산만한 것보다는 차라리 부분적인 격식과 절차를 간소하게 해서 전체적인 질서와 조화를 이룩하는 것이 더욱 예절에 가까움을 기술하였다.
　여실사(與室事)는 밖에 있는 집사들이 사당 안에 들어가서 제물을 주고받는 일이요, 교(交)는 주고받음이며 당사(堂事)는 뜰방에서 제물을 주고받는 일이고 계(階)는 서쪽 계단이다. 질명(質明)은 날이 샐 무렵이니 체암(逮闇)보다는 늦은 시각이고, 안조(晏朝)는 늦은 아침이며 퇴(退)는 제사를 마치고 사당에서 물러감이다.
　모름지기 예절은 경건하게 화합하여 질서 정연하게 거행하는 것이므로 비록 주인의 정성이 지극하여 초인적인 정신력이 있다고 해도 행사를 돕는 다른 사람이 이미 지쳐서 질시가 어지럽고 분위기가 산만하다면 차라리 주인이 양보하여 빨리 마치는 것이 현명한 것임을 깨달아야 된다.

11. 교특생(郊特牲)

교(郊)는 교제(郊祭)로 황천상제(皇天上帝)님께 도성 밖의 교외에서 제사 지내는 이름이고 특생(特牲)은 특별히 깨끗하게 기르는 어린 송아지를 희생으로 바치는 것이다.

이 편은 예기(禮器)편에 이어 제물의 등급과 수량을 제정한 의미를 밝히면서 아울러 춘추시대에 예절을 파괴하고 음악을 무너트린 선례를 열거하여 예절에 있어서 감상적 편의주의를 엄중 경계하였다. 그리고 교제(郊祭)와 사제(社祭) 및 연말에 뭇 신에게 지내는 대사(大蜡)의 중요성을 자세히 기술하였으니 천자의 하늘을 받들고 영토를 신성하게 보호하며 인민을 사랑하는 정신을 여기에서 확인할 수 있다.

11-1-1 ──────────────── 郊는 特牲하되 而社稷은 大牢하며
天子가 適諸侯어시든 諸侯가 膳用犢하고
諸侯가 適天子어든 天子가 賜之禮大牢하시니
貴誠之義也라 故로 天子는 牲孕을 弗食也하시며
祭帝에 弗用也하시니라.

『교외에서 위 하느님께 제사 지냄에는 특별히 기른 어린 송아지를 희생으로 바치되 천자국의 땅 신과 곡식 신에게는 큰 황소를 희생으로 바치며, 천자가 제후에게 가시거든 제후가 반찬거리로 송아지를

드리고, 제후가 천자에게 가거든 천자가 예물로 큰 황소를 내리시니
정성을 고귀하게 여기는 뜻이니라. 그러므로 천자는 짐승이 새끼를 배
는 것을 먹지 않으시며, 하느님께 제사 지냄에 쓰지 아니하시니라.』

◑ 이 장은 하느님께 바치는 천자의 지극한 정성은 순결하고 소박
한 제물을 숭상하는 절도를 기술하였다.

교(郊)와 특생(特牲)은 편명해제에서 이미 해설하였고 사(社)는
지신(地神)이요, 직(稷)은 곡식 신이니 여기에서는 천자국의 태사(太
社) 태직(太稷)이요, 하늘보다 낮으며 태뢰(太牢)는 큰 황소인데 앞
에 5-12-7에서 이미 해설하였고 선용독(膳用犢)은 앞에 10-3-7
에서 해설하였다.

생잉(牲孕)은 짐승이 새끼를 배는 것이니 다 큰 것이다.

11-1-2 ───────────大路는 繁纓이 一就며 先路는 三就며
次路는 五就며 郊는 血이요
大饗은 腥이요 三獻은 爓요
一獻은 孰이니 至敬은 不饗味하고 而貴氣臭也.

『왕의 큰 수레는 말배대 끈과 굴레가 한 가지 색으로 이루며, 왕
이 선산에 가는 수레는 세 가지 색으로 이루며, 일상으로 타는 수레
는 다섯 가지 색으로 이루며, 교외에서 하느님 제사는 피를 바치고,
종묘에서 큰 제향은 날고기를 바치고, 세 잔의 술을 올리는 향사에는
데친 고기를 바치고, 한 잔의 술을 드리는 예절에는 삶아서 익힌 고

기를 바치나니 지극히 공경함에는 맛을 흠향하지 아니하고, 향기를
냄새 맡음을 귀중하게 여기는 것이다.』

◐ 이 절은 물질적인 풍요로움을 추구하지만 그 극치에 이르러서
는 도리어 형이상(形而上)의 원기(元氣)와 만물의 원소(元素)를 더
욱 고귀하게 여기는 절도를 기술하였다.

태로(大路)와 차로(次路)는 앞에 10-3-9에서 이미 해설하였고
선로(先路)는 왕이 선조의 산소에 갈 때에 타는 수레이다. 혈(血)은
피로 가장 신선하고, 성(腥)은 날고기로 그 다음에 신선하며, 섬(爓)
은 살짝 데친 것으로 또 그 다음에 신선한 것이며, 숙(孰)은 숙(熟)
으로 삶아서 익힌 것이니 또 그 다음에 신선한 것이다. 향미(饗味)는
맛을 흠향(歆饗)함이요, 기취(氣臭)는 향기를 냄새 맡은 것인즉 인격
신(人格神)은 입으로 제물을 맛보고, 하느님은 코로 제물을 냄새 맡
는 것이니 입으로 맛을 봄에는 손이 필요하지만 코로 냄새를 맡음에
는 손이 필요하지 않으므로 단지 듣기만 하는 것이다.

11-1-3 ──────────────── 諸侯가 爲賓할새 灌用鬱鬯은
灌用臭也니 大饗은 尙服脩而已矣니라.

『제후가 손님이 될 때에 울찬주로써 강신함은 향기로써 강신하는
것이니 큰 향례는 향기로운 육포를 숭상할 따름이니라.』

◐ 이 절은 앞 절에 이어 고상한 예절은 수량보다는 재질을 더욱

숭상함을 기술하였다.

관용울창(灌用鬱鬯)은 앞에 10-3-7에서 이미 해설하였고 취(臭)
는 향기이며 단수(腶脩)는 생강과 계피를 찧어서 발라 만든 육포니
큰 향례에 향기만 맡을 뿐이고 먹지는 않는 예물이다.

11-1-4 ——————————————————— 大饗엔 君이 三重席而酌焉하고
三獻之介엔 君이 專席而酌焉하나니
此는 降尊而就卑也니라.

『큰 향례에는 임금이 세 겹의 자리에서 손님이 권하는 술을 받아
마시고, 세 잔을 드리는 예절에는 부사가 권하는 술을 임금이 한 겹
의 자리에서 받아 마시나니 이것은 높은 자리에서 내려와 낮은 자리
로 가는 것이니라.』

◑ 이 절은 높은 사람이 주는 것은 높은 자리에서 받고 낮은 사람
이 주는 것은 낮은 자리에서 받는 예절을 기술하였으니 서서 주는
것은 서서 받고, 앉아서 주는 것은 앉아서 받는 절도와 같다.

대향(大饗)은 앞에 10-10-2에서 이미 해설하였고 3중석(三重席)
은 앞에 10-3-4에서 해설하였으며 작(酢)은 손님이 주인의 헌(獻)
을 받아 마시고 그 잔을 씻어서 술을 담아 주인에게 권하는 술인데 주
인이 작(酢)을 마시고 나서 향음주례 술잔으로 먼저 한 잔을 마시고
손님에게 드리는 술을 수(酬)라고 한다. 3헌(三獻)은 앞에 10-10-1에
서 해설하였고 개(介)는 부사(副使)로 앞에 10-3-3에서 이미 해설

하였으며 전석(專席)은 한 겹의 자리이다.

살펴건대 천자의 자리는 다섯 겹이요, 제후의 자리는 세 겹이요, 대부의 자리는 두 겹인데 왕이 제후에게 향례를 베풀 때는 주인과 손님의 신분이 동등해야 되므로 천자가 제후와 같은 세 겹 자리를 쓰고 대부의 술을 받을 때에는 대부와 동등한 두 겹의 자리를 사용해야 되지만 더욱 몸을 낮추어서 한 겹 자리에서 술을 받아 마시니 지극한 덕이다.

11-2-1 —————————————— 饗禘엔 有樂하고 而食嘗엔 無樂하니
陰陽之義也라 凡飮은 養陽氣也하고
凡食는 養陰氣也라 故로 春禘而秋嘗하며
春饗孤子하고 秋食耆老하나니 其義가 一也로되
而食嘗에 無樂이니라 飮은 養陽氣也라 故로 有樂하고
食는 養陰氣也라 故로 無聲하니 凡聲은 陽也니라.

『향례와 체제에는 음악이 있고, 사례와 상제에는 음악이 없으니 음과 양의 뜻이다. 무릇 음료는 양기를 기르고, 무릇 밥은 음기를 기르는 것이니라. 그러므로 봄에는 체제를 지내고, 가을에는 상제를 지내며, 봄에는 고자에게 향례를 베풀고, 가을에는 노인에게 사례를 베푸나니 그 뜻이 한 가지로되 사례와 상제에 음악이 없는 것이다. 음료는 양기를 기르는 것이니라. 그러므로 음악이 있고, 밥은 음기를 기르는 것이니라. 그러므로 소리가 없으니 무릇 소리는 양이니라.』

◑ 이 장은 예절의 음양(陰陽)원리를 기술하였으니 음과 양의 구

조와 성질을 밝혀서 전체적으로 화합하여 통일하는 질서를 추구한 것이다.

향(饗)은 향례(饗禮)요, 체(禘)는 종묘의 여름제사 이름이니 앞에 5-12-2에서 이미 해설하였고 사(食)는 사례(食禮)니 앞에 5-19-4에서 해설하였으며 상(嘗)은 종묘의 가을제사이다. 음양지의(陰陽之義)는 동(動)과 정(靜), 강(剛)과 유(柔), 시(始)와 종(終), 명(明)과 유(幽), 왕(往)과 래(來), 기(奇)와 우(偶), 정신과 물질 등등의 일체 만물이 모두 상대적 조화(調和)관계로 통일질서를 유지한다는 뜻이다. 음(飮)은 음료(飮料)이니 물, 차, 술, 탕국 등이요, 양기(養氣)는 외부로 확산하여 나아가는 기운이며 음기(陰氣)는 내부로 수축하여 들어오는 기운이다. 춘체(春禘)는 춘약(春祔)을 지칭하고 고자(孤子)는 아버지를 여의고 3년의 상복을 입고 있는 성인(成人)이며 기의일야(其義一也)는 상중에 슬퍼하는 고자에게는 술을 먹게 하여 정신력을 기르게 하고 노쇠한 노인에게는 밥을 먹게 하여 체력을 기르게 하니 그 먹이고 마시게 한 뜻이 동일힘이다. 악(樂)은 악기를 연주하는 음악이고 성(聲)은 목소리로 부르는 성악까지 포함한다.

술은 음직이면서 마셔야 취하지 않고 밥은 앉아서 먹어야 체하지 않으니 밥 먹을 때는 말이 없는 것이 예절이요, 술 먹을 때는 노래하고 춤추는 것도 장소에 따라서는 나쁠 것이 없느니라.

11-2-2 ──────────────── 鼎俎는 奇요 而籩豆는 偶니 陰陽之義也라

籩豆之實은 水土之品也라

不敢用褻味而貴多品하나니

所以交於旦明之義也니라.

『솥제기와 도마제기는 홀수요, 대나무제기와 나무제기는 짝수니 음과 양의 뜻이니라. 대나무제기와 나무제기에 담은 제물은 물과 땅에서의 생산품인 것이므로 감히 보통의 맛으로 많은 품목을 귀하게 여기지 아니하나니 신명에게 교제하는 원리의 의리이니라.』

　☯ 이 절은 제사상을 차리는 범절을 기술하였으니 희생은 양(陽)을 숭상하여 홀수로 차리고 과일과 나물은 음(陰)을 숭상하여 짝수로 차림을 밝혔다.

　정(鼎)은 세 발이 달린 솥처럼 생긴 제기(祭器)로 희생을 삶은 국을 담고 조(俎)는 도마처럼 생긴 제기인데 희생의 살코기를 담으며, 기(奇)는 홀수로 1, 3, 5, 7, 9니 동물은 움직이는 양기(陽氣)임을 표시한다. 변두(籩豆)는 앞에 10-10-2에서 이미 해설하였고, 우(偶)는 짝수로 2, 4, 6, 8, 10이니 식물은 정지하는 음기(陰氣)임을 표한다. 설미(褻味)는 일상의 보통적인 맛이며, 다품(多品)은 종류와 수량이 많은 물품이요, 교(交)는 교접(交接)이고 단명(旦明)은 신명(神明)의 오기로 뒤에 11-9-2는 모두 신명으로 되어 있다.

　제사는 저승의 귀신과 이승의 사람이 교접(交接)하는 예절이기 때문에 인간 본위로 제사상을 차려서는 안 되고, 반드시 귀신의 취향을 배려하여 음과 양을 갖추어서 정결하고 향기롭게 차려야 되는 의리가 있는 것이다. 그러므로 감히 제사상을 일상적인 사람들의 밥상처럼 양념을 해서 푸짐하게 차리는 것은 귀신을 섬기는 의리(義理)가 아니다.

賓이 入大門할새 而奏肆夏하나니 示易以敬也요
卒爵而樂闋하니 孔子가 屢歎之하시다
奠酬而工升歌는 發德也요 歌者가 在上하고
匏竹이 在下는 貴人聲也라 樂은 由陽來者也요
禮는 由陰作者也니 陰陽이 和하야 而萬物이 得이니라.

『손님이 대문에 들어올 때에 우 임금의 음악을 연주하나니 편안하게 공경함을 보이는 것이요, 주인이 드리는 술을 손님이 마시기를 마치면 음악이 그치니 공자가 자주 감탄하시다. 주인이 향음주례 술잔에 술을 담아 손님에게 권하면 악공이 뜰방에 올라가서 노래함은 손님의 덕을 발양하는 것이요, 노래하는 사람이 당상에 있고, 생황과 피리가 당하에 있음은 사람의 소리를 고귀하게 여기는 것이다. 음악은 움직이는 양기를 말미암아 나오는 것이고, 예절은 정지하는 음기를 말미암아 만드는 것이니 음과 양이 조화하여야 만물이 만족하니라.』

◉ 이 절은 음악과 예절도 음양의 원리에 따라서 손님을 음악으로 감동시키고 주인은 예절로 공경심을 지키는 것이 화합통일의 길임을 기술하였다.

사하(肆夏)는 앞에 10-10-2에서 이미 해설하였고 이(易)는 편안함이며 졸작(卒爵)은 주인이 손님에게 드리는 헌작(獻爵)을 손님이 받아서 모두 마시는 것이요, 악결(樂闋)은 음악을 중지함이다. 탄(歎)은 아름다움을 감탄함이고 전수(奠酬)는 주인이 향음주례 술잔으로 먼저 한 잔을 마신 다음에 손님에게 권하는 두 번째 술잔을 드림이고, 공(工)은 악공(樂工)이며 승(升)은 마당에서 당상(堂上)으로

올라감이다. 발(發)은 발양(發揚)함이요, 포(匏)는 생황(笙簧), 죽
(竹)은 피리며, 유양(由陽)은 내부에서 발동하여 확산하는 양기이고,
유음(由陰)은 내부에서 정지하여 수축해서 응결하는 음기이며, 득
(得)은 만족함이다.

　살피건대 손님이 대문에 들어오는 때와 손님이 헌(獻)과 수(酬)를
받을 때 그리고 손님이 돌아갈 때에만 음악을 연주하고, 주인이 작
(酢)과 수(酬)를 마실 때에는 음악을 연주하지 않으니 주인이 손님
을 편안하고 즐겁게 공경하는 예절이 아름답기 그지없도다.

11-2-4 ──────── 旅幣無方은 所以別土地之宜하며 而節遠邇之期也요
龜爲前列은 先知也요 以鍾次之는 以和居參之也요
虎豹之皮는 示服猛也요 束帛加璧은 往德也니라.

『5방에 하느님 제사의 폐백이 항상 됨이 없음은 토지의 알맞음을
분별하고, 멀고 가까움을 조절하는 원리를 기약함이요, 거북을 앞줄
로 함은 먼저 아는 것이요, 종으로 다음 줄에 놓는 것은 화합으로 동
참함이요, 범과 표범의 가죽은 사나운 것을 굴복시킴을 보임이요, 묶
은 비단에 도래옥을 더함은 덕으로 나아가는 것이니라.』

　◐ 이 절은 천자가 5방의 하느님께 여제(旅祭)를 지낼 때에 올리
는 폐백은 일정한 품목이 없으나 거북과 종과 범과 표범의 가죽과
묶은 비단과 옥은 필수임을 기술하였다.

　여(旅)는 앞에 5−6−3의 경문에 시(柴)와 같으니 천자가 5악(五

嶽)에서 5방(方)의 하느님께 제사 지내는 것으로 동악(東嶽)에서는 동천(東天)의 태호제(太皥帝), 남악(南嶽)에서는 남천(南天)의 염제(炎帝), 중악(中嶽)에서는 중천(中天)의 황제(黃帝), 서악(西嶽)에서는 서천(西天)의 소호제(小皥帝), 북악(北嶽)에서는 북천(北天)의 전욱제(顓頊帝)를 제사 지낸다. 무방(無方)은 무상(無常)이니 일정한 품목이 없고 지역적 특성과 거리의 원근에 따라 분별하여 조절한다는 뜻이다. 귀위전렬(龜爲前列)은 앞에 10-10-2에서 이미 해설하였고 종(鍾)도 거기에서는 금(金)으로 썼으니 거참(居參)은 동참(同參)과 같고 왕(往)은 진(進)과 같다.

천자는 지방의 제후를 선지선각(先知先覺)적인 지도력으로 이끌고 전체의 화합을 추구하며 난폭하고 사나운 세력을 굴복시켜서 도덕사회를 개척할 사명과 책임이 있기 때문에 그것을 상징하는 거북과 종과 호피와 비단과 옥을 폐백으로 바쳐서 하느님 앞에 다짐하니 그 뜻이 장엄하도다.

11-3-1 ——————————————————— 
庭燎之百은 由齊桓公始也니라.

『대궐 마당에 횃불이 100개는 제나라 환공으로부터 비롯하니라.』

☯ 이 장은 춘추시대에 예치(禮治)의 규범을 허물고 혼란이 일어나는 동기와 과정을 기술하여 예절과 음악이 한갓 권세가의 힘을 과시하는 장식물로 전락된 것을 비판하였다.

정료(庭燎)는 궁궐의 마당에 횃불을 밝혀 밤에 신하들이 출입하기

편하게 함이니 대대례(大戴禮)에 천자는 100이요, 상공(上公)은 50이요, 후백자남(侯伯子男)은 30이라고 하였다. 제(齊)나라 환공(桓公)은 후작(侯爵)으로서 강대국의 힘을 과시하기 위하여 참람하게도 천자의 예절을 도용하였으니 규탄해야 마땅하다.

11-3-2 ──────────────── 大夫之奏肆夏也는 由趙文子始也니라.

『대부가 우 임금의 음악을 연주함은 조문자로부터 비롯하니라..』

◑ 이 절은 음악이 무너지는 것은 조문자로부터 비롯하였음을 고발하였다.

사하(肆夏)는 앞에 11-2-3에서 이미 해설하였고 조문자(趙文子)는 진(晉)나라 대부 조무(趙武)로 당시 진문공(晉文公)이 강대국을 건설하였다. 천자의 음악을 대부가 연주하였으니 성토해야 마땅하다.

11-3-3 ──────────────── 朝覲에 大夫之私覿이 非禮也라
大夫가 執圭而使어든 以申信也요
不敢私覿은 所以致敬也니
而庭實私覿인댄 何爲乎諸侯之庭이리오
爲人臣者는 無外交니 不敢貳君也니라.

『제후가 천자에게 뵘에 대부가 사사롭게 만남이 예절이 아니다.

대부가 홀을 잡고, 사신이 되었거든 믿음을 펴야 하는 것이요, 감히
사사롭게 만나지 아니함은 공경을 다하는 원리니 마당에 공물을 가
득히 진열하고, 사사롭게 만날진댄 어찌 제후의 마당이 되리오. 남의
신하가 된 사람은 외부와 교제함이 없나니 감히 임금을 의심하지 아
니하는 것이니라.』

　● 이 절은 춘추시대에 대부들이 외국에 사신으로 가서 사사롭게
교제하는 것을 질타하였다.

　조(朝)는 앞에 5-6-1에서 이미 해설하였으니 봄에 가는 것을 조
(朝)라 하고 가을에 가는 것을 근(覲)이라 한다. 사적(私覿)은 사사
롭게 만나 보는 것이니 곧 비공식적인 개인교제이며, 신신(申信)은
신의를 두텁게 펼침이요, 정실(庭室)은 마당에 공물(貢物)을 가득히
진열함이며, 외교(外交)는 외부와 개인적으로 교제함이고, (貳)는 의
심함이다.

　춘추시대의 불안한 국제정세 아래에서 실력을 기미쥔 대부들이 사
신을 빙자하여 강대국에 가서 은밀하게 그 실력자를 만나 서로 결탁
해서 작난을 하므로 그 임금이 신하를 의심하는 데 이르렀던 것이다.

11-3-4 ──────────────── 大夫而饗君이 非禮也요 大夫가 强이어든
而君이 殺之가 義也어늘 由三桓始也니라.

『대부이면서 임금에게 향례를 베푸는 것이 예절이 아니고, 대부가
강포하거든 그 임금이 사형시키는 것이 정의로되 노나라 세 대부로

부터 비롯하나라.』

◉ 이 절은 노나라의 권력을 3분한 세 대부가 교만방자하게도 임금을 집으로 초청하여 향연을 베풀고 또한 임금까지 시해한 죄악을 고발하였다.

향군(饗君)은 대부가 임금을 자기의 집으로 초청하여 향연을 베풀어 대접함이고, 강(强)은 강포(强暴)함이니 임금을 강요하고 인민에게 포악함이며, 삼환(三桓)은 노나라 환공(桓公)의 후손인 맹손(孟孫), 숙손(叔孫), 계손(季孫)인데 이들이 노나라의 권력을 3분하여 장악했으므로 3가(三家)라고 하였다. 『춘추(春秋)』를 살펴건대 노나라 환공(桓公)의 둘째 아들 경보(慶父)가 자반(子般)과 민공(閔公)을 차례로 시해하고 권력을 농단하다가 희공(僖公)이 즉위하자 죽었으니 내가 역주한 『새 시대를 위한 춘추(春秋)』 3-32-5와 4-2-5를 참조하기 바란다.

11-3-5 ─────────────── 天子는 無客禮하니 莫敢爲主焉이요
君이 適其臣인댄 升自阼階하나니
不敢有其室也라 觀禮에 天子는 不下堂而見諸侯하나니
下堂而見諸侯면 天子之失禮也어늘 由夷王以下니라.

『천자는 손님 노릇 하는 예절이 없으니 감히 주인으로 섬길 수 없음이요, 임금이 그 신하의 집에 갈진댄 섬돌 계단을 말미암아 오르나니 감히 그 집을 두지 않은 것이다. 제후가 천자에게 보이는 예절에

천자는 뜰방에 내려오지 않고 제후를 접견하나니, 뜰방에 내려와서 제후를 접견하면 천자가 예절을 잃은 것이거늘 이왕으로부터 뜰방에 내려왔느니라.』

◑ 이 절은 춘추시대의 혼란기에 주(周)나라 왕실이 미약하므로 강대국의 제후에게 파격적인 대우를 하였음을 비난했다.

객례(客禮)는 손님 노릇을 하는 예절이요, 위주(爲主)는 주인으로 섬기는 것이니 천자는 천명(天命)을 받아서 천하를 주재(主宰)하므로 그 통치권을 자주 독립해서 행사하고 절대로 다른 사람의 제약을 받아서는 안 되므로 천자를 손님으로 섬기는 사람이 있을 수 없다. 조계(阼階)는 섬돌 계단이니 주인이 사용하는 동쪽 계단인데 손님은 서쪽 계단을 이용하며 유기실(有其室)은 천자는 천하를 일가(一家)로 여기는 까닭에 모두 공실(公室)로 인정하고 사가(私家)로 인정하지 않음이며 이왕(夷王)은 춘추시대 직전에 주(周)나라 왕으로 강왕(康王)의 현손(玄孫)의 아들이요, 유왕(幽王)의 아비지이다.

11-3-6 ──────── 諸侯之宮縣而祭以白牡하며 擊玉磬하며
朱干設錫하며 冕而舞大武하며
乘大路함은 諸侯之僭禮也니라.

『제후가 종묘의 4면에다가 악기를 매달고, 흰 수소로 제향을 지내며, 옥경을 치며, 붉은 방패에 금장식을 하며, 면류관으로 대무를 춤추며, 태로를 타는 것은 제후의 분수에 넘치는 예절이니라.』

◉ 이 절은 춘추시대에 패권(覇權)을 장악한 제후들이 감히 천자의 예절을 도용하는 참람함을 폭로하였다.

궁현(宮懸)은 천자가 종묘의 4면에 악기를 매달고 연주하는 것이니 궁(宮)은 종묘이고, 현(縣)은 종(鐘)과 경(磬)을 걸어 두는 가(架)로 제후는 3면에만 설치하였다. 백모(白牡)는 흰 수소니 주(周)나라는 붉은 황소를 숭상하였으며, 옥경(玉磬)은 천자의 악기요, 제후는 석경(石磬)이며, 주간(朱干)은 붉은 칠을 한 방패요, 양(錫)은 방패의 뒷면에 금으로 장식을 한 것으로 춤추는 도구이며, 대무(大武)는 무왕(武王)의 음악이고, 태로(大路)는 앞에 11-1-2에 이미 해설하였으니 모두 천자의 예악문장(禮樂文章)이거늘 춘추난세에는 제후들이 도용하니 제후의 참례(僭禮)라고 지탄하여 분수를 넘은 교만 방자한 행위를 경고하였다.

11-3-7 ──────────────────── 臺門而旅樹하며 反坫하며 繡黼하며
丹朱中衣하니 大夫之僭禮也니라.

『대문에 누대를 세우고, 나무를 심어 가리며, 술잔을 돌려놓는 자리에 돌려놓으며, 옷에 도끼무늬를 수놓으며, 속옷에 붉은 비단으로 선을 두르니 대부의 분수에 넘친 예절이니라.』

◉ 이 절은 춘추시대에 권력을 장악한 대부들이 감히 제후의 예절을 도용하는 참람함을 고발하였다.

대문(臺門)은 앞에 10-3-12에서 이미 해설하였고 여(旅)는 베풀

어 설치함이요, 수(樹)는 나무를 심어 안과 밖을 가림이다. 반(反)은 술을 마시고 빈 술잔을 되돌려 놓은 것이요, 점(坫)은 사각형으로 된 잔대로 제후들이 연회할 때에 사용하며 보(黼)는 도끼 문양으로 결단력을 상징하는바 천자와 제후의 곤룡포에 수놓으며 단주(丹朱)는 붉은 비단으로 옷깃에 선을 두르는 것이고 중의(中衣)는 속옷이다.

11-3-8 ──────────────────────── 故로 天子가 微하고 諸侯가 僭하며
大夫가 強하야 諸侯가 脅하니 於此에 相貴以等하며
相覿以貨하며 相賂以利하야 而天下之禮가 亂矣라
諸侯가 不敢祖天子하며 大夫가 不敢祖諸侯하야
而公廟之設於私家하나니 非禮也로되 由三桓始也니라.

『그러므로 천자가 미약하고, 제후가 참람하며, 대부가 강포하여 제후가 협박하나니 이에 서로 고귀함을 동등하게 하며, 서로 만나 봄을 재화로써 하며, 서로 뇌물을 이롭게 여기어 그 천하의 예절이 어지러운지라 제후가 감히 천자를 근본으로 받들지 아니하고, 대부가 감히 제후를 근본으로 받들지 아니하여, 제후의 종묘를 사사로운 집에 설치하나니 예절이 아니로되 노나라 세 대부로부터 비롯하니라.』

◉ 이 절은 부패한 권력자들의 권위주의를 기술하였으니 춘추난세에 노(魯)나라 3가(家)가 참람하게도 그 가묘(家廟)에 종묘(宗廟)의 의전을 설치한 것을 규탄하였다.

고(故)는 앞 절에서 말한 천자가 실례(失禮)하고 제후와 대부가

참례(僭禮)한 결과이며 협(脅)은 협박함이니 곧 대부가 제후를 강요하여 천자에게 협박함이다. 조(祖)는 정통의 근본으로 받들어 섬기는 대상으로 여기에서는 정치권력과 관작(官爵)이 나오는 근본원천이며 공묘(公廟)는 제후의 종묘(宗廟)요, 사가(私家)는 대부의 집이고 삼환(三桓)은 앞에 11-3-4에서 해설하였다. 도덕이 없는 난세에는 오로지 권세를 뽐내고 재화를 탐하고 뇌물이 성행하는 것을 여기에서 확인하라.

11-4-1 ──────天子가 存二代之後는 猶尊賢也니 尊賢은 不過二代니라.

『천자가 2대의 후손을 존속하여 둠은 오히려 어진 이를 높이는 것이니 어진 이를 높임은 두 대를 지나지 아니하니라.』

◑ 이 장은 춘추시대에 잊힌 예절을 찾아서 기술하였다.

존(存)은 존치(存置)함이요, 2대(二代)는 직전의 두 왕조(王朝)로 여기에서는 주(周)나라 이전의 하(夏)나라와 은(殷)나라를 지칭하며 후(後)는 후손이고 존현(尊賢)은 어진 이를 높이는 것이다. 살피건대 왕위를 선양(禪讓)받거나 혁명을 하여 천자가 되면 직전의 왕조와 그 이전의 왕조의 후손이 그대로 그 지방에 살면서 어진 조상의 제사를 지내도록 하였는데 주(周)나라 무왕(武王)은 혁명을 성공하자 은(殷)나라의 후손은 송(宋)나라 임금으로 봉하고, 하(夏)나라의 후손은 기(杞)나라 임금으로 봉하였으니 모두 공작(公爵)이었으며, 송나라는 탕 임금의 제향을 받들게 하고, 기나라는 우 임금의 제향을 지내게 하였던 것이다. 불과(不過)는 지나가지 않고 그친다는 말이니 무왕이 순(舜)의 후손 호공만(胡公滿)을 진(陳)나라에 봉한 것은 호공만이 무왕의 사위였기 때문이었다.

11-4-2 ─────── 諸侯는 不臣寓公이라 故로 古者에 寓公은 不繼世하니라.

『제후는 망명한 임금을 신하로 삼지 아니하니라. 그러므로 옛날에 망명한 임금은 세대를 계승하지 아니하니라.』

◑ 이 절은 제후가 망명한 임금을 신하로 삼을 수 없으며, 또한 망명한 임금은 임금의 신분을 당대에만 한정하고, 아들에게 세습할 수 없는 예절을 밝혔다.

불신(不臣)은 신하로 삼지 않는 것이고, 우공(寓公)은 망명(亡命)하여 다른 나라의 세후에게 의지하여 붙어 있는 임금이며, 불계세(不繼世)는 그 신분을 대대로 승계하지 않은 것이다. 따라서 제후는 망명한 임금의 신분을 존중하여 손님으로 대우하되 오직 당대에 한하고 그 자손까지 임금의 신분으로 대우할 이유가 없는 것이다.

11-4-3 ─────── 君之南鄕은 答陽之義也요 臣之北面은 答君也라.

『임금이 남쪽을 향함은 밝은 태양을 대하는 뜻이요, 신하가 북쪽을 향함은 임금을 대하는 것이다.』

남향(南鄕)은 남향(南向)이니 정남(正南)을 향하여 앉음이고, 답(答)은 대(對)의 뜻이며, 양(陽)은 태양으로 밝음의 원천이요, 북면(北面)은 북향(北向)으로 서는 것이다.

11-4-4 ─────────────── 大夫之臣이 不稽首는 非尊家臣이라 以辟君也니라.

『대부의 신하가 이마를 땅에 대는 절을 하지 않음은 가신을 존중함이 아니라 임금을 피하기 위함이니라.』

☯ 이 절은 대부의 신하가 대부에게 절함에 이마를 땅에 대는 절을 하지 못하는 이유를 밝혔다.

계수(稽首)는 앞에 3-5-1에서 이미 해설하였고, 피(辟)는 피(避)이다.

살피건대 제후는 천자에게 계수(稽首)하고, 대부는 제후에게 역시 계수하되 가신(家臣)이 그 대부에게 계수하지 못하게 한 것은 가신을 존중해서가 아니라 계수가 가장 큰 감격과 지극한 공경을 표시하는 절도이므로 임금과 스승 및 아버지의 초상에만 쓰고, 신하끼리와 친척끼리와 사회끼리는 감히 사용하지 못하는 것이니 인간의 유일무이한 최대 감격과 최고 존경의 예절이기 때문이다.

11-4-5 ─────────────────── 大夫가 有獻이어든 弗親하며
君이 有賜어든 不面拜는 爲君之答已也라.

『대부가 드림이 있거든 친히 가지 아니하며, 임금이 내림이 있거든 뵙고 절하지 않음은 임금의 답례를 그치게 하기 위함이니라.』

◑ 이 절은 국가의 의례적 행사로 드리거나 하사한 선물에는 번거로움을 피하여 답배(答拜)를 생략함을 밝혔다.

헌(獻)은 선물을 드리는 것이고, 불친(弗親)은 가지고 온 사자(使者)에게 절하여 감사를 표할 뿐이요, 직접 찾아가서 인사하지 않는 것이다. 불면배(不面拜)는 직접 가서 얼굴을 뵙고 절하지 않는 것이며, 이(已)는 그치는 것이다. 예절은 왕래하는 것이므로 가면 오고, 오면 가는 것이 원칙이지만 임금이나 대부가 국가의 공식적인 의전으로 베푸는 선물은 번거로움을 피하여 절하고 받기만 하고, 다시 찾아가서 인사하는 예절이 없는 것이다. 그러나 본인이 부재중에 받았을 때에는 친히 찾아가서 감사를 표하되 반드시 대부나 임금을 만날 필요는 없고 인사만 전하면 되나니 선물을 받고 친히 가서 인사하는 것은 선비와 서민 대중의 예절이다.

11-5-1 ──────────────── 鄕人이 儺이어든 孔子가 朝服하사
立于阼하시니 存室神也니라.

『향리의 사람이 귀신을 쫓는 굿을 하거든 공자가 조복을 입으시고 섬돌에 서시니 모신 사당방의 신령을 지키는 것이니라.』

◑ 이 장은 춘추시대에 없어진 예절을 공자가 찾아서 지킨 사례를

열거하였다.

상(禓)은 논어에 나(儺)로 되어 있으니 질병을 옮기는 역귀(疫鬼)를 쫓기 위하여 굿을 하는 것이요, 실신(室神)은 신령을 모신 사당방이니 마을에서 방상씨(方相氏)가 요란하게 굿을 하면서 악귀를 쫓으므로 조상신이 놀랄까를 걱정하여 지키는 것은 돌아가신 분을 살았을 때처럼 섬기는 예절이다.

11-5-2 ─────────────── 孔子가 曰射之以樂也라 何以聽이며 何以射오.

『활쏘기도 음악으로 하는 것이라, 어떻게 들으며, 어떻게 쏘리오.』

◉ 이 절은 춘추난세에 화락한 활쏘기가 살벌한 활쏘기로 변질되었음을 공자가 탄식하였다.

사(射)는 활쏘기요, 악(樂)은 음악이다. 청(聽)은 음악을 듣는 것이고 이사(以射)는 발사함이다. 대저 음악은 귀로 듣고 활을 쏘는 것은 손가락으로 발사하나니 두 가지를 동시에 하기는 대단히 어려운 바 모두 집중력이 필요한 것인즉 평소에 화락한 심성(心性)과 강인한 정신을 함께 배양해야만 할 수 있는 것이요, 만일 긴장하여 몸이 굳거나 정신력이 산만하면 순발력이 없어서 명중할 수 없는 것이다.

11-5-3 ─────────────── 孔子가 曰士는 使之射할새
不能이어든 則辭以疾하나니 縣弧之義也니라.

『공자가 말씀하시기를 선비는 그로 하여금 활쏘기를 하라고 함에
잘하지 못하거든 곧 질병으로 사양하나니 뽕나무 활을 매달았던 뜻
이니라.』

◉ 이 절은 선비에게 있어서 활쏘기는 6예(藝)인 예(禮), 악(樂),
사(射), 어(御), 서(書), 수(數)의 하나로 필수교육과목임을 밝혔다.

불능(不能)은 능통하지 못함이고 현호(縣弧)는 옛날부터 사내아이
를 낳으면 대문의 왼쪽에 뽕나무 활을 매달았으니 사나이는 무예를
닦아 국가를 수호할 책임이 있다는 뜻이다. 그러므로 임금이 선비에
게 활을 쏘라고 하면 아직 배우지 못했다고 대답할 수 없고, 오직 몸
이 아프다는 말로 사양해야 되지만 이것도 또한 임금을 속이는 것인
즉 부지런히 활쏘기를 익혀야 되는 것이다.

11-5-4 ─────────────── 孔子가 曰三日齊하야 一日用之라도
猶恐不敬이니 二日伐鼓인댄 何居오.

『공자가 말씀하시기를 3일 동안을 출입을 삼가고 마음을 가다듬어
하루 동안에 쓸지라도 오히려 공경하지 못할까를 두려워하거니 2일
동안 북을 칠진댄 어떻게 공경심을 간직하리오.』

◉ 이 절은 춘추난세에 예절이 무너져서 제사에 3일 동안 목욕재
계(沐浴齊戒)하는 절도까지 지키지 않은 것을 탄식하였다.

용(用)은 정신을 통일하여 경건하게 제사를 지내는 것이고, 벌고

(伐皷)는 북을 치는 것이니 음악을 들으며 즐겁게 노는 것이요, 거
(居)는 항상 있는 것이니 공경심을 항상 간직함이다.

11-5-5 ─────────────────────孔子가 曰繹之於庫門內하며
祊之於東方하며 朝市之於西方하니 失之矣니라.

『공자가 말씀하시기를 궁궐의 바깥문 안에서 진상품을 확인하여
접수하며, 대궐의 동쪽에 사당문을 만들며, 대궐의 서쪽에 아침시장
을 여니 법도를 잃었느니라.』

◯ 이 절은 춘추난세에 전통적인 규범을 따르지 않고 간편함을 추
구하여 자의적으로 개혁하는 세태를 우려하였다.

역(繹)은 진상품(進上品)을 진열하여 확인하고 접수하는 것이고
고문(庫門)은 궁궐의 가장 밖에 있는 외문(外門)인데 앞에 6-3-11
에서 해설하였다. 전배들은 역(繹)을 제사 지낸 다음 날에 또다시 지
내는 제사라고 하였으나 어찌 종묘를 두고 고문(庫門) 안에서 지내
겠는가. 어불성설이므로 내가 바로잡았으니 다음 장과 아울러 살피기
바란다. 팽(祊)은 앞에 10-9-5에서 이미 해설하였고 동방(東方)은
대궐문의 동쪽이요, 조시(朝市)는 아침시장이며 서방(西方)은 대궐문
의 서쪽이며 실(失)은 제도적 규범을 잃은 것이니 진상품(進上品)은
해당 관서(官署)에서 확인하고 접수해야지 궁궐에서 직접 받아서는
안 되고, 대궐을 중심으로 동쪽에는 학교를 건립하고 서쪽에는 사직
(社稷)을 설치하며, 남쪽에는 종묘(宗廟)를 설치하는 것인데 춘추시

대의 패권세력이 전제독재의 도당정치를 하면서 신성한 학교와 사직을 경시하고 오로지 독재권력만 강화하여 진상품을 직접 궁궐에서 받고, 학교 옆에 종묘를 세우고 사직 옆에 아침시장을 열게 하였던 것이다.

11-6-1 ———————————————— 社는 祭土而主陰氣也라 君이
南鄕於北墉下하나니 答陰之義也요
日用甲하니 用日之始也라.

『국토신을 모신 단은 토지신에게 제사 지내서 고요히 엉기는 음의 기운을 주장하는 것이므로 임금이 사직단의 북쪽 낮은 담 아래에서 남쪽을 향하여 제사 지내나니 음을 대하는 뜻이요, 제삿날은 갑일을 쓰나니 날의 시작을 쓰는 것이다.』

◉ 이 장은 춘추난세에 국가를 상징하는 사단(社壇)을 소중히 여기지 않고 가문의 이익만을 추구하므로 사단(社壇)의 중요성을 설파하였다.

사(社)는 앞에 5-12-7에서 이미 해설하였고 토(土)는 국토신이며 음기(陰氣)는 고요히 정지하여 응결하는 기운이다. 북용(北墉)은 사직단을 낮게 둘러친 북쪽의 낮은 담장이니 사직은 담장만 치고 지붕이 없는 것이며, 답(答)은 대(對)와 같고, 일(日)은 제사 지내는 날을 받는 것이요, 갑(甲)은 일진에 갑(甲)이 들어간 날인데 갑일(甲日)은 날이 새로 시작하는 양일(陽日)인즉 음(陰)의 극치에 양이 생

기는 것을 상징하므로 국토에서 양기가 발로되기를 희망함이다.

 —————————————— ^{천자}天子는 ^{태사}大社에 ^{필수상로풍우}必受霜露風雨하야
^{이달천지지기야}以達天地之氣也라 ^{시고}是故로 ^{상국지사}喪國之社에
^{옥지}屋之하나니 ^{불수천양야}不受天陽也요
^{박사}薄社에 ^{북용}北牖은 ^{사음명야}使陰明也니라.

『천자는 태사에 반드시 서리와 이슬과 바람과 비를 받아서 하늘과 땅의 기운이 통하여 이르게 하는 것이다. 이런 까닭으로 나라를 잃은 사직에 지붕을 만드나니 하늘의 햇볕을 받지 못하게 하는 것이요, 발을 친 사직단에 북쪽으로 창문을 내는 것은 그늘의 빛으로 하여금 밝게 하는 것이니라.』

◉ 이 절은 천자는 땅의 신령한 기운을 더욱 북돋아서 천하에 활기가 넘치게 할 책무가 있음을 밝혔다.

태사(大社)는 천자국의 국토신을 모신 단이요, 상(喪)은 망(亡)이며 옥(屋)은 지붕을 만들어 덮는 것이고, 박(薄)은 얇은 발을 쳐서 가리는 것인즉 박사(薄社)는 나라가 멸망하여 그 사직단에 지붕을 만들고 사방에 발을 쳐서 햇볕을 가리는 사직인데 전배들은 박사(亳社)라고 하였으니 보편적인 내용을 특수한 사례로 비약한 논리이다. 북용(北牖)은 북쪽 창문이요, 사음(使陰)은 그늘진 빛이니 직사광선이 아니라 반사광선으로 하여금 그 내부를 밝게 함인즉 현재의 천자가 천명을 받아서 지난날의 왕조에까지 밝은 덕을 베풀어 준다는 의미이다.

社는 所以神地之道也라 地載萬物하고
天垂象하나니 取財於地하고 取法於天하니라
是以로 尊天而親地也니 故로 敎民美報焉인댄
家主中霤而國主社하니 示本也니라.

『국토신을 모신 단은 땅의 도를 신성하게 하는 원리인 것이다. 땅은 만물을 싣고, 하늘은 본보기를 내리나니 땅에서 재물을 취하고, 하늘에서 법칙을 취하니라. 이래서 하늘을 높이고, 땅을 친하는 것이니 그러므로 인민에게 아름답게 보답하는 것을 가르칠진댄 집 안에서는 가운데 홈통의 낙숫물이 떨어지는 마당을 주장하고, 나라에서는 국토신을 모신 단을 주장하니 근본을 보이는 것이니라.』

◉ 이 절은 국토를 신성하게 가꾸기 위하여 임금이 국토신에게 제사 지내면서 국민에게 보답하는 정신을 고취하는 것임을 기술하였다.

신(神)은 신성하게 함이고 지지도(地之道)는 대지(大地)가 아래에 넓고 크게 펼쳐져서 안정상태를 유지하여 만물을 싣고 위에 하늘과 길이 짝을 지어 있는 이치이다. 천수상(天垂象)은 하늘이 해와 달과 별을 운행하여 바람을 일으키고 비를 내려서 만상(萬象)이 나타나게 함이며, 재(財)는 물, 불, 나무, 쇠, 흙, 곡식 등 재물이요, 법(法)은 자연법칙이다. 미보(美報)는 아름다운 보답이니 그 근본을 뚜렷이 밝혀 감사의 제사를 지내는 것이요, 중류(中霤)는 건물의 중앙에서 낙숫물이 떨어지는 곳으로 곧 마당의 중심인데 여기에서 마당제사를 지내며, 본(本)은 근본이니 국토는 나라를 건설하는 근본이고, 마당은 가정을 건설하는 근본이다.

『오직 국토신을 모신 단의 일을 함에는 마을을 단출하게 하며』

◐ 이 절은 국가에서 사단(社壇)의 일을 함에는 전 국민이 마을을 청소하여 환경을 정비하는 절도를 기술하였다.

사사(社事)는 향사(享祀) 또는 수리함이요, 단출(單出)은 간편하고 시원하게 청소하고 정비해서 환경을 깨끗이 함이며, 이(里)는 향리의 마을단위로 공동작업을 함이다.

무릇 사단(社壇)을 위함에 먼저 적국의 마을을 깨끗이 가꾸는 것은 일의 절차에 있어서 당연한 순서이다.

『오직 국토신을 모신 단을 위하여 사냥을 함에 도읍의 사람이 모두 합작하며』

◐ 이 절은 국가에서 사단(社壇)에 바칠 제물을 사냥할 때에는 도읍의 주민이 모두 참여하여 합동작전을 하는 절도를 기술하였다.

전(田)은 전렵(田獵)이고, 국인(國人)은 국도(國都)의 주민이며, 필작(畢作)은 모두 함께 참여하여 합동작전을 편다는 뜻이니 도읍의 주민이 모두 사단(社壇)을 받든다는 뜻이다.

『오직 국토신을 모신 단에는 구와 승이 젯밥용 기장과 피를 공출하나니 근본에 보답하고, 시원을 생각하는 원리니라.』

◐ 이 절은 국가에서 사단(社壇)에 바칠 젯밥용 기장과 피는 구(丘)와 승(乘)에서 공출(供出)하는 절도를 기술하였다.

구(丘)는 128가(家)이고, 승(乘)은 512가인데 본디 정전법(井田法)은 8가(家)가 공전(公田)을 함께 경작하여 나라에 세금으로 바치고 각각 사전(私田)을 경직하여 먹고사는데 이러한 8가를 정(井)이라고 하였다. 그리하여 4정(井)을 읍(邑)이라 하고, 4읍을 구(丘)라고 하며 또 4구를 승(乘)이라고 하였다. 공(供)은 공출(供出)이요, 자성(粢盛)은 젯밥용의 기장과 피를 일컫고 보본(報本)은 뿌리에 보답함이며, 반시(反始)는 시원(始源)을 되돌아보고 생각함이다.

살피건대 정부의 재정회계는 공전(公田)의 수입으로 한정하고, 국토신을 모신 단(壇)의 젯밥용 기장과 피는 사전(私田)의 공출로 정하였으니 그 뜻이 깊도다.

『계춘에 불을 놓아 태우게 하나니 그런 다음에 그 전차와 장비를 사열하고, 그 졸병의 대오를 차례로 확인하되 이에 임금이 친히 사직단에서 맹세하여 군사훈련을 익히나니 '좌향 앞으로 가, 우향 앞으로 가'와 '앉아, 일어서'를 하여 그 행렬의 변화를 익힌 것을 관찰하고, 돌아다니며 새를 잡으라고 지시하여, 여러 가지 이익을 노리게 하여 그 작전명령을 범하지 않은 것을 관찰하나니 그 뜻에 복종하기를 요구하며, 그 새를 많이 잡음을 탐하지 않느니라. 그러므로 전쟁을 하면 이기고, 제사를 지내면 복을 받느니라.』

◐ 이 절은 늦봄에 사직단에서 군사훈련을 겸하여 사직단에 바칠 제물을 사냥하는 절도를 기술하였다.

분(焚)은 앞에 11-6-4에서 말한 마을 대청소를 위하여 쓰레기를 태우는 것이고, 간(簡)은 점고하여 사열함이며, 차(車)는 전차와 군용차요, 부(賦)는 지급한 장비와 무기이다. 역(歷)은 차례로 확인함이고, 졸오(卒伍)는 졸병의 편제인데 5명 1조(組)를 오(伍)라 하며, 100명 1조를 졸(卒)이라고 하였다. 세(誓)는 군율(軍律)을 공명정대하게 집행할 것임을 맹세함이고, 좌지우지(左之右之)와 좌지기지(坐之起之)는 제식훈련(制式訓鍊)으로 군인의 기본 정신의 함양과 절도 있는 단체생활을 영위하기 위하여 행하는 군사훈련의 기본 동작인데 행진하는 동안 각종 대오(隊伍)와 대열(隊列)의 자유자재한 변화와 일사불란한 체계로 기술적인 면과 정신적인 면을 부각시키는 것을 목적으로 한다. 유(流)는 돌아다니는 것이고, 시(示)는 지시(指示)함이며, 고(盬)는 탐하여 노리는 것이요, 제리(諸利)는 여러 가지 이로움이니 오직 공리(功利)만을 탐하여 법률과 도덕을 돌아보지 아니함이다. 명(命)은 군사명령이고, 득(得)은 사냥의 소득이 많음이며, 극

(克)은 이기는 것이요, 제(祭)는 땅에 제사 지냄이니 군율을 지키므로 단결력이 강대하고, 도덕을 지키므로 신령이 복을 주는 것이다.

11-7-1 ──────────────── 天子가 適四方하사 先柴하시니라.

『천자가 사방에 가심에 먼저 하늘에 제사 지내시니라.』

◑ 이 장은 춘추난세에 천하를 상징하는 교단(郊壇)과 시단(柴壇)을 존중하지 않고 제후들이 국익(國益)만을 다투므로 교시(郊柴)의 중요성을 설파하였다.

시(柴)는 앞에 5-6-3에서 이미 해설하였는데 천자가 동방에 가서는 동쪽 하늘의 태호제(太皡帝)께 제사 지내고, 남방에 가서는 남쪽 하늘의 염제(炎帝)께, 중앙에서는 중앙 하늘의 황제(黃帝)께, 서방에 가서는 서쪽 하늘의 소호제(少皡帝)께, 북방에 가서는 북쪽 하늘의 전욱제(顓頊帝)께 각각 제사 지낸다.

11-7-2 ──────────────── 郊之祭也는 迎長日之至也니라.

『교외의 단에서 위 하느님 제향은 낮이 길어짐이 지극한 날을 받느니라.』

◑ 이 절은 교단(郊壇)에서 황천상제(皇天上帝)의 제향을 지냄에

는 낮이 길어지는 동지철에 지내는 절도를 기술하였다.

교(郊)는 도읍의 교외에 단(壇)을 만들어 황천상제(皇天上帝)께 제향을 지내는 것이요, 영(迎)은 맞이함이니 날을 받는 것이며 장일(長日)은 낮을 길게 하는 것이니 동지(冬至)로부터 낮이 길어지고 밤이 짧아지며 지(至)는 지극함인데 곧 동지(冬至)의 절기를 뜻한다.

무릇 황천상제(皇天上帝)는 만물을 창조하여 주재하는 최고 유일의 절대지존(絶對至尊)이시므로 1년의 행사가 거의 끝나는 동지(冬至)에 태묘(太廟)에서 제향을 지내고 그 다음에 최종적으로 교제(郊祭)를 지내기 때문에 낮이 길어짐이 지극한 날이라고 하여 날짜가 겹치지 않게 하였다.

앞 장에서 말한 사일용갑(社日用甲)과 월령(月令) 편 6-2-6에서 말한 택원일명민사(擇元日命民社)를 참고하건대 사직의 향사는 늦봄에서 초여름에 거행하고 교제(郊祭)는 동지로부터 세말(歲末) 전에 거행함을 알 수 있다. 그리고 황천상제를 보필하는 천종제(天宗帝)와 신농제(神農帝)의 제향은 월령 편을 살펴건대 신농제는 계하(季夏)에 지내고 천종제는 맹동(孟冬)에 지내니 앞에 6-6-10과 6-11-16을 참고하기 바란다.

11-7-3 ──────────────── 大報天而主日也라 兆於南郊는 就陽位也요
掃地而祭는 於其質也요
器用陶匏는 以象天地之性也니라.

『하늘에 크게 보답함에는 이에 태양을 주장하는 것이라. 남쪽 교

외에 제단을 정함은 양지쪽의 자리로 나아감이요, 땅을 쓸고 제사 지
냄은 그 본질을 추구함이요, 그릇으로 질그릇과 바가지를 사용함은
하늘땅의 본성을 상징하는 것이니라.』

◐ 이 절은 황천상제(皇天上帝)의 성덕(盛德)에 보답하는 교제(郊
祭)는 천자가 밝은 낮에 남쪽 교외에서 질박하게 거행하는 것임을
밝혔다.

대보(大報) 거국적으로 보답함이고, 천(天)은 황천상제(皇天上帝)
의 성대한 덕이며, 주일(主日)은 태양을 주장함이니 곧 밝고 좋은 낮
에 제사를 주최하는 것이다. 조(兆)는 제단(祭壇)을 선정함이요, 양
위(陽位)는 햇볕이 쏟아지는 양지쪽 자리이며, 어(於)는 왕(往)과 같
으니 추구하여 나아감이고, 질(質)은 원질이니 5행의 본질이다. 도
(陶)는 질그릇이요, 포(匏)는 바가지이며, 상(象)은 상징함이고, 성
(性)은 본연성(本然性)이다.

살피건대 하늘이 창조한 세계는 지극한 태극(太極)의 이치로 충만
하여 가장 성대하고 신성하니 완벽하게 갖추지 않은 것이 없으므로
그 본질속성에 충실하면 되는 것이요, 부질없이 가공하여 수식할 필
요가 없는 것인즉 오로지 천덕(天德)에 감사하며 낙천적(樂天的)으
로 사는 천자의 길이다.

11-7-4 ──────────────────────────────── 於郊라 故로 謂之郊니
牲用騂은 尙赤也요 用犢은 貴誠也니라.

『교외의 단으로 감이라 그러므로 교제라고 하나니 희생에 붉은 털 빛의 수소를 씀은 붉은색을 숭상함이요, 송아지를 씀은 순수함을 귀중하게 여김이니라.』

◑ 이 절은, 교제(郊祭)는 밝은 노천(露天)에서 붉은 태양 아래 순수한 정성으로 거행하는 절도를 기술하였다.

성(騂)은 털빛이 붉은 수소이고, 성(誠)은 순수하고 한결같아 잡다함이 없는 것이다.

학자는 여기에서 하느님을 제사 지냄에는 사당이나 제각(祭閣)을 세우지 않은 이유를 살필지어다.

11-7-5 ──────────────── _{교 지 용 신 야} _{주 지 시 교} _{일 이 지}
郊之用辛也는 周之始郊에 日以至니라.

『교외의 단에서 위 하느님 제향은 신일을 쓰는 것은 주나라가 처음으로 교제를 지냄에 일진이 이르렀기 때문이니라.』

◑ 이 절은 주(周)나라의 교제(郊祭)는 동지가 지난 다음 신일(辛日)에 거행하게 된 내력을 기술하였다.

신(辛)은 일진(日辰)이 신일(辛日)이요, 일(日)은 일진(日辰)이다.

대저 제사는 양기(陽氣)가 장성한 정일(丁日)을 쓰는 것임에도 교제(郊祭)의 황천상제(皇天上帝)의 제향에 신일(辛日)을 택한 것은 1년 동안의 모든 사업을 완성하고 최종적으로 그 결실을 수렴하는 뜻을 담은 것이니 천간(天干)은 갑(甲)에서 씨앗이 싹트고, 정(丁)에서

줄기가 튼튼하며, 기(己)에서 꽃이 피고, 신(辛)에서 열매가 성장하
며 계(癸)에서 꼭지가 떨어지는 것이다.

作龜于禰宮하나니 尊祖親考之義也니라.

『교외의 단에서 위 하느님 제삿날을 점치되 조상의 사당에서 명령
을 받으며, 아버지의 사당에서 거북점을 치나니 조상을 높이고, 돌아
가신 아버지를 친하는 뜻이니라.』

◐ 이 절은 황천상제(皇天上帝)님께 교제(郊祭) 지내는 날을 받는
절도를 기술하였으니 천자가 조상과 돌아가신 아버지의 승인하에 거
행해야 됨을 밝혔다.

복교(卜郊)는 거북점을 쳐서 교제일(郊祭日)을 받는 것이요, 작구
(作龜)는 거북점을 쳐서 결정함이니 작구(灼龜)와 같으며, 이궁(禰
宮)은 아버지의 사당이다.

앞에 11-7-2에서 이미 교제일은 동지가 지나서 날이 길어짐이
지극한 날이라고 하였고, 또 동지가 지난 다음 신일(辛日)을 쓴다고
하였음에도 여기에서는 거북점을 쳐서 잡는다고 하였으니 종합하여
살피면 맑은 날을 잡기 위함임을 알 것이다.

親聽誓命하시나니 受教諫之義也요.

117

『거북점을 치는 날에 왕이 못가에 서서 친히 서약하는 명령을 들으시나니 가르침과 간하는 말씀을 받아들인다는 뜻이요.』

◉ 이 절은 거북점을 치는 절도를 기술하였으니 복관(卜官)이 거북점을 치기 위하여 못에서 거북을 건져 올리는 의식에서부터 왕이 친히 참관해야 됨을 밝혔다.

택(澤)은 못이니 거북점을 치기 위하여 큰 거북 3마리를 못에서 건져 올리는 곳이요, 세명(誓命)은 복관(卜官) 3인이 함께 거북점을 치겠다고 서약하는 말이며, 교(敎)는 거북점이 길(吉)하게 나온 가르침이고, 간(諫)은 거북점이 흉(凶)하게 나온 충고이다.

11-7-8 ─────────────────── 獻命庫門之內하나니 戒百官也요
大廟之命으로 戒百姓也니라.

『거북점을 치는 관리가 고문의 안에서 거북점의 명령을 왕에게 올리나니 일백 관료에게 경계하는 것이요, 태묘의 명령으로 백성에게 경계하니라.』

◉ 이 절은 복관(卜官)이 거북점의 결과를 왕에게 보고하는 의식 절차와 왕이 공포하는 절도를 기술하였다.

헌명(獻命)은 3인의 복관(卜官)이 거북점의 결과를 왕에게 보고함이고, 고문(庫門)은 왕궁(王宮)의 밖에서 두 번째 대문이며, 계(戒)는 금계(禁戒)로 환경을 깨끗이 하고 경건하게 조심함이요, 태묘지명

(大廟之命)은 조묘(祖廟)에서 명령을 받고, 이궁(禰宮)에서 거북점을 쳤기 때문에 태묘의 명령으로 받아들인 것이다.

전배들은 고문(庫門)의 안에서 일백 관료에게 경계하고, 또 태묘(大廟)에서 백성에게 경계하는 것으로 오해하였으나 옳지 않다. 이미 태묘에서 거북점을 쳤거늘 다시 태묘에 가서 경계할 필요가 없으며, 또한 장소를 달리하여 이중으로 발표할 이유가 없다.

11-7-9 ──────────────── 祭之日에 王이 皮弁하사 以聽祭報하시나니
示民嚴上也요 喪者가 不哭하며
不敢凶服하며 氾埽反道하며
鄕爲田燭하나니 弗命이라도 而民이 聽上하니라.

『위 하느님께 제사 지내는 날에 왕이 사슴가죽 고깔을 쓰시고, 제사에 대한 보고를 들으시나니 인민에게 엄격한 위 하느님을 보여 주는 것이요, 초상을 당한 사람이 곡성을 내지 아니하며, 감히 상복을 입고 밖에 나오지 아니하며, 물을 뿌리고 청소하여 길에 흙을 깔며, 향리에서는 밭에 촛불을 켜나니 명령하지 않을지라도 그 인민이 위 하느님의 말씀을 듣느니라.』

◯ 이 절은 교제인(郊祭日)에 천자로부터 일반서민 대중에 이르기까지 모두 함께 황천상제(皇天上帝)를 받드는 절도를 기술하여 인류 전체의 공식행사임을 밝혔다.

제지일(祭之日)은 교제일(郊祭日)이요, 피변(皮弁)은 사슴가죽으로 만든 고깔인데 왕이 조회 때 쓰는 관이며, 제보(祭報)는 제례절

차에 대한 최종확인보고인데 교단(郊壇)으로 출발하기 직전의 조회 석상에서 받는다. 엄상(嚴上)은 엄격하신 상제(上帝)요, 범소(氾埽) 는 쇄소(灑掃)와 같으니 물을 뿌리고 청소함이며, 반도(反道)는 길 이 파인 곳에 흙을 까는 것이다. 향(鄕)은 도읍에서 교단(郊壇)으 로 가는 주변의 향리이고, 전촉(田燭)은 그 도로 주변의 밭머리에 촛불을 켜서 등을 밝혀 어두운 새벽길을 밝히는 것이며, 불명(弗 命)은 행정기관에서 명령하지 않음이니 전체 인민의 자발적인 경천 사상(敬天思想)을 존중함이고 청상(聽上)은 인민이 스스로 지극한 정성을 바쳐서 황천상제(皇天上帝)가 강림하시기를 기다리는 자세 를 뜻한다.

11-7-10————————————————祭之日에 王이 被袞以象天하시니

『위 하느님을 제사 지내는 날에 왕이 곤룡포를 입어서 하늘을 상 징하시니』

☯ 이 절은 교제일(郊祭日)에 왕이 곤룡포를 입는 절도를 기술하 였으니 오직 천자만이 하느님의 제사를 지낼 수 있음을 밝혔다.

　　곤(袞)은 곤룡포(袞龍袍)로 왕의 대례복인데 용과 해, 달, 별 등을 수놓았다. 상천(象天)은 건덕(乾德)의 강건, 중정(中正), 순수한 덕을 상징하여 천덕왕도(天德王道)로 다스림을 뜻한다.

戴冕璪十有二旒는 則天數也요
乘素車는 貴其質也요
旒十有二旒하며 龍章而設日月은
以象天也라 天垂象을
聖人이 則之하나니 郊는 所以明天道也니라.

『면류관에 옥 늘임 열두 술을 쓰는 것은 하늘의 수를 본받은 것이요, 흰 차를 탐은 그 질박함을 고귀하게 여기는 것이요, 방울이 달린 깃대강이에 열두 기술을 드리우며, 쌍룡무늬의 깃발에 해와 달을 갖춤은 하늘을 형상한 것이다. 하늘이 형상을 드리운 것을 성인이 본받나니 교외의 단에서 위 하느님 제사는 하늘의 도덕을 밝히는 원리이니라.』

◯ 이 절은 앞 절에 이어 교제(郊祭)에 천자의 의전을 기술하였으니 모두 하늘의 도덕을 밝히는 것임을 강조하였다.

조(璪)는 면류관 늘임 옥이고, 류(旒)는 면류관이나 깃발에 드리우는 술이며, 천수(天數)는 천연으로 운행하는 1년의 12달을 지적한다. 소거(素車)는 백차(白車)이고, 설(設)은 설치하여 갖춤이요, 수상(垂象)은 아래로 드리워 나타나는 자연의 현상이며, 천도(天道)는 현상만물을 통일하여 주재(主宰)하는 하늘의 광명정대한 이치이다.

살피건대 천자가 교외의 단에서 황천상제(皇天上帝)에게 제향을 지내는 것은 하늘의 광명정대한 도덕을 본받아 현실정치에서 공명정대한 도덕정치를 구현하여 천통(天統), 지통(地統), 인통(人統)을 정립하고, 나아가 대통(大統)과 도통(道統)과 종통(宗統)을 확립하는 거룩한 뜻이 있나니 학자는 깊이 헤아릴지어다.

11-7-12 ──────────────── 帝牛가 不吉이어든 以爲稷牛하나니
帝牛는 必在滌三月이요 稷牛는 唯具니
所以別事天神與人鬼也라 萬物이 本乎天하고
人이 本乎祖하니 此所以配上帝也라
郊之祭也는 大報本反始也니라.

『하느님께 바칠 소가 좋지 않거든 후직에게 바치는 소로 삼나니 하느님께 바칠 소는 반드시 3개월 동안 깨끗한 우리에 있어야 되고, 후직에게 바칠 소는 오직 갖출 뿐이니 하늘의 신령과 사람의 귀신을 분별하는 원리인 것이다. 만물이 하늘에서 비롯하고, 사람이 조상에서 비롯하니 이것이 위 하느님을 짝하는 원리인 것이다. 교외의 단에서 위 하느님을 제사 지내는 것은 성대하게 근본에 보답하고, 시원을 생각하는 것이니라.』

◑ 이 절은 천자에게 있어서 황천상제(皇天上帝)의 제사보다 큰 제사는 없는 것임을 강조하여 태묘(大廟)와 사직(社稷)에 우선함을 밝혔다.

제우(帝牛)는 하느님 제향에 희생으로 바칠 소이고, 불길(不吉)은 좋지 못함이니 곧 거북점을 쳐서 길하지 못하므로 교제(郊祭)를 지내지 않게 되는 경우이다. 이위(以爲)는 삼는 것인데 전배들은 대체하는 것으로 오해하였으니 옳지 않으며, 직우(稷牛)는 주(周)나라의

시조 후직(后稷)에게 희생으로 바칠 소이다.

척(滌)은 깨끗이 청소함이요, 구(具)는 체격을 갖춘 것이며, 천신 (天神)은 하느님의 신령한 권능이고, 인귀(人鬼)는 사람이 죽어서 된 귀신의 신통력이니 하느님의 신령한 권능은 지극히 밝고 영원하여 지극한 정성이 아니면 감응하지 않으나 사람이 죽어서 된 귀신의 신 통력은 그렇지 못하여 스스로 한계가 있는 까닭에 자손이 지극히 공 경하면 감동하는 것이다. 배상제(配上帝)는 천자가 시조(始祖) 제사 에 시조도 하늘에서 비롯하였으므로 위 하느님을 짝하여 지내는 것 이니 곧 천자가 동지(冬至)의 시조제(始祖祭)에 위 하느님을 나란히 배향(配享)함이다. 대(大)는 가장 큰 것이요, 보본반시(報本反始)는 앞에 11-6-6에서 이미 해설하였는데 여기에서는 대(大) 자를 첨가 하였으니 그 뜻을 헤아리기 바란다.

살피건대 제우(帝牛)가 불길하면 그해의 교제(郊祭)는 폐지함이 당연하고 따라서 위 하느님께 바칠 소를 처분하기 어려운 까닭에 후 직(后稷)에게 바치는 소로 씨서 하느님을 섬기는 정성이 조상을 받 드는 정성에 못지않았음을 대변하는 증거로 삼았거늘 전배들은 도리 어 깨끗하지 못한 우리에서 자란 후직에게 바칠 소로 교체해서 위 하느님께 바친다고 하였으니 이것은 불성실한 가운데 실례까지 거듭 한 행위인즉 어찌 하느님을 속이겠는가?

11-8-1 ─────────── 天子는 大蜡가 八이니 伊耆氏가 始爲蜡하니
蜡也者는 索也라 歲十有二月에
合聚萬物而索하야 饗之也니라.

『천자는 연말에 뭇 신에게 지내는 큰 향사가 여덟이니 이기씨가 처음으로 연말에 뭇 신에게 큰 향사를 지냈나니 연말에 뭇 신에게 큰 향사는 다 끝내는 것이라. 한 해의 12월에 만물을 한데 모아 합쳐서 다 끝내기로 향사를 지내는 것이니라.』

◑ 이 장은 천자가 1년에 사업을 모두 종결함에 있어 12월 뭇 신에게 향사(享祀)를 지냄에 8가지 행사를 함께 거행함을 기술하였다.

사(蜡)는 연말에 1년의 사업을 종결하면서 뭇 신에게 보답하는 향사(享祀)이고, 팔(八)은 여덟 가지 행사를 병행하여 거행함인데 전배들은 8신(八神)이라고 오해하였기에 내가 바로잡으니 사색제(司嗇祭), 백종제(百種祭), 농민향연(農民饗燕), 금수향연(禽獸饗燕), 묘제(貓祭), 호제(虎祭), 방제(坊祭), 수용제(水庸祭)이다. 이기씨(伊耆氏)는 전배들이 요(堯) 임금이라고 하였으나 증거가 없다. 삭(索)은 다 끝내서 완결함이고, 합취(合聚)는 한데 모아서 합치는 것이며 향(饗)은 향례(饗禮)를 주최하여 술과 음식을 대접함이다.

11-8-2 ──────────────────────── 蜡之祭也는 主先嗇而祭司嗇也니 祭百種하야 以報嗇也니라.

『연말에 뭇 신에게 지내는 제사는 옛날 권농관을 위주로 하여 농사를 맡은 귀신에게 제사 지내는 것이니 일백 종자의 신령에게 제사 지내서 농사에 보답하는 것이니라.』

　☯ 이 절은 대사(大蜡)의 여덟 가지 행사 가운데 첫째는 곡식의 종자를 연구 개발하여 농업을 발전시킨 옛날 농업 진흥의 선구자를 위주로 하여 일백 곡식 종자의 신령에게 제사 지내는 일임을 기술하였다.

　주(主)는 위주(爲主)로 함이요, 선색(先嗇)은 고대에 농경사회를 개척한 권농관(勸農官)인데 전배들은 신농(神農)이라고 하였으나 옳지 않다. 하느님인 신농제(神農帝)나 고대의 군장(君長)인 신농씨(神農氏)는 뭇 신으로 한데 모아 합하여 제사 지낼 수 없는 것이다. 사색(司嗇)은 역대에 농업행정을 맡아서 크게 농업을 진흥했던 공로자이고 백종(百種)은 모두 곡식종자의 신령이며 보색(報嗇)은 인류의 식량문제를 해결한 농업교육에 대한 보답이다.

　천자는 봄에 이미 곡식을 관장한 하느님인 신농제(神農帝)에게 제향을 지냈으면서도 12월에 역대 농업공로자와 모든 곡식종자의 신령에게 또 보답하는 향사를 지내니 그 은덕을 기리는 정신이 지극하도다.

11-8-3 ──────── 饗農及郵表畷禽獸하나니 仁之至며 義之盡也니라.

　『농민 및 도로표시판을 세운 밭두둑에서 새와 짐승에게 향연을 개최하나니 인애의 지극함이며 정의의 극진함이니라.』

　☯ 이 절은 천자가 대사(大蜡)의 제사를 지내는 날 지방의 농촌에서는 농민에게 향연을 베풀어 1년의 노고를 위로하고, 또 우체국의 표시판을 세운 밭두둑에서 겨울에 굶주린 새와 짐승에게 먹이를 주

는 행사의 절도를 기술하였다.

향(饗)은 향연(饗燕)이니 지방장관이 각 지방별로 농민을 위로하는 잔치를 베풀어 주는 것이고, 우(郵)는 역우(驛郵)이며, 표(表)는 도로의 이정표(里程表)이다. 철(畷)은 밭두둑이요, 금수(禽獸)는 해충을 잡아 먹었으나 한겨울에 눈 속에 굶주린 새와 짐승이니 날짐승과 들짐승에게까지 굶주리지 않도록 먹이를 줌은 사랑의 지극함이요, 정의의 극진함이다.

11-8-4 ──────────────── 古之君子는 使之인댄 必報之하나니
迎貓는 爲其食田鼠也요
迎虎는 爲其食田豕也니 迎而祭之也니라.

『옛날의 군자는 일을 시킬진댄 반드시 보답을 하나니 고양이를 맞이하여 먹이는 것은 그 들쥐를 잡아먹음을 위함이요, 그 범을 맞이하여 먹이는 것은 그 멧돼지를 잡아먹음을 위함이니 맞이하여 제사 지내는 것이니라.』

◉ 이 절은 고양이와 범에게도 맞이하여 먹이는 절도를 기술하였으니 날짐승과 들짐승에게는 밭두둑에다가 곡식을 주고, 고양이와 범에게는 날고기를 깊은 골짜기에서 먹임을 밝혔다.

영(迎)은 와서 먹도록 차려서 둠이고, 묘(貓)는 고양이로 쥐를 잡아먹으며, 전서(田鼠)는 들쥐로 농작물을 해친다. 전시(田豕)는 멧돼지로 곡식을 해치는 까닭에 산에 범이 없으면 멧돼지가 번성하므로

마을 사람들이 깊은 산골에 범이 살도록 보호하여 사람의 출입을 통제해서 신령스럽게 수호하고, 겨울에는 제물까지 바쳤던 것이다.

11-8-5 ─────────── 祭坊與水庸하나니 事也에 曰土反其宅하며
水歸其壑이라야 昆蟲이
毋作하고 草木이 歸其澤이라 하니라.

『제방의 둑과 물고랑에 제사 지내나니 일함에 말하시기를 흙은 그 자리로 돌아가고, 물은 그 골짜기로 돌아가야만 곤충이 일어나지 못하고, 초목이 그 늪지로 돌아간다고 하시니라.』

◯ 이 절은 저수지의 제방과 농수로에 제사 지내는 절도를 기술하여 제방이 튼튼하고 물이 막힘이 없게 흘러가야만 병충해와 잡초를 방지할 수 있음을 밝혔다.

방(坊)은 저수지의 제방이고 수용(水庸)은 물이 논밭 사이로 흐르는 고랑이니 곧 농수로(農水路)이며 사(事)는 각 지역별로 제방과 물고랑에 제사 지내는 행사이다. 왈(曰)은 천자가 농민에게 교시하는 말씀이요, 반(反)은 돌아감이여 택(宅)은 위치이고 학(壑)은 계곡의 웅덩이이다. 곤충(昆蟲)은 며루 같은 해충이고, 초목(草木)은 잡초나 잡목의 씨앗이며, 택(澤)은 늪지대인데 저수지의 둑이 튼튼하고 농수로의 물길이 막힘이 없어야 곤충의 알과 초목의 씨앗이 하류의 늪지대로 떠내려가서 농지를 잘 보존한다는 말이니 천자가 농민에게 비록 겨울철이지만 저수지의 제방과 농수로를 깨끗하고 신성하게 보존

하라는 뜻이다.

 皮弁素服而祭하시니 素服은 以送終也요
葛帶榛杖은 喪殺也니
蜡之祭는 仁之至며 義之盡也니라.

『사슴가죽 고깔을 쓰시며, 흰옷을 입으시고, 제사 지내시니 흰옷은
마지막으로 이별하여 보내기 위함이요, 칡으로 만든 허리띠와 개암나
무 지팡이는 상례에 견주어 낮춘 것이니 연말의 뭇 신에게 지내는
제사는 인애의 지극함이며, 의리를 극진하게 함이니라.』

◉ 이 절은 사제(蜡祭) 가운데서 사색제(司嗇祭)와 백종제(百種
祭) 때에는 왕이 흰옷을 입고, 칡 띠를 매고, 개암나무 지팡이를 짚
는 절도를 기술하였다.

피변(皮弁)은 앞에 11-7-9에서 이미 해설하였고, 소복(素服)은
흰옷이니 상복(喪服)이며, 송종(送終)은 마지막으로 이별하여 보내는
것이다. 갈대(葛帶)는 칡으로 만든 허리띠이고, 진장(榛杖)은 개암나
무 지팡이니 모두 상복(喪服)에 갖추는 것이며, 상쇄(喪殺)는 죽은
사람을 장사 지내는 상례(喪禮)에 견주어 감손함이다. 인지지(仁之
至)는 마지막 이별을 아쉬워하여 슬퍼하는 것이고, 의지진(義之盡)은
예절을 갖추어 엄숙하게 제사 지내서 자연의 순리에 따르는 것이다.

 黃衣黃冠而祭하시니 息田夫也라

野夫는 黃冠하나니 黃冠은 草服也니라.

『노랑 옷에 노랑 관으로 제사 지내시니 농부를 휴식하도록 하는 것이다. 초야의 농부는 노랑 관을 쓰나니 노랑 관은 초야에 사는 사람이 입는 소박한 복장이다.』

◉ 이 절은 천자가 향농(饗農)할 때의 의관(衣冠)과 농부가 짐승을 먹이고, 고양이와 범에게 제물을 바치며, 제방과 물고랑에 제사 지낼 때에 머리에 쓰는 관을 기술하였다.

황(黃)은 중앙의 토(土)를 상징하는 빛으로 믿음을 뜻하니 서민대중이 갖추는 덕목이므로 초야에 사는 서민대중은 노랑 옷과 노랑 관을 숭상하였으니 왕이 농민에게 향연을 베풀 때에 주인과 손님의 격을 맞추기 위하여 왕도 손님의 옷 색깔과 같은 노란색과 노랑 관으로 행사를 주관한 것이다. 전배들은 노랑 옷과 노랑 관은 집례와 집사들의 옷과 관이라고 하였으나 옳지 않다. 왜냐하면 왕은 이미 상복을 뜻하는 소복(素服)을 입었는데 농부에게 향연을 베풀면서 소복을 계속 입는다는 것은 어불성설이다. 식(息)은 휴식(休息)이요, 전부(田夫)는 농부이며, 야부(野夫)는 초야의 서민대중이고, 초복(草服)은 초야에 사는 서민 입는 소박한 복장이다.

대체로 농민을 위한 향연과 도로표지판을 세운 밭두둑에서 새와 짐승을 위한 향연과 고양이와 범을 위한 제사와 제방의 둑과 물고랑에 대한 제사는 모두 지방단위로 개최하는 것이므로 노랑 옷과 노랑 관을 쓴 농민이 참여하는 일이었다.

11-8-8 ──────────────────────────── 大羅氏는 天子之掌鳥獸者也니

諸侯가 貢屬焉인댄 草笠而至하나니 尊野服也니라.

『대라씨는 천자의 새와 짐승을 관장하는 사람이니 제후가 공물로 바칠진댄 사신이 노란색 풀로 만든 갓을 쓰고 이르나니 초야에 서민의 옷을 존중한 것이니라.』

◉ 이 절은 새와 짐승도 천자가 관장하는 것이므로 새와 짐승에게 향연을 베풀어서 잘 기르고 함부로 잡아서는 안 되는 것임을 강조하였다.

대라씨(大羅氏)는 천자국의 새와 짐승을 관장하는 사람이고, 공속(貢屬)은 공물(貢物)과 같으며, 초립(草笠)은 관례(冠禮)를 한 초야의 서민대중이 쓰는 갓인데 노란색의 가는 풀로 엮어서 만든 것이며, 지(至)는 제후가 새나 짐승을 공물로 바치는 사신이 천자의 조정에 이르는 것이다.

11-8-9 ──────────────────────────── 羅氏가 致鹿與女하고 而詔客告也하야

以戒諸侯하되 曰好田好女者는

亡其國하신다고 하니라.

『라씨가 사슴과 여자를 이르게 하고 왕명으로 사신에게 통고하여 제후를 경계하되 말하기를 사냥을 좋아하고, 여자를 좋아하는 사람은 그 나라를 망하게 한신다고 하니라.』

◐ 이 절은 앞 절에 이어 왕이 제후에게 새와 짐승을 함부로 사냥하지 못하게 하는 절도를 기술하였다.

라씨(羅氏)는 대라씨(大羅氏)에 소속한 관리요, 치(致)는 가까이 이르러 오게 함이며, 여(女)는 나라를 망하게 했던 여자이다. 조(詔)는 왕의 명령이고, 객(客)은 제후의 사신이며, 고(告)는 통고함이요, 계(戒)는 금지하도록 경계시킴이다. 호전(好田)은 사냥을 좋아함이고, 호녀(好女)는 음란한 여색을 좋아함이니 모두 자연을 파괴하고 윤리를 어지럽히는 포악하고 난잡한 행위이다.

11-8-10 ──────── 天子가 樹瓜華하시나니 不斂藏之種也니라.

『천자가 오이와 화초를 심으시나니 거두어서 저장하지 않은 종자이니라.』

◐ 이 절은 천자도 자연보호를 위하여 오이나 화초를 심어서 곤충이나 새와 짐승이 먹고살도록 배려함을 강조하였다.

수(樹)는 씨앗이나 뿌리를 심어서 가꾸는 것이고, 과(瓜)는 오이와 참외이며, 화(華)는 꽃이 피는 화초이다. 염장(斂藏)은 익은 열매를 거두어 저장함이니 천자는 자기 자신이 먹기 위하여 농사를 짓지는 않지만 벌과 나비 등 곤충과 새와 짐승 등 야생동물의 풍부한 먹이를 위하여 농지가 아닌 잡종지에 수확하지 않은 종류의 초목을 심어서 가꾸는 것임을 밝혔다.

전배들은 오이를 천자가 먹기 위하여 심었다고 하였으나 옳지 않

다. 만일 천자가 싱싱한 것을 먹기 위하여 채소를 심었다면 그것도
또한 농작물을 거두는 것인즉 어찌 거두거나 저장하지 않는다고 말
하겠는가?

11-8-11 ──────────── 八蜡以記四方하나니 四方에 年不順成이어든
八蜡는 不通하나니 以謹民財也라
順成之方엔 其蜡가 乃通하나니 以移民也요
旣蜡而收어든 民息己라 故로 旣蜡면 君子가 不興功하나니라.

『여덟 가지 연말 뭇 신에게 지내는 제사로 사방을 기록하나니 사
방에 1년 농사가 순조롭게 익지 않았거든 여덟 가지 연말 뭇 신에게
지내는 제사는 모두 거행하지 아니하나니 인민의 재물을 오로지 하
기 위함이다. 순조롭게 익은 지방에는 그 연말 뭇 신에게 지내는 제
사를 이에 모두 거행하나니 흉년이 든 지방의 인민을 옮기고, 곡식을
보내게 하는 것이요, 이미 연말 뭇 신에게 지내는 제사를 거행하고,
수습하였거든 인민을 휴식하게 할 뿐이다. 그러므로 이미 연말 뭇 신
에게 지내는 제사를 거행하였으면 군자가 공사를 일으키지 아니하나니라.』

◐ 이 절은 8사(八蜡)를 거행하는 조건과 절도를 기술하여 흉년
(凶年)에는 생략하고, 농업생산량이 평년작 이상일 때에 거행하되 8
사를 지낸 다음에는 인민을 휴식하게 해야 됨을 밝혔다.

기(記)는 기록하여 통계자료로 활용함이고, 연(年)은 1년의 농사
이며, 순성(順成)은 순조롭게 곡식이 익은 것이다. 통(通)은 모두 거

행함이니 불통(不通)은 모두 거행하지 못하고, 오직 사색제(司晉祭)
와 백종제(百種祭)만을 거행하고, 나머지 여섯 가지 행사는 생략하는
것이다. 근(謹)은 오로지 함이요, 민재(民財)는 인민의 생계(生計)를
위한 재물이며, 이민(移民)은 흉년에 인민을 구제(救濟)하는 정책으
로 흉년이 든 지역의 주민을 풍년이 든 지방으로 옮기고, 그곳의 곡
식을 흉년이 든 지방에 보내서 노인과 부녀자를 구호하는 것이다. 수
(收)는 수습(收拾)이니 한 해의 일을 정리 정돈하여 마무리함이고
공(功)은 공사(工事)이다.

11-9-1 ─────────── 恒豆之菹가 水草之和氣也면 其醢는 陸産之物也요
加豆가 陸産也면 其醢는 水物也니라.

『항상 나무제기에 담은 채소가 물가에서 나는 풀의 부드러운 기운
이면 그 젓갈은 육지에서 생산하는 물건으로 하고, 나무제기에 추가
하는 제물이 육지의 산물이면 그 젓갈은 수산물로 하니라.』

◐ 이 장은 제물과 제기와 제복의 절도를 기술하였으니 여기에서
는 제사의 정신이 음양(陰陽)의 화합을 추구하므로 그 제물도 육지
의 생산물과 수산물을 배합하여 5행(五行)이 상생(相生)하는 조화
(調和)가 있어야 함을 밝혔다.

항(恒)은 항구적이고 보편적인 기본이요, 저(菹)는 채소나 야채이
며, 수초(水草)는 물가에서 나는 풀이니 미나리 등이고, 화기(和氣)
는 부드럽고 순한 기운과 맛이다. 해(醢)는 젓갈이고, 육산(陸産)은

육지에서 나는 것으로 소, 돼지, 양 등이며, 가(加)는 추가(追加)함이니 가두(加豆)는 제물의 종류를 더욱 첨가하여 차리는 것이다.

　전배들이 이 경문의 뜻을 전혀 이해하지 못했기에 내가 바로잡았으니 살피기 바란다.

11-9-2 ─────── 邊豆之薦은 水土之品也라 不敢用常褻味而貴多品하나니 所以交於神明之義也요 非食味之道也라 先王之薦은 可食也而不可耆也며 卷冕路車는 可陳也而不可好也며 武壯而不可樂也요 宗廟之威而不可安也요 宗廟之器는 可用也而不可便其利也니 所以交神明者는 不可同於所安樂之義也니라.

『대나무제기와 나무제기에 담아 올리는 제물은 물과 흙에서 생산한 물품이므로 감히 일상적인 친근한 맛을 내서 많이 차린 물품을 고귀하게 여기지 아니하나니 신명에게 교제하는 원리의 의리요, 음식의 맛을 추구함이 아니므로 선왕이 올리는 제물은 먹을 만하게 하되 맛을 즐기도록 하지는 아니하며, 곤룡포와 면류관과 왕의 큰 수레는 진열하여 볼 만하게 하되 지나치게 아름답게는 아니하며, 무사의 춤은 씩씩하지만 즐겁게 하지는 아니하고, 종묘는 위엄을 갖추되 안락하게는 아니하고, 종묘의 그릇은 쓸 만하게 하되 그 이용하기를 편하게는 아니하였나니 신명에게 교제하는 원리는 안락한 바에 한 가지로 할 수 없는 의리인 것이니라.』

　● 이 절은 제사는 인간 본위가 아니고 귀신 본위로 지내는 것이

므로 인간의 일상생활용품으로 해서는 안 되며 반드시 선왕(先王)이 제정한 예법으로 거행하여야 됨을 강조하였다.

수토지품(水土之品)은 물과 흙의 자연에서 생산되는 물품이므로 한계가 있는 것이며, 상설미(常褻味)는 일상적으로 친근한 맛이니 사람의 입맛에 맞추는 것이요, 식미(食味)는 음식의 맛이다. 기(耆)는 즐겨서 좋아함이요, 곤(卷)은 곤(袞)이니 곤룡포이며, 진(陳)은 진열하여 보는 것이고, 호(好)는 지나치게 아름다운 것이며, 무(武)는 무무(武舞)이다.

대저 귀신은 공경의 대상이므로 인간과 동등한 방법으로 낮추어서 섬겨서는 안 되고, 반드시 특별하고 신성하게 높여야 되는 의리(義理)가 있는 것이다.

11-9-3 ──────── 酒醴之美하되 玄酒明水之尙은 貴五味之本也요

黼黻文繡之美하되 疏布之尙은 反女功之始也요

莞簟之安이로되 而蒲越稾鞂之尙은 明之也요

大羹을 不和는 貴其質也요 大圭를 不琢은 美其質也요

丹漆雕幾之美로되 素車之乘은 尊其樸也니 貴其質而已矣라

所以交於神明者는 不可同於所安褻之甚也니 如是而后에 宜하니라.

『술과 단술이 맛나되 밤에 물과 달밤의 물을 숭상함은 다섯 가지 맛의 근본을 귀중하게 여김이요, 도끼와 불과 무늬와 수를 놓은 것이 아름답되 거친 베를 숭상함은 여자가 베를 짜는 시초를 돌이켜 생각하는 것이요, 왕골자리와 대자리가 편안하지만 갯부들과 부들자리와 짚단과 짚 거적을 숭상함은 분별하는 것이요, 큰 고깃국을 조미하지 않음은 그 원질을 귀중하게 여김이요, 큰 홀을 조각하지 않음은 그

본질을 아름답게 여김이요, 붉고, 검고, 조각하고, 근사하게 갖춤이
아름답되 흰 수레를 탐은 그 소박함을 존중한 것이니 그 본질을 고
귀하게 여길 뿐이다. 신명에게 교제하는 원리는 편안하고 이무러움이
심한 바에 한 가지로 할 수 없는 것이니 이와 같이 한 다음에 마땅
하니라.』

◉ 이 절은 앞 절에 이어 귀신에게 교제하는 절도를 기술하였으니
인간의 일상적인 교제방법으로 귀신을 섬겨서는 안 됨을 밝혔다.

현주(玄酒)는 물의 별칭이니 한밤중에 고요하고 맑은 물이요, 명
수(明水)는 달빛이 샘에 비치는 깨끗한 물이며 보불(黼黻)은 도끼와
불(弜)의 문양을 수놓은 것으로 임금의 결단력과 추진력을 상징하고
문(文)은 무늬를 그린 그림이며 수(繡)는 5색실로 수를 놓은 것이다.
소포(疏布)는 거친 베이고, 반(反)은 되돌아보고 생각함이며 여공(女
功)은 여자가 길쌈하는 공력이요, 활(越)은 부들자리이며 화(和)는
조미(調味)함이고, 기(幾)는 기서(幾庶)니 근사하게 갖춤이다.

11-9-4 ──────────────────────────── 鼎俎奇而籩豆偶는 陰陽之義也라
黃目은 鬱氣之上尊也니 黃者는 中也요
目者는 氣之淸明者也라 言酌於中而淸明於外也니라.

『솥제기와 도마제기는 홀수요, 대나무제기와 나무제기가 짝수는
음과 양의 뜻이라. 황금으로 눈의 모양을 박은 것은 울창주의 향기가
높은 술통이니 노랑 빛은 중앙색이고, 눈은 기운이 맑고 밝은 것이
라, 속에 술을 담아서 밖에서 맑고 밝음을 말하는 것이다.』

◐ 이 절은 제물은 음과 양이 조화하고, 겉과 속이 충실해야 됨을 서술하였다.

음양(陰陽)은 앞에 11-2-2에서 이미 해설하였고, 황목(黃目)은 황이(黃彝)로 중술통의 표면에 황금실로 사람의 두 눈 모양을 새겨서 박았기 때문에 황목이라고 하였다. 울기(鬱氣)는 울창주(鬱鬯酒)의 향기요, 상준(上尊)은 등급이 높은 술통이니 사당 안에 놓는다는 뜻이다. 황(黃)은 중앙색이고 목(目)은 시각(視覺)의 기관으로 사물의 형상과 색깔을 분별하는 망막이 있어서 가장 깨끗하고 밝아야만 사물을 정확하게 인식할 수 있는 것이다.

무릇 제사는 형체가 없는 귀신에게 교제하는 예절이니 반드시 안으로 향기로운 덕이 충만하고, 밖으로 깨끗하고 밝은 눈이 있어야만 그 귀신을 직접 대할 수 있는 까닭에 제주(祭主)는 모름지기 향기로운 덕과 맑고 밝은 정신을 간직해야 된다.

11-9-5 ──────────── 祭天은 掃地而祭焉하나니 於其質而已矣요
蘊醢之美로되 而煎鹽之尚은
貴天産也이며 割刀之用이로되
而鸞刀之貴는 貴其義也니 聲和而后에 斷也니라.

『하늘에 제사 지냄은 땅을 쓸고 제사 지내나니 그 질박함으로 나갈 뿐이요, 식초와 젓갈이 맛나지만 달인 소금을 숭상함은 자연산을 고귀하게 여긴 것이며 갈고리 칼이 씀 직하되 방울 칼을 귀중히 함은 그 뜻을 고귀하게 여긴 것이니 소리가 고루 화합한 다음에 자르

는 것이니라.』

◑ 이 절은 제천(祭天)의 절도를 기술하였으니 천연(天然)의 본질
을 숭상하는 것이 하늘의 섬기는 길임을 밝혔다.

어(於)는 왕(往)과 같으며 전염(煎鹽)은 바닷물을 증발하여 얻은 천
일염(天日鹽)이고 천산(天産)은 자연산(自然産)이요, 의(義)는 화성(和
聲)을 얻기 위하여 방울을 매단 난도(鸞刀)를 만들었던 본래의 뜻이다.

11-10-1 ──────────────── 冠義는 始冠之에 緇布之冠也니
大古엔 冠布러니 齊則緇之하니라
其緌也는 孔子가 曰吾未之聞也러니
冠而敝之가 可也라 하시다.

『관례의 뜻은 처음 관을 씌움에 검은색 베로 만든 관으로 하나니
태고에는 베로 만든 건을 씌우더니 재계하면 검은색 베로 만든 건을
쓰느니라. 그 관끈을 늘어뜨리는 것은 공자가 말씀하시기를 나는 아
직 듣지 못했나니 관을 씌우고서 버리는 것이 옳으니라고 하시다.』

◑ 이 장은 성년식(成年式)의 의례절도와 관(冠)의 종류를 기술하
여 제관(祭冠)과 제복(祭服)의 뜻을 밝혔다.

관의(冠義)는 관례(冠禮)를 거행하는 뜻이고, 시관(始冠)은 첫 번
째의 관(冠)을 씌우는 것이며, 치포관(緇布冠)은 검은색 베로 만든
관이다. 관포(冠布)는 베로 만든 건(巾)이니 포건(布巾)이요, 재(齊)

는 몸과 마음을 가지런히 하는 재계(齊戒)이며, 치(緇)는 치포건(緇布巾)이고, 유(緌)는 관끈을 드리워 턱밑으로 늘어뜨리는 것이니 멋을 내는 장식이다. 미지문(未之聞)은 고대의 기록에 보이지 않는 것이요, 폐(敝)는 버리는 것이니 일상생활에서 사용할 수 없다는 뜻이다.

대저 관례(冠禮)에서 첫 번째 씌우는 관(冠)은 나이가 성년(成年)이 된 높은 학자임을 징표한 것인즉 부지런히 노력해서 공을 세우고 덕을 베풀면 마침내 천자가 발탁하여 제후를 봉하고 인민이 추대하여 천자가 될 수 있다는 축복의 뜻을 담아서 치포관을 씌우는 것이다. 따라서 제후가 아닌 사람은 일상생활에서 치포관을 사용할 수 없는 것이니 치포관은 아래 13-6-2에서 제후의 관이라고 하였다.

11-10-2—————————————————— 適子는 冠於阼하나니 以著代也요
醮於客位는 加有成也요 三加는 彌尊이니
喩其志也요 冠而字之는 敬其名也니라.

『정실부인이 낳은 맏아들은 사당의 섬돌에서 관을 씌우나니 대를 이을 자식임을 나타내기 위함이요, 손님의 자리에서 별님에게 기원하는 술을 마심은 성인(成人)으로 대우함이요, 세 가지 관을 씌움은 더욱 높임이니 그 뜻을 크게 가지라고 깨우침이요, 관을 씌우고 자를 지어 줌은 그 이름을 공경함이니라.』

◑ 이 절은 성년식의 근본 뜻을 기술하였다.

적자(適子)는 정실부인이 낳은 맏아들이고, 조(阼)는 사당의 동쪽

계단이니 주인이 사용하며, 저(著)는 밝게 나타냄이니 조상님께 알리는 것이므로 따라서 뭇 아들의 성년식은 사당에서 거행하지 않고 살림집에서 거행하는 것이요, 대(代)는 대를 이을 후계자이다. 초(醮)는 별님에게 앞날의 성공을 기원하며 마시는 술이고, 객(客)은 손님의 자리인 서쪽 계단의 위이며, 3가(三加)는 성년식에 세 가지 의관(衣冠)을 갖추게 함이다. 처음에는 치포관(緇布冠)이니 학자(學者)의 평상복장이고, 다음에는 피변(皮弁)이니 가죽 고깔모자로 임금의 집무복에 쓰고, 마지막에는 작변(爵弁)이니 임금의 예복에 쓴다. 미존(彌尊)은 차례로 더욱 높은 신분의 의관을 갖추게 함이고 지(志)는 인격을 향상 발전시키려는 뜻이며 자(字)는 애칭(愛稱)이다.

11-10-3 ──────────────── 委貌는 周道也요 章甫는 殷道也며
母追는 夏后氏之道也라.

『위모는 주나라의 말이요, 장보는 은나라의 말이며, 모퇴는 하나라의 말이다.』

◉ 이 절은 성년식에서 처음에 씌우는 치포관(緇布冠)에 대한 호칭이 시대에 따라서 변천하였음을 기술하였다.

위(委)는 단위(端委)로 단정하고 아름다운 것이니 위모(委貌)는 단정하고 아름다운 모양을 내는 치포관이란 뜻이요, 도(道)는 언(言)이다. 장(章)은 문채가 선명함이고 보(甫)는 크다는 뜻이니 장보(章甫)는 선명하고 장대한 치포관이란 뜻이며 모(母)는 모체(母體)요,

퇴(追)는 종을 매다는 꼭지이니 치포관은 의복에 있어서 근본이 되는 물건으로 머리의 꼭지에 쓴다는 뜻이다.

11-10-4────────────────────周는 弁하고 殷은 冔하며 夏는 收하나니
三王이 共皮弁에 素積이니라.

『주나라는 고깔이요, 은나라는 덮으며, 하나라는 거두나니 3대의 왕조가 한가지로 가죽고깔을 씌움에 소적을 입히느니라.』

◉ 이 절은 성년식에서 두 번째 씌우는 피변(皮弁)도 시대에 따라서 크기와 쓰는 모양이 변천하였음을 기술하였다.

변(弁)은 작은 고깔로 머리를 올려서 묶은 부분에 고정시키는 모자이고, 후(冔)는 중간 크기의 고깔로 머리를 올려서 상반부를 덮는 모자이며, 수(收)는 큰 고깔로 머리를 올려서 모든 머리털을 거두어 담는 것처럼 깊숙이 눌러 쓰는 모자이다. 3왕(三王)은 3대의 왕조이고 공(共)은 공통이며 소적(素積)은 15승(升)의 베로 만든 임금이 입는 옷이다.

11-10-5────────────────無大夫冠禮로되 而有其昏禮하니
古者엔 五十而後에 爵하나니 何大夫冠禮之有리오
諸侯之有冠禮는 夏之末에 造也니라.

『대부의 관례는 없지만 그 혼례가 있나니 옛날에는 50세가 된 이후에 작위를 받나니 어찌 대부의 관례가 있으리오. 제후의 관례가 있는 것은 하나라의 말기에 처음으로 만든 것이니라.』

◑ 이 절은 성년식과 혼인식은 선비의 예절 뿐임을 기술하였다.

관례(冠禮)는 사관례(士冠禮) 뿐이니 미성년으로 고급관료가 될 수 없기 때문이요, 혼례(昏禮)도 선비의 혼례가 있을 뿐이다. 작(爵)은 대부(大夫) 이상의 고급 관료에게 주는 작위(爵位)이며 말(末)은 말기요, 조(造)는 새로 만든 것이니 제후도 세자(世子)의 성년식은 선비의 관례(冠禮)로 거행하는 예절을 어기고 권위주의에 사로잡혀서 제후의 관례를 새로 만들었으니 예절에서는 태어나면서부터 고귀한 사람이 없음에도 무례하게 특수한 귀족의 신분제도를 만든 것이다.

11-10-6 —————————— 天子之元子도 士也라 天下에 無生而貴者也니
繼世而立諸侯는 象賢也요 以官爵人은 德之殺也라
死而諡는 今也니 古者엔 生無爵이어든 死無諡니라.

『천자의 원자도 선비이다. 천하에 태어나면서 고귀한 사람은 없는 것이니 세대를 이어서 제후로 세우는 것은 현명함을 상징하는 것이요, 벼슬로써 사람에게 작위를 줌은 덕성을 서로 견주어서 평가한 것이다. 죽음에 시호를 주는 것은 오늘날의 습속이니 옛날에는 살아서 작위가 없거든 죽어서 시호가 없느니라.』

◑ 이 절은 성년식에서 세 번째 씌우는 작변(爵弁)은 누구나 장차 훌륭한 덕을 베풀고 어진 능력으로 공을 세우면 대부(大夫)가 되고 제후가 되고 천자까지도 될 수 있다는 뜻임을 기술하였다.

원자(元子)는 적장자(適長子)이고 사(士)는 선비의 신분이며 무생이귀자(無生而貴者)는 태어나면서부터 고귀한 사람이 없는 것이니 모든 미성년자는 평등한 인권을 가진다는 뜻이다. 계세(繼世)는 세대를 이어 상속함이고 입제후(立諸侯)는 나라 사람들이 받들어 제후(諸侯)의 후보(候補)로 세워서 천자에게 추천함이며, 상(象)은 상징적으로 표현함이니 상현(象賢)은 스스로 현명함을 상징적으로 표시함이다. 전배들은 상현(象賢)이 선조의 어진 덕행을 본받는 것이라고 해석하였으나 옳지 않다. 천자가 어찌 국민의 추천도 없는 사람을 그 조상의 덕을 믿고 제후로 봉(封)하겠는가? 쇄(殺)는 서로 견주어서 등급을 평가함이고 사(死)는 작위가 없는 사람이 죽는 것이며, 시(諡)는 시호(諡號)이다.

11-10-7————————————禮之所尊은 尊其義也니 失其義하고
陳其數는 祝史之事也라 故로 其數는 可陳也어니와
其義는 難知也니 知其義而敬守之가 天子之所以治天下也니라.

『예절의 높이는 바는 그 의리를 높이는 것이니 그 의리는 잃어버리고, 그 수량만 진열함은 축관과 사관의 일이다. 그러므로 그 수량은 진열할 수 있거니와 그 의리는 알기 어려운 것이니 그 의리를 알아서 공경하여 지키는 것이 천자가 천하를 다스리는 원칙이니라.』

◐ 이 절은 예절의 외형적 형식과 수량에는 반드시 지극한 의리(義理)가 담겨 있으므로 그 의리를 깨달아 지키는 것이 천자의 기본 자세임을 설파하였다.

의(義)는 의리(義理)이니 물리(物理)와 인심(人心)에 합당한 이치이고, 수(數)는 그릇을 셈하여 한도를 정한 수량이니 그릇의 모양으로는 이치를 나타내고, 그릇의 수량으로는 합당성을 나타낸다. 축관(祝官)과 사관(史官)은 나타낸 현상만을 정확히 기술하는 직책이요, 그 합당한 이치를 알아서 공경하여 지킬 책임은 없는 것이다. 진(陳)은 진열(陳列)함이니 그릇의 수량은 눈에 보이는 것이므로 진열할 수 있는 것이고, 난지(難知)는 알기가 어려운 것이니 의리(義理)는 눈에 보이지 않기 때문에 알기가 어려운 것이다. 천자는 예치(禮治)를 통하여 덕치(德治)를 이룩해야 되기 때문에 허례허식으로 다스려서는 안 되고, 진실하고 경건하게 예의도덕을 지켜서 솔선수범하는 자세가 필요한 것이다.

11-11-1 ──────────────── 天地合而后에 萬物이 興焉이라 夫昏禮는 萬世之始也니 取於異姓은 所以附遠厚別也며 幣必誠하며 辭無不腆은 告之以直信이니 信은 事人也며 信은 婦德也라 壹與之齊면 終身不改하나니 故로 夫死라도 不嫁하니라.

『하늘과 땅이 화합한 뒤에 만물이 일어나는지라, 대저 혼례는 만세의 대를 이어 가는 시작이니 다른 성씨에서 배필을 취함은 먼 것

을 가깝게 하여 분별을 두텁게 하는 원리이며, 폐백은 반드시 정성스
럽게 하며, 말씀은 착하지 않음이 없음은 알림에 바로 믿게 하기 위
함이니 믿음은 사람을 섬기는 것이며, 믿음은 며느리의 덕행이므로
한 번 더불어 가지런히 하면 한평생 고치지 아니하나니 그러므로 지
아비가 죽을지라도 개가하지 않으니라.』

　◉ 이 장은 혼례(昏禮)의 의례절도와 의리를 기술하여 부부가 일
심동체로 화합하여 제사를 지내는 본의를 밝혔다.

　만세지시(萬世之始)는 남녀가 혼인하여 자녀를 생산해서 길이 대
를 잇는 시작이라는 뜻이고, 부원(附遠)은 먼 것을 가깝게 붙이는 것
이요, 후별(厚別)은 분별을 두텁게 함이다. 전(腆)은 착함이고, 직신
(直信)은 바로 믿는 것이며, 사인(事人)은 남편이 아내를 섬기는 것
이요, 부덕(婦德)은 아내가 남편을 섬기는 덕이며, 제(齊)는 신랑과
신부가 혼인식을 가지런히 마치는 것이니 신부가 시아버지와 시어머
니를 뵙고, 시집의 사당을 뵈며, 신랑이 처가에 가서 장인과 장모를
뵈면 혼인식을 모두 마치는 것이다.

11-11-2─────────────男子가 親迎할새 男先於女는 剛柔之義也니

天先乎地하며 君先乎臣하니 其義一也라

執摯以相見은 敬章別也니 男女有別然後에 父子가

親하며 父子親然後에 義가 生하며 義生然後에

禮가 作하며 禮作然後에 萬物이 安하나니

無別無義는 禽獸之道也니라.

『남자가 친히 아내를 맞이할 때에 남자가 여자보다 앞에 서는 것은 굳은 것과 부드러운 것의 의리이니 하늘은 땅보다 앞서며, 임금은 신하보다 앞서나니 그 의리가 동일한 것이다. 폐백을 들고 서로 만남은 공경하여 분별을 선명하게 하는 것이니 남녀가 분별이 있는 다음에 아버지와 아들이 친하며, 부자가 친한 다음에 의무가 생기며, 의무가 생긴 다음에 예절이 일어나며, 예절이 일어난 다음에 만물이 편안하나니 분별이 없고, 정의가 없는 것은 새와 짐승이 사는 길이니라.』

　☯ 이 절은 혼례의 절도를 기술하여 남자와 여자가 혼인하여 가정을 이루고 함께 삶에는 반드시 분별이 있어야 됨을 밝혔다.

　친영(親迎)은 혼례에서 신랑이 신부의 집에 직접 가서 신부를 맞이하여 오는 예식이고, 남선(男先)은 신랑이 신부를 앞에서 인도함이며, 강유지의(剛柔之義)는 양강(陽剛)한 것이 음유(陰柔)한 것을 선도(先導)하면서 보호하여야 되는 의무와 책임이니 하늘과 땅의 진리이고, 임금과 신하의 윤리이다. 집지(執摯)는 폐백을 손으로 드는 것이니 예절을 갖춤이요, 상견(相見)은 상견례(相見禮)인데 초례청에서 신랑과 신부가 처음 보는 인사로 교배(交拜)를 함이니 교대로 재배(再拜)하는 것이다. 경장별(敬章別)은 신랑과 신부가 서로 공경하며 능력에 맞게 책임과 업무를 분담해서 선명하게 분업 협동하는 것이니 남자는 밖에 거처하고 아내는 집 안에 거처하면서 내외가 화합하여 집안을 가지런히 하는 것이다. 부자친(父子親)은 어버이가 아들과 며느리를 믿고 가까이 함께 사는 것이니 만일 아들과 며느리가 분별이 없어서 서로 책임감도 없고 맡은 직분도 없다면 어느 부모인들 그런 아들과 며느리를 친밀하게 가까이 살겠는가? 의(義)는 의무(義務)로 아들은 어버이를 섬김에 의복과 음식과 주택을 공급하는 의무

이고, 예(禮)는 어버이를 지극히 공경하고 사랑하는 모범적 사회규범
이니 어버이를 공경하고 사랑하는 사람은 나아가 만물도 사랑하고
공경하여 평화롭고 안락한 사회를 지향하는 것이므로 마침내 만물도
안전을 보장받게 된다. 새와 짐승은 비록 동거(同居)는 하면서도 업
무를 분담하지 않으므로 집단에 대한 책임감도 의무도 없기 때문에
분별이 없고 의무도 없다고 하였다.

11-11-3————————— 壻가 親御授綏는 親之也니 親之也者엔 親之也라
敬而親之는 先王之所以得天下也라
出乎大門而先男帥女하고 女從男하나니
夫婦之義가 由此始也라 婦人은 從人者也니
幼엔 從父兄하고 嫁엔 從夫하며 夫死어든
從子하니라 夫也者는 夫也니 夫也者는 以知帥人者也니라.

『사위가 친히 마부가 되어 신부에게 수레고삐를 주는 것은 친절한
것이니, 친절한 사람에게는 친절한 것이므로 공경하고 친절함은 선왕
이 천하를 얻은 원리인 것이다. 대문에 나와서 먼저 남자가 여자를
거느리고, 여자가 남자를 쫓아가나니 지아비와 지어미의 의리가 이를
말미암아 시작하는 것이다. 부인은 사람을 좇는 것이니 어려서는 부
형을 좇고, 시집을 감에는 지아비를 좇으며, 지아비가 죽거든 아들을
좇느니라. 지아비라는 것은 사나이라는 뜻이니 사나이라는 것은 슬기
롭게 사람을 거느리는 것이니라.』

◑ 이 절은 혼례의 공경하고 친절한 절도를 기술하여 남편이 아내

의 모범이 되어 지혜롭게 화합가정을 경영해야 됨을 밝혔다.

친어(親御)는 사위가 신부의 마차를 직접 모는 마부의 역할을 함이고, 수수(授綏)는 신부가 수레고삐를 잡고 수레에 오를 수 있도록 사위가 직접 수레고삐를 주는 것이다. 친지(親之)는 친절하게 함이니 남편이 아내에게 친절하게 대하면 아내도 또한 남편에게 친절하게 대하는 것이다. 그러므로 선왕이 인민을 공경하고 친절하게 대하므로 인민도 또한 선왕을 공경하고 친절하게 대하여 마침내 천하를 얻은 것이다. 대문(大門)은 신부 집의 대문이고, 선(先)은 먼저 안내함이며 솔(帥)은 앞에 나서서 주장하며 거느리는 것이요, 종(從)은 능동적으로 좋아서 좇아감이며, 지(知)는 지혜로운 슬기이다.

11-11-4 ──────────────────── 玄冕은 齊戒요 鬼神은 陰陽也라
將以爲社稷主하며 爲先祖後니 而可以不致敬乎아.

『검은 옷에 면류관은 몸과 마음을 가지런히 하여 조심함이요, 귀신은 음양의 조화인 것이다. 장차 사직의 제주가 되며, 선조의 후계자가 되나니 공경을 다하지 아니하리오.』

◉ 이 절은 아내가 있어야 제사를 지낼 수 있는 예절을 기술하여 신랑은 신부를 맞이함에 공경을 다해야 됨을 밝혔다.

현(玄)은 현복(玄服)이요, 면(冕)은 면류관이니 제복(祭服)이며 귀(鬼)는 음기(陰氣)의 정령(精靈)이고 신(神)은 양기(陽氣)의 신령(神靈)이다. 음양(陰陽)은 음기(陰氣)와 양기(陽氣)의 신묘(神妙)한

작용이니 귀신을 섬김에는 반드시 음양을 배합하여야 신묘한 감응이 일어나기 때문에 제사를 지냄에는 반드시 주인(主人)과 주부(主婦) 가 함께 지내야 된다. 따라서 예절에 주부가 죽고 그 집안에 주부의 일을 도울 사람도 없는 선비나 서민대중은 제사를 지내지 못한다고 하였다. 사직주(社稷主)는 장차 큰 공을 세워서 제후가 될 수 있는 것이요, 선조후(先祖後)는 선조를 제사 지내는 후계자가 되는 것이 다. 무릇 혼인의 목적은 인생을 성공적으로 경영하여 효도를 하고 충 성을 하기 위함이니 어찌 적은 일이겠는가?

11-11-5─────── 共牢而食은 同尊卑也니 故로 婦人은 無爵이라도
從夫之爵하며 坐以夫之齒하니라 器用陶匏는
尙禮然也니 三王이 作牢하되 用陶匏하니라 厥明에
婦가 盥饋할새 舅姑가 卒食이어든 婦가 餕餘는
私之也라 舅姑가 降自西階어든 婦가 降自阼階는
授之室也라 昏禮에 不用樂은 幽陰之義也니 樂은
陽氣也라 婚禮에 不賀는 人之序也니라.

『희생을 한 가지로 신랑과 신부가 함께 먹는 것은 높고 낮음을 동 등하게 함이니 그러므로 부인은 작위가 없을지라도 지아비의 작위를 따르며, 지아비의 반열로 앉느니라. 그릇으로 질그릇과 바가지를 쓰 는 것은 예절을 숭상해서 그런 것이니 3대의 왕이 희생을 만들되 질 그릇과 바가지를 사용하시니라. 그 다음 날에 신부가 손을 씻고, 음 식을 올릴 때에 시아버지와 시어머니가 먹기를 마치거든 신부가 물 린 음식을 먹음은 사사롭게 하는 것이다. 시아버지와 시어머니가 서

쪽 계단으로 내려가거든 신부가 섬돌 계단으로 내려오는 것은 안방을 주는 것이다. 혼례에 음악을 쓰지 아니함은 그윽이 고요하게 안정시키려는 뜻이니 음악은 격동적인 양기이다. 혼례에 축하하지 아니함은 사람이 서로 교대하여 대를 이어 가는 차례이기 때문이다.』

　☯ 이 절은 혼례식을 거행하는 절도를 기술하여 그 깊은 뜻을 밝혔다.

　공뢰(共牢)는 신랑과 신부가 혼인식을 거행하는 초례청(醮禮廳)에서 서로 재배(再拜)하여 교배례(交拜禮)를 한 다음, 각각 술잔을 높이 들고 별님에게 앞날의 행복을 축원하고 마시며 별님에게 바친 희생을 함께 먹는 절차니 희생은 돼지와 양 가운데 하나를 쓴다. 동(同)은 동등한 신분이라는 뜻이고 치(齒)는 치열(齒列)이니 평등한 반열이며 도포(陶匏)는 앞에 11－7－3에서 이미 해설하였으니 혼례에서 희생을 질그릇에 담고 술을 바가지로 먹는 것은 천연적인 원질을 숭상하여 부부(夫婦)는 천생연분이므로 비록 질박하고 가난하더라도 이혼하지 말고 함께 살아야 하는 도덕과 윤리와 예절이 있음을 보인 것이다. 명(明)은 명일(明日)이고 관(盥)은 관세(盥洗)니 손을 씻어 깨끗함을 보이는 예절이요, 괴(饋)는 음식을 대접함이니 며느리는 시부모를 공양(供饋)할 도리가 있음을 밝히는 예절이니 곧 세속에서 시부모에게 폐백(幣帛)을 드리는 행사이다. 졸식(卒食)은 식사를 마치는 것이고 준여(餕餘)는 먹고 남은 음식을 물려받아 먹는 것이요, 사지(私之)는 사사롭게 처분하는 것이니 곧 시부모가 먹고 남아서 물려주는 살림살이는 며느리가 자유롭게 처분할 수 있는 경영권을 가진다는 뜻이다. 서계(西階)는 손님이 사용하는 계단이니 시부모가 이제 사랑채로 물러나서 손님처럼 행동하여 가정살림에 간섭하지 않겠다는 것이요, 조계(阼階)는 주인이 사용하는 계단이니 아들과 며느리가 이제 집안 살림의 주인이 되어 스스로 경영한다는 것이다. 수(授)는 주는 것이고 실(室)은 부부가 거처하는 방이니 정실이 낳은 장자와 장부(長婦)에게는 몸채의 안방을 주고, 여러 아들과 여러 며느리에게는 별채나 다른 집의 방을 주는 것이다. 유음(幽陰)은 그윽하고 고요하게 해서 안정시키는 것이니 신부와 신랑의 마음속에 깊은 정이 들게 함인데 만물은 유음(幽陰)에서 생기(生氣)가 엉겨 새싹이 돋아나는 것이다. 하(賀)는 축하하고 치하하는 것이요, 서(序)는 천도가 운행하여 왕래 교대하는 질서로 혼례는 부모가 늙어서 은퇴하고 아들과 며느리가 가정경영의 책임을 맡은 예식이므로 혼인을 축하하면 결국 부모의 늙음을 축하하는 격이 되는 것이다.

살피건대 부부는 평등하고 며느리는 부엌 살림권을 가지고 자유롭게 경영하는 위치를 보장받음에도 전통혼인식에서 신랑은 2배(再拜)하고 신부는 4배(四拜)를 시키는 것은 예절의 본의를 망각한 남녀불평등의 악습으로 오늘날 민주사회에서 도저히 용납할 수 없으니 독자는 개혁하기 바란다.

11-12-1 ──────── 有虞氏之祭也는 尙用氣하니 血腥爓祭가 用氣也라.

『순 임금의 제사에는 정기를 씀을 숭상하니 피와 날고기와 데친 고기로 제사 지냄은 정기를 쓰는 것이다.』

◑ 이 장은 제례의 절도를 기술하여 제물의 중요성을 밝혔다.

유우씨(有虞氏)는 순(舜) 임금의 정부이고 상(尙)은 숭상함이며
용기(用氣)는 정기(精氣)가 생동하는 제물을 쓰는 것이니 크고 건장
하고 정결하고 신선한 제물을 숭상하는 것이다. 혈(血)은 희생의 피
를 신에게 바치는 것이고, 성(腥)은 날고기를 바치는 것이며, 섬(爓)
은 끓은 물에 데친 고기를 바치는 것이니 모두 정혈(精血)이 신선한
제물이다.

여기에서 제사는 정기(精氣)가 신선한 제물이 기본이라는 사실을
알아야 한다.

11-12-2———————————————— 殷人은 尙聲하야 臭味가 未成일새

滌蕩其聲하야 樂三闋하고 然後에

出迎牲하나니 聲音之號가 所以詔告於天地之間也니라.

『은나라 사람은 소리를 숭상하여 냄새와 맛이 아직 이루 못 할 때
에 그 소리를 흔들어 진동하여 음악이 세 번을 마치고, 그런 뒤에 나
아가 희생을 맞이하나니 소리와 음악의 신호가 하늘과 땅 사이에 가
르쳐 알리는 방법이니라.』

◑ 이 절은 은(殷)나라는 희생을 잡기 전에 먼저 음악을 연주하여
귀신에게 제사 지냄을 알렸으니 더욱 생동하고 신선하게 하였음을
밝혔다.

성(聲)은 성악(聲樂)이고 취미(臭味)는 희생에서 나는 냄새와 맛
이며 미성(未成)은 아직 도살하지 않았다는 뜻이다. 척(滌)은 흔드는

것이고 탕(湯)은 진동함이니 악기를 흔들고 쳐서 소리가 울려 퍼지게 함이다. 삼결(三関)은 세 곡을 마치는 것이요, 호(號)는 신호(信號)이며 조(詔)는 가르치고 깨우침이니 귀신에게 제사 지내는 신호를 보낸다는 뜻이다.

은나라 사람은 귀신이 이르러 보는 데서 희생을 잡았으니 더욱 신선한 정기를 바치려는 방법이었다.

11-12-3──────────────────── 周人은 尙臭하야 灌用鬯臭하니
鬱合鬯하야 臭陰達於淵泉하고 灌以圭璋은
用玉氣也니 旣灌然後에 迎牲은 致陰氣也니라.

『주나라 사람은 냄새를 숭상하여 울창주의 향기로써 땅에 부었으니 울금향을 강신주에 섞어서 냄새가 땅속으로 깊은 샘못에 전달하게 함이고, 옥홀과 반쪽 서옥으로 손잡이를 만든 구기로써 강신주를 땅에 부음은 옥의 기운을 쓰는 것이니 이미 강신주를 땅에 부은 다음에 희생을 맞이함은 음기를 이르게 함인 것이다.』

◉ 이 절은 주(周)나라는 희생을 잡기 전에 울창주로 강신을 하였음을 기술하여 은나라의 음악은 양기(陽氣)의 신(神)을 부르고 주나라의 강신주(降神酒)는 음기(陰氣)의 귀(鬼)를 부르는 의식이었음을 밝혔다.

취(臭)는 냄새로 정기(精氣)나 성음(聲音)처럼 눈에 보이지는 않으나 감각으로 느낄 수 있기 때문에 귀신을 부르는 신호로 사용하였

다. 관용창(灌用鬯)은 앞에 11-1-3에서 이미 해설하였고 음달(陰達)은 땅속으로 전달함이며 장(璋)은 장찬(璋瓚)이요, 옥기(玉氣)는 그 결정체가 깨끗하고 고른 기운이며 음기(陰氣)는 고요하고 엉기는 기운이니 곧 땅속에 있는 귀(鬼)의 넋이다.

11-12-4─────────────────── 蕭合黍稷하여 臭陽達於墻屋하나니
故로 奠然後에 焫蕭合羶薌하니 凡祭엔 愼諸此니라.

『쑥에 기장과 피를 합하여 냄새가 땅 위로 담장과 지붕에 전달하게 하나니 그러므로 제물을 차린 다음에 쑥에 노린내와 곡기가 나는 것을 합하여 태우니 무릇 제사에는 여기에서 신중히 하니라.』

◉ 이 절은 주나라가 냄새를 땅 위에 퍼지게 하여 양기(陽氣)의 신(神)을 부르는 의식을 기술하였다.

소(蕭)는 향기 나는 쑥이고 양달(陽達)은 땅 위로 전달함이며 장옥(墻屋)은 담장 속에 있는 건물이다. 전(奠)은 희생을 잡아서 제물을 진설함이니 제사 지낼 준비를 모두 갖춘 것이요, 열(焫)을 불을 피워서 태우는 것이니 쑥에 희생의 피와 기름덩어리 그리고 기장과 피를 합하여 태우면 노린내와 고소한 곡기의 냄새가 나는 것이다. 향(薌)은 곡기(穀氣)이니 고소한 냄새이고, 신저차(愼諸此)는 강신과 분향(焚香)을 하여 귀신이 강림하였으므로 삼가 엄숙히 제례를 거행한다는 뜻이다.

제사에 귀신을 부르는 것은 동시에 해야 되지만 은나라가 희생을

잡기 전에 소리를 울려서 귀신을 불렀기 때문에 주나라는 울창주로 먼저 땅속의 귀(鬼)를 부르고, 희생을 잡아 제물을 차린 다음에 그 피와 기름을 쑥과 곡식에 합하여 태워서 땅 위의 신(神)을 불렀으니 합리적이다.

11-12-5 魂氣는 歸于天하고 形魄은 歸于地하나니 故로 祭는 求諸陰陽之義也라 殷人은 先求諸陽하고 周人은 先求諸陰하니 詔祝於室하며 坐尸於堂하며 用牲於庭하고 升首於室하여 直祭하니 祝于主하고 索祭할새 祝于祊은 不知神之所在라 於彼乎아 於此乎아 或諸遠人乎하나니 祭于祊에 尙曰求諸遠者與하니라.

『얼의 정기는 하늘로 돌아가고, 형체의 넋은 땅으로 돌아가나니 그러므로 제사는 귀신을 음과 양의 뜻에서 찾는 것이다. 은나라 사람은 먼저 양에서 찾았고, 주나라 사람은 먼저 음에서 찾았으니 임금이 명령하여 방에서 빌게 하며, 뜰방에 시동을 앉게 하며, 마당에서 희생을 잡게 하고, 방에서 희생의 머리를 올리고, 바로 제향을 지내나니 신주에게 축문을 읽고, 제향의 절차를 찾을 때에 사당문에서 축문을 읽음은 신령의 계신 곳을 알지 못하므로 저 안에 계신가, 이 밖에 계신가 혹은 멀리 다른 사람에게 가셨는가 하나니 사당문에서 제향을 지냄에 오히려 말하기를 멀리에서 찾으라고 하니라.』

◑ 이 절은 제사는 양기(陽氣)의 혼신(魂神)과 음기(陰氣)의 백귀(魄鬼)를 찾아서 희생을 잡수시게 하는 행사이므로 사당의 실(室)과

당(堂)과 정(庭)을 모두 사용하여 행사를 진행하고 또한 축문도 실내와 실외에 모두 들리도록 크게 읽어 공개하는 절도를 기술하였다.

혼기(魂氣)는 영혼(靈魂)의 정기(精氣)로 신령하여 육체를 떠나서도 불사·불멸하는 양기(陽氣)의 얼이고, 형백(形魄)은 형체의 정백(精魄)으로 신령하여 육신이 죽었어도 불사·불멸하는 음기(陰氣)의 넋이니 혼(魂)은 신(神)이 되고 백(魄)은 귀(鬼)가 되는 것이다. 조(詔)는 앞에 10-9-4에서 이미 해설하였고, 승수(升首)는 희생의 머리고기를 제상에 올리는 것이니 희생을 잡아서 바친다는 뜻이며, 직(直)은 직각 바로 시작함이다. 주(主)는 신주(神主)이고 색제(索祭)는 제사의 절차를 묻는 것이니 곧 홀기(笏記)를 부르게 함이며, 팽(祊)은 앞에 10-9-5에서 이미 해설하였다. 저(諸)는 지어(之於)의 합자이고 원인(遠人)은 멀리 있는 다른 사람이니 곧 하늘과 귀신이 친애하는 사람이며 상(尙)은 오히려, 구저원(求諸遠)은 제사 지내는 날과 시간을 널리 알려서 공개적으로 거행한다는 말이다.

11-12-6————————————————祊之爲言은 倞也요 肵之爲言은 敬也요
富也者는 福也요 首也者는 直也며 相은 饗之也요
骰는 長也며 大也요 尸는 陳也요 毛血은 告幽全之物也니
告幽全之物者는 貴純之道也니라.

『사당 문의 말 됨은 찾는 것이요, 시동이 먹는 도마의 말 됨은 공경하는 것이요, 제물을 풍부하게 차림은 신령이 복을 누리게 하는 것이요, 희생의 머리를 올리는 것은 바로잡았다는 것이요, 집례와 집사가 제사를 도움은 향례를 거행하는 것이요, 제주에게 축복하는 말씀

은 장자이며 큰 사람이란 것이요, 시동은 상징물을 진열한 것이요, 털과 피는 그윽하고 온전한 물건임을 알리는 것이니 그윽하고 온전한 물건임을 알리는 것은 순수함을 귀중하게 여기는 길이니라.』

◐ 이 절은 제사에 반드시 신령의 강림을 보려고 하는 간절한 표현양식을 기술하였으니 효자의 정성이 순수함을 밝혔다.

량(倞)은 찾는 것이니 사당에 신문(神門)을 만든 이유가 귀신을 찾기 위함이고, 기(肵)는 시동(尸童)이 먹는 도마인데 제사에만 사용하는 그릇을 특별히 제작함을 지적하였으며, 부(富)는 풍부함이니 제기(祭器)에 제물을 넉넉하게 차리는 것이요, 복(福)은 신령이 명복(冥福)을 누리게 함이다. 수(首)는 희생의 머리이고, 직(直)은 직접 바로잡았다는 뜻이며, 상(相)은 제사를 돕는 사람이고, 향지(饗之)는 신령에게 향례(饗禮)를 주체하는 것이다. 가(嘏)는 앞에 9-3-2에서 이미 해설하였고, 장(長)은 장자(長子)나 장손(長孫)이요, 대(大)는 큰 덕이 있는 사람이니 종자(宗子)로서 큰 덕이 있어야 신령이 제주(祭主)를 축복하는 가사(嘏辭)가 있다는 뜻이다. 진(陳)은 상징적으로 진열함이요, 모혈(毛血)은 희생의 털과 피이며, 유(幽)는 깊은 속이고, 전(全)은 겉이 온전함이니 희생의 혈기가 왕성하고 형색이 건전한 것이다. 순(純)은 순수하고 오로지 한결같음이니 제사에 정성을 극진히 하는 방법이다.

11-12-7 ──────────── 血祭는 盛氣也요 祭肺肝心은 貴氣主也요
祭黍稷에 加肺하며 祭齊에 加明水는 報陰也요

取膟膋燔燎하며 升首는 報陽也요 明水涗齊는 貴新也니
凡涗은 新之也요 其謂明水也는 由主人之絜著此水也라.

『피로 제사 지냄은 기운을 왕성하게 하는 것이요, 폐와 간과 심장으로 제사 지냄은 기운의 주동력을 고귀하게 여긴 것이요, 기장과 피로 제사 지냄에 폐를 더하며 술구더기로 제사 지냄에 달밤에 뜬 물을 더함은 음기의 귀에게 보답하는 것이요, 내장에 기름과 비계를 취하여 굽고 태우며 희생의 머리를 올림은 양기의 신에게 보답하는 것이요, 달밤에 뜬 물과 걸러서 맑게 한 술은 새로운 것을 고귀하게 여기는 것이니 무릇 깨끗한 것은 새롭게 한 것이요, 그 달밤에 뜬 물이라고 일컫는 것은 주인으로 말미암아 이 물이 깨끗함을 나타낸 것이니라.』

☯ 이 절도 앞 절에 이어 제사에 반드시 음기(陰氣)와 양기(陽氣)를 갖추어 귀신의 강림을 보려고 하는 간절한 노력을 기술하였으니 주인과 주부가 직접 깨끗하게 차리는 지극한 정성을 밝혔다.

혈제(血祭)는 희생의 피를 제물로 바치는 것이고 제폐간심(祭肺肝心)은 앞에 월령(月令) 편에서 봄에는 지라, 여름에는 폐, 중앙에는 심장, 가을에는 간, 겨울에는 신장을 먼저 바친다고 경문에 밝혔다. 기주(氣主)는 기운을 생기게 하는 주동력(主動力)이고, 제(齊)는 술구더기로 앞에 9-2-6에서 이미 해설하였으며, 률료(膟膋)는 내장 사이에 있는 기름과 비계요, 세제(涗齊)는 걸러서 맑게 한 술이다. 주인(主人)은 제주(祭主)이고 결(絜)은 조촐하고 깨끗함이며 저(著)는 밝게 나타냄이다.

君^군이 再拜稽首^{재배계수}하고 肉祖親割^{육단친할}은 敬之至也^{경지지야}라 敬之至也^{경지지야}는 服也^{복야}니 拜^배는 服也^{복야}요 稽首^{계수}는 服之甚也^{복지심야}요 肉祖^{육단}은 服之盡也^{복지진야}라 祭稱孝孫孝子^{제칭효손효자}는 以其義^{이기의}로 稱也^{칭야}요 稱曾孫某^{칭증손모}는 謂國家也^{위국가야}라 祭祀之相^{제사지상}은 主人^{주인}이 自致其敬^{자치기경}하되 盡其嘉^{진기가}하야 而無與讓也^{이무여양야}니라.

『임금이 재배하며 머리를 조아려 땅에 대고, 윗도리를 벗고 육체를 내놓고 친히 희생을 자름은 공경의 지극함이다. 공경의 지극함은 감복하는 것이니 절은 감복한 표현이요, 머리를 조아려 땅에 대는 것은 감복함이 심함을 표현한 것이요, 윗도리를 벗고 육체를 내놓음은 감복함을 극진히 하는 것이다. 제사에 효손이나 효자라고 일컫는 것은 그렇게 극진히 섬긴다는 뜻으로 일컫는 것이요, 증손 아무개라고 일컫는 것은 국가적인 행사로 말하는 것이다. 제사의 도우미는 주인이 스스로 그 공경을 다하되 그 아름다움을 다하여 양보하여 넘겨줌이 없는 것이니라.』

☯ 이 절은 제상에 제주(祭主)의 기본자세를 기술하였으니 귀신은 제주(祭主)의 정성과 공경으로 흠향(歆饗)한다는 사실과 제사를 돕는 사람의 역할을 밝혔다.

복(服)은 감복(感服)이니 마음이 감동해서 진심으로 복무(服務)하는 것이다. 따라서 사람이 감복하면 절을 하고 또 매우 감복하면 머리를 조아려 땅에 대는 것이며 더욱 크게 감동해서 극진히 복무하려면 윗도리를 벗고 상체를 내놓고 땀을 흘리며 애써 일하는 것이다. 효손(孝孫)과 효자(孝子)의 효(孝)는 앞에 9-2-7에서 이미 해설하였고 국가(國家)는 천자와 제후가 되어 국가의 공식적인 제향으로 거행하기 때문에 증조(曾祖) 이상은 모두 증손으로 호칭한다는 말이다. 상(相)은 집례와 집사인데 제사에 제주(祭主)를 보좌만 하되 그러나 아름다운 절도를 다하여 일거리를 남에게 미루는 일이 없어야 되는 것이다.

11-12-9─────────────────── 腥肆爓腍祭에 豈知神之所饗也리오 主人이 自盡其敬而已矣니라 擧斝角하고 詔妥尸하나니 古者에 尸無事則立하고 有事而后엔 坐也하니라 尸는 神象也요 祝은 將命也니라.

『날고기와 뼈와 살을 발라낸 고기와 데친 고기와 삶은 고기로 제사 지냄에 어찌 귀신이 잡수신 바를 알리오. 주인이 스스로 그 공경을 다할 뿐이니라. 세발옥잔과 대접술잔을 들고 임금의 명령으로 시동을 편안하게 하나니 옛날에 시동은 일이 없으면 서고, 일이 있는 뒤에는 앉게 하니라. 시동은 귀신을 상징하는 것이요, 축관은 명령을 받드는 것이니라.』

◐ 이 절은 앞 절에 이어 제주(祭主)의 정성과 공경심이 극진하여야 귀신이 흠향(歆饗)하는 것임을 기술하였으니 주인은 귀신을 공경하듯이 귀신을 상징하는 시동(尸童)도 공경해야 됨을 밝혔다.

성(腥)과 섬(爓)은 앞에 11-1-2에서 이미 해설하였고 사(肆)는 척(剔)과 같으니 살과 뼈를 발라낸 고기이며 임(腍)은 삶은 고기이

다. 가(斝)는 앞에 9-3-4에서, 각(角)은 앞에 10-3-11에서 이미
해설하였고 신상(神像)은 귀신을 상징하는 것이니 귀신처럼 공경해
야 된다는 말이다. 입(立)과 좌(坐)는 앞에 10-6-3, 4에서 이미 해
설하였으며, 장명(將命)은 명령을 받드는 것이니 제주(祭主)의 조령
(詔令)을 시동에게 전하고 귀신의 가사(嘏辭)를 주인에게 전하는 역
할이다.

11-12-10 ──────────────────────── 縮酌用茅는 明酌也니라.

『술을 걸러 짬에 띠를 사용함은 술을 투명하고 맑게 하는 것이니라.』

◑ 이 절은 주인이 제주(祭酒)를 정결하게 만드는 정성을 기술하
였다.

축(縮)은 길러서 짜낸 것이고 작(酌)은 구기로 떠낸 단술이며 용
모(用茅)는 띠로 위를 덮어 눌러서 맑은 단술이 위로 올라오게 함이
다. 명작(明酌)은 투명하게 맑은 단술이니 가장 정결하게 만든 예제
(醴齊)이다.

11-12-11 ──────────────── 醆酒는 涗于淸하고 汁獻는 涗于醆酒하나니
猶明淸與醆酒于舊澤之酒也니라.

『희멀건 술은 맑게 가라앉혀서 거르고 울금향의 집을 넣은 술 단

지는 희멀건 술에 섞어서 거른 것이니 투명한 단술과 맑은 술과 희멀건 술은 옛날의 진국술과 같으니라.』

◉ 이 절은 앞 절에 이어 제주(祭酒)가 맑고 향기로운 제주(祭酒)를 만드는 주법(酒法)을 기술하였다.

잔(醆)은 앞에 9-2-6에서 이미 해설하였으니 앙제(盎齊)이고 세(涗)는 따로 거른 술을 휘저어 위에 뜨는 것을 거두어 내고 가라앉혀서 맑게 함이며, 집(汁)은 검은 기장과 울금(鬱金)을 섞어서 버무린 집액이니 울창주를 만드는 방법이며, 사(獻)는 술 단지이다. 유(猶)는 같은 것이고 명(明)은 명작(名酌), 청(淸)은 청주(淸酒)이며 구(舊)는 옛날이요, 택(澤)은 진액 또는 진국이다. 지난날에는 술을 양조하여 그 진국으로 제사를 지냈으나 주(周)나라에 이르러서는 더욱 정성을 들여 투명하고 향기로운 술을 만들어 제주(祭酒)로 사용하였음을 밝혔다.

11-12-12 ─────────────────── 祭有祈焉하고 有報焉하고 由辟焉하니라.

『제사는 기원함이 있고 보답함이 있고, 말미암아 물리침이 있느니라.』

◉ 이 절은 제사의 의미가 중대하기 때문에 제주(祭主)는 정성을 다하여 진실하고 착하고 아름답게 거행해야 됨을 강조하였다.

기(祈)는 기도(祈禱)하여 복을 비는 제사이고, 보(報)는 은덕에 보답하는 것이며 유벽(由辟)은 그 제사로 말미암아 신령이 보우하여 재앙과 환란을 물리치고 안녕을 보장하게 함이다. 이와 같이 중대한

뜻이 있거늘 어찌 추호라도 소홀히 할 것이며 더욱이 제사는 불경스
럽고 불결하게 해서 신을 모독하면 도리어 죄를 받는 것인즉 어찌
감히 정성을 들여 깨끗하게 하지 않으리오.

11-12-13 ───────────────齊之玄也는 以陰幽思也니
故로 君子는 三日齊하야 必見其所祭者니라.

『몸과 마음을 가지런히 함에 고요하고 깨끗이 하는 것은 속으로
그윽이 생각하는 것이니 그러므로 군자는 3일을 재계하여 반드시 그
제사 지내는 바의 신령을 보느니라.』

◉ 이 절은 군자가 정성과 공경을 다하여 제사 지냄에 그 귀신의
강림을 확신하는 것임을 기술하였다.

재(齊)는 재계(齊戒)함이요, 현(玄)은 고요하고 깨끗이 함이며, 음
(陰)은 겉으로 나타내지 않고 속에 간직함이요, 유(幽)는 깊고 은미
한 귀신의 경지에 이르러 가는 것이다. 3일재(三日齊)는 큰 제향에
제주(祭主)가 3일 전부터 목욕하고 재계함이며, 필견(必見)은 사람과
귀신이 서로 감통하여 마음에 느껴서 확신하는 것이요, 영상으로 눈
에 보이는 것이 아니니 오해 없기 바라며 소제자(所祭者)는 제사 지
내는 바의 대상이니 곧 귀신이다.

무릇 제주(祭主)가 정성을 다하면 그 귀신이 강림하고 정성이 부
족하면 그 귀신이 강림하지 않으니 부질없이 귀신이 없다고 말하는
사람은 먼저 자기의 성실성을 돌아볼지어다.

12. 내칙(內則)

내(內)는 가내(家內)이고 칙(則)은 규칙(規則)이니 내칙(內則)은 집안에서의 생활규칙이다.

천하의 기본은 나라이고 나라의 기본은 가정이며 가정의 기본은 사람이니 먼저 가정을 구성하는 사람이 행실을 닦아서 가정도덕을 일으키고 가정윤리를 밝히며 가정예절을 실천하여야 문명한 나라와 평화로운 세계를 건설할 수 있는 것이다.

그러므로 선왕(先王)은 가정생활의 규범을 제정하여 부부(夫婦)가 평등하게 화합 노력해서 어버이에게 효도하고 옷과 음식과 주택 등의 생활문화를 보급하며 자녀를 기르는 사람의 절도를 밝혀 가정교육과 학교교육의 교재로 삼았으니 아름다운 가정문화의 꽃이라고 하겠다.

12-1-1 ──────────── 后王이 命冢宰하사 降德于衆兆民하라 하시니라.

『천자가 국무총리에게 명령하사 뭇 인민에게 도덕정치문화가 내려가게 하라고 하시니라.』

◐ 이 장은 가정도덕을 일으키는 근본적인 방법을 기술하였으니 가정도덕은 도덕정치로 일으키는 천자의 정치사업임을 기술하고 가족의 아침예절을 밝혔다.

후왕(后王)은 천자요, 총재(冢宰)는 국무를 총리하는 재상(宰相)이며, 강(降)은 위에서 아래로 보급하여 내려가는 것이고, 덕(德)은 덕화(德化)이니 도덕정치로 교화(敎化)시키는 것이며, 조민(兆民)은 억조 만민이다.

12-1-2 ──────────────────────────── 子事父母하되 鷄初鳴이어든
咸盥漱하야 櫛縰笄總하고 拂髦하며
冠緌纓하며 端韠紳하며 搢笏하니라.

『자식이 아버지와 어머니를 섬기되 닭이 처음 울거든 모두 세수하고 양치질하며 머리를 빗고 검은 비단댕기로 머리를 묶고 비녀를 찌르며 비단 끈으로 머리를 매고, 다팔머리를 털며, 관을 쓰고, 관끈을 늘어뜨리며, 단정한 옷을 입고, 무릎가리개를 하고, 띠를 매며, 홀을 허리띠에 꽂느니라.』

◑ 이 절은 부모를 모시고 사는 아들이 새벽에 갖추어야 될 행실을 기술하였으니 곧 아침문안의 일과로 하루가 시작하는 것이다.

관(盥)은 세수함이요, 수(漱)는 양치질함이며, 즐(櫛)은 머리를 빗는 것이고, 사(縰)는 검은 비단댕기로 상투를 묶는 것이며, 총(總)은 비단 끈으로 머리를 모아 매고 뒤로 남은 끈을 늘어뜨리는 것이다. 불(拂)은 터는 것이요, 모(髦)는 아기 때에 배냇머리를 깎아 만들어 머리에 꽂아 어버이를 생각하게 하는 다팔머리이며, 유영(緌纓)은 관끈을 늘어뜨리는 것이고, 단(端)은 단정한 예복(禮服)이며, 필(韠)은

무릎가리개요, 신(紳)은 허리띠를 매고 남은 가닥을 앞으로 늘어뜨리는 것이며, 진(搢)은 꽂은 것이고, 홀(笏)은 대나무로 만든 조각판으로 필요한 내용을 기록하는 도구이다.

12-1-3 ──────────────── 左右에 佩用하되 左佩는 紛과 帨와
刀와 礪와 小觿와 金燧요 右佩는
玦과 捍과 管과 遰와 大觿와 木燧니라.

『좌우에 일용품을 차되 왼쪽에 차는 것은 총채와 손수건과 손칼과 숫돌과 작은 송곳과 쇠 부싯돌이요, 오른쪽에 차는 것은 활깍지와 팔찌와 붓통과 칼집과 큰 송곳과 나무 부싯대니라.』

☯ 이 절은 앞 절에 이어 아들이 어버이를 섬김에 일상생활에서 필요한 소도구로 허리의 좌우에 차고 다니는 패물(佩物)의 종류를 열거하였다.

용(用)은 일용품이고, 좌패(左佩)는 왼쪽 허리에 차는 패물이며, 분(紛)은 헝겊조각이나 털을 묶어 먼지를 터는 총채이다. 한(捍)은 활 쏘는 소도구로 팔찌이고 관(管)은 붓을 넣은 붓통이며 체(遰)는 큰 칼을 넣은 칼집이요, 목수(木燧)는 나무를 비벼서 불을 얻는 나무 부싯대이다. 어버이를 섬김에 필요한 도구를 항상 몸에 갖추는 것은 부모의 명령에 즉각 대처하기 위함이니 그 효심이 주밀하도다.

 偪하고 屨著綦하니라.

『행전을 치고, 삼신을 신으며, 들메끈을 매느니라.』

◐ 이 절은 앞 절에 이어 아들이 어버이를 섬김에 활동성을 갖추어야 됨을 기술하였다.

핍(偪)은 행전으로 다리의 옷을 단속하는 것이요, 착(著)은 묶어서 매는 것이요, 기(綦)는 들메끈으로 신을 발에 고정하도록 둘러 묶는 끈이다.

 婦가 事舅姑하되 如事父母하니라
鷄初鳴이어든 咸盥漱하야 櫛縰笄總하고 衣紳하니라.

『며느리가 시아버지와 시어머니를 섬기되 아버지와 어머니를 섬기는 것처럼 하니라. 닭이 처음 울거든 모두 세수하고, 양치질하여, 검은 비단댕기로 머리를 묶고, 비녀를 찌르며, 비단 끈으로 머리를 매고, 옷을 입으며, 허리띠를 매니라.』

◐ 이 절은 시부모를 모시고 사는 며느리가 새벽에 갖추어야 될 행실을 기술하였으니 곧 아침문안의 일과로 하루가 시작하는 것이니 앞에 12-1-2에서 말한 아들의 행실과 같다.

12-1-6 ──────────────── 左佩는 紛과 帨와 刀와 礪와 小觿와 金燧요
右佩는 箴管과 線纊을 施한 繁袠과 大觿와 木燧니라.

『왼쪽에 차는 것은 총채와 손수건과 손칼과 숫돌과 작은 송곳과
쇠 부싯돌이요, 오른쪽에 차는 것은 경계말씀을 넣은 통과 실과 솜을
담은 작은 주머니와 큰 주머니와 큰 송곳과 나무 부싯대니라.』

◐ 이 절은 앞 절에 이어 며느리가 시부모를 섬김에 일상생활에서
필요한 소도구로 허리의 좌우에 차고 다니는 패물의 종류를 열거하
였으니 앞에 12-1-3에서와 왼쪽은 같고 오른쪽은 약간 다르니 남
자와 여자의 차이이다.

잠관(箴管)은 경계할 내용을 기록한 것을 넣은 통이고, 선(線)은
실이며 광(纊)은 솜이요, 시(施)는 두고 쓰는 것이며, 반(繁)은 작은
주머니로 실을 넣고, 질(袠)은 큰 주머니로 솜을 담는다.

12-1-7 ──────────────── 衿纓하고 綦屨하야 以適父母舅姑之所하니라.

『옷고름에 향주머니를 매달고, 삼신을 신어 들메끈을 매고, 아버지
와 어머니, 시아버지와 시어머니의 처소로 가니라.』

◐ 이 절은 앞 절에 이어 아들과 며느리가 새벽에 일어나서 몸치
장을 끝내고 내외가 함께 어버이의 침소로 문안을 가는 절도를 기술
하였다.

금(衿)은 옷고름이요, 영(纓)은 향주머니이며, 부모(父母)는 아들이 어버이를 호칭하는 말이고, 구고(舅姑)는 며느리가 시부모를 호칭하는 말이니 아들과 며느리가 함께 나란히 문안을 간다는 뜻이니 아들과 며느리의 도리가 똑같은 것이다.

12-1-8 ──────────────── 及所하야 下氣怡聲하야 問衣燠寒하며
疾痛苛癢이어든 而敬抑搔之하며 出入이어든
則或先或後하야 而敬扶持之하며 進盥할새
少者는 奉槃하고 長者는 奉水하야
請沃盥하며 盥卒이어든 授巾하고 問所欲하야
而敬進之하고 柔色以溫之니라.

『처소에 미쳐서 기운을 낮추고, 기쁜 음성으로 옷의 덥고 차가움을 물으며, 아프거나 가렵다고 하시거든 공경하여 손가락으로 누르거나 긁으며, 출입하시거든 혹은 앞에서 혹은 뒤에서 공경하여 붙들고 잡으며, 세숫물을 올림엔 어린이는 쟁반을 들고 어른은 물을 들어 끼얹어 손을 씻기를 청하며, 세수를 마쳤거든 수건을 드리고, 자시고 싶은 것을 물어 공경하여 아침상을 올리고, 부드러운 얼굴빛으로 따뜻이 하느니라.』

☯ 이 절은 부모와 시부모님께 아들과 며느리가 함께 아침문안을 드리는 절도를 기술하였다.

급(及)은 다가가는 것이고, 소(所)는 부모와 시부모가 거처하는

곳이며, 하기(下氣)는 기운을 낮추는 것이니 숨소리와 발자국 소리를 내지 않는 것이다. 이성(怡聲)은 부드럽고 명랑한 목소리요, 가(苛) 는 가려운 것이며, 억(抑)은 손으로 눌러서 지압하거나 안마함이고, 진(進)은 올리는 것이며 온(溫)은 온공(溫恭)이니 어버이의 뜻을 온 화하게 받드는 것이다.

12-1-9 ─────── 饘酏와 酒醴와 苄羹과 菽麥蕡稻黍粱秫을 唯所欲하니라.

『죽과 미음과 술과 단술과 잡탕국과 콩과 보리와 삼씨와 쌀과 메 기장과 기장, 차조를 오직 자시고 싶은 것으로 하니라.』

◉ 이 절은 음식의 종류를 차림에 오직 어버이의 뜻을 존중해야 됨을 기술하였다.

전(饘)은 된죽이고, 이(酏)는 묽은 미음이며, 모갱(苄羹)은 채소와 고기를 섞어 끓인 잡탕국이요, 괴(蕡)는 삼씨이며, 소욕(所欲)은 어 버이가 먹고 싶어 하는 음식이다.

12-1-10 ──────────────── 棗栗飴蜜로써 以甘之하며 菫荁枌榆와
免薧滫瀡로써 以滑之하며 脂膏로써
以膏之하야 父母舅姑가 必嘗之而後에 退하니라.

『대추와 밤과 엿과 꿀로 달게 하며, 제비꽃 즙과 느릅나무 즙과

술과 초와 뜨물로써 미끄럽게 하며, 지방과 기름으로 기름지게 하여 부모와 시부모가 반드시 맛을 본 뒤에 물리느니라.』

◐ 이 절은 아들과 며느리가 음식을 장만할 때에 반드시 정성을 들여서 맛나게 요리하여 부모와 시부모가 먹을 수 있도록 해야 됨을 기술하였다.

이(飴)는 엿이요, 근(董)은 제비꽃과의 다년생풀이니 어린잎은 쓴 나물로 식용하며 즙이 있으며, 환(萱)은 근(董)과 비슷한데 잎이 더욱 크다. 분(枌)은 흰 느릅나무이고, 유(楡)는 느릅나무인바 어린잎은 식용하고 즙이 있으며, 면고(免薨)는 알 수 없으나 아마도 면(免)은 면(醞)으로서 술이요, 고(薨)는 고(酤)로서 초인 듯하며, 수(滫)는 뜨물이고, 수(瀡)는 뜨물이 가라앉은 것이니 그 조리법도 역시 알 수 없지만 모두 음식을 연하고 미끄럽게 하는 재료들이다.

대저 선비는 맛있는 요리를 연구하는 사람이 아니지만 그 어버이를 공양(供養)함에 부득불 음식의 맛과 부드러움과 영양을 연구하지 않을 수 없나니 음식의 재료와 요리법과 영양의 가치를 상식적으로 알고 있는 것이 효자와 효부의 자세라고 할 것이다.

12-1-11─────── 男女가 未冠笄者는 鷄初鳴이어든 咸盥漱하야 櫛縰拂髦하여 總角하며 衿纓하야 皆佩容臭하고 昧爽而朝하야 問何食飮矣니 若已食이라거든 則退하고 若未食이라거든 則佐長者하야 視具하느니라.

171

『남자와 여자가 아직 관례와 계례를 하지 않은 사람은 닭이 처음
울거든 모두 세수하고, 양치질하여 검은 비단댕기로 머리를 묶고, 다
팔머리를 털며, 그 머리를 모두 모아서 묶어 뿔을 내며, 옷고름에 향
주머니를 매달아 멋과 향기가 나는 것을 모두 허리에 차고, 희미한
새벽에 아침문안을 하여 무슨 음식을 하느냐고 묻는 것이니 만약 이
미 먹었노라고 하시거든 곧 물러나오고, 만약 아직 먹지 않았다고 하
시거든 곧 어른을 보좌하여 필요한 것을 보느니라.』

　☯ 이 절은 20세 이하의 형제와 자녀가 아침에 행하는 예절을 기
술하였다.

　총각(總角)은 그 머리를 모두 모아서 묶어 뿔을 내는 것으로 총각
머리라고도 한다. 용(容)은 멋을 내는 장신구이고, 취(臭)는 향기가
나는 물건이며, 매(昧)는 희미함이요, 상(爽)은 밝은 것이니 아침이
희미하게 밝아오는 때요, 조(朝)는 아침에 모두 모여서 문안을 드리
는 것이다. 좌(佐)는 보좌하여 돕는 것이요, 구(具)는 필요한 것이다.

12-1-12───────────────────── 凡內外(범내외)가 鷄初鳴(계초명)이어든 咸盥漱(함관수)하야
衣服(의복)하고 斂枕簟(렴침점)하며 灑掃室堂及庭(쇄소실당급정)하야
布席(포석)하고 各從其事(각종기사)하나니 孺子(유자)는
蚤寢晏起(조침안기)하되 唯所欲(유소욕)하며 食無時(식무시)하니라.

『무릇 집안사람과 밖에서 온 사람은 닭이 처음 울거든 모두 세수
하고 양치질하여 옷을 입고, 베개와 삿자리를 거두며, 방과 대청 및

마당을 물 뿌리고 청소하여, 자리를 펴고, 각각 그 일에 종사하나니
어린이는 일찍 자고, 늦게 일어나되 오직 하고자 하는 바로 하며, 식
사도 정한 시간이 없느니라.』

　◑ 이 절은 직계가족을 제외한 동거인과 나그네 그리고 어린이의
아침예절을 기술하였다.
　렴(斂)은 거두어 보이지 않게 치우는 것이요, 침(枕)은 침구로 베
개와 이불이며 점(簟)은 삿자리이다. 포석(布席)은 작업할 자리를 펴
는 것이고 유자(孺子)는 젖먹이를 포함한 7세 이하의 어린아이며 조
(蚤)는 일찍, 안(晏)은 늦음이고 소욕(所欲)은 만족한 바이니 어린이
는 충분히 재워서 잘 자라게 함이다.

12-1-13　　　　　　　　　　　　　　由命士以上은 父子가 皆異宮하니
昧爽而朝하야 慈以旨甘하고 日出而退하야
各從其事하다가 日入而夕하야 慈以旨甘하나라.

『임명을 받은 선비로부터 이상은 아버지와 아들이 모두 살림집을
다르게 하니 희미한 새벽에 아침문안을 하여 맛좋은 음식으로 자애
를 베풀게 하고, 해가 뜨면 물러가서 각각 그 사무에 종사하다가 해
가 지면 저녁문안을 하여 맛좋은 음식으로 자애를 베풀게 하니라.』

　◑ 이 절은 선비 이상의 벼슬을 하는 관료는 부모를 다른 집에서
살게 하되 반드시 아침과 저녁에 문안을 드리고 맛있는 음식을 공양

하여 아랫사람에게 자애를 베풀게 함으로써 아기자기한 재미가 있게 하여야 됨을 기술하였다.

명사(命士)는 일명(一命)의 벼슬자리에 오른 선비요, 이궁(異宮) 은 담장을 둘러쳐서 생활공간이 다른 살림집이니 사인(私人)의 생활 과 공인(公人)의 생활이 다르므로 공(公)과 사(私)를 분리하기 위하 여 비록 부자간이라도 살림집을 각각 독립시켜서 별거하게 하였다. 자(慈)는 자애(慈愛)니 아랫사람에게 사랑을 베푸는 것이고 지감(旨 甘)은 맛좋은 음식이며 석(夕)은 저녁에 모여서 문안함이다.

12-2-1 ──────────── 父母舅姑가 將坐이시든 奉席하야 請何鄕하며
將衽어시든 長者가 奉席하야 請何趾하며
少者가 執牀與坐하며 御者가 擧几하고 歛席與簟하며
縣衾하며 篋枕하며 歛簟而襡之니라.

『부모와 시부모가 장차 앉으려고 하시거든 자리를 받들고, 어느 방향으로 펼까를 청하며, 장차 누우려고 하시거든 어른이 자리를 받 들고, 어느 방향으로 발을 둘지를 청하며, 젊은이가 걸상과 방석을 가지고, 모시는 사람이 안석을 들고, 자리와 삿자리를 거두며, 이불을 개서 얹으며, 베개를 상자에 넣으며, 삿자리를 거두어서 싸야 하느니 라.』

◉ 이 장은 아들과 며느리가 부모와 시부모를 섬기는 효도의 예절 을 기술하였으니 여기에서는 낮에도 가까이 곁에 있으면서 그 뜻을

받들어야 함을 밝혔다.

　임(袵)은 요이니 누우려고 함이요, 상(牀)은 걸상이며 어자(御者)는 곁에서 모시는 사람이고 현금(縣衾)은 이불을 개서 걸거나 얹은 것이다. 협(篋)은 상자에 넣음이고 촉(襡)은 보로 싸서 먼지가 들어가지 않게 함이다.

부　모　구　고　지　의　금　점　석　침　궤　　　불　전
12-2-2 ──────────────── 父母舅姑之衣衾簟席枕几는 不傳하며

장　구　　　지　경　지　　　물　감　근
杖屨를 祗敬之하야 勿敢近하며

대　모　치　이　　　비　준　　　막　감　용
敦牟卮匜는 非餕이어든 莫敢用하며

여　항　음　식　　　비　준　　　막　지　감　음　식
與恒飮食도 非餕이어든 莫之敢飮食이니라.

　『부모와 시부모의 옷과 이불과 삿자리와 자리와 베개와 안석은 옮기지 아니하며, 지팡이와 신을 삼가 공경하여 감히 밀치지 말며, 밥그릇과 술잔은 남은 음식이 아니거든 감히 사용하지 못하며, 그리고 항상 잡수시는 음식도 남은 것이 아니거든 감히 마시거나 먹지 못하느니라.』

　◐ 여기에서는 부모와 시부모의 옷과 자리와 그릇과 음식은 공경하여 소중히 보관하고 함부로 옮기거나 밀치거나 쓰거나 먹지 말아야 함을 기술하였다.

　전(傳)은 옮기는 것이고 근(近)은 밀치는 것이며 대(敦)와 모(牟)는 밥그릇인데 대(敦)는 남자의 밥그릇이요, 모(牟)는 여자의 밥그릇이며 치(卮)는 종발 같은 술잔이고 이(匜)는 손잡이가 있는 술잔이

다. 준(餕)은 남긴 음식물이며 여(與)는 그리고, 항음식(恒飮食)은 일상적으로 특별히 즐겨서 먹는 음식이다.

12-2-3 ─────────────父母가 在어시든 朝夕恒食할새 子婦가 佐餕하되
旣食恒餕하고 父沒母在어시든 冢子가 御食하고
群子婦가 佐餕如初하나니 旨甘柔滑은 孺子가 餕하니라.

『부모가 살아 계시거든 아침과 저녁의 보통 식사를 할 때에 아들과 며느리가 남긴 음식을 더 잡수라고 권하되 항상 남기신 음식은 아들과 며느리가 모두 먹고, 아버지가 죽고 어머니만 살아 계시거든 맏아들이 곁에서 모시고 식사하고, 여러 아들과 며느리들이 남긴 음식을 더 잡수라고 권하되 처음과 같이 하나니 맛있고, 달고, 부드럽고, 미끄러운 음식은 어린아이가 남긴 음식을 먹느니라.』

◑ 여기에서는 어버이에게 음식을 권하고 그 남긴 음식을 먹는 도리를 기술하였다.

항식(恒食)은 일상적인 보통 식사이고 좌준(佐餕)은 남긴 음식을 더 잡수시라고 권하는 것이며 기식(旣食)은 모두 먹는 것이며 항준(恒餕)은 항상 남기는 음식물이다. 여초(如初)는 아버지가 살아 있을 때와 같이 함이고 지감유활(旨甘柔滑)은 특별히 맛있고 부드러운 별미이므로 어린 아들이나 손자에게 주어서 자애(慈愛)를 베풀어 어버이의 뜻을 즐겁게 하는 것이다.

 ──────────────────── 在父母舅姑之所할새 有命之어든

應唯敬對하며 進退周旋을

愼齊하며 升降出入을 揖遊하야

不敢噦噫嚏咳欠伸跛倚睇視하며 不敢唾洟하니라.

『부모와 시부모의 처소에 있을 때에 명령하심이 있거든 '네' 하여 순응하고 대답을 공경히 하며, 나아가고 물러오는 몸가짐을 신중하고 가지런히 하며, 오르고 내리며 나가고 들어옴을 공손히 하여, 감히 구역질, 트림, 재채기, 기침, 하품, 기지개, 기울어짐, 의지하여 기댐, 곁눈으로 슬쩍 보는 것 등을 아니하며, 감히 침을 뱉거나 코를 풀지 않느니라.』

● 여기에서는 아들과 며느리가 부모나 시부모의 처소에 있을 때의 행실을 기술하였으니 지극히 공경하는 몸가짐이 있어야 함을 밝혔다.

응(應)은 순응(順應)함이고 (唯)는 짧게 '네' 하는 소리이며, 대(對)는 대답(對答)이니 물음에 대하여 자기의 소견을 말하는 것이다. 주선(周旋)은 몸가짐의 동작이요, 읍유(揖遊)는 읍손(揖遜)이니 공손한 모양이며 얼(噦)은 구역질, 애(噫)는 트림, 체(嚏)는 재채기, 해(咳)는 기침, 흠(欠)은 하품, 신(伸)은 기지개, 제시(睇視)는 곁눈으로 슬쩍 보는 것이니 모두 불경스러운 행동이다.

 ──────────────── 寒不敢襲하며 癢不敢搔하며 不有敬事어든

不敢袒裼하고 不涉不撅하며 藝衣衾은 不見裏하니라.

『추위도 감히 겹쳐 입지 아니하며, 가려워도 감히 긁지 아니하며, 삼가 처리할 일이 있지 않거든 감히 웃옷을 벗지 아니하고, 물을 건너지 않거든 옷을 걷어 올리지 아니하며, 속옷과 이불은 속을 보이지 아니하느니라.』

○ 여기에서는 아들과 며느리가 앞 절에 이어 단정하게 옷 입는 행실을 주로 기술하였다.

습(襲)은 옷을 겹쳐서 입는 것이요, 경사(敬事)는 삼가 직접 처리할 일이며, 단석(袒裼)은 웃옷을 벗고 윗몸을 드러내는 것이다. 궤(撅)는 아래옷을 걷어 올리는 것이고, 설의(褻衣)는 속옷이며, 현(見)은 보이는 것이다.

12-2-6 ───────────── 父母가 唾洟어든 不見하며 冠帶가 垢어든 和灰하야 請漱하고 衣裳이 垢어든 和灰하야 請澣하며 衣裳이 綻裂이어든 紉箴하야 請補綴하니라.

『부모가 침이나 코를 흘리거든 보이지 않게 닦으며, 관과 띠가 때 묻었거든 잿물을 섞어 삶아서 물에 빨기를 청하고, 옷과 치마가 때 묻었거든 잿물을 섞어 삶아서 물에 빨기를 청하며, 저고리와 치마가 타지거나 찢어졌거든 바늘에 실을 꿰어 깁고 얽어매기를 청하느니라.』

○ 여기에서는 부모를 깨끗하게 모시는 도리를 기술하였다.

구(垢)는 때가 묻어 더러운 것이고, 화회(和灰)는 잿물을 섞어 삶

은 것이며, 수(漱)와 한(澣)은 모두 세탁하여 빨래하는 것이다. 인
(紉)은 실을 바늘에 꿰는 것이요, 잠(箴)은 바늘이며, 보철(補綴)은
깁고 얽어매는 것이다.

 五日이어든 則爧湯하야 請浴하고 三日이어든
具沐하되 其間에 面이 垢어든
爧潘하야 請靧하고 足이 垢어든 爧湯하야
請洗하나니 少事長하며 賤事貴하되 共帥時하니라.

『5일이거든 곧 불을 때서 물을 끓여 목욕을 청하고, 3일이거든 갖
추어 머리를 감게 하되 그사이에 얼굴이 때 묻었거든 불을 때서 쌀
뜨물을 끓여 세수할 것을 청하고, 발이 때 묻었거든 불을 때서 물을
끓여 씻기를 청하나니 어린이가 어른을 섬기며, 천한 사람이 귀한 사
람을 섬기되 함께 이것을 따르느니라.』

◑ 여기에서는 어버이의 목욕하는 기간과 준비할 것을 기술하였으
니 5일마다 한 번 목욕하고 3일마다 한 번 머리 감게 하여야 됨을
밝혔다.

담(爧)은 불을 때는 것이고, 탕(湯)은 물을 끓이는 것이며, 욕(浴)
은 목욕함이요, 목(沐)은 머리 감는 것이며, 구(具)는 도구를 갖추는
것이고, 반(潘)은 쌀뜨물이다. 희(靧)는 얼굴을 씻는 것이요, 솔(帥)
은 좇아서 따르는 것이며, 시(時)는 시(是)와 같으니 목욕하고 머리
감은 기간과 준비물을 지칭한다.

12-3-1 ──────────────── 男不言內하고 女不言外하며 非祭非喪이어든
不相授器니 其相授어든 則女가 受以籃하고
其無籃이어든 則皆坐하야 奠之而后에 取之니라.

『남자는 집안에 여자들의 일을 말하지 아니하고, 여자는 바깥 사내들의 일을 말하지 아니하며, 제사가 아니고, 초상이 아니거든 서로 그릇을 주지 아니하니 그 서로 주려거든 곧 여자가 광주리로써 받고, 그 광주리가 없거든 곧 모두 앉아서 바닥에 놓은 다음에 가지느니라.』

◑ 이 장은 가정에서 남자와 여자의 행동예절을 기술하였으니 남자와 여자는 분별이 있어야 함을 밝혔다.

내(內)는 내정(內庭)에서 하는 여자의 일이고, 외(外)는 외부사회에서 하는 남자의 일이며, 비(籃)는 광주리를 받침대로 사용하는 것이요, 전(奠)은 바닥에 놓는 것이다. 대저 남자와 여자가 직접 그릇을 주고받지 않은 것은 손이 서로 부딪치는 것을 피하기 위함이니 단정하고 정숙한 가풍을 지키려는 까닭이다. 천하의 도덕이 가정예절로부터 일어나는 것이므로 가정에 예절이 있어야 하고, 가정의 예절은 깨끗하고 단정함이 그 바탕이다.

12-3-2 ──────────────── 外內가 不共井하며 不共湢浴하며 不通寢席하며
不通乞假하며 男女는 不通衣裳하며 內言을
不出하며 外言을 不入하며 男子가 入內하야
不嘯不指하며 夜行以燭하되 無燭이면 則止하니라

女子가 出門하야 必擁蔽其面하고 夜行以燭하되
無燭이면 則止하니라 道路에 男子는 由右하고 女子는 由左하니라.

『바깥채와 안채가 우물을 함께 쓰지 아니하며, 목욕탕을 공동으로 사용하지 아니하며, 침구와 방석을 공동으로 사용하지 아니하며, 빌린 물건을 공동으로 사용하지 아니하며, 남자와 여자는 옷과 치마를 공동으로 사용하지 아니하며, 안에서 하는 말을 밖으로 내보내지 않으며, 밖에서 하는 말을 안으로 들이지 않으며, 남자가 안채에 들어가서 휘파람을 불지 않고 손가락질을 하지 않으며, 밤에는 촛불로써 다니되 촛불이 없으면 곧 그치느니라. 여자가 문밖에 나아가서 반드시 그 얼굴을 가리고, 밤에는 촛불로써 다니되 촛불이 없으면 곧 그치느니라. 도로에 남자는 오른쪽을 말미암고, 여자는 왼쪽을 말미암느니라.』

◉ 이 절은 남자와 여자가 함께 공동으로 사용해서는 안 되는 사항을 열거하였으니 가정에서도 개인의 비밀과 개인 전용물을 보호하는 아름다운 문화이다.

외(外)는 바깥채로 남자가 거처하는 집이요, 내(內)는 안채로 여자가 거처하는 집이며, 공정(共井)은 하나의 우물을 공동으로 사용하는 것이니 불공정(不共井)은 안채에서 쓰는 우물과 바깥채에서 쓰는 우물이 따로 있어야 한다는 뜻이다. 벽욕(湢浴)은 욕실(浴室)의 칸이요, 걸가(乞假)는 외부에서 빌려 온 물건이며, 소(嘯)는 휘파람을 부는 것이고, 촉(燭)은 등촉(燈燭)이다. 옹폐(擁蔽)는 홑옷이나 얇은 천으로 가려서 직사광선을 피하는 것이고, 도로에 남자는 우측통행하고 여자는 좌측통행함은 앞에 5-20-4에서 이미 해설하였다.

12-4-1 ──────────── 子婦孝者敬者는 父母舅姑之命을 勿逆勿怠하니라.

『아들과 며느리가 효도하는 사람과 공경하는 사람은 부모와 시부
모의 명령을 거스르지 말고, 게으르지 말지니라.』

◐ 이 장은 효자와 효부의 자세를 기술하였다.
역(逆)은 거역하여 어기는 것이고, 태(怠)는 게을리하여 불성실하
게 함이다.

12-4-2 ──────────── 若飮食之어든 雖不耆라도 必嘗而待하며
加之衣服이어든 雖不欲이라도 必服而待하니라.

『만약에 마시고 먹게 하거든 비록 즐기지 않더라도 반드시 맛을
보고서 기다리며, 의복을 입으라고 하거든 비록 하고 싶지 않더라도
반드시 입고서 기다리느니라.』

◐ 이 절은 효자와 효부는 자기 취향이 아니더라도 부모와 시부모
가 명령하는 음식과 의복을 즉석에서 거절하지 않는 것을 밝혔다.
사(食)는 먹이는 것이요, 기(耆)는 즐기는 것이며 상(嘗)은 맛을
보는 것이고 대(待)는 다른 명령이 있기를 기다리는 것이며 가(加)

는 입는 것이다. 부모가 어찌 아들과 며느리의 취향을 모르겠는가?
곧 싫으면 그만두도록 다시 명령을 할 것이니 그때까지 기다리는 것
이 효심이다.

12-4-3 ──────────── 加之事하고 人으로 代之어든 己雖弗欲이라도
姑與之하야 而姑使之라가 而后에 復之하니라.

『일을 맡기고 다른 사람으로 교대하거든 자기가 비록 하고 싶지
않더라도 짐짓 넘겨주어서 넌지시 시키다가 그 뒤에 되풀이하니라.』

◯ 이 절은 비록 자기가 담당한 일이라도 남에게 넘겨주라고 시키
면 효자와 효부는 순종하는 것임을 밝혔다.
　가(加)는 담당함이요, 대(代)는 교대하고 대체함이며 고(姑)는 '짐
짓 또는 넌지시'로 속마음은 그렇지 않으면서도 슬그머니 따르는 것
처럼 함이다. 사(使)는 하던 일의 내용을 가르쳐서 시키는 것이고 복
(復)은 복귀(復歸)니 자기가 담당한 일을 되풀이함이다.

12-4-4 ──────────────────── 子婦가 有勤勞之事어든
雖甚愛之라도 姑縱之하고 而寧數休之하니라.

『아들과 며느리가 부지런히 노동할 일이 있거든 비록 매우 사랑할
지라도 짐짓 바쁘게 일을 하게 하고, 차라리 자주 쉬게 해야 되니라.』

◐ 이 절은 부지런히 처리해야 되는 노동할 일이 있으면 아들과 며느리가 힘을 합쳐서 같이 해야지 혼자만 힘들게 해서는 안 됨을 기술하였다.

종(縱)은 바쁘게 일함이고 영(寧)은 차라리, 삭(數)은 자주이다.

힘든 일을 같이하는 것은 보기에 좋지만 한쪽은 놀고 한쪽만 힘들게 일하는 것은 보기가 민망하므로 부모나 시부모의 마음을 아프게 하는 것이다.

12-5-1 ──────────────────────── 子婦가 未孝未敬어든 勿庸疾怨하며
姑敎之하되 若不可敎어든 而后에 怒之하고
不可怒이어든 子放하고 婦出하되 不表禮焉하니라.

『아들과 며느리가 효도하지 않고 공경하지 않거든 미워하고 원망하지 말며, 넌지시 가르치되 만약 가르칠 수 없거든 이후에 성내고, 성낼 수도 없거든 아들은 추방하고, 며느리는 축출하되 예절을 표하지 아니하니라.』

◐ 이 장은 가족에게 허물이 있을 때에 깨우치는 방법을 기술하였으니 여기에서는 아들이나 며느리에게 허물이 있는 경우를 밝혔다.

용(庸)은 용(用)과 같고 노(怒)는 견책(譴責)함이며 방(放)은 추방하여 쫓아냄이요, 출(出)은 이혼(離婚)하여 갈라서는 것이며 불표례(不表禮)는 인간 이하로 취급하여 왕래 교류하면서 인사를 해도 받아 주지 않는다는 뜻이다.

12-5-2 ——————————— 父母가 有過어든 下氣怡色하며 柔聲以諫하되
諫若不入이어든 起敬起孝하야 說則復諫하나니
不說이라도 與其得罪於鄕黨州閭론 寧孰諫이니
父母가 怒하고 不說하야 而撻之流血이라도
不敢疾怨하고 起敬起孝하니라.

『부모가 허물이 있거든 흥분을 가라앉히고 기쁜 낯을 하며, 부드
러운 소리로 간하되 간해도 만약 받아들이지 않거든 공심을 일으키
고 효심을 일으켜 기뻐하면 다시 간하나니 기뻐하지 않을지라도 그
고향마을과 고을시내에서 죄를 얻는 것보다는 차라리 충분히 간하는
것이 나으니, 부모가 성내고 기뻐하지 아니하여 회초리로 때려서 피
가 흐를지라도 감히 미워하거나 원망하지 아니하고, 공경심을 일으키
고 효심을 일으키니라.』

◉ 이 절에서는 아버지나 어머니에게 허물이 있는 경우에 간하는
방법을 기술하였다.

하기(下氣)는 흥분을 가라앉히는 것이고 이색(怡色)은 기쁜 낯을
함이며 향당(鄕黨)은 고향마을이요, 주려(州閭)는 고을시내이며 숙
(孰)은 숙(熟)이니 숙간(孰諫)은 은근하게 여러 번에 걸쳐 익숙하게
간함이다.

살피건대 허물이 있는 아들과 며느리는 방출할 수 있어도 아버지
와 어머니는 비록 허물이 있어도 버릴 수 없으니 그것은 아들과 며
느리는 젊은 까닭에 생활능력이 있지만 아버지와 어머니는 늙어서
생활능력이 없기 때문에 차마 버리지 못하는 것이다.

12-6-1 ──────────────── 父母가 有婢子하고 若庶子庶孫을 甚愛之어든

雖父母가 沒이라도 沒身敬之不衰하니라.

『아버지와 어머니가 계집종이 있고, 만약 여러 아들과 여러 손자를 매우 사랑하거든 비록 부모가 죽었더라도 자신이 죽을 때까지 공경함을 시들지 아니하니라.』

◑ 이 장은 효자와 효부는 부모와 시부모의 마음을 받들어 사후에도 존중하는 절도를 기술하였다.

비자(婢子)는 계집종이고 서자(庶子)와 서손(庶孫)은 장자(長子)와 장손(長孫)을 제외한 뭇 아들과 손자이며 심애(甚愛)는 특별히 사랑함이다.

12-6-2 ──────────────── 子有二妾하되 父母가 愛一人焉하시고

子가 愛一人焉이어든 由衣服飲食과 由執事를

毋敢視父母所愛하나니 雖父母가 沒이라도 不衰하니라.

『아들에게 두 첩이 있되 부모가 한 사람을 사랑하시고, 아들이 한 사람을 사랑하거든 의복이나 음식을 말미암음과 일을 집행함을 말미암음을 감히 부모가 사랑하는 바에 견주지 못하나니 비록 부모가 죽었더라도 시들지 아니하니라.』

◑ 이 절은 아들의 두 첩 가운데서도 효자는 부모의 뜻을 더욱 존

중하여야 됨을 기술하였다.

이첩(二妾)은 정실(正室)이 아닌 두 명의 첩이요, 유(由)는 말미암은 것이니 자유롭게 만들고 사용하고 처분하는 권리이며 집사(執事)는 일을 집행함이고 시(視)는 견주어 비교하는 것이니 동등하게 대우하는 것이다.

12-6-3 ─────────────────子가 甚宜其妻라도 父母가 不說이어든
出하고 子가 不宜其妻라도 父母가 曰是善事我라거든
子가 行夫婦之禮焉하야 沒身不衰하니라.

『아들이 그 아내를 매우 좋아하더라도 부모가 기뻐하지 아니하거든 헤어지고, 아들이 그 아내를 좋아하지 않을지라도 부모가 말하기를 이 며느리가 우리를 잘 섬긴다고 하거든 아들이 부부의 예절을 행하여, 죽을 때까지 시들지 아니하니라.』

◉ 이 절은 부모의 뜻을 거스르고 아내만을 사랑하거나 또는 이혼하는 것은 불효임을 밝혔다.

심의(甚宜)는 매우 좋아함이고 출(出)은 출처(出妻)로 이혼하여 헤어짐이다. 대대례(大戴禮)에 7거지악(七去之惡)이 있으니 하나는 부모에게 순종하지 않는 것, 둘은 자식이 없는 것, 셋은 음란한 것, 넷은 질투하는 것, 다섯은 나쁜 병이 있는 것, 여섯은 말이 많은 것, 일곱은 도적질을 하는 것이다. 그러나 또한 세 가지 이혼할 수 없는 때가 있으니 하나는 아내의 친정부모가 모두 사망하여 돌아갈 곳이

없는 것이고, 둘은 이미 시부모의 3년상복을 입은 것이며, 셋은 가난
할 때 혼인하여 부귀하게 된 경우이다.

　이러한 논리는 혼인의 1차 단계인 부처(夫妻)관계의 유대(紐帶)보
다는 혼인의 2차 단계인 부부(夫婦)관계의 유대가 더욱 공고한 것으
로 아내와 강제 이혼하는 것은 남편의 의지에 있지만 며느리를 강제
이혼시키는 것은 시부모의 뜻에 있으니 아내인 처(妻)와 며느리인
부(婦)의 위상이 아주 다른 것이다.

12-6-4 ──────────父母가 雖沒이라도 將爲善할새 思貽父母之令名하여
必果하고 將爲不善할새 思貽父母之羞辱하야
必不果하니라 舅沒則姑老니 冢婦가 所祭祀賓客에
每事를 必請於姑하고 介婦는 請於冢婦하니라.

『부모가 비록 죽었더라도 장차 착한 일을 할 때에는 부모의 훌륭
한 명예에 끼칠 것을 생각하여 반드시 실행하고, 장차 착하지 못한
일을 할 때에는 부모께 수치와 모욕이 끼칠 것을 생각하여 반드시
실행하지 아니하니라. 시아버지가 죽으면 시어머니가 늙으니 맏며느
리가 제사 지내고, 손님 대접하는 바에 매사를 반드시 시어머니에게
청하고, 여러 며느리는 맏며느리에게 청하니라.』

　◉ 이 절은 어버이에게 부끄럽고 욕되는 행동을 하면 불효자가 되
고 홀로 늙은 시어머니를 무시하면 불효부가 되는 것을 밝혔다.
　선(善)은 착한 일이고 이(貽)는 끼치는 것이며 과(果)는 실현함이

요, 총부(冢婦)는 맏며느리이며 청(請)은 사실을 보고하여 의견을 묻
는 것이다. 개부(介婦)는 맏며느리를 보좌하는 여러 며느리 가운데
서열이 높은 며느리이다.

12-6-5 舅姑가 使冢婦라도 毋怠하며 不友無禮於介婦하고
舅姑가 若使介婦라도 毋敢敵耦於冢婦하며
不敢並行하며 不敢並命하며 不敢並坐하니라.

『시아버지와 시어머니가 맏며느리에게 심부름을 시킬지라도 게을
리하지 말며, 여러 며느리에게 예절이 없이 합치지 아니하며, 시아버
지와 시어머니가 만약 여러 며느리 가운데 서열이 높은 며느리에게
심부름을 시킬지라도 감히 맏며느리에게 나란히 견주어 짝을 짓지
말며, 감히 나란히 다니지 않으며, 감히 나란히 명령하지 않으며, 감
히 나란히 앉지 않느니라.』

◉ 이 절은 맏며느리의 위상이 매우 중대함을 기술하였으니 집안에
여자들이 종통(宗統)을 세워야 가정의 도덕이 바르게 됨을 밝혔다.
　시(使)는 심부름을 시키는 것이고 우(友)는 합치는 것이며 무례
(無禮)는 질서가 없는 것이니 맏며느리가 예절이 없이 여러 며느리
들과 합쳐서 같이하는 것이다. 적(敵)은 필적(匹敵)이고 우(耦)는 짝
을 지어 일을 함이다. 여러 며느리 가운데 서열이 높은 며느리가 맏
며느리와 어깨를 견주어 나란히 행동해서는 안 된다.
　맏며느리는 힘들어도 시부모의 심부름을 혼자 맡아서 수행하고 여

러 며느리도 시부모의 심부름을 각자 맡아서 수행하는 것은 모두 시
부모의 명령을 존중함이다.

12-6-6 ────────────── 凡婦는 不命適私室이어든 不敢退하며
婦가 將有事어든 大小를 必請於舅姑하고
子婦는 無私貨하며 無私畜하며 無私器하며
不敢私假하며 不敢私與하니라.

『무릇 며느리는 자기의 방으로 가라고 명령하지 않거든 감히 물러
가지 아니하며, 며느리가 장차 일이 있거든 크고 작은 일을 반드시
시아버지와 시어머니에게 청하고, 아들과 며느리는 사사로운 돈이 없
으며, 사사로운 저축이 없으며, 사사로운 그릇이 없으며, 감히 사사롭
게 빌리지 않으며, 감히 사사롭게 주지 않느니라.』

☯ 이 절은 효자와 효부가 가정을 경영함에 부모와 시부모를 중심으
로 받들면서 투명하게 공유하는 가정공동체를 만들어야 함을 밝혔다.
  명(命)은 시부모의 명령이고, 사실(私室)은 며느리가 거처하는 방
이나 집이다.

12-6-7 ────────────── 婦는 或賜之飲食衣服과 布帛佩帨茝蘭이어든
則受而獻諸舅姑하고 舅姑가 受之則喜하야
如新受賜하고 若反賜之어든 則辭하되
不得命이어든 如更受賜하야 藏以待乏하니라.

『며느리는 어떤 사람이 음식과 의복과 베와 비단과 패물과 수건과 난초를 하사하거든 곧 받아서 시아버지와 시어머니에게 드리고, 시아버지와 시어머니가 받으시거든 곧 기뻐하야 마치 새로 받은 하사품처럼 생각하고, 만약 되돌려 하사하시거든 곧 세 번 사양하되 허락을 얻지 못하거든 마치 다시 받은 하사품처럼 생각하여 보관해서 부족한 때를 기다리느니라.』

◑ 이 절은 효부(孝婦)가 시부모를 섬기는 지극한 정성을 기술하였으니 외부에서 받은 하사품을 시부모에게 드리는 절도를 밝혔다.

혹(或)은 고귀한 사람이고 채란(茝蘭)은 향기가 나는 난초이며 신수사(新受賜)는 새로 직접 받은 하사품으로 자기와는 관련이 없는 것처럼 생각하는 것이다. 부득명(不得命)은 세 번을 사양하여도 허락을 얻지 못함이고 경수사(更受賜)는 시부모로부터 다시 받은 하사품으로 생각하여 소중히 함이며 장(藏)은 보관하면서 아껴 쓰는 것이요, 대(待)는 시부모의 다음 명령을 기다리는 깃이다.

12-6-8 ────────

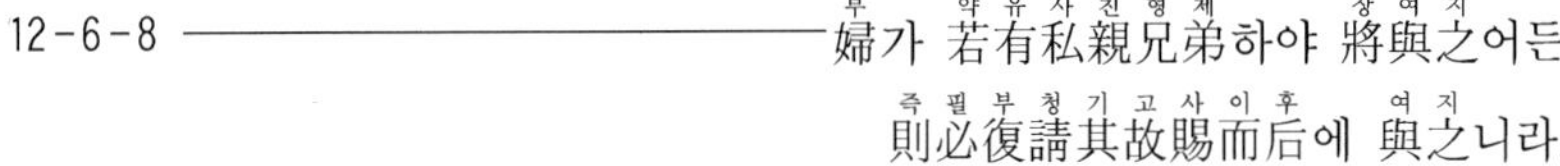

婦가 若有私親兄弟하야 將與之어든
則必復請其故賜而后에 與之니라.

『며느리가 만약 친정부모와 형제가 있어 장차 주려거든 곧 반드시 그 예전의 하사품을 다시 청한 다음에 주느니라.』

◑ 이 절은 앞 절에 이어 효부(孝婦)가 시부모의 뜻을 받드는 절

도를 기술하였으니 투명한 공동체 의식이 충만하도다.

사친(私親)은 친정부모이고 고사(故賜)는 예전에 하사한 물건들이
니 곧 앞 절에서 말한 음식, 의복과 베와 비단과 패물과 수건 그리고
난초를 지칭한다.

12-7-1 ─────────────────────── 適子와 庶子가 祇事宗子와 宗婦하되
雖貴富라도 不敢以貴富로 入宗子之家하며
雖衆車徒라도 舍於外하고 以寡約으로 入하니라.

『맏아들과 여러 아들이 종손 집 맏아들과 종손 집 맏며느리를 공
경하여 섬기되 감히 귀하고 부함으로 종손 집 맏아들의 집에 들어가
지 아니하며, 비록 수레와 무리가 많더라도 밖에 두고, 적고 검약함
으로 들어가느니라.』

◉ 이 장은 지파(支派)의 소종(小宗)이 본종(本宗)의 대종(大宗)
을 공경하여 섬기는 종통(宗統)의 존엄성을 기술하였다.

적자(適子)는 아버지 및 할아버지의 맏아들이니 곧 소종(小宗)의
정통(正統)이고 서자(庶子)는 적자(適子)의 아우나 서형(庶兄)이며
지사(祇事)는 공경하여 섬기는 것이요, 종자(宗子)는 대종(大宗)의
정통을 계승한 맏아들이며 종부(宗婦)는 종자(宗子)의 아내이다.

지손이 비록 종손보다 부귀하더라도 감히 부귀로 종손을 대하지
못하고 지손으로 자처하여 종손과 종부를 섬기는 것은 종손과 종부
는 조상의 제사를 지내는 제주(祭主)이기 때문에 만일 종손과 종부

를 무시하고 능멸하면 곧 조상을 모독하는 행위가 되는 까닭이다.

12-7-2 ──────────────────── 子弟는 猶歸器衣服裘衾車馬어든
則必獻其上하고 而后에 敢服用其次也니
若非所獻인댄 則不敢以入於宗子之門하며
不敢以貴富로 加於父兄宗族이니라.

『아들과 아우는 만약 그릇과 의복과 가죽옷과 이불과 수레와 말을 선사받았거든 반드시 그 상등품을 종손 집 맏아들에게 드리고, 그런 뒤에 감히 그 다음의 등품을 사용하나니 만약 드릴 것이 아닐진대 곧 감히 사용하여 종손 집 맏아들의 대문에 들어가지 아니하며, 감히 귀하고 부함으로써 아버지와 형과 종족에게 으스대지 못하니라.』

◯ 이 절은 앞 질에 이어 집안의 자제들이 영광스러운 자리에서 선사(膳賜)받은 물건의 최상품은 반드시 종자(宗子)에게 드려서 사용하게 하고 자기는 차등품을 사용하며 만일 종자의 신분이 낮아서 주지 못하고 자기만 사용할 때에는 종자의 대문에 들어가지 아니함을 기술하였다.

유(猶)는 약(若)과 같고 궤(歸)는 음식이나 물건을 대접받는 것이니 선사(膳賜)받은 것이며 상(上)은 상등품(上等品)이고 차(次)는 차등품(次等品)이니 버금가는 등품이며 가(加)는 으스대는 것이다. 비소헌(非所獻)은 종자(宗子)의 신분에 지나쳐서 사용할 수 없는 물건이다.

12-7-3 ─────────── 若富어든 則具二牲하야 獻其賢者於宗子하고
夫婦가 皆齊而宗敬焉하야 終事而后에 敢私祭하니라.

『만약 넉넉하거든 두 마리의 희생을 갖추어 그 나은 것을 종손 집
맏아들에게 드리고, 부부가 모두 목욕재계하고, 종손 집의 사당을 공
경하여 행사를 마친 다음에 감히 자기 집에서 제사 지내니라.』

◑ 이 절은 앞 절에 이어 집안의 자제들이 부유하면 두 마리의 희
생을 갖추어 크고 좋은 것은 종손 집의 사당제사에 드리고 그 다음
것으로는 자기 집의 제사에 써야 됨을 밝혔다.

이생(二牲)은 두 마리의 희생이고 기현(其賢)은 그 가운데 나은
것이니 곧 두 마리의 희생 가운데 비교적 크고 좋아서 나은 것이다.
개재(皆齊)는 부부가 모두 목욕재계함이고 종경(宗敬)은 종묘(宗廟)
에 가서 공경하여 돕는 것이며 사(事)는 제사 지내는 행사요, 사제
(私祭)는 자기 집 제사이다.

선사품과 제물을 모두, 상등품은 대종(大宗)에서 쓰게 하고 차등품
은 소종(小宗)에서 쓰게 함은 근본을 숭상하고 지엽(支葉)을 낮추는
종통존중(宗統尊重)의 사상이니 영원한 발전을 추구하는 정신이다.

12-8-1 ──────────飯은 黍稷과 稻粱과 白黍와 黃粱로되 稰穛으로 하니라.

『밥은 기장과 피와 쌀과 조와 흰 기장, 메조로되 가을걷이한 것이
나 풋바심한 것으로 하니라.』

◑ 이 장은 예절에서 사용하는 음식의 종류와 조리법을 기술하였으니 여기에서는 제삿밥을 짓는 곡식을 열거하였다.

서(稰)는 가을걷이니 익은 곡식을 거두어 충실한 결실을 추구함이고, 착(穛)은 줄기와 잎이 마르기 전에 일찍 수확하여 조금 덜 익었지만 맛을 추구하는 것이다.

12-8-2 ──────────────── 膳은 膷과 臐과 膮로 하며

『고기반찬은 소고기 국과 양고기 국과 돼지고기 국으로 하며』

◑ 여기에서는 고깃국의 종류를 열거하였다.

선(膳)은 고기반찬으로 맛있는 음식이요, 향(膷)은 소고기 국이며, 훈(臐)은 양고기 국이고, 효(膮)는 돼지고기 국이다.

12-8-3 ──────────────── 醢에 牛炙과 醢에 牛胾와 醢에 牛膾로 하며

『젓에 소고기구이와 젓에 소고기산적과 젓에 소고기로 하며』

◑ 여기에서는 소고기로 만든 고기반찬을 열거하였다.

해(醢)는 젓이며, 적(炙)은 구이요, 자(胾)는 산적이며, 회(膾)는 잘게 썰어 버무린 것이다.

12-8-4 ──────────────── 羊炙과 羊胾와 醢에 豕炙과 醢에 豕胾로 하며

『양고기구이와 양고기산적과 젓에 돼지고기구이와 젓에 돼지고지
산적으로 하며』

◉ 여기에서는 양고기와 돼지고기로 만든 고기반찬을 열거하였다.

12-8-5 ──────────────── 芥醬에 魚膾와 雉와 兎와 鶉과 鷃으로 하니라.

『겨자간장에 물고기회와 꿩고기와 토끼고기와 메추기고기와 종달
새고기로 하니라.』

◉ 여기에서는 고기반찬으로 사용할 수 있는 여러 가지 재료와 간
장류를 열거하였다.
개장(芥醬)은 겨자를 간장에 섞은 것이니 향기가 있어 비린내를
제거하고 순(鶉)은 메추라기, 안(鷃)은 종달새이다.

12-8-6 ──────────────── 飮은 重醴하니 稻醴淸糟와 黍醴淸糟와 粱醴淸糟하되
或以酏爲醴하고 黍酏와 漿水와 醷濫으로 하니라.

『마시는 것은 두 가지 식혜로 하니 쌀식혜의 맑은 것과 지게미가
있는 것과 기장식혜의 맑은 것과 지게미가 있는 것과 조식혜의 맑은

것과 지게미가 있는 것으로 하되 혹 미음으로 식혜를 만들기도 하고,
기장미음과 좁쌀을 끓인 미음과 초를 섞은 냉국으로 하니라.』

◑ 여기에서는 음료수(飮料水) 종류와 제조법을 열거하였다.
음(飮)은 음료(飮料)이고, 중(重)은 두 가지이며, 례(醴)는 단술이
니 지에밥에 엿기름가루를 우린 물을 부어서 적당한 온도를 유지하
여 삭힌 다음에 끓여서 먹는 식혜이다. 청(淸)은 지게미를 걸러서 맑
은 식혜이고, 조(糟)는 지게미를 거르지 않고 그냥 먹는 식혜이다.
이(酏)는 미음이요, 장수(漿水)는 좁쌀을 물에 넣고 오래 끓인 미음
이며, 의(醷)는 신맛을 내는 식초이고, 람(濫)은 냉국이다.

12-8-7 ─────────────── 酒는 淸과 白으로 하니라.

『술은 맑은 술과 흰 술로 하니라.』

◑ 여기에서는 술의 종류를 기술하였다.
청(淸)은 청주(淸酒)이고 백(白)은 술 빛이 하얀색인 술이니 술지
게미를 짜서 걸러 낸 술이다.

12-8-8 ─────────────── 羞는 糗와 餌와 粉과 酏니라.

『영양식은 볶은 쌀과 흰 떡과 미숫가루와 미음이니라.』

◑ 여기에서는 영양식(營養食)의 종류를 열거하였다.

수(羞)는 맛이 있고 영양이 많은 음식이니 밥반찬이나 술안주나 음료와는 별도로 독립적으로 먹을 수 있는 특별한 음식인데 밥반찬인 찬(饌)과는 다르다. 구(糗)는 볶은 쌀이고, 이(餌)는 흰 떡이며, 분(粉)은 곡식을 가루로 만든 미숫가루요, 이(酏)는 미음이다.

12-8-9 ──────────────────食엔 蝸醢로되 而苽食엔 雉羹이요
麥食엔 脯羹이나 鷄羹이며 折稌엔 犬羹이나 兔羹이니라.

『밥에는 조개젓으로 반찬을 하되 줄밥에는 꿩국이요, 보리밥에는 포국이나 닭국이며, 싸라기 찰밥에는 개국이나 토끼국이니라.』

◑ 여기에서는 밥반찬을 기술하였으니 밥의 종류에 따라 국의 종류가 다름을 밝혔다.

사(食)는 밥에 따르는 찬(饌)이요 와(蝸)는 조개종류의 하나로 달팽이 또는 다슬기이며, 고(苽)는 줄이니 포아풀과에 속하는 다년생 풀로 한여름에 줄기 끝에 이삭이 나와서 원추꽃차례의 꽃이 피는데 위쪽에 연노랑 빛의 암꽃, 아래쪽에 붉은 자줏빛의 수꽃이 달리고 열매는 가늘고 길며 구황(救荒)식물로 밥을 지어 먹는다. 포갱(脯羹)은 말린 고기를 끓인 국이고, 절(折)은 싸라기요, 도(稌)는 찹쌀밥이다.

살피건대 싱거운 밥에는 짭짤한 것으로 반찬을 하고, 영양가가 없는 밥에는 고깃국을 먹게 하였으니 건강을 보살피는 균형식단이라고 하겠도다.

12-8-10 ──────────────── 和糝엔 不蓼하되 濡豚엔 包苦實蓼하고
濡鷄엔 醢醬實蓼하고 濡魚엔
卵醬實蓼하고 濡鼈엔 醢醬實蓼하니라.

『쌀가루를 섞어 국죽을 끓임에는 여뀌를 넣지 아니하되 돼지고기
를 삶아 익힘에는 씀바귀로 싸서 여뀌를 속에 채우고, 닭고기를 삶아
익힘에는 젓 간장을 발라서 속에 여뀌를 채우고, 물고기를 삶아 익힘
에는 알젓간장을 발라서 여뀌를 속에 채우고, 자라를 삶아서 익힘에
는 젓 간장을 발라서 여뀌를 속에 채우느니라.』

☯ 여기에서는 밥반찬이나 술안주로 찜이나 수육을 만들 때의 조
리방법을 기술하였으니 노린내나 비린내를 제거하고 맛이 있고 향기
로운 음식을 추구함을 밝혔다.

화삼(和糝)은 쌀가루를 섞어서 국 죽을 끓이는 것이고, 료(蓼)는
여뀌인데 마디풀과에 속하는 1년생 풀로 홍갈색을 띠며, 잎은 바늘
모양인데 맛이 매워 잎은 조미료로 쓰인다. 유(濡)는 고기를 삶거나
쪄서 윤택함이요, 고(苦)는 고채(苦菜)로 고들빼기나 쓴 나물이며 실
(實)은 배 속에 가득히 채우는 것이고, 란장(卵醬)은 생선의 알로 담
은 젓 간장이다.

12-8-11 ──────────────── 股脩엔 蚔醢요 脯羹엔 兎醢요
麋膚엔 魚醢요 魚膾엔 芥醬이요
麋腥엔 醢醬이요 桃諸와 梅諸엔 卵鹽이니라.

『약포에는 왕개미 알젓이요, 포국에는 토끼 젓이요, 고라니껍질에
는 생선젓이요, 생선회에는 겨자간장이요, 고라니 날고기에는 젓 간
장이요, 복숭아 절임과 매실 절임에는 알소금이니라.』

◑ 여기에서는 앞 절에 이어 술안주나 밥반찬을 향기롭고 맛있게 먹
는 방법을 기술하였으니 만물은 각각 성질과 맛과 냄새가 달라서 적절
히 배합하여 고루 조화시키면 새로운 맛과 향기가 생김을 밝혔다.

단수(腶脩)는 고기를 찧어서 생강과 계피 따위를 섞어 만든 약포
(藥脯)이고, 지해(蚳醢)는 왕개미 알로 만든 젓이며, 미부(麋膚)는
고라니의 껍질을 삶은 고기이다. 성(腥)은 날고기로 먹는 것이요 저
(諸)는 저(菹)로 절임이며 란염(卵鹽)은 알소금인데 만드는 방법은
모르겠다.

12-9-1 ─────────── 凡食齊엔 視春時하고 羹齊엔 視夏時하고
醬齊엔 視秋時하고 飮齊엔 視冬時니라.

『무릇 밥을 고르게 함에는 봄철에 견주고, 국을 고르게 함에는 여
름철에 견주고, 간장을 고르게 함에는 가을철에 견주고, 음료를 고르
게 함에는 겨울철에 견주니라.』

◑ 이 장은 음식을 조리(調理)하는 기본원리를 기술하였으니 여기
에서는 자연변화의 법칙에 순응해야 됨을 밝혔다.

제(齊)는 군일(均一)하게 조정(調整)함이니 곧 고루 바르게 조절

함이고, 시(視)는 비교하여 견주어 기준으로 삼은 것이며, 장(醬)은 밥반찬이나 술안주에 딸린 간장이다. 밥은 따뜻하게, 국은 뜨겁게, 반찬은 시원하게, 음료는 차게 하는 것이 음식을 조리하는 기본이다.

12-9-2 ──────────────────── 凡和엔 春多酸이요 夏多苦요
秋多辛이요 冬多醎이니 調以滑甘이니라.

『무릇 조미료를 화합함에는 봄에는 신맛이 많고, 여름에는 쓴맛이 많고, 가을에는 매운맛이 많고, 겨울에는 짠맛이 많으니 미끄러운 단맛으로 조리하니라.』

◉ 여기에서는 계절에 따라 조미료를 배합하는 절도를 기술하였다.
화(和)는 조미료를 화합함이요, 다(多)는 보다 많게 함이며, 활감(滑甘)은 미끄러운 단맛이니 꿀물과 엿물을 사용함이다.

5행(五行)이 상생(相生)하여 앞에 월령(月令)에 따르면 봄에는 나무의 기운이 왕성하므로 신맛을 많게 해서 비장(脾臟)을 북돋우고, 여름에는 불의 기운이 왕성하므로 쓴맛을 많게 해서 폐(肺)를 북돋우고, 가을에는 쇠의 기운이 왕성하므로 매운맛을 많게 해서 간(肝)을 북돋우고, 겨울에는 물의 기운이 왕성하므로 짠맛을 많게 하여 신장(腎臟)을 북돋우며, 흙의 기운은 네 철에 고루 왕성하므로 단맛을 항상 가미하여 심장(心臟)을 북돋우는 것이니 음식의 맛으로 5장(五臟)의 기운을 북돋우는 합리적이고 지혜로운 음식 건강요리법이다.

12-9-3 ──────────────── 牛宜稌요 羊宜黍요 豕宜稷이요
犬宜粱이요 鴈宜麥이요 魚宜苽니라.

『소고기에는 찰밥이 좋고, 양고기에는 기장밥이 좋고, 돼지고기에
는 피밥이 좋고, 개고기에는 조밥이 좋고, 기러기고기에는 보리밥이
좋고, 물고기에는 줄밥이 좋으니라.』

◑ 여기에서는 고기반찬의 종류에 따라 좋은 밥이 있어서 소화가
잘 되게 하고 영양을 보충해야 됨을 밝혔다.
의(宜)는 서로 좋아하여 어울리는 것이다.

12-9-4 ──────────────── 春宜羔豚이니 膳膏엔 薌이요
夏宜腒鱐이니 膳膏엔 臊요 秋宜犢麛니
膳膏엔 腥이요 冬宜鮮羽니 膳膏엔 羶이니라.

『봄에는 새끼 양과 돼지고기가 좋으니 고기반찬을 기름지게 함에
는 곡식이나 향 풀을 넣어서 향기롭게 하고, 여름에는 꿩포와 건어물
이 좋으니 고기반찬을 기름지게 함에는 누린내가 나게 하고, 가을에
는 송아지와 새끼사슴 고기가 좋으니 고기반찬을 기름지게 함에는
비린내를 나게 하고, 겨울에는 생선과 날짐승고기가 좋으니 고기반찬
을 기름지게 함에는 노린내가 나게 하니라.』

◑ 여기에서는 철에 따라 적합한 고기반찬과 그 조리방법 및 맛과

냄새를 기술하였으니 대자연과 조화되는 식단이다.

선고(膳膏)는 밥반찬을 기름지게 조리함이고, 향(薌)은 곡식이나 향 풀을 넣어서 향기롭게 함이며, 거(腒)는 말린 꿩 고기니 곧 꿩포이고, 수(鱐)는 건어물로 어포이다. 조(臊)는 누린내요, 성(腥)은 비린내이며, 전(羶)은 노린내이다.

12-9-5 ──────────────────牛脩와 鹿脯와 田豕脯와 麋脯와 麕脯하되
麋鹿田豕麕은 皆有軒이요 雉兎는 皆有芼하며 爵과 鷃이니라.

『소고기 포와 사슴고기 포와 멧돼지고기 포와 고라니고기 포와 노루고기 포로 하되 고라니와 사슴과 멧돼지와 노루는 모두 고기를 굵게 저민 육회가 있고, 꿩과 토끼는 모두 채소를 넣어 끓인 잡탕국이 있으며, 참새와 종달새고기이니라.』

◐ 여기에서는 술안주의 종류와 요리법을 기술하였다.

전시(田豕)는 앞에 11-8-4에서 이미 해설하였고, 미(麋)는 고라니이며, 균(麕)은 노루요 헌(軒)은 고기를 굵게 저민 육회(肉膾)이며, 모(芼)는 채소를 고기에 넣어 끓인 잡탕국 또는 찌개이다. 소고기 육회는 잘게 썰어야 되기 때문에 거론하지 않았다. 작(爵)은 참새이고, 안(鷃)은 앞에 12-8-5에서 이미 해설하였다.

12-9-6 ──────────────────蜩范芝栭와 菱椇棗栗과 榛柿瓜桃와
李梅杏楂와 梨薑桂니라.

『말매미와 벌과 버섯과 작은 도토리와 마름과 탱자와 대추와 밤과
개암과 감과 참외와 복숭아와 자두와 매실과 살구와 아가위와 배와
생강과 계피니라.』

☯ 여기에서는 서수(庶羞)인 별식(別食)을 열거하였으니 특별한
맛과 영양분을 가지고 있어서 체력을 보강하는 음식이다.

조(蜩)는 매미와 애벌레를 총칭하고, 범(范)은 벌의 애벌레를 지
칭하며, 지(芝)는 버섯류를 지칭하고, 이(栭)는 작은 도토리이니 사
람이 먹을 만한 것은 모두 먹게 하는 예절이다. 릉(蔆)은 마름으로
물에서 자라는 수초(水草)요, 구(椇)는 탱자, 사(楂)는 아가위로 산
사(山楂)라고도 하며, 강(薑)은 생강이요, 계(桂)는 계피이다.

12-9-7 ─────────────── 大夫는 燕食에 有膾無脯하고 有脯無膾하며
士는 不貳羹胾하며 庶人耆老는 不徒食하니라.

『대부는 잔치나 밥을 대접함에 회가 있으면 포가 없고, 포가 있으
면 회가 없으며, 선비는 고깃국과 고기산적을 두 가지로 하지 아니하
며, 서민대중의 늙은이는 채식만 하지 아니하니라.』

☯ 여기에서는 비록 예절음식의 종류가 많으나 사치와 낭비를 방
지하기 위하여 그 분수를 지켜서 사회정의에 알맞게 먹어야 됨을 기
술하였다.

연(燕)은 연례(燕禮)니 앞에 5-19-2에서 이미 해설하였고, 사

(食)는 사례(食禮)이니 앞에 5-19-4에서 역시 해설하였다. 이(貳)는 두 가지로 함이고, 도식(徒食)은 고기반찬인 선(膳)이나 음료나 술이나 영양분이 많은 수(羞)가 없이 오로지 나물반찬으로만 밥을 먹는 것이니 영양가가 낮아서 60 이상의 노인은 기력을 잃을 걱정이 있는 까닭에 반드시 한 가지 이상의 고기반찬을 먹도록 하였으니 노인의 건강을 위한 식단예절로 관료에게는 절제의 미덕을 권하고 서민의 노인에게는 건강의 미덕을 권장한 것이다.

12-9-8 ─────────膾엔 春用葱하고 秋用芥하며 豚엔 春用韭하고
秋用蓼하며 脂엔 用葱하고 膏엔 用薤하며
三牲엔 用藙하되 和엔 用醯하고 獸엔 用梅하니라.

『회에는 봄철은 파를 사용하고, 가을철은 겨자를 사용하며, 돼지고기에는 봄철은 부추를 사용하고, 가을철은 여뀌를 사용하며, 지방에는 파를 사용하고, 기름진 살코기에는 염교를 사용하며, 세 가지 희생에는 오수유를 사용하되 조화시킴에는 초를 사용하고, 짐승고기에는 매실즙을 사용하니라.』

◐ 여기에서는 고기반찬인 선(膳)의 종류에 따라 양념이나 향료(香料)가 각각 있음을 기술하였으니 식품공학의 결실이다.

용(用)은 사용(使用) 또는 식용(食用)함이요, 총(葱)은 파, 비(韭)는 부추, 해(薤)는 부추와 비슷한 염교로 백합과에 속하는 다년생 풀인데 키는 20~30cm로 매운맛이 있어 절여서 식용한다. 지(脂)는 껍

질과 근육 사이에 있는 지방층의 고기이고, 고(膏)는 근육과 근육 사
이나 내장에 있는 기름진 살코기이며, 의(薽)는 오수유(吳茱萸)로 운
향과에 속하는 낙엽 활엽 교목인데 가지는 '十' 자 모양으로 퍼지며
잎은 깃꼴겹잎이고 5~6월에 녹황색 꽃이 취산꽃차례로 가지 끝에
피고 삭과(蒴果)는 네 개의 심피(心皮)와 다섯 개의 방(房)이 있으
며 가을에 여물어 익는다. 열매는 구풍(驅風), 수렴(收斂), 건위(健
胃), 살충(殺蟲) 등 한약재로 쓴다.

12-9-9 ────────────────────────鶉羹과 鷄羹과 鴽는 釀之蓼하고
魴과 鱮는 烝하며 雛는 燒하고 雉는 薌하니 無蓼하니라.

『메추라기국과 닭국과 메추라기도요는 여뀌 물에 담그고, 방어와
연어는 찜하며, 병아리는 굽고, 꿩은 향기롭게 하니 여뀌를 사용함이
없느니라.』

◯ 여기에서는 고기반찬인 선(膳)의 종류에 따라 여뀌를 사용하는
것과 사용하지 않는 것을 분류하여 밝혔다.

여(鴽)는 메추라기도요로 도요과에 속하는 철새인데 맛이 좋아 식
용한다. 날개의 길이 13cm가량이고 몸이 메추라기와 같이 통통하며
등은 검은빛에 적갈색과 황갈색의 무늬가 섞이고 배는 희며 가슴에
잔무늬가 많다. 양(釀)은 담가서 맛을 내는 것이요, 방(魴)은 방어,
서(鱮)는 연어이며, 증(烝)은 증(蒸)과 같으니 찜으로 만드는 것이고,
추(雛)는 병아리이다. 소(燒)는 구이로 만드는 것이며, 향(薌)은 향기

가 있는 곡식이나 풀을 배 속에 넣어서 익혀 향기가 나게 하는 것이다.

12-9-10 ────────────────────────── 不食은 雛鼈이니 狼은 去腸하고
狗는 去腎하며 狸는 去正脊하고
兎는 去尻하며 狐는 去首하고
豚은 去腦하며 魚는 去乙하고 鼈은 去醜하니라.

『먹지 않는 것은 새끼 자라니, 이리는 창자를 버리고, 개는 자지를
버리며, 살쾡이는 평평한 등성마루를 버리고, 토끼는 꽁무니를 버리
며, 여우는 대가리를 버리고, 돼지는 뇌를 버리며, 물고기는 창자를
버리고, 자라는 똥구멍을 버리느니라.』

◑ 여기에서는 예절음식으로 사람이 먹지 않는 종류와 부위를 열
거하였으니 사람에게 이롭지 못할 뿐만 아니라 또한 혐오스러운 것
을 피한 것이다.

추별(雛鼈)은 새끼 자라이고, 신(腎)은 자지, 정척(正脊)은 평평한
등성마루, 고(尻)는 꽁무니, 을(乙)은 창자, 추(醜)는 똥구멍이다.

12-9-11 ────────────────────────── 肉曰脫之요 魚曰作之요 棗曰新之요
栗曰撰之요 桃曰膽之요 柤梨曰攢之니라.

『살코기는 뼈를 발라 낸 것을 말하고, 물고기는 형태가 이루어진

것을 말하고, 대추는 색깔이 고운 것을 말하고, 밤은 골라서 싱싱한 것을 말하고, 복숭아는 씻어서 깨끗한 것을 말하고, 아가위와 배는 통통하게 과일의 살이 있는 것을 말하니라.』

◑ 여기에서는 예절음식은 그 원질과 형태와 색깔과 맛과 냄새와 영양분이 충실해야 되는 것을 기술하였으니 한갓 이름만 있고 실질이 없는 불량식품은 예절음식으로 사용할 수 없음을 밝혔다.

탈(脫)은 가죽을 벗기고 뼈를 발라낸 것이요, 작(作)은 원래의 형태가 이루어진 것이며, 신(新)은 색깔이 고운 것이고, 전(撰)은 골라서 싱싱한 것이다. 담(膽)은 씻어서 깨끗한 것이요, 찬(攢)은 통통하게 과실의 살과 즙이 있는 것이다.

살피건대 예절은 공경이 기본이니 그 예절에 따른 음식도 순수하고 깨끗하며 충실해야 되는 것이다. 그러므로 뼈가 있는 살코기와 형태가 없는 물고기와 색깔이 변한 대추와 벌레 먹은 밤과 진물이 흐르는 복숭아와 말라서 쭈그러진 아가위와 배는 예절음식으로 사용할 수 없는 것이다.

12-9-12─────────────── 牛가 夜鳴하면 則庮하고 羊은 冷毛而毳하면
羶하고 狗는 赤股而躁하면 臊하고 鳥가
㿞色而沙鳴하면 鬱하고 豕가 望視而交睫하면
腥하고 馬는 黑脊而般臂하면 漏하니라.

『소가 밤에 울면 오랜 집 썩는 나무냄새가 나고, 양은 털이 드물

고 솜털이 있으면 노린내가 나고, 개는 뒷다리 속에 털이 없고 조급
하면 누린내가 나고, 새가 털이 까칠하고 모래밭에서 울면 풀이 썩는
냄새가 나고, 돼지가 멀리 바라보며 속눈썹이 교차하면 비린내가 나
고, 말은 등성마루가 검고 앞발을 쭉 펴고 앉으면 맛이 없느니라.』

☯ 여기에서는 병이 들었거나 비정상적인 모양과 행동을 하는 짐
승으로 예절음식으로 사용할 수 없는 것을 열거하였다.

유(庮)는 오랜 집 썩는 나무냄새요, 냉모(冷毛)는 털이 드물게 난
것이며 취(毳)는 솜털이고, 전(羶)과 조(臊)는 앞에 12-9-4에서 이
미 해설하였다. 적고(赤股)는 뒷다리 속에 털이 없는 것이고, 표(瘭)
는 새털이 까칠함이며 사명(沙鳴)은 백사장에서 우는 것이요, 울(鬱)
은 풀이 쌓여서 썩은 냄새이니 곧 역겨운 냄새이다. 흑척(黑脊)은 등
성마루가 검은 것이고, 반비(般臂)는 앞발을 쭉 펴고 앉은 것이며,
루(漏)는 김이 새서 맛이 없는 것이다.

무릇 짐승이 병이 들어 고통을 느끼고 또는 영양이 부족하여 파리
한 것은 예절음식으로 사용할 수 없으니 비단 이롭지 못할 뿐만 아
니라 또한 해로움을 끼치기 때문이다.

12-9-13─────────────────── 雛尾가 不盈握이어든 弗食하나니 舒鴈翠와
鵠鴞胖과 舒鳧翠와 鷄肝과 鴈腎과 鴇奧와 鹿胃니라.

『새끼 새의 꽁지가 한 주먹이 차지 않거든 먹지 아니하나니, 거위
의 꽁지 살과 따오기와 부엉이의 안심과 집오리의 꽁지 살과 닭의

간과 기러기의 콩팥과 너새의 지라, 위장과 사슴의 위장이니라.』

● 여기에서는 날짐승의 먹지 않는 것과 그 부위를 열거하였으니 먹을 가치가 없거나 먹어서 이롭지 못한 것은 예절음식에서 제거함을 밝혔다.

추(雛)는 새의 새끼이고 미(尾)는 꽁지깃이며 서안(舒鴈)은 거위요, 취(翠)는 푸른빛을 띤 꽁지 살이다. 서부(舒鳧)는 집오리이고, 신(腎)은 콩팥이며, 보(鴇)는 너새요, 오(奧)는 지라와 위장으로 깊숙한 장기라는 뜻이다.

12-9-14─────────────────肉腥의 細者는 爲膾요 大者는 爲軒이니
或曰麋鹿魚는 爲菹하며 麕은 爲辟하고
鷄와 野豕는 爲軒하고 兔는 爲宛이라니
脾切葱若薤하야 實諸醢以柔之니라.

『날고기의 가늘게 썬 것은 회를 만들고, 크게 썬 것은 굵은 회를 만드니, 혹은 말하기를 고라니와 사슴과 물고기는 가늘게 썰어서 소금에 절이며, 노루는 넓적하게 썰고, 닭과 멧돼지는 굵은 회를 만들고, 토끼는 가늘고 길게 썰어 회를 만든다고 하니 파 또는 염교를 잘라서 초에 버무려 고기를 담가 부드럽게 하니라.』

● 여기에서는 날고기로 회를 만드는 여러 가지 요리방법을 기술하였다.

혹왈(或曰)은 특별한 요리방법이고 저(菹)는 저해(菹醢)니 가늘게 썰어서 소금에 절인 고기이며, 벽(辟)은 넓적하게 썰어 무침이요, 완(宛)은 가늘고 길게 썰어 무친 고기이다. 비(脾)는 비(俾)로 '하여금'이고, 약(若)은 급(及)과 같은 접속사이며, 실(實)은 담가서 가득 채워 두는 것이요, 유(柔)는 고기를 연하고 부드럽게 함이다.

12-10-1————————羹食는 自諸侯以下로 至於庶人에 無等하나니 大夫는 無秩膳하나니 大夫도 七十이라야 而有閣이니라.

『고깃국과 밥은 제후로부터 아래로 서민대중에 이르기까지 등급이 없나니, 대부는 항상 먹는 고기반찬이 없나니 대부라도 70세가 되어야 찬장이 있느니라.』

☯ 이 장은 나이와 신분에 따라 음식을 먹는 예절이 있음을 기술하고 여기에서는 예절음식으로 고깃국과 밥은 나이와 신분에 관계가 없이 모두 평등하게 먹을 자격과 권리가 있음을 밝혔다.

갱(羹)은 고깃국이고, 사(食)는 밥이니 사람이 먹는 기본식단이다. 제후(諸侯)는 나라의 임금으로 천자(天子)까지 포함한 것이며, 등(等)은 등급이고, 질(秩)은 상(常)의 뜻이며, 각(閣)은 나무로 만들어 음식을 보관하는 찬장이다.

살피건대 고깃국과 밥은 만인이 평등하게 먹고, 고기반찬은 차등이 있게 먹는 예절이 있으니 무릇 70세 이상의 노인은 항상 고기반찬을 먹고, 69세 이하는 가끔 한 번씩 먹는 것이 예절이지만 천자와

제후는 69세 이하라도 고기반찬을 항상 먹게 하였으니 공식적인 식
사모임이 많기 때문이다.

12-10-2————————————— 天子之閣은 左達五요 右達五니 公侯伯은
於房中에 五요 大夫는 於閣에
三이요 士는 於坫에 一이니라.

『천자의 찬장은 방의 왼쪽 찬장이 다섯 층이요, 오른쪽 찬장이 다
섯 층으로 이루나니, 공작과 후작과 백작은 방 안에 하나의 찬장이
다섯 층을 이루고, 대부는 방 안의 찬장이 세 층을 이루고, 선비는
대청 구석에 찬장이 한 층이니라.』

◉ 여기에서는 고기반찬인 선(膳)과 영양식인 수(羞)와 음료 및
술을 보관하는 찬장의 제도를 기술하였다.

달(達)은 완성함이요 5(五)는 다섯 층이니 찬장 내부에 다섯 층의
선반으로 완성하는 것이며, 점(坫)은 대청의 구석이다.

천자와 제후는 69세 이하라도 찬장을 가지는데 천자는 방 안에 좌
우로 2개의 5층 찬장을 가지고, 제후는 방 안에 1개의 5층 찬장을 가
지며, 대부와 선비는 70 이상이어야 찬장을 가지는데 대부는 방 안에
1개의 3층 찬장을 가지고, 선비는 대청의 구석에 1개의 1층 찬장을
가지니 공가(公家)와 사가(私家)의 차이요, 봉록과 신분의 한계가 있
기 때문이다.

전배들은 각(閣)을 주방용 찬장으로 오해하였기에 내가 노인의 상

식용(常食用) 찬장으로 바로잡았고, 또 오(五)와 삼(三)도 전배들은
찬장 수로 착각한 것을 내가 선반의 층수로 바로잡았으니 살피기 바
란다.

12-11-1 ─────── 凡養老는 有虞氏는 以燕禮하고 夏后氏는以饗禮하고
殷人은 以食禮하고 周人은 脩而兼用之니라 五十이어든
養於鄕고 六十이어든 養於國하고 七十이어든
養於學하니 達於諸侯니라 八十이어든
拜君命하되 一坐에 再至하고 瞽亦如之하며
九十者는 使人으로 受니라 五十이어든
異粮하고 六十이어든 宿肉하고 七十이어든
貳膳하고 八十이어든 常珍하고 九十이어든
飮食이 不違寢하며 膳飮이 從於遊가 可也니라
六十이어든 歲制하고 七十이어든 時制하고 八十이어든
月制하고 九十이어든 日脩니 唯絞紟衾冒는
死而后에 制니라 五十에 始衰하고 六十에 非肉이면
不飽하고 七十에 非帛이면 不煖하고 八十에 非人이면
不煖하고 九十에 雖得人이라도 不煖矣니라 五十이어든
杖於家하고 六十이어든 杖於鄕하고 七十이어든
杖於國하고 八十이어든 杖於朝하고 九十者는 天子가
欲有問焉則就其室하되 以珍으로 從하니라 七十이어든
不俟朝하고 八十이어든 月告存하고 九十이어든
日有秩이니라 五十이어든 不從力政하고 六十이어든
不與服戎하고 七十이어든 不與賓客之事하고 八十이어든

齊喪之事가 弗及也니라 五十而爵하고 六十이어든
不親學하고 七十이어든 致政이니 凡自七十以上은
唯衰麻爲喪이니라 凡三王이 養老하되 皆引年하시니라
八十者엔 一子가 不從政하고 九十者엔 其家가 不從政이니
瞽亦如之니라 凡父母가 在어든 子雖老나 不坐니라 有虞氏는
養國老於上庠하고 養庶老於下庠하며
夏后氏는 養國老於東序하고 養庶老於西序하며
殷人은 養國老於右學하고 養庶老於左學하며
周人은 養國老於東膠하고 養庶老於虞庠하니
虞庠은 在國之西郊니라 有虞氏는 皇而祭하고
深衣而養老하며 夏后氏는 收而祭하고 燕衣而養老하며
殷人은 冔而祭하고 縞衣而養老하며
周人은 冕而祭하고 玄衣而養老하니라.

◯ 이 장은 양로(養老)의 예절을 기술하였으니 앞에 5-19-1~22
에서 이미 번역하고 해설하였는바 왕제(王制)의 양로(養老)는 나라
에서 거행하는 예절이요, 내칙(內則)의 양로(養老)는 가정에서 거행
하는 예절이니 행사규모의 차이는 있으나 그 의례절차는 같은 까닭
에 그 문장이 같은 것이다.

12-12-1 ──────────────── 曾子가 曰孝子之養老也는 樂其心하고
不違其志하며 樂其耳目하고 安其寢處하며
以其飮食으로 忠養之하되 孝子之身이 終하나니
終身也者는 非終父母之身이라 終其身也니라 是故로

父母之所愛를 亦愛之하며 父母之所敬을 亦敬之하야
至於犬馬하여도 盡然이어든 而況於人乎아.

『증자가 말하기를 효자가 늙은 부모를 공양함에는 그 마음을 안락하게 하고, 그 뜻을 어기지 아니하며, 그 귀와 눈을 즐겁게 하고, 그 잠자리와 거처를 편안하게 하며, 그 음식으로 진실하게 공양하되 효자의 몸이 죽을 때까지 하나니 몸이 죽을 때까지라는 것은 부모의 죽을 때까지가 아니라 그 몸이 죽을 때까지이니라. 이런 까닭에 부모가 사랑하는 바를 역시 사랑하며, 부모가 공경하는 바를 역시 공경하여, 개나 말에 이르러서도 모두 그러하거든 하물며 사람에 대하여서랴.』

◐ 이 장은 효자의 도리를 밝혀 늙은 부모를 공양(供養)하는 극치를 기술하였다.

양로(養老)는 늙은 부모를 공양(供養)함이고, 충양(忠養)은 진실한 마음으로 사랑하고 공경하여 공양함이며, 종신(終身)은 몸이 죽을 때까지로 곧 평생이다. 효자가 어버이를 섬김에 살아서는 의복과 음식과 거처를 편안하게 하여 그 마음을 즐겁게 하고, 돌아가시면 묘를 지키고 제사를 지내서 그 귀신을 즐겁게 하나니 그 몸이 다하도록 받드는 것이다.

12-12-2─────────── 凡養老에 五帝는 憲하고 三王은 有乞言하니라
五帝는 憲하야 養氣體하고 而不乞言하되 有善이면
則記之爲惇史하니라 三王도 亦憲하야 旣養老而后에

乞言하되 亦微其禮하고 皆有惇史하니라.

『무릇 노인을 봉양함에 다섯 임금은 표준으로 본받고, 세 왕은 착한 말을 구하니라. 다섯 임금은 표준으로 본받아 기운과 체력을 길러 돋우고, 착한 말을 구하지 아니하되 착한 말이 있으면 기록하여 두터운 말씀의 역사책을 만들었느니라. 세 왕도 또한 표준으로 본받아 이미 노인을 봉양한 다음에 착한 말을 구하되 또한 그 예절을 은미하게 하고, 모두 두터운 말씀의 역사책이 있었느니라.』

　☯ 여기에서는 훌륭한 임금이 양로연회(養老宴會)에서 노인들의 높은 식견을 표준으로 본받듯이 효자도 음식을 공양한 다음에 어버이에게 인생의 높은 지혜를 구하여 집안의 두터운 도덕 표준으로 본받아야 효자임을 기술하였다.

　5제(五帝)는 복희(伏犧), 신농(神農), 황제(黃帝), 요(堯), 순(舜)이니 신농과 황제는 하느님을 지칭하는 신농과 황제가 아니고 상고대에 있었던 임금의 시호(謚號)이니 혼동하지 말라. 헌(憲)은 모범적인 표준으로 본받음이고, 걸언(乞言)은 앞에 8-3-4에서 이미 해설하였으며, 돈사(惇史)는 두터운 은혜의 말씀을 기록한 역사책이요, 미(微)는 강요하지 않고 은근히 표현하는 것이다.

12-13-1 ──────────────── 淳熬는 煎醢加于陸稻上하야
沃之以膏하나니 曰淳熬라 하니라.

『순수한 기름에 볶은 쌀밥은 장조림을 쌀밥 위에 얹어 기름으로 볶으니 말하여 순수한 기름에 볶은 쌀밥이라고 하니라.』

◐ 이 장은 여덟 가지 진기(珍奇)한 맛이 있는 노인의 영양식을 기술하였으니 효자는 어버이에게 천하의 별미(別味)를 만들어 공양함을 밝혔다.

순(淳)은 순수 질박함이고, 오(熬)는 볶은 것이며, 전해(煎醢)는 고기를 간장에 조린 장조림이요, 육도(陸稻)는 밭벼의 쌀밥이며, 옥(沃)은 윤기가 나도록 볶은 것이다. 왈(曰)은 소위 세상에 전해 오는 말이니 이른바 순오(淳熬)가 8진미(八珍味)의 첫째라는 뜻이다.

12-13-2 ──────────────────────────── 

『순수한 기름에 볶은 기장밥은 장조림을 기장밥 위에 얹어 기름으로 볶으니 말하여 순수한 기름에 볶은 기장밥이라고 하니라.』

◐ 이 절은 순모(淳母), 즉 순수한 기름에 볶은 기장밥이 8진미의 두 번째 음식임을 밝혔다.

모(母)는 모체(母體)이고, 쌀벼를 개발하기 이전에 심었던 기장을 지칭하니 곡식은 개발의 역사로 볼 때에 기장이 쌀의 어미라는 뜻이다.

炮는 取豚若將하야 刲之刴之하야 實棗於其腹中하고 編萑以苴之하고 塗之以謹塗하야 炮之하되 塗皆乾이어든 擘之하고 濯手以摩之하야 去其皽하고 爲稻粉하야 糔溲之以爲酏하야 以付豚하야 煎諸膏하되 膏必滅之니 鉅鑊湯하고 以小鼎薌脯於其中하되 使其湯으로 毋滅鼎하야 三日三夜를 毋絶火하며 而后에 調之以醯醢하니라.

『싼 구이는 돼지와 숫양을 잡아 자르고 갈라서 그 배 속에 대추를 채우고 달이나 갈대를 엮어 꾸러미로 싸고 바르는 진흙으로 발라서 굽되 진흙이 모두 마르거든 쪼개고, 물에 적신 손으로 문질러 그 속 꺼풀을 제거하고, 쌀가루를 만들어 반죽을 해서 미음을 만들어 돼지 고기에 발라 기름으로 조리되 기름에 반드시 빠지게 하나니 큰 솥에 물을 끓이고, 작은 세발솥에는 향기로운 고깃덩어리를 담아 그 큰 솥 안에 넣어 그 끓은 물로 하여금 작은 세발솥을 빠지게 하지 말고, 3일 낮과 3일 밤을 불이 꺼지지 않게 한 다음에 초와 조림간장으로 조미하니라.』

◑ 여기에서는 싼 구이로 포돈(炮豚)과 포장(炮牂)을 만드는 방법을 기술하였다.

포(炮)는 진흙을 발라서 굽는 싼 구이이며 포돈(炮豚)은 돼지고기 싼 구이이고, 약(若)은 접속사이며, 장(將)은 장(牂)이니 숫양인데 곧 포장(炮牂)으로 양고기 싼 구이이다. 규(刲)는 끊어서 자르는 것이니 대가리와 다리와 꼬리를 자르는 것이요, 고(刴)는 가르는 것이니 배를 쪼개는 것이며, 편환(編萑)은 달이나 갈대를 엮어 멍석처럼 만드는 것이고, 저(苴)는 꾸러미인데 돼지나 숫양을 포장하여 묶는 것이다. 도(塗)는 바르는 것이요, 근(謹)은 근(墐)이니 근도(謹塗)는 바르는 진흙이며, 간(乾)은 말라서 굳어진 것이고, 벽(擘)은 두드려서 쪼개는 것이다. 탁수(濯手)는 물에 젖은 손이요, 전(皴)은 속꺼풀이니 여기에서는 돼지나 양을 포장한 달이나 갈대 및 털이며, 수수(糔溲)는 반죽함이고, 멸(滅)은 빠지는 것이며, 거확탕(鉅鑊湯)은 큰 가마솥에 물을 끓이는 것이다.

소정(小鼎)은 작은 세발솥이요, 향포(薌脯)는 향기로운 고깃덩어리로 곧 쌀가루미음을 발라 기름에 조린 고깃덩어리를 지칭한다. 무절화(毋絶火)는 불을 은근하게 때서 꺼지지 않게 함이고, 조(調)는 조미(調味)함이다. 포돈(炮豚)과 포장(炮牂)은 8진미의 세 번째와 네 번째의 음식으로 전하여 왔다.

12-13-4 ──────────── 擣珍은 取牛羊麋鹿麕之肉하되 必脄하야
每物을 與牛若一로 捶反側之하야
去其餌하고 孰出之하야 去其皽하고 柔其肉하니라.

『짓찧은 등심수육은 소와 양과 고라니와 사슴과 노루의 살코기로 만들되 반드시 등심으로 하여 물건마다 소고기와 동일한 분량으로 합쳐서 두드려 뒤집고, 옆으로 짓찧어 그 심줄을 제거하고, 푹 삶아서 익힌 다음에 꺼내어 그 속꺼풀을 버리고, 그 살코기를 부드럽게 양념하니라.』

◑ 여기에서는 도진(擣珍)이 8진미의 다섯 번째임을 밝히고 그 재료와 조리 방법을 기술하였다.

도(擣)는 방망이로 두드려서 짓찧은 것이고, 진(珍)은 맛이 좋은 음식이며, 매(脢)는 등심살이요, 매물(每物)은 배합하는 물건마다의 뜻이다. 수(捶)는 두드리는 것이요, 이(餌)는 질긴 심줄로 사료로나 쓰는 부분이며, 숙(孰)은 숙(熟)으로 끓은 물에 삶아 푹 익힌 것이고 전(皽)은 살결을 싸고 있는 엷은 막이며, 유(柔)는 양념을 하여 부드럽고 연하게 만드는 것이다.

12-13-5──────────── 漬는 取牛肉하되 必新殺者하야 薄切之하되
必絶其理하야 湛諸美酒하야 期朝而食之以醢若醯醷하니라.

『술에 담은 소고기는 소고기를 가지고 만들되 반드시 새로 잡은 것으로 하여, 얇게 자르되 반드시 그 결을 끊어 좋은 술에 잠기게 하여, 다음 날 아침에 조림간장이나 또는 초와 엿물로 조미하여 먹느니라.』

◑ 여기에서는 지(漬)가 8진미의 여섯 번째임을 밝히고 그 재료와 조리방법을 기술하였다.

지(漬)는 술에 담은 소고기이고, 이(理)는 결이니 절기리(絶其理)는 고기의 결을 옆으로 자르는 것이며, 침(湛)은 잠기는 것이요, 미주(美酒)는 맑고 향기로운 술이다. 기조(期朝)는 하루가 지난 아침이고, 의(醷)는 단맛이 나는 물이니 엿이나 꿀 또는 설탕을 녹인 물이다.

12-13-6 —————————————— 爲熬하되 捶之하야 去其皽하고 編萑하야
布牛肉焉하고 屑桂與薑하야 以灑諸上而鹽之하야
乾而食之하나니 施羊에도 亦如之하며 施麋와 施鹿과
施麕에도 皆如牛羊하니 欲濡肉이어든
則釋而煎之以醢하고 欲乾肉이어든 則捶而食之니라.

『불에 말린 양념고기를 만들되 살코기를 방망이로 두드려서 그 속
꺼풀을 제거하고, 달이나 갈대를 엮어 소고기를 펼쳐 놓고 계피와 생
강을 가루로 만들어 그 위에 뿌리면서 소금도 뿌렸다가 불에 말려서
먹나니, 양고기로 만듦에도 또한 그와 같이 하며, 고라니 고기로 만
듦과 사슴고기로 만듦과 노루고기로 만듦에도 모두 소고기와 양고기
처럼 하니, 젖은 고기로 만들고자 하면 물에 불렸다가 장조림간장으
로 지지고, 말린 고기로 먹고자 하면 방망이로 두드려서 먹느니라.』

◑ 여기에서는 오(熬)가 8진미의 일곱 번째임을 밝히고 그 재료와
제조방법을 기술하였다.

오(熬)는 불에 말린 양념고기니 태양에 말린 포(脯)는 날고기를
말린 것이고, 오(熬)는 불에 익은 고기를 말린 것이다. 설(屑)은 가
루로 만든 것이고, 쇄(灑)는 뿌리는 것이며, 시(施)는 시행하여 만드
는 것이요, 유육(濡肉)은 젖은 고기이다.

12-13-7 —————————————— 糝은 取牛羊豕之肉하되 三如一하야 小切之하야
與稻米하니 稻米二에 肉一을 合以爲餌하야 煎之니라.

『고기떡국은 소와 양과 돼지의 살코기로 만들되 세 가지를 동일한 분량으로 잘게 썰어 쌀가루를 섞으니 쌀가루 2에 살코기 1의 비율을 합쳐서 흰 떡을 만들어 조리느니라.』

　☯ 여기에서는 삼(糝)이 8진미에 버금가는 음식임을 밝히고 그 재료와 조리법을 기술하였다.

　삼(糝)은 고기를 넣은 흰 떡국이요, 여(與)는 섞은 것이며, 도미(稻米)는 입쌀인데 여기에서는 쌀가루이고, 이(餌)는 흰 떡이다.

12-13-8─────────────肝膋는 取狗肝─하야 幪之以其膋하야
濡炙之하되 擧燋하며 其膋엔 不蓼하니라.

『개간구이는 개의 간 하나를 가지고 그 창자의 기름으로 덮어씌워 적셔서 굽되 숯불을 위에 얹으며, 그 창자기름에는 여뀌를 쓰지 아니하니라.』

　☯ 여기에서는 간료(肝膋)가 8진미의 여덟째임을 밝히고 그 재료와 요리방법을 기술하였다.

　간료(肝膋)는 개의 간을 구워서 만든 요리의 이름이요, 몽(幪)은 덮어서 씌우는 것이며, 료(膋)는 창자의 기름덩어리이고, 유자(濡炙)는 젖은 상태로 굽는 것이며, 거초(擧燋)는 그 위에다가 이글거리는 숯불을 얹어서 익히는 것이다.

12-13-9 ——————————————————— 取稻米하야 擧糜溲之하고
小切狼臅膏하야 以與稻米하야 爲酏니라.

『쌀가루를 가지고 모두 반죽을 하고, 이리의 가슴기름을 잘게 썰어서 쌀가루 반죽에 섞어서 미음을 끓이느니라.』

☯ 여기에서는 이(酏)가 8진미에 버금가는 음식임을 기술하였다.
촉고(臅膏)는 가슴기름이고, 이(酏)는 미음이다. 이상 10가지 음식은 노인의 혈기를 보충하는 영양식이니 어버이를 공양하고, 노인을 위하는 사람은 자세히 연구해야 될 것이다.

12-14-1 ——————————————— 禮는 始於謹夫婦하니 爲宮室하되 辨外內하야
男子는 居外하고 女子는 居內하며
深宮固門하야 閽寺守之하야 男不入하고 女不出하니라.

『예절은 부부생활을 삼가는 데서 시작하니 살림집을 만들되 안채와 바깥채를 구비하여, 남자는 바깥채에 살고, 여자는 안채에 살며, 안채를 깊숙하게 하고, 문을 튼튼하게 해서 문지기와 안채관리인이 지키게 하여 남자는 안채에 들어가지 않고, 여자는 바깥채에 나오기 않게 하니라.』

☯ 이 장은 부부가 분별이 있게 사는 가정생활의 절도를 기술하였으니 여기에서는 부부가 한 가정에 살되 거처하는 건물이 달라야 됨을 밝혔다.

근(謹)은 조심하여 삼가는 것이요, 궁(宮)은 담장을 둘러친 안채이고 실(室)은 담장이 없는 바깥채이며, 변(辨)은 구비(具備)함이다. 내(內)는 부인이 거처하는 안채이고, 외(外)는 남편이 거처하는 바깥채이며 혼(閽)은 문지기요, 시(寺)는 안채를 관리하는 사람이다.

살피건대 민주가정은 부부의 권리평등과 행동자유 및 업무분담에 의한 경영책임의 한계가 보장되어야 하므로 부득이 집안일은 아내가 맡고, 바깥일은 남편이 맡아서 서로 독립된 공간에 거처하며, 같이 협력하는 양주쌍전주의(兩主雙全主義)를 숭상하였으니 이것은 하늘과 땅의 위치구조가 다르고, 해와 달의 운행궤도가 동일하지 않은 자연법칙을 본받아 생활방식으로 규정한 천연의 예절이다.

12-14-2 ──────────── 男女는 不同椸枷하나니 不敢縣於夫之楎椸하며 不敢藏於夫之篋笥하며 不敢共湢浴하며 夫不在어든 斂枕篋하며 簟席襡하야 器而藏之하나니 少事長하며 賤事貴하되 咸如之하니라.

『남자와 여자는 옷걸이를 같이 쓰지 아니하나니 감히 남편의 옷걸이에 걸지 아니하며, 감히 남편의 옷상자에 담지 아니하며, 감히 목욕칸을 함께 쓰지 아니하며, 남편이 있지 않거든 베개와 옷상자를 거두고, 삿자리와 방석을 싸서 그릇에 넣어 감추나니 어린이가 어른을 섬기며, 천한 사람이 귀한 사람을 섬기되 모두 그와 같이 하니라.』

◑ 여기에서는 남자와 여자의 옷과 베개와 삿자리와 방석은 별도

로 비치하고 각각 보관하는 절도를 기술하였으니 난잡함을 방지하는 생활방식이다.

이가(椸枷)는 대나무를 가로로 매달아 옷을 거는 횃대요, 휘(楎) 는 나무를 세로로 세워 옷을 거는 옷걸이이며, 촉(襡)은 앞에 12-2 -1에서 이미 해설하였고, 기(器)는 그릇에 넣은 것이다.

12-14-3 —————————————— 夫婦之禮는 唯及七十이어든 同藏無間하니
故로 妾雖老라도 年未滿五十인댄
必與五日之御이니라 將御者는 齊漱澣하며
愼衣服하며 櫛縰하며 笄나 總角하고 拂髦하며
衿纓하며 綦屨하나니 雖婢妾이라도 衣服飮食을
必後長者하며 妻不在어든 妾이 御하되 莫敢當夕하니라.

『부부의 예절은 오직 70세에 이르렀거든 간수하는 것을 같이 사용하여 분간함이 없나니 그러므로 첩이 비록 늙었어도 나이가 50이 차지 않았으면 반드시 다섯 날의 모심을 허락하니라. 장차 모시는 사람은 재계하여 양치질하고 씻으며, 의복을 단정히 하며, 머리를 빗고 검은 비단댕기로 머리를 묶고, 비녀를 찌르거나 머리를 모두 모아서 뿔을 내고, 앞 머리털을 털며, 옷고름에 향주머니를 매달며, 삼신에 들메끈을 매나니 비록 종으로 첩이 되었더라도 의복과 음식을 반드시 어른보다 뒤에 하며, 아내가 있지 않거든 첩이 모시되 감히 저녁에는 번 들지 못하니라.』

◑ 여기에서는 70세 이상의 부부는 한방에 거처하는 절도를 기술하고 특별히 50 미만의 첩에게는 다섯 날을 모시게 함과 동시에 기타 모시는 사람은 깨끗하고 단정한 자세를 갖추어야 됨을 밝혔다.

장(藏)은 간수함이고, 5일(五日)은 한 달에 다섯 날이며 신(愼)은 단정함이요, 당(當)은 당직(當直)으로 번 드는 것이다.

12-15-1 ──────────────── 妻가 將生子에 及月辰커든 居側室하나니
夫가 使人으로 日再問之하고 作而自問之어든
妻가 不敢見하고 使姆하야 衣服而對하며
至于子生하야 夫가 復使人으로 日再問之니
夫가 齊어든 則不入側室之門이니라.

『아내가 장차 아이를 낳으려 함에 해산할 달과 날이 차거든 옆방에 거처하나니 남편이 사람으로 하여금 하루에 두 번 문안하게 하고, 일어나서 스스로 문안하거든 아내가 감히 뵈지 못하고, 여선생으로 하여금 전하게 하여 의복을 입고 대답하며, 아이를 낳음에 이르러 남편이 다시 사람으로 하여금 하루에 두 번 문안하니 남편이 재계하거든 곧 옆방의 대문에 들어가지 아니하나니라.』

◑ 이 장은 부부생활에 있어서 출산하는 절도를 기술하였으니 여기에서는 산모가 산실(産室)에 거처하는 절도와 남편이 문안하는 예절을 밝혔다.

급(及)은 차는 것이요, 신(辰)은 날이며, 측실(側室)은 살림집의

옆에 있는 방으로 여기에서는 산실(産室)이고, 작(作)은 일어나는 것
이다. 아내가 아이를 낳을 때 남편이 밖에서 보호하여 지키는 것은
당연한 것이다.

12-15-2─────────────────子가 生이어든 男子는 設弧於門左하고
女子는 設帨於門右하며 三日에 始負子하니
男은 射하고 女는 否하니라.

『아이가 출생하거든 남자는 활을 대문의 왼쪽에 걸고, 여자는 손
수건을 대문의 오른쪽에 걸며, 3일에 비로소 아버지가 아이를 등에
업으니 남자는 활을 쏘고, 여자는 활을 쏘지 않느니라.』

☯ 여기에서는 아이의 출생을 알리고 신생아를 보호하기 위하여
대문에 출입금지의 표지를 하는 일반가정의 절도를 기술하고 아이의
아버지가 아이를 사랑하고 축복하는 예절을 밝혔다.

호(弧)는 활이니 남자의 전투용 무기이며, 문좌(門左)는 대문의
동쪽으로 양기(陽氣)가 왕성한 활동적인 기운을 내고, 세(帨)는 손수
건이니 여자의 생활용 도구이며, 문우(門右)는 대문의 서쪽으로 음기
(陰氣)가 왕성한 안정적인 기운을 낸다. 부자(負子)는 아버지가 아이
를 사랑하여 그 등에 업고서 아들이면 활을 쏘고, 딸이면 활을 쏘지
않는 것이니 아들에게는 신성한 국토방위의 의무가 있다는 뜻이다.

　　　國君世子가 生이어든 告于君하며 接以大牢하되

宰가 掌具하여 三日에 卜士로 負之하되

吉者가 宿齊하야 朝服寢門外하야 詩負之하거든

射人이 以桑弧와 蓬矢六으로 射天地四方하며

保가 受하야 乃負之하면 宰가 醴負子하고

賜之束帛하며 卜士之妻와 大夫之妾하야 使食子하니라.

『나라 임금의 세자가 탄생하거든 임금에게 보고하며, 큰 소를 잡아서 접견하되 요리장이 기구를 관장하여 3일에 가려서 뽑은 선비로 세자를 업게 하되 착한 사람이 하룻밤을 재계하여 조복을 입고, 침전의 대문 밖에서 받들어 업거든 활 쏘는 사람이 뽕나무 활과 쑥대로 만든 화살 6개로 하늘과 땅과 4방으로 쏘아 맞히며, 보모가 받아서 이에 업으면 요리장이 업힌 아이에게 단술을 주고, 묶은 비단을 하사하며, 선비의 아내와 대부의 첩을 가려 뽑아서 아이에게 젖을 먹이니라.』

● 여기에서는 세자(世子)가 탄생하였을 때에 임금에게 보이는 예절을 기술하였으니 임금이 큰 소를 희생으로 종묘에 바치고 고유함과 동시에 착한 선비들과 그 아내들이 축복하는 절도를 밝혔다.

접(接)은 접견(接見)함이고, 태뢰(大牢)는 종묘에 희생으로 바치는 큰 소이며, 재(宰)는 궁중의 요리장이요, 장구(掌具)는 행사에 필요한 여러 가지 기구이다. 복(卜)은 가려서 선택함이고, 길자(吉者)는 착한 사람이며, 숙제(宿齊)는 하룻밤을 재계(齊戒)함이요, 침문(寢門)은 종묘의 묘당(廟堂) 뒤에 있는 침전(寢殿)의 대문이며, 시(詩)는 받드는 것이다. 보(保)는 보모(保母)이고, 부자(負子)는 업힌 아이, 즉 세자이며, 속백(束帛)은 폐백이니 예(醴)와 함께 모두 조상에게 올렸던 단술과 비단을 조

상이 세자에게 하사하는 것이며, 사자(食子)는 세자에게 젖을 먹이는 것
이다.

12-15-4 ──────────── 凡接子하되 擇日하니 冢子는 則大牢요
庶人은 特豚이요 士는 特豕요 大夫는 少牢요
國君世子는 大牢니 其非冢子어든 皆降一等이니라.

『무릇 자식을 접견하되 날을 선택하니 천자의 맏아들은 곧 큰 수
소요, 서민대중은 작은 수돼지요, 선비는 큰 수돼지요, 대부는 작은
수소요, 나라 임금의 세자는 큰 수소니 그 천자의 맏아들이 아니거든
모두 한 등급을 낮추니라.』

  ☯ 여기에서는 신분에 따라 아버지가 태어난 아들딸을 접견할 때
에 조상에게 고유(告由)하고 바치는 희생의 등급을 기술하였다.
  총자(冢子)는 천자의 원자(元子)이고, 특(特)은 수컷이며, 돈(豚)
은 새끼 돼지이며, 시(豕)는 큰 돼지이다. 희생을 조상에게 바치고
또한 산모(産母)에게 영양을 공급하여 젖이 잘 나게 하여 아이의 영
양을 충실하게 하니 지혜로운 예절이로다.

12-15-5 ──────────── 異爲孺子室於宮中하고 擇於諸母와 與可者하되
必求其寬裕慈惠溫良恭敬愼而寡言者하야
使爲子師하니 其次는 爲慈母하고 其次는 爲保母하야
皆居子室하고 他人은 無事어든 不往하니라.

『따로 집 안에 아기 방을 만들고, 여러 고모와 괜찮은 사람에게서 선택하되 반드시 너그럽고 자애로우며 따뜻하고 어질며 공경하고 신중하면서도 말을 적게 하는 사람을 찾아서 아들의 스승이 되게 하니 그 다음은 자모가 되고, 그 다음은 보모가 되어 모두 아기 방에 거처하고, 다른 사람은 일이 없거든 들어가지 아니하니라.』

◑ 여기에서는 일반적으로 아기 방을 따로 만들어 어진 부인들이 유아(乳兒)를 양육하는 절도를 기술하였다.

이(異)는 깨끗하고 조용한 곳을 따로 분리함이고, 유자실(孺子室)은 아기가 거처하는 방이며, 제모(諸母)는 고모(姑母)들이요, 가자(可者)는 가능한 사람이다. 사(師)는 심리적 안정을 도모하여 덕성을 기르게 하는 스승이고, 자모(慈母)는 아기의 먹는 것을 살펴 영양분을 골고루 공급하는 사람이며, 보모(保母)는 아기의 자고 노는 것을 살펴 안전하게 보호하는 사람이다. 타인(他人)은 아기의 양육에 종사하지 않는 사람이고, 불왕(不徃)은 아기 방으로 들어가지 아니함이니 아기 방의 위생환경을 깨끗하고 정숙하게 유지하기 위함이다.

12-15-6—————————————— 三月之末에 擇日하야 翦髮爲鬌하되
男角하고 女羈니 否則男左女右하니라 是日也에
妻가 以子로 見於父하나니 貴人면 則爲衣服하고
由命士以下는 皆漱澣하야 男女가 夙興하야
沐浴衣服하고 具視朔食하며 夫가 入門하야
升自阼階하야 立于阼하야 西鄕하며 妻는 抱子하고
出自房하야 當楣立하야 東面하니라.

『3개월의 월말에 날을 받아 머리를 깎아 황새머리를 만들되 남자는 뿔상투를 만들고, 여자는 북상투를 만드니 그렇지 않으면 곧 남자는 왼 상투요, 여자는 오른 상투를 하니라. 이날에 아내가 아기를 아버지에게 보이나니 귀한 사람이면 의복을 만들어 입고, 임금이 임명한 선비로부터 이하는 모두 옷을 빨아 입고, 남자와 여자가 새벽에 일찍 일어나서 목욕하고 의복을 입고, 초하루에 사당에 음식을 올리는 수준으로 갖추며, 지아비가 사당문으로 들어가서 섬돌 계단으로 올라 섬돌 계단 쪽에 서서 서쪽을 향하며, 아내는 아기를 안고 방으로부터 나와 사당의 인중방에 당하여 서서 동쪽으로 얼굴을 하니라.』

◑ 여기에서는 모든 사람들이 아기를 낳은 지 3개월이 되면 산모가 아기를 안고 아기의 아버지에게 보이는 예절을 기술하였으니 이날엔 아기의 배냇머리를 깎고 남자는 뿔상투, 여자는 북상투를 함을 밝혔다.

추(鬌)는 얼굴의 윤곽이 뚜렷하도록 미리를 깎고 남긴 머리가 황새의 머리 깃과 같다고 하여 황새머리라고 하며, 각(角)은 뿔상투니 짐승의 뿔처럼 머리의 양쪽에 상투를 틀기 때문에 쌍상투라고도 하며, 기(羈)는 북상투니 머리를 위로 빗어 올려서 하나의 상투를 틀어 묶는 것인데 북과 같다고 하여 북상투라고 한다. 좌(左)는 좌측에만 머리를 남겨 왼쪽에 상투를 틀어 묶는 것이고, 우(右)는 오른쪽에만 상투를 틀어 묶는 것이며 삭식(朔食)은 매월 초하루에 사당에 음식을 올리고 새로운 달로 바뀌었음을 고하는 예절이다. 문(門)은 사당의 대문이고, 당미(當楣)는 인중방에 해당하는 곳이니 곧 사당건물의 처마 밑이다.

살피건대 아기가 태어나서 3일에 조상의 사당에 아기 탄생을 보고

하고, 3개월의 말일에 아기의 머리를 깎아 상투를 틀어 묶고 사당의 처마 밑에서 조상에게 보이면서 아기의 아버지가 자식임을 인정하니 이로써 부자관계와 조손(祖孫)의 관계가 확인되는 것이다.

12-15-7 ——————————— 姆가 先相하야 曰母某는 敢用時日하야
祗見孺子라 하거든 夫가 對하야
曰欽有帥이라 하고 父가 執子之右手하야
咳而名之하거든 妻가 對하야
曰記有成이라 하고 遂左還하야
授師하면 子師가 辨告諸婦諸母名하고
妻가 遂適寢하니라.

『여선생이 먼저 도우며 말하기를 어머니 아무개는 감히 이 날에야 '공경하여 어린 자식을 보이나이다' 하거든 지아비가 대답하여 말하기를 '공경하여 따름이 있게 하시오' 하고 아버지가 자식의 오른손을 잡고 방글방글 웃으면서 이름을 지어 주거든 아내가 대답하여 말하기를 '기억하여 성취함이 있게 하리다' 하고 마침내 왼쪽으로 돌아 아기의 스승에게 아기를 주면 아기의 스승이 여러 부인들과 여러 고모에게 이름의 뜻을 분별하여 알리고 아내가 마침내 침전으로 가니라.』

◐ 이 절은 앞 절에 이어 아버지가 자식을 처음 보는 자리에서 아기의 이름을 지어 주는 예절을 기술하였다.

모(姆)는 여선생이요, 모(某)는 성명(姓名)이며, 시일(時日)은 시일(是日)이고, 유자(孺子)는 어린 아기이다. 흠유솔(欽有帥)은 공경

으로 가르쳐서 도덕과 윤리와 예절을 따름이 있게 함이고, 해(咳)는
어린 아기가 방글방글 웃는 모양과 소리니 곧 아버지가 아기처럼 기
뻐함이다. 명지(名之)는 아기의 이름을 지어서 처음 부르는 것이고,
기(記)는 기억하여 잊지 않음이며, 변고(辯告)는 뜻을 분별하여 알리
는 것이요, 제부(諸婦)는 참석한 여러 부인들이며, 침(寢)은 사당의
침전이니 아기에게 백일상(百日床)을 차려 주기 위하여 모두 침전으
로 가는 것이다.

12-15-8────────────── 夫가 告宰名이어든 宰가 辯告諸男名하고
　　　　　　　　　　　書하되 曰某年某月某日에 某가 生이라 하야
　　　　　　　　　　　而藏之하고 宰가 告閭史하고 閭史가 書爲二하야
　　　　　　　　　　　其一은 藏諸閭府하고 其一은 獻諸州史하고
　　　　　　　　州史가 獻諸州伯하거든 州伯이 命藏諸州府하나니
　　　　　　　　　　　夫가 入食하되 如養禮하니라.

『지아비가 요리장에게 아기의 이름을 알리거든 요리장이 여러 남
자들에게 이름과 뜻을 분별하여 알리고 기록하되, 말하기를 아무 해,
아무 달, 아무 날에 아무개가 출생하였다고 써서 보관하고, 요리장이
마을의 사관에게 알리거든 마을의 사관이 두 벌을 써서 그 하나는
마을 사무실에 보관하고, 그 하나는 고을사관에게 올리고, 고을사관
이 고을의 행정장관에게 드리거든 고을의 행정장관이 고을의 행정부
에 보관하라고 명령하나니, 지아비가 침전으로 들어가 아기를 먹이되
양육하는 예절처럼 하니라.』

◑ 이 절은 앞 절에 이어 아기의 출생을 관청에 신고하고 아버지는 자식을 부양(扶養)할 책임이 있음을 기술하였다.

제남(諸男)은 참석한 여러 남자니 앞 절의 제부(諸婦)와 상칭한 말이요, 려사(閭史)는 마을의 사관(史官)이며, 려부(閭府)는 마을의 문서 보관하는 사무실이고, 주백(州伯)은 주정부(州政府)의 장관이다. 입사(入食)은 사당의 침전(寢殿)으로 들어가서 아기에게 이른바 백일상(百日床)을 차려서 먹이는 것이고, 여양례(如養禮)는 비록 아기가 어려서 먹지는 못하지만 마치 아버지가 자식을 부양(扶養)하는 밥상을 차리듯이 밥과 떡, 과일 등을 한 상에 차려서 아기에게 주는 것인즉 앞으로 부양의 책임을 지겠다는 뜻을 확인하는 것이다. 전배들은 이 경문을 오해하여 남편과 아내가 먹는 것이라고 하였으니 어 불성설이므로 내가 모두 바로잡았으니 살피기 바란다.

12-15-9─────────────── 世子가 生이어든 則君이 沐浴朝服하고
夫人이 亦如之하야 皆立于阼階하되 西鄕하니라
世婦가 抱子하야 升自西階하거든 君이 名之하고 乃降하니라.

『세자가 탄생하거든 곧 임금이 목욕하며 조복을 입고, 부인도 또한 그와 같이 하여, 모두 동쪽 섬돌 위에 서되 서쪽을 향하니라. 세부가 아기를 안고 서쪽 계단을 말미암아 오르거든 임금이 이름을 지어 주고, 이에 내려오느니라.』

◑ 여기에서는 세자(世子)가 출생하여 3개월이 되면 임금이 이름

을 지어 주는 절도를 기술하였으니 일반인은 아내가 아기를 안고 남
편에게 보이는데 세자는 세부(世婦)가 안고 보이는 것이 다르다.

　조계(阼階)는 종묘(宗廟)의 섬돌 계단이고 세부(世婦)는 앞에 2-
7-6에서 이미 해설하였다.

12-15-10─────────── 適子와 庶子에게는 見於外寢하나니 撫其首하고
　　　　　　　　　　　　咳而名之하되 禮帥初하고 無辭하니라.

『적자와 서자는 외침에서 뵈나니 그 머리를 어루만지고, 방글방글
웃으면서 이름을 지어 주되 예절은 처음처럼 거행하고, 말씀은 없느
니라.』

　◐ 여기에서는 앞 절에 이어 세자(世子)가 아닌 적자(嫡子)와 서
자(庶子)는 외침(外寢)에서 뵈고 당부의 말씀도 없음을 기술하였다.
　적자(適子)는 정실(正室)부인이 낳은 자식으로 여기에서는 세자의
아우이고 서자(庶子)는 잉첩(媵妾)이 낳은 자식이며, 외침(外寢)은
임금의 침실이 있는 연침(燕寢)이니 연침의 전면에는 임금의 집무실
인 로침(路寢)이 있다. 예솔초(禮帥初)는 예식의 절차가 세자(世子)
때와 같다는 말이고, 사(辭)는 임금이 부인이나 잉첩에게 특별히 당
부하는 말씀이다. 잉첩(媵妾)은 부인(夫人)의 직급이므로 외침(外寢)
에서 행사를 거행한다.

 ─────────────── 凡名子엔 不以日月하며 不以國하며
不以隱疾하고 大夫士之子는
不敢與世子로 同名하니라.

『무릇 자식에게 이름을 지음에는 해와 달로써 하지 아니하며, 나라이름으로써 하지 아니하며, 숨은 질병으로써 하지 아니하고, 대부와 선비의 아들은 감히 세자와 더불어 이름을 한가지로 하지 아니하니라.』

◑ 여기에서는 자식의 이름을 지을 때에 피해야 되는 것을 열거하였으니 그 이유는 앞에 1-19-1에서 이미 해설하였다.

 ─────────────── 妾이 將生子어든 及月辰하야 夫가 使人으로
日一問之하고 子가 生三月之末에 漱澣夙齊하야
見於內寢하나니 禮之如始하고 入室하야
君이 食하나니 徹焉할새 使之特餕이어든 遂入御하니라.

『빈첩이 장차 자식을 낳거든 달과 날에 미쳐서 남편이 사람으로 하여금 날로 한 번 문안하고, 자식이 출생한 지 3개월의 월말에 옷을 빨아 입고, 새벽에 가지런히 하여 내침에서 뵈나니 예식절차는 처음처럼 하고, 방으로 들어가서 임금이 먹이나니, 거둠에 빈첩에게 특별히 남은 음식을 내리거든 마침내 방으로 들어가서 아기를 맞고, 음식을 받느니라.』

◐ 여기에서는 빈첩(嬪妾)이 낳은 자식의 이름을 지어 줌에는 내침(內寢)에서 행사를 거하는 절도를 기술하였다.

첩(妾)은 빈첩(嬪妾)이니 세부(世婦)의 아래 직급이요, 신(辰)은 일(日)이며, 내침(內寢)은 정실(正室)의 침실이 있는 건물이니 외침(外寢)의 바로 뒤에 있으며, 여시(如始)는 앞에 솔초(帥初)와 같은 말이다. 입실(入室)은 내침의 당(堂)에서 아기의 이름을 지어 주고 내침의 방으로 들어가는 것이며, 사(食)는 아기에게 백일상(百日床)을 차려 주어서 양육의 책임이 있음을 확인함이고 철(徹)은 백일상을 거두는 것이다. 사지특준(使之特餕)은 백일상에 차렸던 음식을 아기의 어머니에게 내리는 것이고, 입아(入御)는 당(堂)에 있던 아기의 어머니가 방 안으로 들어가서 임금이 주는 아기와 음식을 맞아 받는다는 뜻이다.

전배들은 이 절의 뜻을 알지 못하여 억설로 일관하였기에 내가 바로잡았으니 살피기 바란다.

12-15-13————————— 公庶子가 生이어든 就側室이니 三月之末에
其母가 沐浴朝服하야 見於君하되
擯者가 以其子로 見君하며 所有賜엔
君이 名之하고 衆子엔 則使有司로 名之하니라.

『임금의 서자가 탄생하거든 옆방으로 나아가니 3개월의 말일에 그 어머니가 목욕하고 조복을 입고서 임금에게 보이되 손님을 접대하는 사람이 그 아기를 안고 임금에게 보이며, 하사함이 있는 바에는 임금이

이름을 지어 주고, 뭇 자식은 곧 책임자가 이름을 지어 주게 하니라.』

◑ 여기에서는 서자의 아기 방은 옆방이고, 중자(衆子)의 이름은
유사(有司)가 대행하여 지어 줄 수 있음을 밝혔다.

측실(側室)은 옆방이니 세자(世子)의 아기 방처럼 독립된 건물이
아니고, 살림집에 붙어 있는 옆방이다. 빈(擯)은 손님을 접대하는 사
람이요, 사(賜)는 아기의 탄생을 축복하여 임금이 내린 하사품이며,
중자(衆子)는 맏아들 이외의 모든 자식이니 여기에서는 세자 이외의
모든 자식이다.

12-15-14─────────────────── 庶人에 無側室者는 及月辰하야 夫가
出居群室이니 其問之也와 與子見父之禮엔 無以異也니라.

『일반 서민의 집에 옆방이 없는 사람은 달과 날에 미쳐서 남편이
나아가 여러 사람이 거처하는 건물의 방에 거처하니 그 문안하는 것
과 아기가 아버지를 뵈는 예절에는 차이가 없느니라.』

◑ 여기에서는 일반 서민대중의 아내가 아이를 낳음에 옆방이 없
으면 남편이 나아가 여러 사람과 함께 거처하고, 집의 방은 산모만
거처하여 산실(産室)과 아기 방으로 사용해야 됨을 밝혔다.

군실(群室)은 여러 사람이 함께 거처하는 건물이니 공동침실이고
문(問)은 사람을 보내 하루에 한 번 산실에 있는 산부(産婦)를 문안
함이며, 자현부(子見父)는 3개월 말일에 이름을 지어 주는 예절이다.

12-15-15━━━━━━━━━━━━━━━━━凡父在라도 孫이 見於祖어든
祖가 亦名之하되 禮如子見父하고 無辭하니라.

『무릇 아버지가 있을지라도 손자를 할아버지에게 보이거든 할아버지가 또한 이름을 지어 주되 예절은 자식을 아버지에게 보이는 의식과 같게 하고, 당부하는 말씀이 없느니라.』

◉ 여기에서는 아버지가 양보하여 할아버지가 손자의 이름을 지어 주는 절도를 기술하였다.

자식의 교육은 부모의 책임이므로 할아버지는 간섭할 수 없는 까닭에 당부의 말이 없는 것이다.

12-15-16━━━━━━━━━食子者는 三年而出하나니 見於公宮이어든 則勛하니라.

『자식에게 먹이는 사람은 3년이 되어서 내보내나니 임금에게 보이거든 곧 수고했다고 치하하니라.』

◉ 여기에서는 아기가 3살이 되면 젖을 떼고, 유모(乳母)를 내보내되 그 수고를 치하하고 하사품을 내려야 됨을 기술하였다.

사자자(食子者)는 앞에 12-15-3에서 말한 선비의 아내와 대부의 첩으로 세자에게 젖을 먹인 유모(乳母)이며, 공궁(公宮)은 임금의 집무실이고, 구(勛)는 구로(勛勞)로 아기를 기르는 수고를 치하하고 은혜에 보답하는 뜻으로 돈이나 비단을 내리는 것이다.

12-15-17─────────────── 大夫之子는 有食母하고 士之妻는 自養其子하니라.

『대부의 자식은 먹이는 어머니가 있고, 선비의 아내는 스스로 그 자식을 기르니라.』

☯ 여기에서는 아기에게 젖을 먹이는 유모(乳母)는 대부 이상의 가정에만 있는 절도를 기술하였다.

사모(食母)는 유모(乳母)인데 선비 이하는 경제력이 넉넉하지 못하므로 유모를 둘 수 없으나 만약 모유(母乳)가 부족할 경우에는 선비와 서민도 유모를 두지 않을 수 없는 것이다.

12-16-1─────────────── 由命士以上으로 及大夫之子는 旬而見하니라.

『정부의 임명을 받은 선비 이상으로부터 대부에 이르기까지의 아기는 10일에 아버지에게 보이느니라.』

☯ 이 장은 유아기(乳兒期)로부터 성장기의 자녀에 대한 가정교육과 학교교육의 의무를 기술하였다.

순(旬)은 10일이고 현(見)은 아버지에게 아기를 보여서 그 건강상태와 교육 정도를 살피게 함이다. 국가의 관료는 정치행정에 전념하는 까닭에 10일에 한 번씩 자식의 얼굴을 보고 일반서민은 가정일에 종사하므로 구태여 날을 정해서 볼 필요가 없는 것이다.

12-16-2─────────────────────────── <ruby>冢子<rt>총 자</rt></ruby>는 <ruby>未食而見<rt>미 식 이 현</rt></ruby>하되 <ruby>必執其右手<rt>필 집 기 우 수</rt></ruby>하며
<ruby>適子<rt>적 자</rt></ruby>와 <ruby>庶子<rt>서 자</rt></ruby>는 <ruby>已食而見<rt>이 식 이 현</rt></ruby>하되 <ruby>必循其首<rt>필 순 기 수</rt></ruby>하니라.

『총자는 왕이 식사하지 않았을 때에 뵈되 반드시 그 오른손을 잡으며, 적자와 서자는 왕이 이미 식사한 다음에 뵈되 반드시 그 머리를 어루만지느니라.』

☯ 여기에서는 아기를 10일에 한 번 왕에게 보이는 시간을 밝혔다.

총자(冢子)는 앞에 12-15-4에서 이미 해설하였고 미식(未食)은 왕이 아직 식사하지 않았을 때이며, 이식(已食)은 왕이 이미 식사를 마쳤을 때이다. 총자(冢子)는 종통(宗統)의 계승자이므로 교육의 책무가 중대한 까닭에 아침에 일찍 보고 손을 잡아 주며, 적자와 서자는 지차(支次)이므로 교육의 책무가 가벼운 까닭에 아침을 먹은 다음 천천히 보고 또 머리를 쓰다듬어 주는 것이다.

12-16-3─────────────────────────── <ruby>子能食食<rt>자 능 식 사</rt></ruby>어든 <ruby>敎以右手<rt>교 이 우 수</rt></ruby>하고 <ruby>能言<rt>능 언</rt></ruby>이어든
<ruby>男唯女兪<rt>남 유 여 유</rt></ruby>하며 <ruby>男鞶革<rt>남 반 혁</rt></ruby>하고 <ruby>女鞶絲<rt>여 반 사</rt></ruby>니라.

『자식이 능히 밥을 먹거든 오른손으로 먹게 가르치고, 능히 말을 하거든 남자는 '네' 하고, 여자는 '네~' 하며, 남자는 가죽허리띠를 매고, 여자는 실로 엮은 허리띠를 매게 하니라.』

☯ 여기에서는 유아(幼兒)교육의 절도를 기술하였다.

식사(食食)는 아기가 젖을 떼고 밥을 먹는 것이요, 우수(右手)는 오른손이니 대체로 왼손보다 힘이 세다. 유(唯)는 짧고 힘차게 '네'라고 대답함이요, 유(兪)는 길고 부드럽게 '네~'라고 대답하는 소리이다. 반혁(鞶革)은 가죽으로 만든 허리띠이고 반사(鞶絲)는 비단실로 엮은 허리띠이다.

12-16-4 ─────────────────────── 六_륙年_년이어든 敎_교之_지數_수與_여方_방名_명하고
七年이어든 男女不同席하며 不共食하고
八年이어든 出入門戶와 及卽席飮食에
必後長者하야 始敎之讓하니라.

『여섯 살이거든 수와 방향의 이름을 가르치고, 일곱 살이거든 남자와 여자가 자리를 같이 하지 아니하며, 음식을 함께 먹지 아니하고, 여덟 살이거든 대문과 방문에 출입하거나 좌석과 음식에 나아감에 반드시 어른보다 뒤에 하여, 비로소 사양하는 법을 가르치니라.』

☯ 여기에서는 아동기(兒童期)의 가정교육 사항을 차례로 기술하였다.

수(數)는 하나, 열, 백, 천의 자연수이고, 방명(方名)은 동, 서, 남, 북의 방위이름이며, 동석(同席)은 같은 자리에 앉거나 눕는 것이요, 공식(共食)은 밥과 반찬을 공동으로 먹는 것이다. 즉(卽)은 나아감이고 후장자(後長者)는 어른보다 뒤에 함이며, 양(讓)은 어른을 공경하고 사양하는 예절을 지키는 것이다.

12-16-5─────────────────────── 九年이어든 敎之數日하고
十年이어든 出就外傅하여
居宿於外하며 學書計하니라.

『아홉 살이거든 날을 셈하는 것을 가르치고, 열 살이거든 나아가
밖에 스승에게 찾아가서 밖에서 머물러 자며, 글씨와 계산법을 배우
느니라.』

☯ 여기에서는 어린이들의 초등학교 교육과정을 기술하였다.

수일(數日)은 날을 셈하는 것이니 연월일시 1년, 4철, 12월, 24절
기, 30일, 초하루와 보름, 낮과 밤의 시간 등을 셈하는 것이다. 취
(就)는 취학(就學)이니 곧 입학(入學)이며 외부(外傅)는 마을이나
고을에 있는 소학교의 스승이고, 서(書)는 글씨 등의 문자와 간단한
문장이요, 계(計)는 계산법(計算法)이니 보태고, 빼고, 곱하고, 나누
는 것과 길이와 넓이 그리고 부피와 무게 등을 계산하는 공식을 익
히는 것이다.

12-16-6─────────────────────── 衣不帛襦袴하며 禮帥初하며
朝夕에 學幼儀하며 請肄簡諒하니라.

『옷은 비단 저고리와 바지를 입지 아니하며, 예절은 이전에 배운
예절을 따르며, 아침저녁으로 어린이의 예법을 배우며, 간단한 의리
를 익히기를 청하니라.』

◑ 이 절은 앞 절에 이어 소학교육에서 동자(童子)의 행실과 교육과목을 밝혔다.

유(襦)는 저고리요, 고(袴)는 바지이며, 초(初)는 이전에 가정과 학교에서 이미 익힌 예절이다. 유의(幼儀)는 어린이의 예법이고, 청(請)은 스승에게 가르쳐 달라고 요청함이며, 이(肄)는 익히는 것이요, 간량(簡諒)은 간단한 의리(義理)니 인의 기본 행실과 사상이다. 비단옷은 체육시간에 운동하기 불편하고, 이미 가정에서 배운 예절을 다시 가르치면 흥미가 없으며, 어른의 예법과 어려운 철학은 이해하지 못하기 때문에 관심을 가지고 가르쳐 달라고 요청한 것을 가르치니 모두 학습효과를 증진하기 위함이다.

12-16-7 ──────────────── 十有三年이어든 學樂하며 誦詩하며 舞勺하고 成童이어든 舞象하며 學射御하니라.

『열세 살이거든 악기를 배우며, 시를 외우고, 악가로 무용하고, 열다섯 살이거든 문왕의 춤을 추며, 활쏘기와 말 타기를 배우느니라.』

◑ 여기에서는 중학교의 중급과정과 고등학교의 고급과정을 기술하였다.

악(樂)은 악기(樂器)를 연주하는 법이고 시(詩)는 악가(樂歌)의 노랫말이며, 작(勺)은 작(酌)이니 주송(周頌)의 편명(篇名)으로 제례악이다. 성동(成童)은 15세 이상의 미성년이요, 상(象)은 앞에 8-7-5에서 이미 해설하였으며, 사(射)는 활쏘기이고, 어(御)는 말 타기이다.

7세부터 12세까지는 소학(小學)에서 초등교육(初等敎育)을 배우고 13세부터는 중학교(中學校)에 들어가서 음악과 춤을 배우며 15세가 되면 대학교에 들어가서 고급과목인 6예(六藝)를 먼저 통달한 다음에 20세에 예절과목을 익히는 진학(進學)의 절차를 밝혔다.

12-17-1───────────────二十而冠하야 始學禮하고 可以衣裘帛하며
舞大夏하며 惇行孝弟하며 博學不敎하며 內而不出하니라.

『20세이면 관례를 거행하여 비로소 예절을 배우고, 가죽옷과 비단옷을 입을 수 있으며, 우 임금의 음악을 춤추고, 돈독하게 효도와 우애를 실천하며, 널리 배우되 가르치지 않으며, 속에 두고 내보내지 아니하니라.』

☯ 이 장은 20세부터 29세까지의 성인(成人)의 책무를 기술하였다.

관(冠)은 관례(冠禮)로 성인식(成人式)을 거행하고 관(冠)을 쓰는 것이며, 학례(學禮)는 인생만사에 있어서 모범적 행동규범을 익히는 것이니 곧 성인교육으로 문학, 사학, 철학, 정치학, 외교학, 경제학, 법학, 사회학 등등의 기본원리를 배우는 것이다. 구(裘)는 가죽옷이요, 백(帛)은 비단옷이니 성인(成人)이므로 예절행사에 참여할 때에 입는 것이며, 대하(大夏)는 우(禹) 임금의 음악으로 장중하고 성대한 노래이다. 돈행효제(惇行孝弟)는 성인(成人)으로서 돈독히 효도하고

우애하는 책무를 이행하는 것이고, 박학(博學)은 복서(卜筮), 의학
(醫學), 병학(兵學), 농학(農學), 공학(工學), 상학(商學) 등등의 국
가사회에 필요한 모든 학문을 전부 배우는 것이며, 불교(不敎)는 학
문 탐구에만 전념하여 대성(大成)을 기하고 스승으로 자처하지 말라
는 뜻이다. 납(內)은 지식을 받아들여서 내면에 축적하여 많은 지식
을 쌓음이고, 출(出)은 방출(放出)함이니 내면에 온축(蘊蓄)한 깊은
조예가 없는 것이다.

　살피건대 고대에 학제는 마을[黨]에는 소학교가 있었고, 고을[鄕]에
는 중학교가 있었으며, 주[州]에는 고등학교가 있었고, 나라의 도읍에
는 대학교가 있었으며, 천자국에는 대학원이 있었으니 살피기 바란다.

12-17-2──────────── 三十而有室하야 始理男事하고 博學無方하며
孫友視志하고 四十이어든 始仕하되 方物하야
出謀하고 發慮하되 道合則服從하고 不可則去하니라.

　『30세이거든 혼인하여 가정을 두어 비로소 사나이가 할 일을 처리
하고, 널리 배우되 일정한 스승이 없으며, 벗을 공손히 따르되 그 뜻
을 보고, 40세이거든 비로소 벼슬을 하되 사물을 비교하여 꾀를 내고
의견을 발표하되 도가 합하면 복종하고, 옳지 않으면 벼슬을 떠나느
니라.』

　☯ 여기에서는 30대와 40대의 남자가 담당해야 되는 사항을 기술
하였다.

실(室)은 혼인하여 아내를 맞이해서 가정을 가지는 것이요, 이(理)는 다스리는 것이며 남사(男事)는 남편이 가족을 부양하는 의무와 국가에 대한 납세, 국방, 교육 등의 의무를 완수하는 것이다. 무방(無方)은 일정한 스승이나 일정한 방법이 없는 것이니 언제, 어디서나, 누구에게서나 배우는 것으로 곧 인생의 도리와 삶의 지혜 및 음식요리법, 물건을 사고파는 법에 이르기까지 모두 배우는 것이다. 손(孫)은 손순(遜順)함이고, 지(志)는 벗의 뜻이니 벗은 본래 뜻이 같아야 신의를 지킬 수 있는 것이며, 사(仕)는 출사(出仕)로 벼슬길에 오르는 것이며, 방물(方物)은 사물을 관찰하여 분석하고 비교하는 것이니 진리를 탐구하는 연구자세이며, 모(謀)는 아름다운 계획이고 려(慮)는 좋은 의견이다. 도합(道合)은 정치의 도의가 서로 합치하는 것이고 불가(不可)는 현실정치의 정책방향이 부도덕하고 비민주적이어서 도저히 복종할 수 없는 것이며, 거(去)는 벼슬을 버리고 초야로 돌아가는 것이다.

30에는 육체가 건강하므로 아내를 두고 가족을 부양하고, 40에는 세상일에 대하여 의혹(疑惑)이 없으므로 사상과 신념을 가지고 국가에 헌신 봉사하지만 만일 현실정치가 혼탁하면 지조를 깨끗이 지켜서 사퇴하고 물러나야 한다.

12-17-3 ——————————— 五十이어든 命爲大夫하야 服官政하고
七十이어든 致事하나니 凡男은 拜하되 尙左手하니라.

『50세이거든 임명을 받아 대부가 되어 관청의 행정에 복무하고,

70세이거든 관직을 내놓고 물러가나니, 무릇 남자는 절하되 왼손을 숭상하니라.』

◑ 여기에서는 50대와 70대의 남자가 처신해야 되는 사항을 기술하였다.

명(命)은 나라에 공을 세워서 승진하는 임명장을 임금으로부터 받는 것이고, 관정(官政)은 관청의 정무(政務)이며, 치사(致事)는 치사(致仕)이니 벼슬을 반납하고 초야로 물러가는 것이다. 범남(凡男)은 천자로부터 일반서민에 이르기까지의 모든 남자이고, 배(拜)는 서로 만나고 헤어짐에 공경하는 뜻으로 절하는 인사법이며, 상(尙)은 위로 높여서 숭상함이요, 좌수(左手)는 왼손인데 양손을 모아 절을 함에 왼손이 오른손의 위로 가게 손을 포갠다는 뜻이다. 이것은 모름지기 20세로부터 69세까지의 모든 남자는 성인(成人)과 만남에 절을 하는 것이 예절이란 말이다.

12-18-1 ──────────────────────── 女子가 十年이어든 不出하고
姆가 敎婉娩이어든 聽從하고 執麻枲하며
治絲繭하며 織紝組紃이어든 學女事하야 以共衣服하며
觀於祭祀하야 納酒漿籩豆菹醢하며 禮相助奠이니라.

『여자가 열 살이거든 밖에 나가 돌아다니지 아니하고, 여선생이 고운 말씀과 아름다운 행실을 가르치거든 듣고 따르며, 삼과 수삼을 삼으며, 실과 누에고치를 다스리며, 명주 베를 짜며, 실띠를 엮거든

여자의 일을 배워서 의복을 함께 만들며, 제사에 참관하여 술과 초장, 대나무제기와 나무제기, 김치와 젓을 드리며, 예절에 알맞게 제물 차림을 돕느니라.』

◑ 이 장은 여자의 교육과 사업을 기술하였으니 여기에서는 10세로부터 시집갈 때까지의 교육내용을 밝혔다.

불출(不出)은 밖으로 돌아다니지 아니함이요, 완(婉)은 고운 말씀이고 면(娩)은 아름다운 행실이며 청종(聽從)은 여선생의 가르침을 듣고 따르는 것이다. 집(執)은 삼는 것이요, 직임(織紝)은 베를 짜는 것이며, 조순(組紃)은 띠를 엮는 것이고, 여사(女事)는 의복과 음식을 만들어 가족을 따뜻하게 입히고 건강하게 먹이며 또 길쌈을 하여 나라에 베와 비단을 납세하는 일이다. 공(共)은 집안의 여자들과 함께 만드는 것이고, 관(觀)은 참관(參觀)이며, 납(納)은 납품(納品)이요, 장(漿)은 초장, 저(菹)는 김치, 상(相)은 상당(相當)이니 알맞은 분수이다.

이런 일을 10세의 여자에게 어찌 시키겠는가? 다만 성인(成人)이 될 때까지 조금씩 보고 배우라는 뜻인즉 너무 일찍부터 힘든 일을 시켜서는 안 되며, 여자도 남자처럼 학교공부를 할 때에는 남자와 같은 교육과목과 학제에 따르면 되기 때문에 특별히 중복하여 서술하지 않았으니 오해 없기 바란다.

12-18-2————————————————十有五年而笄하고 二十而嫁니 有故어든
二十三年而嫁하되 聘則爲妻요
奔則爲妾이며 凡女는 拜하되 尚右手하니라.

『15세이거든 성년식을 거행하여 비녀를 찌르고, 20세이거든 시집을 가니 연고가 있거든 23세에 시집을 가되 장가들려고 왔으면 아내가 되고, 야합했으면 작은마누라가 되며, 무릇 여자는 절하되 오른손을 숭상하니라.』

◑ 여기에서는 여자의 성년식과 혼인에 대한 절도를 기술하였다.

계(笄)는 계례(笄禮)로 여자의 성년식이요, 가(嫁)는 시집가는 것이며 빙(聘)은 장가드는 것이니 신랑이 친히 신부의 집에 가서 정절을 지킬 것을 서약하고 신부를 맞이하여 오는 것이고, 처(妻)는 정실(正室)이다. 분(奔)은 야합(野合)하는 것이니 혼례를 갖추지 않고 동거하는 것이요, 첩(妾)은 접속(接屬)이니 소실(小室)로 붙어사는 것이다. 따라서 아내의 신분은 남편과 평등하지만 첩은 남편과 아내의 신분보다 한 등급이 낮은 것이다. 범녀(凡女)는 모든 여자이고, 상우수(尙右手)는 오른손이 왼손의 위로 가도록 양손을 모으고 절하는 것이다. 남자와 여자가 절함에 손을 모으는 방법에 차이가 있는 것은 남자는 양도(陽道)의 명랑 쾌활함을 숭상하고, 여자는 음도(陰道)의 정숙 안정을 숭상하기 때문에 남자는 동쪽 양방(陽方)의 왼손을 높이고, 여자는 서쪽 음방(陰方)의 오른손을 높이는 것인즉 이것은 신랑과 신부가 혼인하는 상견례의 절도이고, 일반 행사에서는 길사(吉事)에는 왼쪽을 숭상하고, 흉사(凶事)에는 오른쪽을 숭상하는 것이므로 가정에서 공경하여 절하는 자세까지 남자와 여자를 구분할 이유가 없다고 할 것이다.

13. 옥조(玉藻)

옥(玉)은 청옥(靑玉), 홍옥(紅玉), 황옥(黃玉), 백옥(白玉), 현옥(玄玉)의 구술에 구멍을 뚫어 오색실에 꿰어서 면류관(冕旒冠)의 앞뒤에 늘어뜨린 옥이고, 조(藻)는 조(璪)와 같으니 앞에 11-7-11에서 이미 해설하였다.

이 편은 먼저 천자와 제후 그리고 대부와 선비의 의복과 음식 및 주거생활에 대한 제도를 기술하고, 다음으로 후비(后妃)와 부인 그리고 명부(命婦)의 의복제도를 기술하였는데 그 전후에 또한 관료의 생활예절과 행실 및 호칭법 등을 밝혔으니 옛사람의 생활상을 자세히 알 수 있다.

13-1-1 ——————————————————————— 天子는 玉藻가 十有二旒니
前後邃延하고 龍卷하야 以祭하시니라.

『천자는 면류관의 옥술 문채가 12술이니 앞뒤로 그윽이 늘이고, 용의 똬리 무늬를 수놓은 곤룡포를 입고 제향 지내느니라.』

◉ 이 장은 천자의 의복, 음식, 직무제도를 기술하였다.

옥조(玉藻)는 편명해제에서 이미 해설하였고, 류(旒)는 술이니 오색실을 꼬아서 옥을 꿰어 늘어뜨린 줄이며, 전후(前後)는 면류관의 앞과 뒤요, 수연(邃延)은 그윽이 길게 1척(尺) 2촌(寸)씩 뻗치도록

늘어지게 면류관을 머리에 쓰는 것인데 곧 면류관의 전면은 앞으로 숙여서 옥술이 얼굴을 깊숙이 가리게 하고 후면은 위로 뻗어 올라가 듯이 쓰는 것이니 공경스러운 자세를 취함이다. 용곤(龍卷)은 두 마리의 용이 둥글게 똬리를 트는 문양을 곤룡포에 수놓은 것이며 제(祭)는 하늘에 제향 드리는 교제(郊祭)와 태묘(太廟)의 제향을 지내는 것이다. 전배들은 조(藻)를, 옥을 꿰는 실끈이고 연(延)을 면류관 위에 덮개 판을 싸는 천이며 권(卷)을 곤(袞)이라고 하였다.

  천자의 면류관은 옥술이 12줄이니 12월을 상징하고, 곤룡포의 문양은 쌍룡이 둥그렇게 똬리를 트는 그림이니 1년 12달을 모두 자주 독립하여 자유롭게 경영하는 주체를 상징하는바 1년 동안 천하를 잘 다스려서 하느님과 조상에게 보답하는 제향을 지내는 것이 천자의 가장 큰 직무임을 뚜렷이 밝힌 것인즉 그 뜻이 참으로 거룩하도다. 천자여! 위대하도다. 천자여!

13-1-2 ──────────────────────── 玄端而朝日於東門之外하시고
聽朔於南門之外하시니라.

『검은색의 단정한 예복으로 대궐의 동문 밖에서 일과에 대한 조회를 하고, 대궐의 남문 밖에서 월과에 대한 보고를 받으시니라.』

  ◉ 여기에서는 천자가 정치사업의 직무를 수행함에는 아침부터 단정한 복장으로 솔선수범하여 부지런히 일과와 월과를 점검해야 됨을 기술하였다.

현단(玄端)은 검은색 베로 만든 간소한 예복(禮服)인데 높은 학자가 입는 옷이며, 조일(朝日)은 아침에 신하들이 종묘 앞에 모여서 일과(日課)에 대한 현안문제를 천자에게 보고하고 지시를 받는 의식이요, 동문지외(東門之外)는 종묘의 동문 밖 광장으로 해가 뜨는 방향이니 일찍 밝기 때문에 부지런히 투명하고 공정하게 처리함을 상징한다. 청삭(聽朔)은 매월 초하루에 신하들이 조정에 모여서 월과(月課)에 대한 현안문제를 천자에게 보고하고 지시를 받는 의식이고, 남문지외(南門之外)는 종묘의 남문 밖 광장으로 남쪽은 가장 밝은 방향이기 때문에 한 달의 과업은 가장 밝게 헤아려야 됨을 상징한다.

천자는 천명(天命)을 받아 천하를 다스려 인류의 안전을 보장하는 책무가 있으므로 간소한 복장으로 조정의 일과와 월과를 종묘의 문 밖에서 직접 독려하여 반드시 성공하여 조상에게 제사를 지내야 되는 책임감을 느끼게 하였다. 전배들은 조일(朝日)을 춘분에 태양을 맞이하는 의식이요, 동문과 남문은 도성의 문이라고 하였으나 옳지 않기에 내가 바로잡았으니 살피기 바란다.

13-1-3 ──────── 閏月에는 則闔門左扉하고 立于其中하시니라.

『윤달에는 곧 종묘의 대문 왼쪽 문을 닫고, 그 가운데에 서서 행사하시느니라.』

◉ 여기에서는 천자가 윤달에 일과(日課)와 월과(月課)를 지시 감독하는 절도를 기술하였다.

　　윤월(閏月)은 음양력(陰陽曆)에서 3년마다 13개월이 되는 달이니 평년에는 없는 여분의 달이지만 그래도 천자는 일과와 월과를 평시처럼 집행해야 됨을 밝혔다. 합(闔)은 닫음이고, 좌비(左扉)는 왼쪽 문짝이니 곧 동쪽에 있는 문짝인데 양방(陽方)이므로 공개적인 행사는 중지하고 비공개적인 행사를 거행함을 상징하는 것이며, 기중(其中)은 그 문밖의 중간이다.

13-1-4 ─────────────── 皮弁으로 以日視朝하시고 遂以食하시며
日中而餕하시되 奏而食하시며 日엔 少牢요
朔月엔 大牢며 五飮은 上水漿酒醴酏니라 卒食이어든
玄端而居하나니 動則左史가 書之하고
言則右史가 記之하며 御瞽는 幾聲之上下하니라.

　　『가죽고깔을 쓰고 일과로써 조정에 나아가 정사를 보고, 마친 다음에 아침밥을 잡수시며, 한낮이면 아침에 먹다가 남은 음식으로 점심을 잡수시되 음악을 연주하면서 잡수시며, 평일에는 양과 돼지를 잡고, 매월 초하루에는 소와 양과 돼지를 잡아서 반찬을 하며, 다섯 가지의 음료는 물과 초와 술과 식혜와 미음을 올리느니라. 식사를 마치시거든 검은색의 단정한 예복으로 거처하시니, 움직이면 좌사가 기록하고, 말하면 우사가 기록하며, 모시는 악사는 음악소리의 높고 낮음을 살피느니라.』

　　◯ 이 절은 천자의 조회복(朝會服)과 아침과 점심식사시간 및 음

식과 사관의 기록사항에 대하여 기술하였다.

피변(皮弁)은 앞에 11-7-9에서 이미 해설하였고, 이일(以日)은
일과(日課)로 일상적인 과업을 수행하는 것이며, 시조(視朝)는 조정
에 나아가서 정사를 보는 것이니 곧 신하들의 조회를 받은 것이며,
수(遂)는 마치는 것이요, 이식(以食)은 아침식사를 하는 것이다. 준
(餕)은 아침에 먹고 남은 음식으로 점심식사를 하는 것이요, 주(奏)
는 악기를 연주함이니 즐겁게 모여서 함께 먹는다는 뜻이며, 음(飮)
은 앞에 12-8-6에서 이미 해설하였고 좌사(左史)는 왕의 좌측에서
왕의 행동을 기록하는 사관이고, 우사(右史)는 왕의 우측에서 왕의
말을 기록하는 사관이니 모두 왕의 실록(實錄)을 쓰기 위한 사초(史
草)를 작성하는 책임을 가진다. 어고(御瞽)는 왕을 곁에서 모시는 악
사(樂師)이고, 기(幾)는 기미(幾微)를 살피는 것이니 음악이 화성(和
聲)을 잃고 어그러지는 것을 살펴서 정악(正樂)만을 연주하게 할 책
임이 있다.

13-1-5 ──────────────────────── 年不順成이어든 則天子가
素服하시고 乘素車하시며 食無樂하시니라.

『한 해의 농사가 순조롭게 완성하지 못하거든 곧 천자가 흰옷을
입으시고, 흰 수레를 타시며, 식사에 음악이 없느니라.』

◐ 여기에서는 한 해의 정치사업이 순조롭게 성공하지 못하면 천
자가 정책 실패에 대한 총책임을 지고 근신해야 됨을 기술하였다.

년(年)은 한 해의 농사이고, 불순성(不順成)은 홍수, 가뭄, 전쟁, 질병, 바람, 지진, 해일, 병충해 등으로 봄, 여름, 가을의 농사가 일부 또는 전부 실패하여 정책목표를 달성하지 못하는 것이다. 소복(素服)과 소거(素車)는 질박한 옷과 수레로 소박하게 생활함이고, 무악(無樂)은 음악을 연주하지 않고 민생문제를 걱정한다는 뜻이다.

13-2-1 ──────────────── 諸侯는 玄端而祭하고 裨冕以朝하며
皮弁以聽朔於大廟하고 朝服以日視朝於內朝하니라.

『제후는 검은색의 단정한 예복으로 제사 지내고, 제후의 면류관으로 천자에게 조회하며, 가죽고깔로 태묘에서 초하루의 월과를 듣고, 조복으로 날마다 자기 나라 조정에 나아가 정사를 보느니라.』

◉ 이 장은 제후의 의복과 음식과 직무제도에 대하여 기술하였다.

비면(裨冕)은 제후의 관복(官服)으로 면류관 옥술의 길이가 공(公)은 9촌, 후(侯)와 백(伯)은 7촌, 자(子)와 남(男)은 5촌이요, 제(祭)는 천자의 제향에 참여하여 돕는 것이며, 조복(朝服)은 조정에서 근무할 때에 입는 옷으로 현관(玄冠)에 치의소상(緇衣素裳)이고, 내조(內朝)는 자기 나라의 조정이다.

살피건대 천자가 면류관을 쓰고 제향을 지내므로 제후는 스스로 낮추어 검은색 단정한 예복을 입고 제향을 도우며, 천자를 뵘에는 관직으로 대하므로 제후의 관복을 입으며, 천자국의 태묘(太廟)에서 월과(月課)를 들음에는 천자국의 정치사업을 받드는 것이므로 가죽고

깔을 쓰고, 자기 나라에서 조정에 나아가 정사를 함에는 조복(朝服)을 입으니 각각 그 자리와 행사의 성격에 알맞은 옷을 입게 하는 그 뜻이 심오하도다.

13-2-2 ──────────────── 朝에 辨色始入하되 君은 日出而視之하고
退適路寢하야 聽政하며 使人視大夫하야
大夫가 退然後에 適小寢하야 釋服하니라.

『아침에 흑백을 식별할 때에 비로소 신하들이 조정에 들어가되 임금은 해가 뜰 때에 조정에 나아가 정사를 보고, 물러와서 임금의 큰 집무실로 가서 정무를 보며, 사람을 시켜서 대부를 살피게 하여 대부가 물러간 다음에 임금이 휴식하는 방으로 가서 조복을 벗느니라.』

　☯ 이 절은 앞 절에 이어 임금의 일과시간과 장소와 의복을 기술하였다.

　변색(辨色)은 아침이 희미하게 밝아서 사물의 형색이 흑과 백으로 식별이 가능할 때이고, 시입(始入)은 신하들이 조정에 들어가기 시작함이며, 일출(日出)은 해돋이 할 때요, 시지(視之)는 시조(視朝)이다. 로침(路寢)은 대전(大殿)이나 대궐의 정전(正殿)으로 임금의 큰 집무실이고, 소침(小寢)은 편전(便殿)으로 정전(正殿)의 좌우나 뒤에 있으며 임금이 쉬는 방인데 침실도 갖추고 있다.

 又朝服以食하되 特牲으로 三俎니 祭肺하며
夕엔 深衣하되 祭牢肉하니라 朔月에 少牢하되
五俎四簋하며 子卯엔 稷食菜羹하나니 夫人은 與君同庖하니라.

『또한 조복으로 식사하되 한 마리의 희생으로 세 개의 도마제기니 허파로 제사 지내며, 저녁에는 군자의 예복을 입되 희생의 살코기로 제사 지내느니라. 달의 초하루에는 양과 돼지를 잡되 다섯 개의 도마제기와 네 개의 대나무제기이며, 자일과 묘일에는 기장밥과 나물국이니 부인은 임금과 더불어 부엌을 한가지로 하니라.』

☯ 이 절은 앞 절에 이어 임금의 저녁 식사와 고기반찬에 대한 절도를 기술하였다.

특생(特牲)은 한 마리의 희생이고, 3조(三俎)는 세 개의 도마제기에 고기반찬을 차리는 것인즉 한 마리의 양이나 돼지를 잡아서 삶고, 굽고, 산적을 한다는 뜻이다.

우(又)는 앞 절에 이어서 말하는 접속사이고, 특생(特牲)은 한 마리의 작은 소이며, 심의(深衣)는 대학자의 예복이며 아래 심의편이 있다. 제폐(祭肺)와 제뢰육(祭牢肉)의 제(祭)는 음식을 먹기 전에 먼저 폐와 살코기를 조금씩 떼서 빈 그릇에 놓고 천지신명에게 제사 지내는 것이니 곧 반제(飯祭)요, 우리나라에서는 들밥을 먹을 때에 음식을 조금씩 떼어서 사방으로 던지는 고신례(告神禮: 고시례)이다. 자묘(子卯)는 앞에 4-6-6에서 이미 해설하였으며, 동포(同庖)는 푸줏간이 동일함이니 한 부엌에서 차린 한솥밥을 먹고 한 마리의 희생을 잡아 그 왼쪽으로는 임금의 반찬을 만들고, 그 오른쪽으로는 부인의 반찬을 만들어 각각 반제(飯祭) 지내고 먹는다는 뜻이다.

13-2-4 ─────────────── 君이 無故어든 不殺牛하며 大夫가 無故어든
不殺羊하며 士가 無故어든 不殺犬豕하니
君子는 遠庖廚하며 凡有血氣之類를 弗身踐也니라.

『임금이 연고가 없거든 소를 도살하지 아니하며, 대부가 연고가
없거든 양을 도살하지 아니하며, 선비가 연고가 없거든 개와 돼지를
도살하지 아니하니 군자는 푸줏간과 부엌을 멀리하며, 무릇 피와 생
기가 있는 종류를 몸소 밟지 않는 것이니라.』

☯ 여기에서는 소와 양과 개와 돼지를 함부로 죽이지 말고 생명체
를 사랑하여야 됨을 기술하였으니 희생을 먹음에는 반드시 제사를
지내야 되는 이유를 밝혔다.

군(君)은 제후이고, 무고(無故)는 아무런 이유가 없는 것이니 제
사나 향연 등의 행사가 없는 것이며, 포주(庖廚)는 푸줏간과 부엌이
요, 신천(身踐)은 몸소 밟는 것이다. 짐승도 하늘이 생산한 것이므로
아무런 이유도 없이 잡아먹는 것은 부당한 행위이고, 짐승을 죽여서
그 피를 보는 것은 슬픈 일이며, 생명체를 밟아 죽이는 것은 잔인한
일이다.

13-2-5 ─────────────── 至于八月하되 不雨어든 君不擧하고
年不順成이어든 君이 衣布搢本하며
關梁에 不租하며 山澤에 列而不賦하며
土功을 不興하며 大夫가 不得造車馬하니라.

『8월에 이르렀으되 비가 내리지 않으면 임금이 식사함에 음악을 연주하지 아니하고, 한 해의 농사가 순조롭게 이루지 못했거든 임금이 베옷을 입고, 대로 만든 홀을 꽂으며, 관문과 다리에 통관세를 받지 않으며, 산과 늪에 들어가게 하되 소득세를 부과하지 않으며, 토목공사를 일으키지 않으며, 대부가 수레와 말의 안장을 만들지 못하니라.』

　◑ 여기에서는 가뭄이 들거나 흉년에는 임금이 검소 질박한 생활을 하면서 민생문제해결책을 적극 펴서 민생안정에 주력해야 됨을 기술하였다.

　팔월(八月)은 월령(月令)에서 말한 중추(仲秋)의 달이고, 거(擧)는 악기를 매다는 것이니 곧 음악을 연주함이며, 진(搢)은 꽂은 것이요, 본(本)은 대로 만든 홀(笏)에 손잡이만 상아로 장식한 것이다. 조(租)는 통관세이고, 열(列)은 울타리를 뜯고 들어가는 것이며, 부(賦)는 소득세요, 마(馬)는 승마용 안장이다.

13-3-1 ──────── 卜人이 定龜하고 史가 定墨하고 君이 定體하니라.

『점치는 사람이 거북등의 균열로 길흉을 결정하고, 사관이 먹으로 그림을 그리고, 점의 내용을 씀에 임금은 몸을 고정하여 보고를 받느니라.』

　◑ 이 장은 임금과 신하들이 직무를 수행하는 범절과 일상의 생활예절을 기술하였으니 여기에서는 가장 신성한 직무인 점치는 자세를

밝혔다.

복인(卜人)은 거북점을 치는 사람이고, 정(定)은 결정함이며, 귀(龜)는 거북을 불에 태워 그 균열이 생긴 모양이다. 묵(墨)은 먹으로 그림을 그려서 점의 내용을 쓰는 것이요, 정체(定體)는 점을 쳐서 보고를 받음에 경건한 자세로 몸을 고정하여 천지신명의 뜻을 듣는 것이다.

전배들은 이 경문의 뜻을 왜곡하여 점치는 사람이 점치려는 거북을 고르고, 사관이 그 거북에다가 먹으로 희망사항을 그려서 태우며, 임금이 그 균열을 보고 길흉을 판단한다고 하였으니 그렇다면 복인(卜人)은 무엇을 하는 것이며, 세상에 임금이 점(占)의 길흉을 판단하는 전례가 어디에 있는가? 독재자가 점을 악용하는 사례가 있는지는 모르되 『서경(書經)』이나 『시경(詩經)』에는 그러한 전례가 없으므로 이 경문을 내가 바로잡았으니 가슴이 시원하도다.

13-3-2 ──────── 君은 羔幎虎犆하고 大夫齊車는 鹿幎豹犆이요
朝車와 士齊車는 鹿幎豹犆이니라.

『임금은 염소가죽의 수레뚜껑에 호랑이가죽으로 선을 두르고, 대부의 깨끗한 수레는 사슴가죽의 수레뚜껑에 표범가죽으로 선을 두르고, 조회 가는 수레와 선비의 깨끗한 수레는 사슴가죽의 수레뚜껑에 표범가죽으로 선을 두르니라.』

● 여기에서는 임금과 관료의 수레장식에 대해 기술하였다.

멱(幦)은 수레뚜껑이고, 직(牺)은 수레뚜껑의 가장자리에 선을 두르는 것이며, 재거(齊車)는 깨끗한 수레인데 앞에 7-8-1에서 이미 해설하였다. 조거(朝車)는 신하가 조정에서 조회할 때에 타고 가는 수레이다.

13-3-3 ──────────────── 君子之居는 恒當戶요 寢은 恒東首하며
若有疾風迅雷甚雨어든 則必變하며
雖夜라도 必興하야 衣服冠而坐하니라.

『군자의 거처는 항상 방문을 향하고, 잠자리는 항상 머리를 동쪽으로 하며, 만약 빠른 바람과 빠른 우레와 심한 비가 있거든 곧 반드시 얼굴색을 변하며, 비록 밤이라도 반드시 일어나서 의복을 입으며, 관을 쓰고 앉아 있느니라.』

◑ 여기에서는 군자가 거처하고 자는 위치와 자세 그리고 기상이 변 시에 취하는 행동요령을 기술하였다.

군자(君子)는 고급관료와 초야의 어진 이를 총칭하고, 당호(當戶)는 방문을 마주 대함이니 밝은 쪽을 향하여 근무함이며, 동수(東首)는 머리를 동쪽으로 향함이니 생기(生氣)를 얻기 위함이다. 변(變)은 하늘의 경고에 놀라서 긴장함이요, 좌(坐)는 반성하여 심판을 기다리는 자세이다.

일오관 목직이회량 즐용전즐
13-3-4 ―――――― 日五盥하고 沐稷而靧粱하며 櫛用樿櫛하고
발희 용상즐 진기진수 공내승가
髮晞어든 用象櫛하며 進禨進羞엔 工乃升歌하니라.

『날로 다섯 번 손을 씻고, 피 뜨물로 머리 감으면서 기장 뜨물로 낯 씻으며, 머리를 빗음은 전나무 빗을 사용하고, 머릿결이 말랐거든 상아 빗을 사용하며, 술을 올리고 별식을 올림에는 악공이 이에 올라가서 노래하니라.』

◒ 여기에서는 앞 절에 이어 군자가 몸을 깨끗이 하고 음식을 공개적으로 먹는 절도를 기술하였다.

일(日)은 '날마다'이고 5관(五盥)은 아침, 저녁과 세 끼 식전이며, 직(稷)은 피를 씻은 뜨물이고, 량(粱)은 기장을 씻은 뜨물이며, 회(靧)는 낯 씻는 것이다. 전(樿)은 전나무요, 희(晞)는 말리는 것이며 기(禨)는 목욕을 끝내고 기력을 돋우기 위하여 먹는 술이며, 수(羞)는 떡이나 과일 등의 별식이다. 공(工)은 악공(樂工)이요, 승가(升歌)는 당(堂)에 올라서 비파와 거문고를 타며 화평한 노래를 불러 즐겁게 함이다.

욕용이건 상치하격 출우
13-3-5 ―――――― 浴用二巾하되 上絺下綌하며 出杅하야
이괴석 연용탕 이포석
履蒯席하야 連用湯하고 履蒲席하야
의포희신 내구 진음
衣布晞身하고 乃屨어든 進飮하니라.

『목욕함에는 두 개의 수건을 사용하되 상체는 가는 칡베수건을 쓰

고, 하체는 굵은 칡베수건을 사용하여 씻으며, 목욕통에서 나와 기령
풀방석을 밟고, 욕탕의 물로 이어 씻고 부들자리를 밟으며, 베옷을
입고 몸을 말리고, 이에 신을 신거든 음료수를 올리느니라.』

◉ 여기에서는 군자가 목욕하는 절도를 기술하였다.

상(上)은 상체이고, 하(下)는 하체이며, 우(杅)는 목욕통이요, 괴
(蒯)는 기령풀이니 띠와 같은 종류의 풀이다. 연(連)은 이어서 거듭
씻은 것이고, 탕(湯)은 목욕탕이니 대체로 목욕탕에 물을 끓여서 목
욕통에 부어 먼저 때를 씻고, 이어 욕탕의 깨끗한 물로 다시 몸을 헹
구는 것이다. 진음(進飮)은 음료수를 드리는 것이니 음(飮)의 종류는
앞에 12-8-6에서 이미 밝혔다. 전배들은 진음(進飮)을 가서 술을
마시는 것이라고 하였으나 옳지 않다.

13-4-1 ──────────────────將適公所할새 宿齊戒하며 居外寢하며
沐浴하고 史가 進象笏이어든 書思對命하니라.

『장차 임금이 계신 곳에 가려고 할 때에는 하룻밤을 재계하며, 바
깥채에 있는 침실에서 거처하며, 목욕하고 사관이 상아홀을 올리거든
임금의 명령에 대답할 말을 생각하여 기록하니라.』

◉ 이 장은 대부(大夫)가 임금을 뵐 때의 예절을 기술하였다.

공소(公所)는 임금이 계시는 장소이고, 숙(宿)은 하룻밤 동안이며,
외침(外寢)은 바깥채에 있는 침실이다. 사(史)는 문서를 관장하는 가

신(家臣)이고, 상홀(象笏)은 상아로 만든 대부의 홀이며, 대명(對命)
은 임금의 명령에 대답할 말이다.

旣服하고 習容觀玉聲이라가
乃出하야 揖私朝하되
煇如也하며 登車하면 則有光矣니라.

『이미 옷을 입고 용모와 의관과 옥소리를 연습하다가 이에 밖으로
나아가 가신의 조회에 읍하되 휘황찬란한 듯이 하며, 수레에 오르면
곧 영광스러움이 있게 하니라.』

◑ 여기에서는 대부(大夫)가 임금을 뵈려고 함에는 집에서 출발할
때에 성대한 용모와 풍채를 갖추고 영광스럽게 생각하여야 됨을 기술
하였다.

복(服)은 조복(朝服)이고 관(觀)은 의관(儀觀)이니 밖으로 나타나
보이는 풍채이며, 옥성(玉聲)은 패옥(佩玉)이 울리는 소리이다. 사조
(私朝)는 대부의 가신(家臣)이 아침에 모여서 대부를 뵈는 조례(朝
禮)이고, 휘여(煇如)는 대부의 거동이 장엄하고 기상이 드높아서 휘
황찬란함이며, 유광(有光)은 임금을 뵈는 영광이 있는 것이다.

天子가 搢珽함은 方正於天下也요.

『천자가 직사각형의 옥홀을 꽂음은 천하에 방정한 자세를 지키는
것이오.』

◉ 이 절은 천자의 옥홀이 직사각형으로 된 의미를 밝혔다.

진(搢)은 허리에 꽂은 것이고, 정(珽)은 직사각형의 옥홀인데 대
규(大圭)라고도 하며 길이가 3척(尺)이며, 방정(方正)은 곧고 올바를
자세를 지키는 것이다.

13-4-4 ──────────────── 諸侯는 荼가 前詘後直하니 讓於天子也니라.

『제후는 옥홀이 앞은 굽히고, 뒤는 곧으니 천자에게 겸양하는 것
이니라.』

◉ 이 절은 제후의 옥홀이 위에는 모서리를 깎아서 둥글게 만들
고, 아래는 모서리가 있게 한 이유를 기술하였다.

도(荼)는 제후의 옥홀 이름이고, 굴(詘)은 굽히는 것이며, 직(直)
은 직각형이다.

13-4-5 ──────────────── 大夫는 前詘後詘하니 無所不讓也니라.

『대부는 상아홀이 앞은 굽히고, 뒤도 굽히니 겸양하지 않은 바가
없는 것이니라.』

☯ 이 절은 대부의 상아홀은 위와 아래가 모두 모서리가 없는 반원형으로 만든 이유를 기술하였다.

대부는 위로 천자와 제후를 받드는 책무가 있기 때문에 자기의 주장이나 색깔을 고집할 수 없는 바가 있는 것이다.

13-4-6 ──────────────────── 侍坐하면 則必退席이니
不退인댄 則必引而去君之黨이니라.

『임금을 곁에서 모시고 앉으면 반드시 자리를 뒤로 물리니 물리지 않았을진댄 곧 반드시 잡아 당겨서 임금의 장소에서 떨어지게 하니라.』

☯ 이 절은 대부가 임금을 곁에서 모시고 앉는 절도를 기술하였다.

퇴석(退席)은 대부의 자리는 임금의 자리보다 조금 뒤로 물려서 설치함이고, 불퇴(不退)는 임금이 군자의 자리를 임금의 자리와 나란히 설치한 것이며, 당(黨)은 장소나 자리를 뜻하는 명사이다.

13-4-7 ──────────────────── 登席하되 不由前이 爲躐席이니라.

『자리에 오름에 앞 사람을 말미암지 아니함이 자리를 건너뛰었다고 하니라.』

☯ 이 절은 조정에서 관료는 좌석의 차례를 지켜야 됨을 기술하였다.

유전(由前)은 자기보다 서열이 높아서 앞에 선 사람을 말미암아 뒤따르는 것이요, 엽석(躐席)은 자리를 건너뛴 것이니 질서를 어지럽힌 방자한 행동이다. 무릇 모든 자리에는 순서가 있는데 조정에서는 작위와 관직을 기준으로 삼고, 마을에서는 나이를 기준으로 삼으며, 세계 발전과 민도를 높임에는 공덕을 기준으로 삼았다.

13-4-8 ──────────────────────────── 徒坐엔 不盡席이 尺이니라.

『맨 자리에는 자리의 앞을 다하지 아니함이 한 자이니라.』

◉ 이 절은 상이나 의자 또는 방석이 없는 맨 자리에 앉을 때의 절도를 기술하였다.

도좌(徒坐)는 맨 자리니 맨바닥에 돗자리만 펼쳐 놓은 것이고, 진석(盡席)은 자리의 전면에 바짝 붙거나 또는 자리의 후면에 바짝 붙어서 앉은 것이니 곧 중앙에 앉아야 된다는 말이다.

13-4-9 ──────────────────────────── 讀書와 食엔 則齊豆가 去席이 尺이니라.

『글을 읽고, 식사를 함에는 곧 가지런한 나무제기가 자리에서 떨어짐이 한 자이니라.』

◉ 이 절은 맨 자리에 앉아서 글을 읽거나 음식을 먹음에 책 또는

음식그릇을 자리에서 한 자가 떨어진 앞에 놓아야 됨을 기술하였다.

13-5-1 ——————————————— 若賜之食하며 而君이 客之하야
則命之祭然後에야 祭하며
先飯辯嘗羞하고 飮而俟하니라.

『만약 음식을 하사하면서 임금이 손님으로 대우하여 곧 제사 지내라고 명령한 다음에야 제사 지내며, 밥을 먼저 먹고, 별식을 가려서 맛보고, 음료수를 마시고, 기다리니라.』

◉ 이 장은 신하가 임금을 곁에서 모시고 식사하는 예절을 기술하였는데 여기에서는 임금이 신하를 손님으로 예우했을 때의 식사법을 밝혔다.

색지(客之)는 군신(君臣)의 종속관계로 대우함이 아니고, 주객(主客)의 평등관계로 높여서 예우함이요, 제(祭)는 음식을 조금씩 떼어서 빈 접시에 놓는 반제(飯祭)이며, 선반(先飯)은 손님이 주인보다 먼저 밥을 먹기 시작하는 예절이다. 변(辯)은 선별하여 가리는 것이요, 수(羞)는 별식이며, 음(飮)은 음료를 마시는 것이요, 사(俟)는 임금이 식사를 마치기를 기다리는 것이다. 전배들은 사(俟)를 임금이 식사를 시작하기를 기다리는 것이라고 하였으나 옳지 않다. 밥상예절에 손님이 밥과 반찬을 제사 지내면 주인도 따라서 제사 지내고 먹는 것이지 손님이 모든 음식을 맛본 뒤에 먹는 것이 아니다.

 ──────────────────────────── 若有嘗羞者어든 則俟君之食然後에
食하며 飯飲而俟하야 君이 命之羞어든
羞近者하며 命之品嘗之어든 然後에
唯所欲이니라 凡嘗遠食하되 必順近食이니라.

『만약 별식을 맛봄이 있거든 곧 임금이 먹기를 기다린 다음에 먹으며, 밥과 음료를 먹고서 기다리다가 임금이 별식을 먹으라고 명령하거든 가까운 별식부터 먹으며, 두루 맛보고 평하라고 하거든 그런 다음에 오직 먹고자 하는 바를 먹느니라. 무릇 멀리 놓인 음식을 맛보되 반드시 가까이 놓인 음식을 차례로 먹어 나아가니라.』

☯ 이 절은 신하가 임금을 곁에 모시고 떡이나 과일 등 별식을 먹는 예절을 기술하였으니 밥과 음료는 손님이 먼저 먹어도 별식은 임금이 먹은 뒤에나 또는 임금의 명령이 있어야 먹는 것임을 밝혔다.

반음이사(飯飲而俟)는 앞 절의 선반(先飯)과 음이사(飲而俟)를 합친 말이고, 수근자(羞近者)는 가까이 놓인 별식을 먹는 것이며, 품상(品嘗)은 여러 가지 별식을 두루 먹고 품평하는 것이다.

 ──────────────────────────── 君未覆手어든 不敢飱하고 君旣食이어든
又飯飱이니 飯飱者는 三飯也라
君이 旣徹이어든 執飯與醬하고 乃出授從者하니라.

『임금이 아직 손으로 입을 쓰다듬지 않았거든 감히 밥에 물 말지

아니하고, 임금이 이미 식사를 마쳤거든 또한 밥에 물을 말지니 밥에 물을 말아 먹는 것은 세 번째의 공기 밥에 하는 것이다. 임금이 이미 남은 음식을 거두었거든 밥과 장조림을 가지고 이에 밖으로 나아가 서 수행원들에게 주니라.』

◉ 이 절은 앞 절에 이어 밥을 먹는 예절을 기술하였다.

복수(覆手)는 손으로 입의 언저리를 쓰다듬어 음식이 붙어 있는 것을 살피는 것이니 음식을 다 먹었다는 뜻이며, 손(飱)은 남은 밥에 물을 부어 밥을 말아서 먹는 것이니 밥을 다 먹는다는 뜻이다. 3반 (三飯)은 세 번째의 공깃밥이고, 철(徹)은 남은 음식을 집사에게 준 것이며, 종자(從者)는 자기의 수행원들에게도 나누어 준다는 뜻을 표 한 것이다.

13-5-4 ──────────── 凡侑食에 不盡食하며 食於人에 不飽요
唯水漿은 不祭하나니 若祭하면 爲已僕卑니라.

『무릇 임금을 모시고 식사를 하며 임금에게 음식을 권함에는 음식 을 다 먹지 아니하며, 사람에게 음식을 받아먹음에는 배부르게 먹지 않고, 오직 먹는 물이나 차는 제사 지내지 않으니 만약 먹는 물이나 차로 제사 지내면 너무나도 비천하게 되느니라.』

◉ 이 절은 임금을 모시고 식사함에는 음식을 다 먹지 않고 남겨 야 하며 또 인민대중의 세금으로 먹는 것은 배부르게 먹지 않는 관

료의 예의염치(禮義廉恥)를 기술하였고 아울러 먹는 물이나 차와 같은 사소한 것은 제사 지내지 않고 먹어도 됨을 밝혔다.

유식(侑食)은 임금을 모시고 같이 음식을 먹으면서 임금에게 음식을 권하는 것이요, 식어인(食於人)은 인민의 세금으로 봉록을 받아먹는 것이며, 수장(水漿)은 먹는 물이나 차와 같은 가벼운 음료수이다. 약제(若祭)는 '만약 가벼운 음료수까지 땅에 조금 부어서 제사 지낸다면'이고 이(已)는 '너무', 엽(僄)은 가벼운 것이며 위이엽비(爲已僄卑)는 지나치게 가벼워지고 비천한 인간으로 전락하게 된다는 말이다.

살피건대 관료는 임금에게 음식을 권할지라도 자기는 다 먹지 않고 남기며, 인민대중의 세금으로 봉록을 받아먹음에 배부르도록 먹어서는 안 되며, 예의염치가 있으므로 항상 청렴 강직해야 되지만 그렇다고 한 사발의 물이나 한 잔의 차를 얻어먹으면서 제사 지낸다면 지나치게 경미하고 비천한 존재가 되는 까닭에 제사 지내지 않고 먹도록 하였으니 인간의 노동력을 존중하면서도 또한 천부적인 인권의 신성함을 인정하는 예절이다.

13-5-5 ──────── 君이 若賜之爵이어든 則越席하야 再拜稽首受하야 登席하야 祭之하고 飮卒爵하얀 而俟君卒爵然後에야 授虛爵하니 君子之飮酒也는 受一爵而色洒如也하고 二爵而言言斯禮已요 三爵而油油以退니 退則坐取屨하되 隱辟而后에 屨하나니 坐左어든 納右하고 坐右어든 納左니라.

『임금이 만약 술잔을 내리거든 곧 자리를 건너가서 재배하고 머리

를 땅에 대고 나서 받아 자리로 올라가서 제사 지내고 마시되, 다 마
시고서는 임금이 다 마시기를 기다린 다음에 빈 잔을 주나니, 군자가
술을 마심에는 한 잔을 받음에 얼굴빛이 엄숙한 듯이 하고, 두 잔을
받음에 화평한 마음으로 이 예절을 그치고, 세 잔을 받음에 조용하게
물러가나니, 물러감에는 곧 앉아서 신발을 들고 사람이 없는 곳으로
간 다음에 신을 신으니 왼쪽 무릎을 꿇었거든 오른발의 신을 신으며,
오른쪽 무릎을 꿇었거든 왼발의 신을 신느니라.』

☯ 이 절은 임금이 내린 술은 절하고 받아 마시되 세 잔을 받아먹
은 다음에는 조용히 물러가야 되는 절도를 기술하였다.

작(爵)은 제기 술잔이요, 월석(越席)은 자리를 건너 임금의 앞으
로 다가감이며, 등석(登席)은 자기의 자리에 오르는 것이고, 색(色)
은 얼굴빛이요, 선여(洒如)는 엄숙한 모양이다. 은은(言言)은 마음이
화평한 모양이고, 사례(斯禮)는 하사주(下賜酒)를 받아먹는 예절이
며, 이(己)는 그치는 것이니 만족하여 더 이상 술을 마시지 아니함이
다. 유유(油油)는 조용히 사라지는 모양인데 술에 취하여 실수할 염
려가 있으므로 조용히 물러가야 하며, 은벽(隱辟)은 사람이 없는 곳
으로 가는 것이요, 납(納)은 신에 발을 넣는 것이다.

13-5-6 ─────────── 凡尊은 必尚玄酒니 唯君이 面尊이며
唯饗野人에 皆酒니 大夫는
側尊用棜하며 士는 側尊用禁이니라.

『무릇 술 단지는 반드시 물을 숭상하니 오직 임금이 술 단지를 마
주 보게 놓으며, 오직 초야의 사람에게 향례를 거행함에 모두 술을
사용하나니 대부는 술 단지를 측면에 놓고 쟁반으로 받치며, 선비는
술 단지를 측면에 놓고 소반으로 받치니라.』

◉ 이 절은 관료의 신분에 따라 술 단지의 위치와 술 단지의 받침
용 그릇이 다름을 기술하였다.

준(尊)은 술 단지이고, 면존(面尊)은 술 단지를 정면으로 마주 보
게 놓은 것이니 전용물이라는 뜻이며, 향(饗)은 향례(饗禮)로 특정인
에게 술과 음식을 절하고 대접하는 의례이다. 측준(側尊)은 술 단지
를 주인의 측면에 놓은 것이니 주인과 손님의 공유물이라는 뜻이요,
어(椸)와 금(禁)은 앞에 10-3-13에서 이미 해설하였다.

13-6-1 ——————————————

『처음 관을 씌움에 치포관은 제후 이하로부터 모두 통용하니, 관
례를 마치면 버리는 것이 옳으니라.』

◉ 이 장은 관(冠)의 종류와 사용처에 대하여 기술하였는데 여기
에서는 치포관(緇布冠)의 사용처를 밝혔다.

시관(始冠)과 치포관(緇布冠)은 앞에 11-10-1에서 이미 해설하
였으니 여기에서 재강조하였으며 자제후하달(自諸侯下達)은 제후 이

하로부터 대부와 선비 및 서민대중에게까지 똑같이 통용함이니 모두 사관례(士冠禮)를 공통으로 사용함이다. 관이폐지(冠而敝之)는 관례 때에만 사용하고 일상생활에서는 사용할 수 없다는 말이다.

　살펴건대 관례에서 천자의 관복을 입히고 제후의 관을 씌우는 것은 장차 공덕을 세워서 천자나 제후가 되도록 하라고 축복하기 위함이지 현재의 신분이 아니므로 관례를 마치면 버려두고 공덕을 세워 제후가 될 때까지 사용해서는 안 된다.

13-6-2 ──────────────────── 玄冠朱組纓은 天子之冠也요
緇布冠繢緌은 諸侯之冠也요
玄冠丹組纓은 諸侯之齊冠也요
玄冠綦組纓은 士之齊冠也니라.

『현관에 분홍 갓끈은 천자의 관이요, 치포관에 채색한 갓끈은 제후의 관이요, 현관에 붉은 갓끈은 제후의 재계하는 관이요, 현관에 쑥색 갓끈은 선비가 재계하는 관이니라.』

　◯ 이 절은 현관(玄冠)은 천자로부터 모두 공통으로 사용하는데 갓끈의 색깔만 다르고 치포관은 제후의 관인데 관례에서는 모두 사용함을 밝혔다.

　현관(玄冠)은 검붉은 빛의 베로 관을 만들고 관의 하단에 둥근 챙을 달아 벙거지처럼 만든 관이고, 주(朱)는 분홍색이며, 조영(組纓)은 갓끈이다. 궤(績)는 오색을 섞어서 채색함이요, 단(丹)은 붉은색

이며, 재관(齊冠)은 재계할 때 쓰는 관이고, 기(綦)는 쑥색이다.

『흰색 관에 검은색의 둥근 챙을 다는 것은 자손의 관이요, 흰색 관에 흰 선을 두르는 것은 대상을 이미 지낸 사람의 관이니라.』

◉ 이 절은 이미 상복을 벗었으나 아직 정상생활로 돌아갈 수 없는 경우에 쓰는 관을 기술하였다.

호관(縞冠)은 흰색의 명주로 만든 관이요, 무(武)는 햇볕을 가리기 위하여 관의 하단에 깃을 달아 놓은 둥근 챙이며, 자성(子姓)은 자손(子孫)이고, 비(紕)는 관의 양쪽 측면과 관의 하단에 챙을 다는 구비에 선을 두르는 것이다.

자손은 이미 상복을 벗었으므로 검은 관을 써도 되지만 그 아버지가 아직 상복을 입고 있으므로 흰 비단 관에 검은 챙을 단 관을 쓰며, 대상(大祥)이 이미 지났으면 상복을 벗었으므로 평상생활로 돌아가야 되지만 어버이를 그리워하는 마음이 아직 남았기에 흰 비단 관에 흰 선을 두른 관을 쓰는 것이다.

13-6-4 ─────────────────────────── 垂緌五寸은 惰游之士也요.

『갓끈을 턱 밑에 매고, 5촌을 늘어뜨림은 게을러서 떠돌아다니는 선비요.』

◑ 이 절은 현실에 실망하여 인생을 포기하고 유랑생활을 하는 선비는 앞에서 말한 호관소비(縞冠素紕)에 갓끈을 턱 밑에 매고 남은 끈이 5촌이 되게 함을 밝혔다.

수(垂)는 늘어뜨림이고, 유오촌(緌五寸)은 갓 끝을 턱 밑에 매고 가슴에 늘어진 길이가 5촌이라는 것이다. 대저 갓끈은 길관(吉冠)이 1척 2촌이고, 상관(祥冠)은 1척인데 마음이 안락하면 길게 늘어뜨리며, 마음이 괴로우면 짧게 매는 것이다. 타유지사(惰游之士)는 현실 문제에는 전혀 관심이 없고, 오직 새로운 세계를 찾아 유랑하는 선비로 곧 현실도피자요, 몽상의 세계를 찾는 지식인이다.

따라서 성왕(聖王)은 이러한 현실도피주의자의 사상적 자유와 생활의 안전을 도모하기 위하여 특별히 흰색 관에 흰 선을 두르고 갓끈을 두르고 갓끈을 5촌으로 정해시 사람이 사는 삶의 방식 가운데 하나로 인정하였으니 어이쿠, 자유로운 세상이여.

13-6-5 ──────────────── 玄冠縞武는 不齒之服也라.

『검은 관에 흰색의 둥근 챙을 다는 것은 정상적인 사람의 대열에 끼지 않으려는 사람의 옷이다.』

◑ 이 절은 서민대중이 현실사회에 대한 두려움과 고통으로 일반

사회의 대열에 동참하지 않으려면 현관호무(玄冠縞武)를 써야 됨을
밝혔다.

현관호무(玄冠縞武)는 앞에 호관현무(縞冠玄武)와 반대로 배색하
였으니 모두 정상적인 생활을 해도 되지만 걸린 일이 있어서 근신하
는 것이다. 불치(不齒)는 정상적인 사회활동의 대열에 동참하지 아니
하고 독자적 고립생활을 주장한 것이다.

살피건대 성왕(聖王)은 지식인의 현실도피주의를 인정할 뿐만 아
니라 또한 서민대중의 현실 은둔적 자유생활도 보장하였으니 어이쿠,
자유로운 세상이여.

13-6-6 ─────────────────────────居冠屬武는 自天子下達하니
有事然後에 緌니라.

『평상시의 관에 둥근 챙만 다는 것은 천자로부터 아래로 모두 공
통하니 일이 있은 다음에 갓끈을 다니라.』

◉ 이 절은 평상시의 관에는 둥근 챙만 달아서 사용하다가 행사가
있을 때에 갓끈을 달아 신분을 나타내는 것을 기술하였다.

거(居)는 평상시에 거처함이고, 속(屬)은 이어 붙이는 것이며, 하
달(下達)은 아래로 각계각층이 모두 공통이라는 뜻이다.

살피건대 이 절의 의미가 심장하니 앞에 13-6-2에서부터 현관
(玄冠)은 모두 동일하게 쓰고, 그 갓끈만 신분에 따라 다르게 하였는
바 평상시에 갓끈을 늘이지 않으므로 신분에 상관이 없는 평등성을

확보토록 하였도다.

 ──────────────────────五十이어든 不散送하며 親沒에 不髦하니라.

『50이거든 어버이의 죽음에 머리를 풀고 초상 치지 않으며, 어버이가 죽음에 다팔머리를 꽂지 않느니라.』

◑ 이 절은 50세가 넘은 사람은 항상 의관을 바르게 쓰고 있어야 됨을 강조하였다.

산(散)은 산발(散髮)이요, 송(送)은 송종(送終)이니 곧 어버이의 초상에 피발(被髮)을 하고 3일간 굶은 것이 예절이지만 50이면 몸이 쇠약하므로 비록 거상(居喪) 중이라도 몸을 훼손하는 데 이르러서는 안 되고, 60이면 훼손하지 아니하며, 70이면 오직 상복만 입고 술과 고기를 먹으며 실내에 있도록 하였다. 모(髦)는 앞에 12-1-2에서 이미 해설하였다.

 ──────────────────大帛은 不綏하고 玄冠紫綏는 自魯桓公始也니라.

『굵은 흰 비단으로 만든 관은 갓끈을 달지 않고, 검은 관에 자줏빛 갓끈은 노나라 환공으로부터 시작한 것이니라.』

◑ 이 절은 관의 제도가 무너지기 시작한 실례를 기술하여 옛날의

제도를 지키지 않은 것을 비판하였다.

대백(大帛)은 굵고 흰 비단으로 만든 관이니 호관소비(縞冠素妣)에 수유오촌(垂緌五寸)의 변형이고 현관자유(玄冠紫緌)는 앞에 현관단조영(玄冠丹組纓)의 변색인즉 모두 옛날의 제도가 아니다. 노나라 환공(桓公)은 앞에 11-3-1에서 이미 해설하였으니 재위 12년에 제(齊)나라 양공(襄公)에게 살해당한 추악한 정치를 하였다.

13-7-1 ──────────────────── 朝엔 玄端이요 夕엔 深衣니라.

『아침에는 검은색의 단정한 예복을 입고, 저녁에는 심의를 입느니라.』

◉ 이 장은 의복의 제도를 기술하였으니 여기에서는 아침과 저녁에 입는 옷이 다름을 밝혔다.

현단(玄端)은 앞에 13-1-2에서 이미 해설하였고 심의(深衣)는 흰 베로 저고리와 치마를 연결하고 검은 비단으로 옷의 가장자리에 선을 두르는데 소매를 넓게 만드는 것이 특징인바 앞에 13-2-3에서 보았고 이어 다음 절과 또 심의(深衣) 편에 자상하게 보인다.

13-7-2 ──────────────────── 深衣는 三袪요 縫齊가
倍要니 衽當旁이요 袂可以回肘하니라.

『심의는 허리의 폭이 소매아귀의 3배요, 치마의 아랫단을 꿰매는

부분은 허리폭의 배니, 옷깃이 교차하는 곳은 좌우의 옆구리에 해당
하고, 소매의 길이가 팔꿈치를 한 바퀴 돌게 하니라.』

◑ 이 절은 심의(深衣)의 규격과 제도를 기술하였다.

거(祛)는 소매아귀로 둘레의 길이가 2척 4촌이고, 봉자(縫齊)는
치마의 아랫단을 꿰매는 부분이며, 배요(倍要)는 허리폭의 1배로 함
이다. 따라서 치마의 허리폭은 소매 폭의 3배이므로 7척 2촌이고, 치
마 끝 폭은 허리폭의 1배이므로 1장(丈) 4척 4촌이다. 임(衽)은 옷깃
또는 옷섶이요, 당방(當旁)은 속으로 가는 옷섶과 겉으로 나오는 옷
섶이 모두 양쪽 옆구리에 해당함이며, 메(袂)는 소매의 길이요, 회주
(回肘)는 팔꿈치를 한 바퀴 도는 것이다.

13-7-3 ──────────────────── 長中은 繼揜尺이요 袷이 二寸이요
祛가 尺二寸이요 緣廣이 寸半이니라.

『장의와 중의는 소매아귀에 1자를 이어 가리게 하고, 동구래깃의
넓이가 2촌이요, 소매아귀를 접은 폭이 1척 2촌이요, 선 두른 넓이가
1촌 반이니라.』

◑ 이 절은 심의와 비슷하게 만들어 겉에 입는 장의(長衣)와 속에
입는 중의(中衣)의 규격과 제도를 기술하였다.

장(長)은 장의(長衣)로 흰색의 베로 만들어 겉옷으로 사용하고,
중(中)은 중의(中衣)로 역시 흰색의 베로 만든 조복(朝服)이나 제복

(祭服)의 속에 입는 옷이다. 계엄척(繼揜尺)은 소매아귀에 1자를 이어 손을 가리게 함이요, 겹(袷)은 곡령(曲領)이니 동구래깃이며 연광(緣廣)은 옷의 가장자리에 선 두른 넓이이다.

13-7-4 ──────────────────────────────── 以帛裏布는 非禮也니라.

『비단옷을 베옷의 속에 입는 것은 예절이 아니니라.』

◉ 여기에서는 앞 절의 중의(中衣)는 겉옷보다 화려한 옷감을 사용하는 것은 예절이 아님을 기술하였다.

백(帛)은 비단으로 만든 중의(中衣)이고, 포(布)는 베로 만든 겉옷이니 현단복(玄端服)은 마의(麻衣)인데 15승포(升布)로 만든다.

13-7-5 ──────────────────────────── 士不衣織하고 無君者는 不貳采니라.

『선비는 무늬를 넣어서 짠 옷을 입지 아니하고, 임금이 없는 사람은 채색을 두 가지로 하지 아니하니라.』

◉ 여기에서는 현실생활에 맞추어 옷치장을 하고, 분수에 벗어난 옷은 예절이 아님을 밝혔다.

직(織)은 색실로 무늬를 넣어서 짠 비단이니 화려한 옷감으로 질박함을 숭상하는 선비가 입을 옷이 아니고, 무군자(無君者)는 벼슬을

잃었거나 망명객의 신분이니 아름답게 채색한 옷을 입을 처지가 아
니므로 단색 옷을 입는 것이다.

13-7-6 ──────────── 衣는 正色이요 裳은 間色이니 非列采어든
不入公門하며 振絺綌으로 不入公門하며
表裘로 不入公門하며 襲裘로 不入公門이니라.

『저고리는 정색이요, 치마는 간색이니 채색을 배열하지 않았거든
대궐문에 들어가지 아니하며, 가는 칡베와 굵은 칡베의 홑옷 차림으
로 대궐문에 들어가지 아니하며, 가죽옷을 겉에 입은 차림으로 대궐
에 들어가지 아니하며, 가죽옷을 껴입은 차림으로 대궐문에 들어가지
아니하니라.』

◑ 이 절은 저고리와 치마의 색깔과 대궐문에 들어갈 수 없는 옷
을 열거하였다.

정색(正色)은 5방(方)의 바른 색깔이니 청색, 적색, 황색, 백색, 흑
색이요, 간색(間色)은 두 가지 정색을 배합한 여러 가지의 색깔이다.
열(列)은 배열함이고, 채(采)는 5채(五彩)의 아름다운 색깔이며, 공
문(公門)은 제후가 집무하는 대궐문이며, 진(振)은 진(袗)과 같으니
홑옷 차림이요, 표(表)는 겉으로 표출함이며, 습(襲)은 겹쳐서 껴입
은 것이니 모두 등거리인 석의(裼衣)를 입지 않은 것으로 경건한 옷
차림이 아니다.

13-7-7 ──────────────── 纊爲繭이요 縕爲袍요 禪爲絅이요 帛爲褶이니라.

『고운 솜은 고치 솜옷을 만들고, 모시는 도포를 만들고, 삼베는 홑옷을 만들고, 비단은 겹옷을 만드느니라.』

◉ 이 절은 옷감의 재료에 따라서 만드는 옷이 각각 있음을 기술하였다.

광(纊)은 고운 솜이고, 견(繭)은 견면(繭綿)으로 누에가 고치를 만들 때에 몸을 얹을 발판과 고치를 만드는 준비로서 실을 토해 놓은 물질인바 고치솜, 겉풀솜, 풀솜이라고도 하는데 여기에서는 솜옷을 뜻한다. 온(縕)은 모시요, 포(袍)는 온몸을 덮는 도포이며, 단(禪)은 얇은 삼베이고, 경(絅)은 홑옷이며, 첩(褶)은 겹옷이다.

살피건대 겨울에는 보온성이 좋은 솜옷을 입고, 봄가을에는 아름다운 비단겹옷을 입으며, 여름에는 삼베홑옷을 입어 바람이 잘 통하게 하면서 가벼운 모시도포를 입게 하였으니 대단히 합리적이다.

13-7-8 ──────────────── 朝服之以縞也는 自季康子始也라.

『조복을 흰 비단으로 만든 것은 노나라 대부 계강자로부터 비롯하였느니라.』

◉ 이 절은 춘추시대에 조복이 검은색 삼베에서 흰색 비단으로 바뀌게 된 전말을 기술하여 검소한 조정의 기풍이 사치와 방종으로 흐

른 세태를 고발하였다.

조복(朝服)은 조정에서 조회할 때에 입는 옷으로 본래 15승(升)의
삼베로 만드는 것인데 노(魯)나라 대부 계강자(季康子)가 흰색의 비
단으로 만들었으니 앞에 13-6-8에서 노나라 환공이 현관(玄冠)의
갓끈 색깔을 바꾼 풍조와 같은 것이며, 호(縞)는 삶아서 바랜 굵은
흰 비단이다.

13-7-9 ──────────────── 孔子가 曰朝服而朝니 卒朔然後에 服之니라.

『공자가 말씀하시기를 조복으로 조회하나니 초하루의 월과에 대한
듣기를 마친 다음에 입느니라.』

◑ 이 절은 제후의 청삭(聽朔)은 조회보다 먼저임을 다시 강조하
였으니 앞에 13-2-1에서 이미 서술하였다.

13-7-10──────────────── 曰國家가 未道어든 則不充其服焉이니라.

『말씀하시기를 국가가 아직 잘 다스려지지 않았거든 곧 그 의복을
충실히 갖추지 아니하니라.』

◑ 이 절은 의복제도를 갖춤에 정치 발전과 더불어 추진해야지 정
치의 실질적인 공적도 없이 한갓 외형적인 의복만 성대하게 갖추는

것은 허식에 지나지 않음을 경고하였다.

　왈(日)은 앞 절에 이어 공자의 말씀임을 나타냄이고 도(道)는 순리로 잘 다스림이며 충(充)은 충분히 갖춤이다.

13-7-11───────── 唯君이 有黼裘하야 以誓省하나니 大裘는 非古也라.

『오직 임금이 도끼 문양의 가죽옷으로 맹세하고, 지방을 시찰함이 있나니 큰 가죽옷은 옛날의 제도가 아니다.』

　◑ 이 절은 가죽옷의 규격과 모양도 신분에 따라 서로 다르게 하여 천자는 대구(大裘)를 입고, 제후는 보구(黼裘)를 입는 것을 밝혔다.

　군(君)은 제후이고, 보구(黼裘)는 검은 양가죽과 흰 여우 가죽을 섞어서 도끼 문양을 넣은 가죽옷이며, 세(誓)는 임금이 군대나 국민에게 맹세함이요, 성(省)은 임금이 지방을 순찰하며 농사를 살피는 것이니 대개 초봄이나 늦가을에 하므로 가죽옷이 필요한 것이다. 대구(大裘)는 천자가 겨울에 황천상제(皇天上帝)께 교제(郊祭) 지낼 때에 입는 검은 양가죽 옷이며, 비고(非古)는 옛날에는 제후가 감히 대구(大裘)를 입지 못했으나 춘추시대에 주(周)나라 왕실이 미약하므로 강대국의 제후들이 참람하게 입었음을 비난한 말이다.

13-7-12───────── 君이 衣狐白裘하고 錦衣以裼之어든 君之右는
虎裘요 厥左는 狼裘니 士는 不衣狐白이니라.

『임금이 여우 흰털 가죽옷을 입고, 흰 비단옷으로 만든 등거리를 입었거든 임금의 오른쪽 호위관은 호랑이 가죽옷을 입고, 그 왼쪽 호위관은 이리 가죽옷을 입으니, 선비는 여우 흰털 가죽옷을 입지 않느니라.』

◉ 이 절은 임금이 여우 흰털 가죽옷을 입었을 때에 좌우의 호위관이 입는 가죽옷을 기술하였다.

호백구(狐白裘)는 여우 겨드랑이의 흰털로 만든 가죽옷이고, 금의(錦衣)는 흰색 비단옷이며, 석(裼)은 겉에 입는 등거리이다. 우(右)는 오른쪽에서 호위하는 신하요, 호구(虎裘)는 호랑이 가죽옷이며, 좌(左)는 왼쪽에서 운전하는 신하이고 랑구(狼裘)는 이리 가죽옷이며 호백(狐白)은 호백구(狐白裘)이다.

흰색은 5행(五行)에 있어서 서쪽의 금색으로 음살(陰殺)을 주관하며, 호랑이는 용맹하고, 이리는 지략이 있으므로 전쟁이나 군사 훈련할 때에 입는 깃이요, 여우 흰털 가죽옷은 귀하기 때문에 선비가 입지 않은 것이다.

13-7-13 ──────────── 君子는 狐靑裘豹褎엔 玄綃衣以裼之하며 麛裘靑豻褎엔 絞以裼之하며 羔裘豹飾엔 緇衣以裼之하며 狐裘는 黃衣以裼之니라.

『군자는 여우 푸른 털 가죽옷의 표범 털 소매에는 검은 무늬 비단옷으로 등거리를 하며, 새끼 사슴 가죽옷의 푸른 들개 털 소매에는 노랑 베로 등거리를 하며, 염소 가죽옷의 표범 털 소매에는 검은 옷으로 등거리를 하며, 여우 가죽옷에는 노랑 옷으로 등거리를 하니라.』

◑ 이 절은 군자의 가죽옷에 등거리는 같은 계열의 색으로 만들어 색의 조화가 있어야 됨을 기술하였다.

수(褎)는 소매이고, 초(綃)는 무늬비단이며, 간(豻)은 들개요, 교(絞)는 삼베이며, 식(飾)은 소매를 장식함이다. 표범은 검은 얼룩무늬가 있으므로 검은 무늬 비단으로 등거리를 하고, 푸른 들개는 청황색이므로 청황색의 삼베로 등거리를 만들고, 염소 털은 검은색이므로 검은색으로 등거리를 만들며, 여우 털은 노랑이므로 노랑 옷으로 등거리를 만드니 모두 미적 감각을 살리기 위함이다.

13-7-14──────────────────────── _{금 의 호 구} _{제 후 지 복 야}
錦衣狐裘는 諸侯之服也니라.

『흰 비단옷에 여우 흰털 가죽옷은 제후의 옷이니라.』

◑ 이 절은 호백구(狐白裘)는 제후만 입는 고귀한 옷임을 재강조하였다.

13-7-15──────────────── _{견 양 지 구} _{불 석} _{불 문 식 야} _{불 석}
犬羊之裘는 不裼하나니 不文飾也라 不裼하니라.

『개와 양의 가죽옷은 등거리를 입지 아니하나니 소매에 무늬장식을 아니하고, 등거리를 하지 않느니라.』

 ☯ 이 절은 서민대중이 입는 개나 양 가죽옷에는 소매장식이나 등
거리가 없는 것임을 밝혔으니 서민생활의 편리를 도모함이다.

13-7-16─────────────────裘之褐也는 見美也니 吊則襲은
不盡飾也요 君在則裼은 盡飾也니라.

『가죽옷에 등거리를 입는 것은 아름다움을 나타내려는 것이니 조
문함에 곧 겉옷을 덧입는 것은 문채 나는 장식을 다하지 않으려는
것이요, 임금이 계심에 곧 등거리를 입음은 문채 나는 장식을 다하려
는 것이니라.』

 ☯ 이 절은 가죽옷에 등거리를 입는 이유가 옷의 아름다움을 돋보
이게 하려는 것임을 기술하여 조상(吊喪)할 때에는 겉에 덧입는 옷
을 입어야 됨을 밝혔다.
 습(襲)은 겉에 덧입는 옷이니 아름다운 무늬와 장식을 감추기 위
하여 입는 것이므로 상가(喪家)에 조문을 감에 소렴(小斂)을 이미
했으면 반드시 등거리를 벗거나 겉에 덧입는 옷을 입어서 아름다운
문채를 감추는 것이 예의이다. 군재(君在)는 임금이 있는 것이니 신
하는 임금을 아름답게 모셔야 하므로 등거리를 입어서 문채를 아름
답게 꾸며야 되는 것이다.

　　　　　　　　　　　　　　　　服之襲也는 充美也라 是故로
尸襲하고 執玉龜에 襲하나니
無事則裼은 弗敢充也니라.

『옷에 겉옷 덧입는 것은 아름다움을 충만하게 하려는 것이다. 이런 까닭으로 시동은 겉옷을 덧입고, 옥과 거북을 가짐에 겉옷을 덧입나니 일이 없으면 등거리를 입는 것은 감히 충만하게 하지 못함이니라.』

◯ 이 절은 옷의 아름다운 무늬장식을 감추기 위하여 겉옷을 덧입는 것은 내면에 아름다움이 충만하도록 저장하는 것임을 기술하였다.

충미(充美)는 내면에 아름다움을 충만하도록 가득 채우는 것이요, 시(尸)는 시동(尸童)이니 시습(尸襲)은 시동에게 겉옷을 덧입히는 것이며, 집옥귀(執玉龜)는 제사에 옥과 거북을 폐백으로 올리는 절차인데 앞에 11-2-4에서 이미 거북과 옥을 제물로 바친다고 하였고, 무사(無事)는 큰 행사가 없는 평상시이다.

살피건대 일상생활에 편리한 가죽옷에는 등거리가 없고, 아름다움을 밖으로 나타내는 가죽옷에는 등거리가 있으며, 그리고 아름다움을 안으로 충만하게 함에는 또한 겉에 덧입는 옷을 입으니 사람에게는 안락함으로 공경하고, 임금에게는 밖으로 나타나는 아름다움으로 공경하며, 천지신명에게는 내면에 충만한 아름다움으로 공경하는 원리를 밝힌 것이다.

13-8-1 ───────────────────────────── 笏은 天子는 以球玉이요
諸侯는 以象이요 大夫는 以魚須文竹이요
士는 竹이니 本象이라도 可也니라.

『홀은 천자는 아름다운 옥으로 만들고, 제후는 상아로 만들고, 대
부는 상어수염으로 대나무에 문채를 내고, 선비는 대나무로 만드나
손잡이를 상아로 장식하여도 괜찮으니라.』

◐ 이 장은 홀(笏)의 재료와 규격 및 사용법을 기술하였으니 여기
에서는 신분에 따른 재료의 다름을 밝혔다.

홀(笏)은 신분을 표시하는 신표(信標)이며, 잊지 않기 위하여 간
단한 내용을 기록하는 도구로도 사용하는 의례용 장비이다. 구옥(球
玉)은 아름다운 옥이고, 상(象)은 상아이며, 어수(魚須)는 상어의 수
염이요, 문죽(文竹)은 대나무에 문채를 내는 것이며, 본상(本象)은
대나무홀의 밑에 손잡이를 상아로 만드는 것이다.

13-8-2 ───────────────────────────── 見於天子與射엔 無說笏이니 入大廟하야
說笏이 非禮也라 小功은 不說笏이요
當事免則說之하며 旣搢하야 必盥이요
雖有執於朝라도 弗有盥矣니라.

『천자께 보이는 때와 활쏘기대회를 할 때에는 홀을 빼어 놓음이
예절이 아니다. 소공 5월의 상복은 홀을 빼어 놓지 아니하고, 일에

당하여 상관을 쓰고, 조문함에는 빼어 놓으며, 이미 띠에 꽂았던 홀을 잡음에는 반드시 손을 씻되 비록 조정에서 홀을 잡음이 있었더라도 손을 씻음이 있지 않느니라.』

☯ 이 절은 홀을 가질 때와 빼어 놓을 때를 기술하고 손을 씻을 때와 안 씻을 때를 밝혔다.

현어천자(見於天子)는 조회(朝會)할 때이고, 사(射)는 대사례(大射禮)이며, 탈(說)은 탈(脫)이니 빼어 놓은 것이다. 소공(小功)은 시마(緦麻)와 함께 가장 가벼운 상복이고, 당사(當事)는 일에 당함이니 초상집에서 소렴(小斂)을 하였으면 상관(喪冠)을 쓰고 조문하는 일이며, 문(免)은 상관(喪冠)이다. 진(搢)은 진홀(搢笏)이니 홀을 띠에 꽂은 것이요, 관(盥)은 손을 씻어 깨끗이 함이다.

태묘와 조정 및 활쏘기대회 장소는 신분을 나타내야 하므로 홀을 가져야 하며, 소공(小功) 이하의 상복은 홀을 가지지만 대공(大功) 9월 이상의 상복은 홀을 가지지 아니하고, 또 초상집에 조문할 때에는 홀을 가지지 아니하나니 슬픔 속에 개인의 신분으로 조문하기 때문이다. 그리고 홀은 신분을 나타내는 신표이므로 허리띠에 꽂았다가 다시 잡을 때에는 반드시 손을 씻되 조정에서 근무할 때에는 이미 씻었으므로 다시 씻을 필요가 없으니 번거로움을 피하기 위함이다.

13-8-3 ─────────────────────────
凡有指畫於君前이어든 用笏하고
造受命於君前에 則書於笏이니
笏畢用也요 因飾焉이니라.

『무릇 임금 앞에서 지적하고 계획함이 있거든 홀을 사용하고, 임금 앞에 나아가 명령을 받음에 곧 홀에 쓰나니 홀은 기록용이요, 인하여 장식물이니라.』

◑ 이 절은 홀의 용도는 잊지 않기 위하여 기록하기 위한 휴대품인데 이것을 장식해서 신분을 표시하는 장식물로 만든 것임을 밝혔다.

지(指)는 지적함이고, 획(畫)은 계획이며, 용(用)은 사용함이니 미리 그 내용을 기록하여 잊지 않도록 함이다. 조(造)는 나아감이고, 필(畢)은 기록하는 널판자 조각이며, 인(因)은 '따라서', 식(飾)은 아름답게 문채를 내고 장식함이다.

13-8-4 ──────────────────────────────── 笏度는 二尺有六寸이니

其中博이 三寸이요

其殺가 八分而去一이니라.

『홀의 제도는 길이가 2척 6촌이니 그 가운데의 넓이는 3촌이요, 그 위아래를 점점 감쇄함이 6분의 1을 제거하니라.』

◑ 이 절은 홀의 제도를 기술하였다.

도(度)는 제도로 정한 규격이요 2척유6촌(二尺有六寸)은 두 자 여섯 치로 길이를 정함이며, 중박(中博)은 중간의 넓이이고, 쇄(殺)는 위와 아래의 모서리를 점점 감쇄(減殺)하여 줄이는 것이며 6분이거1(六分而去一)은 끝 넓이가 2촌 반이라는 말이다. 홀의 재료는 다르

지만 규격은 천자로부터 선비에 이르기까지 모두 동일하니 기록할 수 있는 면적을 똑같게 하려는 까닭이다.

13-9-1 ──────────────────────────────── _{천 자}天子는 _{소 대 주 리 종 벽}素帶朱裏終辟이요

『천자는 흰 띠에 붉은 비단으로 속을 하여 모두 실선을 두르고』

◉ 이 장은 띠의 제도를 기술하였으니 여기에서는 천자의 허리띠 모양과 색깔을 밝혔다.

소대(素帶)는 자연적인 생초, 즉 생백(生帛)의 흰 비단으로 만든 띠이고, 주리(朱裏)는 붉은 비단으로 허리띠의 속을 만드는 것이며, 종(終)은 모두 하여 끝냄이요, 벽(辟)은 허리띠의 모서리에 흰 비단 과 붉은 비단이 서로 마주 닿지 않도록 사이에 얇은 실선(實線)을 넣은 것이다.

13-9-2 ──────────────────────────────── _{이 소 대 종 벽}而素帶終辟이요

『이에 제후는 흰 띠에 모두 실선을 두르고』

◉ 이 절은 제후의 띠를 기술하였다.

이(而)의 아래에 제후(諸侯)가 빠졌으며 제후의 허리띠는 겉과 속 이 모두 흰색인데 얇은 실선은 두루 둘렀음을 밝혔다.

『대부는 흰 띠에 드리운 부분만 실선을 두르고』

☯ 이 절은 대부의 띠를 기술하였다.

수(垂)는 드리운 부분이니 가슴과 등을 동이는 띠 부분은 실선이 없고, 고리를 매는 부분으로부터 아래로 늘어뜨리는 부분에만 실선을 넣은 것이다.

13-9-4 ──────────────────────────────── 士는 練帶率下辟이요

『선비는 삶아서 바랜 흰 띠에 공그르고, 아래만 실선을 두르고』

☯ 이 절은 선비의 띠를 기술하였다.

연(練)은 삶아서 햇볕에 바랜 굵은 비단이고, 율(率)은 공그르는 바느질이니 바늘을 양쪽 시접에서 번갈아 넣어 가며 실 땀이 겉으로 보이지 않도록 손으로 바늘을 떠서 꿰매는 것이며, 하(下)는 하단이니 띠를 매는 고리 부분을 제외하고 아래로 늘어진 부분만 실선을 넣은 것이다.

13-9-5 ──────────────────────────────── 居士는 錦帶요 弟子는 縞帶니라.

『거사는 흰 비단 무늬 띠요, 제자는 삶아서 바랜 굵은 흰 비단 띠

니라.』

◑ 이 절은 초야의 선비와 제자의 띠를 기술하였다.

거사(居士)는 도덕과 학문예술을 가지고 초야에 숨어 사는 선비이

고, 금(錦)은 앞에 13−7−12에서 이미 해설하였으며, 호(縞)는 앞에

13−7−8에서 이미 해설하였다.

13-9-6 ───────────────────────幷紐하되 約은 用組三寸이요

長은 齊于帶하며 紳長制는 士가 三尺이요

有司는 二尺有五寸이니 子游가 曰參分帶下하야

紳이 居二焉이라 하니 紳과 韠과 結이 三齊니라.

『띠의 양쪽 끝을 나란히 하여 매되 매듭을 묶음은 땋은 실끈의 넓

이 세 치짜리를 사용하고, 길이는 띠에 가지런하게 하며, 띠의 드리운

길이의 제도는 선비가 3척이요, 책임자는 2척 5촌이니 자유가 말하기

를 허리띠를 맨 아래를 3등분하여 띠를 드리움이 2라고 하니 띠의 드

리운 것과 무릎가리개와 매듭을 묶은 땋은 실끈 셋이 가지런하니라.』

◑ 이 절은 띠를 매는 방법과 늘어뜨린 길이를 기술하였다.

병뉴(幷紐)는 띠의 양쪽 끝을 나란히 하여 가슴에 매는 것이며,

약(約)은 띠를 묶은 매듭이 풀리지 않게 다시 얽어매는 것이고, 조3

촌(組三寸)은 실로 땋은 넓이 세 치의 끈이다. 신(紳)은 띠를 허리에

매고 아래로 늘어진 부분이요, 유사(有司)는 일을 책임 맡은 사람이
므로 활동에 편리하게 5촌을 짧게 하였으며, 거2(居二)는 대체로 무
릎에까지 내려오는 것이고, 필(韠)은 무릎가리개니 다음 13-10-1에서
서술하며, 결(結)은 곧 약조(約組)이다. 3제(三齊)는 띠와 무릎가리개
와 끈의 길이가 모두 가지런함이니 단정한 아름다움을 추구함이다.

13-9-7 ─────────────大夫는 大帶四寸이요 雜帶는 君이 朱綠이요
大夫는 玄華요 士는 緇니 辟二寸이라 再繚면 四寸이니라.

『대부는 큰 띠의 폭이 4촌이요 여러 가지가 섞인 빛깔 띠는 임금
이 붉은색과 푸른색이요, 대부는 검은색과 흰색이요, 선비는 검은색
이니 실선을 한 띠의 폭이 2촌이라 두 번 동이면 4촌이니라.』

◑ 이 절은 대대(大帶)의 폭은 4촌으로 한 번 동여매고, 잡대(雜
帶)의 폭은 2촌으로 두 번 동여매는 것을 기술하였다.

대대(大帶)는 정장할 때에 매는 허리띠이고, 잡대(雜帶)는 일상의
간편복을 입었을 때에 매는 허리띠이다. 주록(朱綠)은 겉이 붉은색이
고 속은 푸른색이며, 현화(玄華)는 겉이 검은색이고 속은 흰색이니
화(華)는 흰색이다. 벽2촌(辟二寸)은 잡대(雜帶)에도 앞에 소대(素
帶)의 제도에 따라 실선을 두르되 띠의 폭을 2촌으로 만드는 것이고
재료(再繚)는 두 번 허리를 동여서 매는 것으로 허리에 힘을 주기
위함이다.

13-9-8 ───────────────────── 凡帶는 有率하니 無箴功이니라.

『무릇 띠는 공그름이 있나니 바느질의 자취가 없느니라.』

◐ 이 절은 띠를 만드는 바느질법을 기술하였다.

율(率)은 앞에 13-9-4에서 이미 해설하였고 잠(箴)은 바늘이며
공(功)은 자취, 흔적이다.

13-9-9 ───────────────── 肆束及帶를 勤者가 有事어든
則收之하고 走어든 則擁之니라.

『길게 드리운 실끈 및 띠를 근무자가 일이 있거든 곧 거두어 잡고,
뛰거든 곧 잡아서 안느니라.』

◐ 이 절은 일을 하거나 뛸 때에 길게 늘어진 실끈과 띠를 단속하
는 요령을 기술하였다.

사(肆)는 길게 펼쳐진 것이고, 속(束)은 매듭을 묶고 길게 드리운
3촌의 조(組)이며, 대(帶)는 곧 신(紳)이다. 근자(勤者)는 근무자 또
는 근로자요, 사(事)는 사무이며, 수(收)는 손으로 거두어 잡는 것이
고, 옹(擁)은 두 손으로 잡아서 안은 것이다.

 ────────────────────── 韠은 君이 朱요 大夫가 素요 士가 爵이니
韋의 圜殺直을 天子는 直하고 諸侯는 前後가
方하고 大夫는 前方後挫角이요 士는 前後正이니라
韠은 下廣이 二尺이요 上廣이 一尺이며 長이 三尺이니
其頸은 五寸이요 肩에 革帶博은 二寸이니라.

『무릎가리개는 임금이 붉은색이요, 대부가 흰색이요, 선비가 회색이니 가죽의 둥글며, 감쇄하며, 곧음을 천자는 곧게 하고, 제후는 앞과 뒤가 모나고, 대부는 앞은 모나고 뒤는 모서리를 꺾으며, 선비는 앞과 뒤가 바르니라. 무릎가리개는 아래의 넓이는 2척이요, 위의 넓이는 1척이며, 길이는 3척이니 그 목에 대는 가죽 띠의 넓이는 5촌이요, 어깨에 가죽 띠의 넓이는 2촌이니라.』

☯ 이 장은 무릎가리개의 제도를 기술하였으니 무릎가리개는 가죽으로 만들고 그 색깔은 신분에 따라 다름을 밝혔다.

필(韠)은 털을 뽑은 부드러운 가죽으로 만든 무릎가리개로 정장을 하고 맨 나중에 착용하는 장식이다. 위(韋)는 털을 뽑고 부드럽게 가공을 한 가죽이고, 환쇄직(圜殺直)은 무릎가리개의 모양을 규정한 것으로 둥글며, 감쇄하며, 곧은 것이다. 직(直)은 직사각형의 가죽으로 만드는 것이고, 전후(前後)는 무릎가리개를 허리에 매고 앉으면 아래가 앞이 되고 위가 뒤가 되는 것이며, 방(方)은 위와 아래의 두 변이 나란하면서 윗변은 짧고 아랫변은 긴 사각형이다. 이것은 천자는 위로 하늘과, 아래로 인민에게 정직하고, 제후는 위로 천자에게는 조금 너그러운 시각을 가지며 아래로 신하에겐 조금 첨예한 각도로 다스

리라는 뜻을 담은 것이다. 전방후좌각(前方後挫角)은 그 모양이 방(方)과 같으나 위에 있는 양쪽 모서리를 깎아서 둥글게 만드는 것이니 위로 천자와 제후에게 더욱 부드럽게 대하라는 뜻이며, 정(正)은 정사각형이니 선비는 위와 아래 그리고 앞과 뒤로 정직하고 단정하게 행동하라는 뜻이다. 전배들은 위(韋)를 작(爵)에 붙여서 해석하였으나 옳지 않기에 내가 바로잡아 환쇄직(圜殺直)에 붙였으니 이것은 오로지 가죽의 모양을 말하고 아래에서 말한 규격에 모자란 부분은 다른 천으로 보충하여 만드는 것이다. 경(頸)은 무릎가리개의 윗부분에 가죽 띠를 대는 것이요, 5촌(五寸)은 그 띠의 폭을 5촌으로 함이며, 견(肩)은 무릎가리개의 윗부분의 양쪽 끝이고, 혁대(革帶)는 무릎가리개를 아랫배에 차기 위한 가죽 띠이다.

13-10-2

『처음 임명받은 상사(上士)의 관복에는 적황색의 비단으로 무릎가리개의 가장자리를 만들어 가죽 판 밑에 대어 균형을 맞추고, 두 번 임명받은 하대부의 관복에는 붉은 비단으로 무릎가리개의 가장자리를 만들어 가죽 판 밑에 대어 균형을 맞추고, 세 번 임명받은 상대부의 관복에는 붉은 비단으로 무릎가리개의 가장자리를 만들어 가죽 판을 감싸서 균형을 맞추느니라.』

◐ 이 절은 상사(上士)와 하대부(下大夫)와 상대부(上大夫)의 무릎가리개제도를 기술하였다.

명(命)은 앞에 5-5-1에서 이미 해설하였고, 온(縕)은 적황(赤黃)색이며, 불(韍)은 무릎가리개의 가죽 판에 비단을 붙여서 그 가장자리를 장식하는 부분이니 중앙에 있는 가죽 판은 필(韠)이요, 가죽 판의 가장자리에 비단을 붙여서 위에 넓이는 1자, 아래의 넓이는 2자, 길이는 3자가 되도록 균형을 맞추는 부분은 불(韍)이다. 유(幽)는 비단을 가죽 판의 밑으로 대는 것이고, 형(衡)은 전후좌우로 균형이 있는 것이며, 총(蔥)은 비단을 가죽 판의 위로 대는 것이다.

13-11-1────────── 王后는 褘衣요 夫人은 揄狄이요 君命은 屈狄이요.

『왕후는 검은 비단에 꿩을 많이 그린 옷이요, 제후의 부인은 푸른 비단에 꿩을 드문드문 그린 옷이요, 여자임금이나 자작과 남작의 아내는 붉은 비단에 꿩의 모양만 선으로 나타낸 옷이오.』

◐ 이 장은 왕후로부터 선비의 아내에 이르는 여자 옷을 기술하였으니 여기에서는 텃새로 가장 아름다운 꿩의 미덕을 문양으로 정하였음을 밝혔다.

휘의(褘衣)는 검은 비단에 5색으로 꿩의 모양을 가득히 그린 옷이고, 유적(揄狄)은 청색 비단에 5색으로 꿩의 모양을 드문드문 그린 옷이며, 군(君)은 여자임금이니 곧 군(君)의 호를 받은 여자요, 명(命)은 자작(子爵)이나 남작(男爵)을 받은 사람의 아내이다. 굴(屈)

은 축소한 것이고, 적(狄)은 꿩이니 굴적(屈狄)은 붉은 비단에 가는
선으로 꿩의 윤곽만 그리고 5색을 칠하지 않은 옷이다.

13-11-2———————————— 再命은 褘衣요 一命은 襢衣요 士는 褖衣니라.

『두 번 임명받은 중대부의 부인은 노랑 비단옷이요, 처음 임명받은
하대부의 부인은 붉은 비단옷이요, 선비의 부인은 초록 비단옷이니라.』

◉ 이 절은 앞 절에 이어 중대부와 하대부 그리고 선비 부인의 옷
을 기술하였다.

위(褘)는 국(鞠)이니 국의(鞠衣)는 어린 뽕잎의 색깔인 노랑 비단
옷이고, 전의(襢衣)는 붉은 비단옷이며, 단의(褖衣)는 검은 비단옷이다.

13-11-3———————————— 唯世婦는 命於奠繭하고 其他는 則皆從男子니라.

『오직 세부는 누에고치를 바치는 공적으로 옷을 명령하고, 그 밖
에는 곧 모두 남자의 관작을 따르니라.』

◉ 이 절은 앞 절에 이어 세부(世婦)와 기타 여자들의 옷을 기술
하였다.

세부(世婦)는 앞에 2-7-6에서서 이미 해설하였고, 명(命)은 옷
의 종류와 등급을 정하여 명령함이며, 전(奠)은 펼쳐 놓은 것이니 전

견(奠繭)은 누에고치를 바치기 위하여 뜰에 펼쳐 놓고 그 등급을 심사하여 공적이 많은 사람에게 상을 내리는 행사이다. 기타(其他)는 앞에 6복(六服)에서 언급하지 않은 벼슬한 사람의 부인이고, 종남자(從男子)는 모름지기 부부는 평등하므로 아내는 남편의 계급을 따른다는 말이다.

13-12-1 ─────────────────── 凡侍於君에 紳垂하고 足如履齊하며
頤霤하며 垂拱하며 視下而聽上하나니
視帶以及袷하며 聽鄕任左하니라.

『무릇 임금을 곁에서 모심에 늘어진 띠가 수직이 되도록 허리를 굽히고, 발은 옷자락을 밟듯이 가지런하며, 턱은 처마처럼 앞으로 나오며, 마주 잡은 손을 드리우며, 시선은 아래로 내리되 청각은 위로 올리나니 시선은 허리띠에서 동구래깃에 미치며, 듣는 방향은 왼쪽 귀에 맡기느니라.』

◐ 이 장은 신하가 임금을 섬기는 절도를 기술하였으니 여기에서는 임금을 곁에서 모시는 기본자세를 밝혔다.

신수(紳垂)는 늘어진 허리띠가 수직이 되는 것이니 곧 허리를 굽히는 자세요, 자(齊)는 발끝과 옷의 하단이 일치하여 나란함이며, 이류(頤霤)는 턱이 처마 끝의 물받이처럼 앞으로 나오는 모양이다. 겹(袷)은 동구래깃이니 저고리의 목 부분이고, 임(任)은 맡아서 함이며 좌(左)는 왼쪽 귀로 신하는 임금의 오른쪽에서 수행하기 때문에 왼

쪽 귀가 잘 들리는 것이다.

 ——————————————— 凡君召以三節하나니 二節이어든
以走하고 一節이어든 以趨하며 在官엔
不俟屨하고 在外엔 不俟車하니라.

『무릇 임금은 3절로 부르나니 2절이거든 달려가고, 1절이거든 빠른 걸음으로 가며, 관청에 있을 때에는 신을 기다리지 않고, 외부에 있을 때에는 수레를 기다리지 아니하니라.』

◉ 이 절은 임금의 부름에 신하가 대처하는 요령을 기술하였다.

절(節)은 옥으로 만든 신표(信標)이고 3절(三節)은 2절(二節)과 1절(一節)을 합한 것이며 2절은 급함을 알리는 신표이므로 뛰어야 하며, 1절은 보통임을 알리는 신표이므로 빨리 걸어가는 것이다. 재관(在官)은 조정이나 같은 관청에 있는 것이요, 재외(在外)는 다른 관청이나 집에 있는 것이다.

 ——————————————— 士於大夫에게 不敢拜迎而拜送하며
士於尊者에게 先拜進面하되 答之拜則走하니라.

『선비는 대부에게 감히 절하고 맞이하거나 절하고 보내지 아니하며, 선비는 높은 사람에게 먼저 절하고, 나아가 얼굴을 보이되 답하

여 절을 하거든 곧 피하여 달아나니라.』

　◑ 이 절은 신분의 차이가 현격하면 선배(先拜)를 하거나 답배(答拜)를 받지 못함을 기술하였다.

　사(士)는 하급관료이고, 대부(大夫)는 고급관료이므로 평교간(平交間)처럼 주인과 손님의 관계로 대해서는 안 되고, 상관(上官)과 부하의 관계로 처신하여야 된다. 존자(尊者)는 학문과 도덕이 높은 어른이므로 스승으로 대해야지 붕우(朋友)로 대할 수 없기 때문에 만일 어른이 답배(答拜)를 하면 더불어 상종하지 않겠다는 뜻이므로 피하여 달아나야 되는 것이다.

13-12-4──────────────── 士於君所에서 言할새 大夫가
沒矣則稱諡若字하고 名士하며
與大夫言할새 名士하고 字大夫하니라.

『선비는 임금의 자리에서 말할 때에 대부가 죽었으면 시호 및 자를 일컫고, 선비를 이름으로 호칭하며, 대부와 더불어 말할 때에 선비를 이름으로 호칭하고, 대부를 자로 일컫느라.』

　◑ 이 절은 임금이 계신 자리에서 말할 때에 대부와 선비의 호칭법을 기술하였다.

　군소(君所)는 임금이 계신 자리이고, 몰(沒)은 죽은 것이며, 약(若)은 '및'이다. 대부는 시호나 자(字)를 호칭하여 높이고, 선비는

이름을 불러 가까이함이다.

13-12-5——————————— <ruby>於大夫所<rt>어 대 부 소</rt></ruby>엔 <ruby>有公諱<rt>유 공 휘</rt></ruby>하고 <ruby>無私諱<rt>무 사 휘</rt></ruby>하며 <ruby>凡祭<rt>범 제</rt></ruby>에 <ruby>不諱<rt>불 휘</rt></ruby>하며 <ruby>廟中<rt>묘 중</rt></ruby>에 <ruby>不諱<rt>불 휘</rt></ruby>하며 <ruby>敎學臨文<rt>교 학 임 문</rt></ruby>엔 <ruby>不諱<rt>불 휘</rt></ruby>하니라.

『대부의 자리에서는 공적으로 피하는 이름은 있으나 사적으로 피하는 이름은 없으며, 무릇 제사에는 이름을 피하지 아니하며, 사당 안에서는 이름을 피하지 아니하며, 가르치고 배움과 문장을 읽음에는 이름을 피하지 아니하니라.』

◉ 이 절은 대부가 있는 자리에서는 공적으로 피하는 이름만 있고 제사와 사당 안과 공부하고 글을 읽을 때에는 공적으로 피하는 이름도 없음을 기술하였으니 앞에 1-29-1~7에서 이미 밝혔다.

13-13-1——————————— <ruby>古之君子<rt>고 지 군 자</rt></ruby>는 <ruby>必佩玉<rt>필 패 옥</rt></ruby>하나니 <ruby>右徵角<rt>우 치 각</rt></ruby>하고 <ruby>左宮羽<rt>좌 궁 우</rt></ruby>하니라.

『옛날의 군자는 반드시 옥을 허리띠에 찼으니 오른쪽에는 치성과 각성을 차고, 왼쪽에는 궁성과 우성을 차니라.』

◉ 이 장은 허리띠에 옥을 좌우에 두 개씩 차는 법도를 기술하였는데 여기에서는 오른쪽과 왼쪽에 차는 옥의 소리가 다름을 밝혔다.

패(佩)는 옥을 실끈에 꿰어 늘어뜨려서 차는 것이고, 옥(玉)은 옥
구슬이며, 치(徵)는 치성(徵聲)으로 여름의 소리요, 각(角)은 각성
(角聲)으로 봄의 소리니 모두 양(陽)의 소리이고, 궁(宮)은 궁성(宮
聲)으로 중앙의 소리요, 우(羽)는 우성(羽聲)으로 겨울의 소리니 음
(陰)의 소리이다. 그리하여 오른쪽은 고요한 음(陰)을 숭상하므로 움
직임에 양(陽)을 생산하고, 왼쪽은 움직이는 양(陽)을 숭상하므로 움
직임에 음(陰)을 생산하니 곧 고요히 멈춤에 발동할 것을 생각하고,
움직여 나아감에 정지할 것을 생각하기 위함이다.

13-13-2————————趨以采齊요 行以肆夏하며 周還中規요
折還中矩며 進則揖之하고 退則揚之하나니
然後에야 玉이 鏘鳴也니 故로
君子는 在車하얀 則聞鸞和之聲하고
行하면 則鳴佩玉이라 是以로 非辟之心이 無自入也니라.

『빠른 걸음은 채자음절로 하고, 보통걸음은 사하음절로 하며, 원형
으로 돌 때에는 그림쇠 모양과 같고, 꺾어 돌 때에는 기역자 모양과
같으며, 나아감에는 곧 읍하는 모양을 하고, 물러남에는 곧 휘날리는
모양을 하나니, 그런 다음에야 옥이 쟁그랑하고 울리는 것이니 그러
므로 군자는 수레에 있을 때엔 곧 수레방울소리와 말방울소리를 듣
고, 걸음에는 곧 패옥을 울리므로 이래서 그르고 편벽한 마음이 말미
암아 들어옴이 없는 것이니라.』

☯ 이 절은 허리띠의 좌우 양쪽에 실끈을 꿰어 두 개씩 늘어뜨린 옥이 몸을 움직이면 서로 부딪쳐서 울리게 하는 기본 동작을 기술하였다.

채자(采齊)는 지붕에 이엉을 얹기 위하여 띠풀을 낫으로 쳐서 베는 시인데 그 음악곡조가 슥~슥~ 하여 빠른 가락이니 자(齊)는 자(薺 또는 茨)이다. 사하(肆夏)는 군대가 씩씩하고 당당하게 행군하는 시인데 그 음악곡조가 군인의 제식 훈련할 때의 보통 걸음속도이다. 주선(周還)은 제자리에서 360°로 도는 것이고, 중(中)은 적중함이며, 규(規)는 그림쇠로 원을 만드는 도구요, 절선(折還)은 90°로 꺾어 도는 것이며, 구(矩)는 곡척(曲尺)이니 곧 기역자 모양의 자이다. 읍지(揖之)는 옥구슬이 위로 올라감이고, 양지(揚之)는 아래로 휘날림이며, 장(鏘)은 두 개의 옥구슬이 서로 부딪쳐서 울리는 소리요, 비벽지심(非辟之心)은 부정하고 편벽한 마음이며, 자(自)는 유(由)와 같다.

13-13-3 —————————— 君在어든 不佩玉이니 左結佩하고
右設佩하며 居則設佩하고 朝則結佩니라.

『임금이 계시거든 옥을 차지 않으니 왼쪽은 옥구슬의 끈을 묶고, 오른쪽은 옥구슬의 끈을 늘어뜨리며, 거처에서는 곧 옥구슬의 끈을 늘어뜨리고, 조회에서는 곧 옥구슬의 끈을 묶느니라.』

☯ 이 절은 모든 신하는 임금이 계신 자리와 조정의 회의 시에는 옥구슬 소리를 내지 않도록 묶어야 됨을 기술하였다.

　결패(結佩)는 옥구슬의 끈을 묶어서 소리가 나지 않게 함이니 정숙(靜肅)한 몸가짐을 위함이고, 설패(設佩)는 옥구슬 끈을 늘어뜨림이니 소리를 울리기 위함이다. 임금이 계신 장소는 조용하고 엄숙해야 되므로 옥을 차지 않지만 다만 왼쪽의 높은 소리만 나지 않게 해도 되며, 조회(朝會) 때에는 가장 정숙해야 되므로 좌우 양쪽의 옥구슬을 모두 묶어 소리가 나지 않게 해야 된다. 전배들은 이 절을 세자(世子)에게 해당하는 조항이라고 하였으나 옳지 않다.

13-13-4 ──────────────────────────────── 齊인댄 則結結佩而爵韠하니라.

『재계할 때에는 곧 옥구슬 끈을 묶어 고를 내고, 회색 무릎가리개를 하니라.』

　◐ 이 절은 제계(齊戒) 시에 옥구슬 끈을 묶는 방법을 기술하였다.
　재(齊)는 몸을 깨끗이 하고 마음을 가지런히 하는 재계(齊戒)이니 정숙하게 근신함이요, 쟁(結)은 고를 냄이니 옷고름이나 끈 따위를 잡아맬 때에 한 가닥을 매듭에서 약간 잡아 빼어 접어서 고리를 내놓은 것이다.

13-13-5 ──────────────────────────────── 凡帶엔 必有佩玉이니 唯喪에 否니라
佩玉에 有衝牙하며 君子는 無故어든
玉不去身이니 君子는 於玉에 比德焉이니라.

『무릇 허리띠에는 반드시 패옥이 있나니 오직 상복에는 아니하니
라. 패옥에 치는 이빨이 있으며, 군자는 연고가 없거든 옥을 몸에서
제거하지 않으니 군자는 옥에 덕을 비유하니라.』

◐ 이 절은 패옥(佩玉)의 기능과 쓰임을 기술하였다.

패옥(佩玉)은 앞의 허리띠에 차는 장식용 옥구슬 노리개인데 모두
세 가닥 3층으로 엮어 만든다. 위층에는 한 개의 옥을 저울대처럼 가
로로 대고 거기에 세로로 3가닥의 구슬 줄을 내려서 가운데층의 좌
우에는 네모진 옥을 매달고, 가운데 줄에는 둥근 도래옥을 매달며,
가장 아래층의 좌우에는 반원형의 옥을 매달고, 가운데 줄에는 3각형
으로 이빨 모양의 옥을 매달아서 움직이면 이것이 좌우 반원형의 옥
을 쳐서 소리를 내는 것이다. 충아(衝牙)는 3각형 이빨 모양의 옥이
좌우의 반원형 옥을 치도록 하는 것이며, 어옥(於玉)은 옥이 울리는 소
리에 관함이고, 비덕(比德)은 인격을 수양한 덕성에 비유하는 것이다.

13-13-6 天子는 佩白玉하시되 而玄組綬이며

『천자는 백옥을 차시되 검은 실로 엮은 끈이며』

◐ 이 절은 천자가 차는 패옥의 색깔과 그 끈의 색상을 기술하였다.
현조(玄組)는 검은 실로 엮어서 조직함이고, 수(綬)는 옥을 꿰어
매다는 끈이다.

13-13-7 ――――――――――― 公侯는 佩山玄玉하되 而朱組綬이며
大夫는 佩水蒼玉하되 而純組綬이며
世子는 佩瑜玉하되 而綦組綬이며
士는 佩瓀玟하되 而縕組綬이니라.

『공작과 후작은 산처럼 검은 옥을 차되 붉은 실로 엮은 끈이며,
대부는 물처럼 푸른 옥을 차되 흰 실로 엮은 끈이며, 세자는 무늬가
있는 옥을 차되 검푸른 실로 엮은 끈이며, 선비는 돌 같은 옥을 차되
적황색 실로 엮은 끈이니라.』

☯ 이 절은 제후와 대부 및 세자 그리고 선비의 패옥을 기술하였다.
공후(公侯)는 공작과 후작이니 곧 제후이고, 산현옥(山玄玉)은 산
색처럼 검은 옥이며, 수창옥(水蒼玉)은 물빛처럼 푸른 옥이다. 유옥
(瑜玉)은 무늬가 있는 옥이요, 기(綦)는 검푸른 쑥색이며, 연(瓀)과
민(玟)은 돌에 가까운 옥이고, 온(縕)은 적황색이다.

13-13-8 ――――――――――― 孔子는 佩象環五寸하시고 而綦組綬하시니라.

『공자는 상아로 만든 다섯 치의 도리옥을 차시고, 검푸른 실로 엮
은 끈을 하시니라.』

☯ 이 절은 공자의 도리옥과 끈을 기술하여 사생활에서는 융통성
이 있음을 밝혔다.

상(象)은 상아요, 환오촌(環五寸)은 다섯 치의 둥근 도리옥 모양
이니 상아는 옥보다 가볍고 구하기가 쉬운 까닭에 공자가 취한 것인즉
집에서 거처하실 때에 사용한 것이고, 조복(朝服)에 한 것이 아니다.

13-14-1─────────────────────童子之節也는 緇布衣錦緣하고
錦紳幷紐하고 錦束髮하나니 皆朱錦也라.

『어린이의 예절은 검은 베옷에 비단으로 옷깃에 선을 두르고, 허
리띠의 늘어뜨린 부분과 나란히 하여 매는 부분을 비단으로 하고, 비
단 끈으로 머리를 묶나니 모두 붉은 비단이니라.』

◉ 이 장은 동자(童子)의 예절을 기술하였으니 사내아이는 질박하
면서로 명랑 쾌활해야 됨을 밝혔다.

동자(童子)는 앞에 1-9-1에서 이미 해설하였고, 치포의(緇布衣)
는 검은 베옷이니 질박한 옷이며, 금연(錦緣)은 옷의 가장자리에 비
단으로 선을 두르는 것이요, 신(紳)과 병뉴(幷紐)는 앞에 13-9-6에
서 해설하였다.

13-14-2─────────────────童子는 不裘하며 不帛하며 不屨絇하며
無緦服하고 聽事不麻하니 無事則立主人之北하야
南面하며 見先生하되 從人而入하나니라.

『어린이는 가죽옷을 입지 않으며, 비단옷을 입지 않으며, 삼신의 코를 장식하지 않으며, 시마 3월의 상복은 입지 아니하고, 초상집에서 심부름을 할 때에 삼베 띠를 매지 않으니 일이 없을 때에는 곧 주인의 북쪽에 서서 남쪽으로 얼굴을 향하며, 선생에게 보이되 어른을 따라서 들어가니라.』

◉ 이 절은 앞 절에 이어 10세의 사내아이는 씩씩하고 활달하게 가르쳐야 됨을 기술하였다.

구구(屨絇)는 삼으로 만든 신의 코에 아름답게 장식함이니 어린이의 활발한 운동에 저해가 되므로 장식을 안 한다. 종인이입(從人而入)은 어른을 따라서 선생이 계신 방에 들어가는 것이니 혼자서 들락날락하며 선생을 번거롭게 하지 못하도록 함이다.

13-15-1 ──────────侍食於先生이나 異爵者어는 後祭先飯하고
客이 祭어든 主人이 辭하야 曰不足祭也라 하며
客이 飱이어든 主人이 辭以疏하고
主人이 自置其醬이어든 則客이 自徹之니라.

『선생이나 벼슬이 높은 사람을 곁에서 모시고 식사하거든 뒤에 반제 지내고, 먼저 밥을 먹나니 손님이 반제 지내거든 주인이 사양하여 말하기를 반제 지내기에는 부족한 음식입니다 하며, 손님이 밥을 물에 말거든 주인이 거친 반찬이라고 사양하고, 주인이 스스로 그 간장을 놓거든 곧 손님이 스스로 치우느니라.』

◑ 이 장은 성인(成人)이 함께 식사하는 예절을 기술하였으니 여기에서는 선생이나 벼슬이 높은 사람을 모시고 식사하는 절차를 밝혔다.

선생(先生)은 자기보다 나이가 많은 사람이고, 이작자(異爵者)는 자기보다 벼슬이 높은 사람이며, 제(祭)는 반제(飯祭)로 곧 제식(祭食)이니 앞에, 1-20-3에서 이미 해설하였다. 부족제(不足祭)는 반제 지내기에는 빈약한 음식이라는 뜻이고, 손(飱)은 밥을 먹다가 남은 밥을 물에 말아 먹는 것이니 밥이 맛이 있어서 맛있게 모두 먹겠다는 뜻이요, 소(疏)는 소사(疏食)로 반찬이 없고 거친 밥이며, 자치기장(自置其醬)은 주인이 자기의 밥상에 있는 간장을 손님상에 올려 놓은 것이니 반찬이 없으므로 간장이라도 더 먹으라는 뜻이다. 자철지(自徹之)는 그 간장을 상에서 내려놓은 것이니 손님이 반찬이 싱거워서 밥에 물을 말아먹는 것이 아니라는 뜻이다.

13-15-2 ──────────────────────── 一室之人은 非賓客이라 一人이 徹하고
壹食之人은 一人이 徹하니
凡燕食에 婦人은 不徹이니라.

『한집에 사는 사람은 손님이나 손이 아니므로 한 사람이 밥상을 치우고, 한방에서 밥 먹은 사람은 한 사람이 밥상을 치우나니, 무릇 연회하여 식사함에 부인은 밥상을 치우지 아니하니라.』

◑ 이 절은 함께 밥을 먹고 밥상을 치우는 예절을 기술하였으니

대체로 젊은 장정 한 사람이 상을 치우고 약한 여자에게 밥상을 들게 해서는 안 됨을 밝혔다.

일실지인(一室之人)은 한집에 사는 가족이요, 일인(一人)은 가장 젊은 장정(壯丁)이며, 철(徹)은 철상(徹床)이니 먹은 밥상을 들고 나가는 것이고, 일식지인(壹食之人)은 한방에서 같이 밥 먹은 사람이다. 연식(燕食)은 여러 사람이 모여서 연회하며 식사함이고, 부인(婦人)은 힘이 연약하므로 무거운 밥상을 들지 못하게 하고 젊은 사나이들이 밥상을 치우도록 하였다.

13-15-3─────────── 食棗桃李하되 弗致于核하며
瓜는 祭上環하고 食中하되 棄所操니라.

『대추와 복숭아와 자두를 먹되 그 씨를 여기에 버리지 아니하며, 참외는 위에 동그란 부분을 반제 지내고, 중앙 부분을 먹되 손으로 잡은 부분은 버리느니라.』

◐ 이 절은 과일을 먹는 예절을 기술하였으니 씨가 있는 과일을 먹음에는 그 씨를 집에 가지고 가서 심어야 함을 밝혔다.

치(致)는 버리는 것이고, 우(于)는 '여기에'이며 제상환(祭上環)은 참외의 위에 꼭지 부분을 세로로 잘라서 동그란 부분은 반제(飯祭) 지내는 것이요, 중(中)은 참외의 중앙 부분이고 소조(所操)는 참외를 통째로 먹기 위하여 손으로 잡는 부분이다. 참외를 먹는 예절은 신분에 따라서 다르니 앞에 1-20-21을 참고하라.

13-15-4─────────── 凡食果實者는 後君子하고 火熟者는 先君子니라.

『무릇 과실을 먹은 사람은 군자보다 뒤에 먹고, 불로 익힌 것은 군자보다 먼저 먹느니라.』

◉ 이 절은 군자를 모시고 과일과 불로 익힌 음식을 먹는 예절을 기술하였다.

과일은 신선한 것이므로 군자가 먼저 먹게 하고, 불로 익힌 음식은 뜨겁거나 짜고 맵거나 혹은 설익은 것을 확인하기 위하여 아랫사람이 먼저 맛을 보는 것이다.

13-15-5─────────── 有慶이어든 非君賜면 不賀니라.

『경사가 있거든 임금이 하사함이 아니면 축하하지 아니하니라.』

◉ 이 절은 신하의 경사스러운 일이 임금으로부터 받은 것이 아니면 축하하지 않는 절도를 기술하였다.

경(慶)은 경사(慶事)로 기쁘고 보람차며 미래에 희망을 가질 수 있는 길(吉)한 일이요, 군사(君賜)는 임금이 하사한 관작(官爵)과 상훈(賞勳) 및 기물(器物)이며, 하(賀)는 하례(賀禮)니 경사에 축하하는 예절이다.

『근심하는 사람이 있거든』

◐ 이 절은 유우자(有憂者)의 아래에 있는 문장이 빠졌는데 앞 절의 내용으로 미루어 살피건대 "임금이 위로함이 아니면 조위(弔慰)하지 아니하니라"일 것이다. 따라서 경사나 흉사에 모두 임금으로부터 축하와 조위가 있어야지 신하가 독단적으로 행동할 수 없는 것이다.

13-15-7 ─────────────────────── ^{공 자} ^{식 어 계 씨}孔子가 食於季氏하실새
^{불 사} ^{불 식 육 이 손}不辭하시며 不食肉而飱하시니라.

『공자가 계씨의 집에서 식사하실 때에 사양하지 아니하며, 고기를 잡수지 아니하고, 물에 말아 잡수시니라.』

◐ 이 절은 음식을 대접받음에 있어 주인이 손님에게 예절을 갖추지 않으면 손님도 따라서 예절을 갖추지 않고, 또 고기도 먹지 않으며 밥을 물에 말아서 얼른 먹고 돌아가는 것이 마땅함을 밝혔다.

식어계씨(食於季氏)는 계씨의 집에서 식사대접을 받은 것이고, 불사(不辭)는 장차 귀한 음식을 대접받을 때에 일어나서 사양함이며 불식육(不食肉)은 식사를 할 때에 주인이 고기를 먹으라고 권해야만 손님이 먹는 것인데 계씨가 권하지 않으므로 공자가 잡수시지 않은 것이다.

君이 賜車馬어든
乘以拜하고 賜衣服이어든
服以拜하며 賜하되 君이
未有命이어든 弗敢卽乘服也니라.

『임금이 수레와 말을 하사하거든 타고 가서 절하고, 의복을 하사하거든 입고 가서 절하며, 하사하되 임금이 명령함이 있지 않거든 감히 곧 타거나 입지 못하니라.』

◑ 이 장은 하사품을 받고 감사의 뜻을 표하는 절도를 기술하였으니 여기에서는 임금이 수레와 말 그리고 의복을 하사하면 타거나 입고 가서 절하는 예절을 밝혔다.

명(命)은 타거나 입으라는 명령이고, 즉(卽)은 즉시이다. 비록 수레와 말 그리고 의복을 하사받았지만 타거나 입으라는 임금의 명령이 있지 않으면 그 뜻을 확인한 다음에 타거나 입어야 된다.

君이 賜어든 稽首據掌하되 致諸地니라.

『임금이 하사하거든 머리를 조아리고 두 손을 포개어 땅을 짚되 머리가 땅에 이르게 하니라.』

◑ 이 절은 임금이 하사하면 지극히 감격하는 뜻을 표하고 받아야 함을 밝혔다.

계수(稽首)는 머리를 땅에 대는 것으로 크게 감격한 뜻을 표하는
자세이고, 거(據)는 누르는 것이니 거장(據掌)은 왼손을 오른 손등에
포개어 손바닥으로 땅을 짚고 엎드리는 것이며, 치(致)는 지(至)와
같다.

 酒肉之賜는 弗再拜니라.

『술과 고기의 하사에는 두 번 절하지 아니하니라.』

◑ 이 절은 술과 고기를 하사받음에는 두 번 절하지 않음을 밝혔다.
재배(再拜)는 임금이 수레와 말 그리고 의복을 하사하면 신하가
그 집에서 절하고 받고, 또다시 그것을 타거나 입고 임금이 계신 곳
으로 가서 절하는 예절이니 곧 두 번 절함이며, 술이나 고기는 집에
서 받을 때에 절할 뿐이요, 그것을 먹은 다음에 찾아가서 절하지 않
는 것이니 번거로움을 피하기 위함이다.
그러나 받을 때에 집에 없어서 절하지 못했으면 찾아가서 절하는
것이 예절이다.

 凡賜君子와 與小人은 不同日이니라.

『무릇 군자와 소인에게 하사함은 날을 같이하지 아니하니라.』

◉ 이 절은 임금이 신하에게 하사함에는 고급관료와 하급관료를 나누어 서로 다른 날에 시행해야 됨을 밝혔다.

군자(君子)는 고위급 관료이고, 소인(小人)은 하위급 신민이며 동일(同日)은 같은 날에 거행함이다.

군자는 어질고 가깝게 대함에 감격하는 것이요, 소인은 즐겁고 이롭게 대함에 감격하는 것이라 날을 다르게 해서 각각 소망을 얻게 해야 되는 것이다.

13-16-5———————————————— 凡獻於君에 大夫는 使宰하고
士는 親이니 皆再拜稽首하야 送之하니라
膳於君은 有葷桃茢하고 於大夫엔 去茢이요
於士엔 去葷이니 皆造於膳宰니라.

『무릇 임금에게 바침에 대부는 가신장으로 하여금 바치게 하고, 선비는 몸소 바치나니 모두 재배하고 머리를 조아리며 보내느니라. 임금에게 고기반찬을 바침에는 고기꾸러미에 마늘과 복숭아 가지와 부정풀이비가 있고, 대부에게는 부정풀이비를 빼고, 선비에게는 마늘을 빼니, 모두 요리장에게 가서 전하느니라.』

◉ 이 절은 아랫사람이 윗사람에게 선물을 드리는 절도를 기술하고 음식물은 신선도를 유지해야 됨을 밝혔다.

헌(獻)은 앞에 1-21-1에서 이미 해설하였고, 사재(使宰)는 가신장(家臣長)으로 하여금 선물을 바치게 함이니 임금을 번거롭게 하지

않게 위함이며, 선(膳)은 앞에 12-8-2에서 해설하였다. 훈(葷)은
마늘이요, 도(桃)는 복숭아나무 가지이며, 렬(苅)은 부정풀이비인데
모두 불결하고 사악한 기운을 쫓는 물건으로 음식물의 변질을 막기
위하여 포장에 사용한다. 조(造)는 이르러 가서 전달함이고, 선재(膳
宰)는 궁중의 요리장이니 음식을 직접 보여서 신선도를 확인하도록
함이다.

13-16-6───────────────── 大夫는 不親拜함은 爲君之答己也니라.

『대부가 친히 가서 절하고 바치지 아니함은 임금이 자기에게 답배
를 하기 때문이니라.』

◉ 이 절은 앞 절에 이어 대부는 가신장으로 하여금 선물을 바치
게 하는 이유를 밝혔다.

친배(親拜)는 선물을 몸소 가지고 가서 절하고 바침이고, 답(答)
은 답하여 절하는 것이다. 예절에 대부가 직접 선물을 가지고 와서
절하고 바치면 임금이 불러서 답하여 절을 하는 것이므로 임금을 번
거롭게 하지 않기 위하여 가신장으로 하여금 바치게 하는 것이다.

13-16-7───────────────── 大夫는 拜賜而退하고
士는 待諾而退니 又拜하되 弗答拜니라.

『대부는 하사에 대하여 절하고 물러가고, 선비는 허락을 기다리다가 물러가나니, 허락이 있으면 또 절하되 답배를 하지 않느니라.』

◉ 이 절은 부재중에 임금의 하사품을 받은 다음 날에 대부와 선비가 임금이 계신 곳에 가서 절하는 절도를 기술하였다.

배사(拜賜)는 하사에 대한 감사의 뜻을 표하여 절함이고, 퇴(退)는 궁궐 문밖에서 절하여 수문장에게 알리기만 하고 물러가는 것이며, 대약(待諾)은 임금으로부터 알았다는 전갈을 기다림이며, 우배(又拜)는 임금으로부터 알았다는 전갈을 들었으면 선비가 또 절하는 것이요, 불답배(弗答拜)는 임금이 선비의 또 절함에 대하여 더 이상 답하여 전갈함이 없다는 뜻이다.

13-16-8─────────────大夫가 親賜士어든 士가 拜受하고
又拜於其室하되 衣服을 弗服以拜하며
敵者가 不在어든 拜於其室이니라.

『대부가 친히 선비에게 하사하거든 선비가 절하고 받고, 또 그 집에 가서 절하되 관복을 입지 않고 절하며, 상대자가 집에 있지 않거든 그 집에 절하니라.』

◉ 이 절은 대부가 직접 선비에게 물품을 하사할 때에 선비가 감사의 뜻을 표하는 예절을 기술하였다.

기실(其室)은 대부의 집이요, 의복(衣服)은 관복(官服)이며, 불복

(弗服)은 관복을 입지 않고 사복(私服)을 입는 것이니 임금에게는 관복을 입고 가서 사례(謝禮)하고, 대부에게는 사복을 입고 가서 사례하는 것이다. 적자(敵者)는 상대자(相對者)인즉 대부의 가신(家臣)으로 선비급에 해당하는 사람이다.

 凡於尊者에 有獻이요 而弗敢以聞이니라.

『무릇 높은 사람에게 바침이 있어도 감히 어른에게 직접 듣지 아니하니라.』

◐ 이 절은 높은 사람에게 바침에는 그 아랫사람에게 전하고, 직접 높은 사람에게 바치는 것이 아님을 밝혔다.

존자(尊者)는 학덕(學德)이 높은 사람이므로 천한 사람이 바치는 물건을 받으려고 하지 않고 또 번거롭게 할 염려가 있는 까닭에 직접 바치지 않는 것이며, 문(聞)은 높은 사람으로부터 받았다는 말을 직접 듣는 것이다.

 士는 於大夫에게 不承賀하고
下大夫는 於上大夫에게 承賀니라.

『선비는 대부에게 하례를 받지 아니하고, 하대부는 상대부에게 하례를 받느니라.』

◉ 이 절은 경사(慶事)가 있을 때에 하례(賀禮)를 받을 수 있는 대상은 서로 비슷한 신분 이하로부터만 받는 것임을 밝혔다.

승하(承賀)는 경사스러운 일에 축복의 하례를 받는 것이니 선비는 대부와 신분의 차이가 크기 때문에 대부의 하례를 받지 아니하고, 하대부는 상대부와 신분의 차이가 적기 때문에 하례를 받는 것이다.

13-16-11───────────────────── 親在어든 行禮於人에 稱父하고 人或賜之어든 則稱父拜之니라.

『어버이가 계시거든 사람에게 예식을 거행함에 아버지를 일컫고, 사람이 혹시 하사하거든 곧 아버지를 일컬으며 절하느니라.』

◉ 이 절은 효자가 집안에서는 아버지의 이름으로 예식을 거행함을 밝혔다.

행례(行禮)는 예식을 거행함이고, 칭(稱)은 일컬어 핑계를 대는 칭택(稱託)이다.

효자는 감히 독자적으로 행동하지 않고, 항상 어버이와 일체임을 잊지 않는다.

13-16-12───────────────────── 禮不盛服이어든 不充이니 故로 大裘는 不裼하며 乘路車면 不式이니라.

『예식에 성대한 의복이 아니거든 충분하지 아니하니 그러므로 큰 가죽옷에는 등거리를 입지 않으며, 큰 수레를 타면 가로 막대를 잡고 일어서지 않느니라.』

◑ 이 절은 예식의 본질이 성대하고 엄숙하고 덕성스러운 데 있으므로 큰 예식을 거행함에는 작은 의식을 생략해서 장엄함을 추구해야 됨을 경계하였다.

충(充)은 충분(充分)함이니 충분조건이라는 말이며, 대구(大裘)는 임금이 하늘에 제향 지낼 때에 입는 가죽옷이요, 석(裼)은 등거리로 보통예복에 갖추는 옷이다. 로거(路車)는 큰 수레로 큰 행사에 가는 것이며, 식(式)은 경의를 표하는 작은 예절이다.

13-17-1 ──────────────────────────── 父가 命呼어든
唯而不諾하며 手執業則投之하고
食在口則吐之하고 走而不趨니라.

『아버지가 명령하거나 부르거든 "네" 하고 "네~" 하지 아니하며, 손에 일감을 들었으면 던져 버리고, 음식이 입에 있으면 뱉어 버리고 달려가고 빨리 걷지 아니하니라.』

◑ 이 장은 어버이를 섬기는 도리를 기술하였으니 여기에서는 효자의 자세를 밝혔다.

명(命)은 지시하는 명령이요, 호(呼)는 불러서 찾음이며, 유(唯)는

짧고 공손하게 "네"라고 대답함이고, 약(諾)은 길고 게으르게 "네~"
라고 대답함이다. 업(業)은 작업하는 일감이고, 주(走)는 달려가는
것이니 빨리 걷는 것보다 빠르다.

13-17-2─────────────────親老어든 出不易方하며 復不過時하고
親瘠어든 色容을 不盛이니 此는 孝子之疏節也니라.

『어버이가 늙었거든 밖에 나아감에 방향과 장소를 바꾸지 아니하
며, 돌아옴에 때를 넘기지 아니하고, 어버이가 병을 앓거든 얼굴색과
용모를 성대하게 아니하나니 이것은 효자의 평범한 절도이니라.』

◐ 이 절은 어버이가 늙고 병들었을 때에 효자가 기본적으로 갖추
어야 되는 절목을 기술하였다.

행방(行方)을 바꾸면 찾기가 힘들게 되고, 돌아오는 때가 늦으면
어버이가 걱정하며, 제(瘠)는 질병을 앓은 것이니 아들은 마땅히 근
심을 해야 되고, 소절(疏節)은 일상적인 평범한 절도이다.

13-17-3─────────────────父가 沒而不能讀父之書는 手澤이
存焉爾요 母가 沒而杯圈을
不能飮焉은 口澤之氣가 存焉爾니라.

『아버지가 죽음에 아버지의 책을 읽을 수 없는 것은 아버지의 손

때가 남아 있는 까닭이요, 어머니가 죽음에 어머니의 잔으로 마실 수
없는 것은 입 때의 기운이 남아 있는 까닭이니라.』

◑ 이 절은 어버이가 남긴 물건에서 어버이의 정을 느끼는 효자의
마음을 기술하였다.

불능(不能)은 차마 못 함이요, 서(書)는 서책(書冊)이며, 수택(手
澤)을 손에서 묻은 때로 반들반들함이고, 배권(杯圈)은 나무를 굽혀
서 만든 잔이니 술이나 음료를 먹는 그릇이며, 구택(口澤)은 입에 닿
는 부분이 반들반들함이다.

13-18-1 ─────────────────────── 君이 入門이어든 介는 拂闑하고
大夫는 中棖與闑之間하고 士介는 拂棖이니라.

『임금이 대문에 들어가거든 부사는 문턱을 스치고, 대부는 문설주
와 문지방 사이의 가운데이고, 선비의 부사는 문설주를 스치느니라.』

◑ 이 장은 걸어 다니는 위치와 걷는 자세 및 용모에 대하여 기술
하였으니 여기에서는 제후의 회합에 신하들이 임금을 수행하여 대문
에 들어가는 위치를 밝혔다.

개(介)는 손님 쪽의 부사(副使)이고, 불(拂)은 터는 것인데 여기
에서는 가까이 접근하여 스치는 정도를 말하며, 얼(闑)은 대문의 중
앙바닥에다 문을 닫을 때에 고정하기 위하여 낮게 세운 문턱이요, 정
(棖)은 문설주로 문짝을 끼워 달기 위하여 중방과 문지방 사이 양편

에 세운 기둥이다.

　제후가 서로 만남에 주인이 되는 임금은 대문의 동쪽, 손님이 되는 임금은 대문의 서쪽으로 나란히 들어감에 양쪽의 부사(副使)들은 나란히 중앙의 문턱을 스칠 정도로 접근하여 들어가고, 양쪽의 대부들은 각각 그 임금의 뒤를 따라 동쪽 문설주와 중앙 문턱의 사이 그리고 서쪽 문설주와 중앙 문턱의 사이로 들어가며, 양쪽의 선비부사들은 서로 떨어져서 동쪽 문설주와 서쪽 문설주를 스칠 정도로 들어가는 것이다.

13-18-2─────────────────────── 賓은 入不中門하며 不履閾하며
公事는 自闑西하고 私事는 自闑東이니라.

『손님은 들어감에 대문의 중앙으로 가지 아니하며, 문지방을 밟지 아니하며, 공적인 사무는 중앙 문턱의 서쪽을 말미암고, 개인적인 업무는 중앙 문턱의 동쪽을 말미암느니라.』

　◐ 이 절은 제후의 경(卿), 대부가 이웃 나라의 임금에게 빙문(聘問)할 때에 대궐 문을 들어가는 절도를 기술하였다.

　빈(賓)은 이웃 나라에서 사신(使臣)으로 온 경대부이고, 입불중문(入不中門)은 앞 절에서 말한 개(介)가 불얼(拂闑)하는 위치로 들어가고 손님이 되는 임금이 들어가는 위치로 들어가지 아니함이니 감히 임금의 길로 들어가지 못함이다. 역(閾)은 문지방이요, 공사(公事)는 국가의 외교사무이며, 사사(私事)는 개인적 용무인데 국가의

외교사신은 빈례(賓禮)를 거행해야 되므로 서쪽을 말미암고, 개인적 용무는 공식적인 사신의 자격이 없으므로 그 나라의 신하들처럼 동쪽으로 말미암는 신례(臣禮)를 따르는 것이다.

『임금이 시동과 더불어 다님에는 발자국을 붙여서 걷고, 대부는 발자국을 이어서 걷고, 선비는 발자국 하나를 떼어서 걷나니 천천히 걷거나 자주 빨리 걸음에도 모두 이렇게 하니라.』

◉ 이 절은 임금의 시동(尸童)과 더불어 다님에 걸음걸이 자세를 기술하였으니 가장 조심스럽게 걷는 방법이다.

무(武)는 발자국이니 접무(接武)는 양쪽 발을 붙여서 발자국의 반쪽만 앞으로 나아가게 걷는 것이요, 계무(繼武)는 앞발의 뒤꿈치가 뒷발의 발가락 끝에 이어지도록 걷는 것이며, 중무(中武)는 앞발과 뒷발의 사이에 발자국 하나의 간격을 두고 걷는 것이니 임금은 그윽하고 대부는 장중하고 선비는 활달함을 숭상하는 까닭이다. 서추(徐趨)는 천천히 걷거나 자주 빠르게 걸음이다.

『급하게 빨리 걸음에는 곧 빨리빨리 하고자 하나니 손과 발의 자세는 변함이 없느니라.』

◐ 이 절은 비록 질주(疾走)할 때라도 천자의 접무(接武)와 대부의 계무(繼武) 및 선비의 중무(中武) 등 자세는 변하지 않음을 밝혔다.

질추(疾趨)는 매우 빠른 걸음이니 급하게 질주함이고, 발(發)은 힘을 내서 빨리빨리 함이며, 이(移)는 변이(變移)이다.

13-18-5——————————————————————— 圈豚行엔 不擧足하고
齊如流하나니 席上에 亦然하니라.

『제자리에서 돌아감에는 발을 들지 않고, 옷자락이 흐르듯이 하나니 자리 위에서도 또한 그렇게 하니라.』

◐ 이 절은 제자리에서 도는 절도를 기술하였다.

권(圈)은 짐승의 우리니 권돈행(圈豚行)은 돼지가 좁은 우리 속에서 돌아가듯이 곧 제자리에서 돌아가는 방법으로 발을 들지 않고 발꿈치만 돌려서 몸의 방향을 돌리는 것이다. 자(齊)는 옷의 아랫자락이요, 유(流)는 물이 흐르듯이 도는 것이며, 석상(席上)은 자리의 위에서 돌아갈 때이다.

13-18-6——————————————————————— 端行엔 頤霤如矢하며 弁行엔 剡剡起屨니라.

『단정하게 걸음에는 턱이 낙수물받이 모양이고, 화살처럼 곧게 걸으며, 급히 감에는 민첩하게 신을 일으켜 걷느니라.』

◑ 이 절은 바르게 걸을 때와 급히 걸을 때의 자세와 동작을 기술하였다.

단행(端行)은 단정한 자세로 바르게 걷는 것이요, 이류(頤霤)는 턱이 처마에서 낙수가 떨어지듯이 몸체와 수직이 되게 함이고, 시(矢)는 곧은 화살이니 곧게 걸어감을 뜻한다. 변(弁)은 두려워서 떠는 모양이니 변행(弁行)은 급히 가는 것이요, 염염(剡剡)은 번쩍번쩍한 모양이니 민첩함이고, 기(起)는 기동(起動)으로 일으켜 움직임이다.

13-18-7────────────執龜玉하얀 擧前曳踵하야 踖踖如也니라.

『거북이나 옥을 받들고 감에는 앞으로 나아가는 발은 들고, 뒷발 발꿈치는 끌면서 종종 걸음처럼 걷느니라.』

◑ 이 절은 귀중한 물건을 받들고 걷는 자세를 기술하였다.
전(前)은 앞으로 나아가는 발이고, 종(踵)은 뒷발의 발꿈치이며, 축축(踖踖)은 종종걸음으로 걷는 것이다. 이 장에 있어서 전배들이 오해한 부분이 많았기로 내가 바로잡으니 살피기 바란다.

13-18-8────────────凡行容는 惕惕이니라.

『무릇 걸음걸이의 모양은 급히 서두르는 모양이니라.』

◉ 이 절은 일반적인 걸음걸이의 모양을 기술하였다.

척척(惕惕)은 두렵고 근심하는 모양이니 빨리빨리 걸어서 급히 서두르는 것처럼 보이는 것인즉 가다가 멈추거나 돌아가지 않고 계속 곧게 가는 것이다.

13-18-9——————————— 廟中엔 齊齊하고 朝廷엔 濟濟翔翔이니라.

『종묘 안에서는 공경하여 삼가고, 조정에서는 장엄하고 성대하며 자유로우니라.』

◉ 이 절은 종묘와 조정에서의 기본자세를 기술하였다.

묘중(廟中)은 종묘(宗廟)의 울타리 안쪽이고, 제제(齊齊)는 공경하여 삼가는 모양이며, 제제(濟濟)는 장엄하고 성대한 기풍이요, 상상(翔翔)은 자유롭고 활달한 모양이다.

종묘의 제사는 정통성(正統性)을 계승하는 일이므로 공경하여 삼가는 것이요, 조정의 정치는 주체성(主體性)을 확립하는 일이므로 장엄하고 성대하며 자유롭고 활달한 것이다.

13-19-1——————————— 君子之容은 舒遲니 見所尊者하면 齊遬이니라.

『군자의 용모는 여유가 있고 침착하니, 존경하는 바의 사람을 보면 용모를 가지런히 단속하니라.』

◑ 이 장은 군자의 여유가 있고 침착한 용모를 분석하여 기술하였으니 수신(修身)공부의 기초이다.

서지(舒遲)는 여유가 있고 침착한 모양이고, 제속(齊遬)은 가지런히 몸가짐을 단속하여 공경하는 뜻을 표함이다.

13-19-2——————————————足容重하며 手容恭하며 目容端하며
口容止하며 聲容靜하며 頭容直하며
氣容肅하며 立容德하며 色容莊하니라.

『발의 몸맵시는 무겁게 하며, 손의 몸맵시는 공손하게 하며, 눈의 봄맵시는 단정하게 하며, 소리의 봄맵시는 고요하게 하며, 머리의 몸맵시는 곧게 하며, 기상의 몸맵시는 엄숙하게 하며, 서 있는 몸맵시는 덕성스럽게 하며, 얼굴빛의 몸맵시는 씩씩하게 하니라.』

◑ 이 절은 아홉 가지 몸맵시를 기술하였으니 이른바 9용(九容)으로 군자가 여유 있고 침착한 용모를 갖추는 구체적인 모양과 태도이다.

용(容)은 용의(容儀) 또는 용지(容止)로 보편적인 의식에 합당한 아름다운 몸맵시이고, 중(重)은 신중함이니 경거망동을 아니함이며, 공(恭)은 공손히 손을 모아서 손짓을 하지 아니함이며, 단(端)은 단정하게 똑바로 눈을 떠서 눈동자가 움직이지 아니함이며, 지(止)는

멈추어서 움직이지 아니함이며, 정(靜)은 고요하여 시끄럽지 아니함이며, 직(直)은 수직으로 세워서 기울거나 굽히거나 재끼지 아니함이며, 숙(肅)은 엄숙하여 산만하지 아니함이며, 덕(德)은 뚜렷하고 든든하게 허전하지 아니함이며, 장(莊)은 씩씩하고 힘차서 쇠약하지 아니함이다.

살피건대 9용(九容)이 이와 같이 아름답게 밖으로 나타나기 위해서는 또한 9사(九思) 공부를 함께 하고 9덕(九德)을 갖추어야 되나니 9사는 『논어』 계씨편에서 공자가 말씀하셨고, 9덕은 내가 역주한 『새 시대를 위한 서경(書經)』의 고요모(皐陶謨) 편에서 자세히 해설하였으니 참고하기 바란다.

13-19-3─────────── 坐如尸하며 燕居와 告는 溫溫하니라.

『앉음에는 시동처럼 하며, 한가롭게 거처할 때와 말로 알림에는 온화하고 부드러우니라.』

◉ 이 절은 군자의 앉은 자세와 한가롭게 거처하고 말로 알리는 모습을 기술하여 여유가 있고 침착한 용모를 밝혔다.

시(尸)는 시동(尸童)으로 꼿꼿이 앉아서 움직이지 않는 부동자세이고, 고(告)는 사람들에게 말로 알리는 것이며, 온온(溫溫)은 온화하고 부드러운 모양이다.

 ——————————————————— 凡祭엔 容貌顔色을 如見所祭者니라.

『무릇 제사에는 용모와 얼굴빛을 제사 지내는 신령을 뵈는 것처럼 하니라.』

◑ 이 절은 군자가 제사 지낼 때의 몸가짐을 기술하였다.

소제자(所祭者)는 제사 지내는 바의 신령(神靈)이니 곧 제사의 대상이다.

13-19-5 ——————————————————— 喪容은 纍纍하나니 色容은 顚顚하며
視容은 瞿瞿梅梅하며 言容은 繭繭하니라.

『상복을 입은 모양은 실의에 빠져서 어릿어릿하나니 얼굴색의 모양은 근심하여 시름시름하며, 눈동자의 모양은 놀라고 두려워서 앞이 캄캄한 듯하며, 말하는 모양은 목이 쉬어서 소리가 미세하니라.』

◑ 이 절은 군자가 상복(喪服)을 입고 거처하는 모양을 기술하였다.

상용(喪容)은 거상(居喪)하는 몸가짐이요, 류류(纍纍)는 절망 속에 기력을 잃고 어릿어릿함이며, 전전(顚顚)은 근심하여 시름시름함이며, 구구(瞿瞿)는 갑자기 놀라서 두려워하는 모양이며, 매매(梅梅)는 앞이 어둡고 캄캄한 모양이며, 견견(繭繭)은 목이 쉬어서 소리가 가늘고 희미한 것이다.

13-19-6────────────戎容은 曁曁하나니 言容은 詻詻하며
色容은 厲肅하며 視容은 淸明하니라.

『군대의 모양은 용감하고 씩씩함이니, 말하는 모양은 단호하게 결단하여 불끈불끈하며, 얼굴빛의 모양은 분개하여 숙연하며, 눈동자의 모양은 맑고 밝으니라.』

◑ 이 절은 군자가 군사작전을 수행하는 모습을 기술하였다.

융(戎)은 전쟁 시에 군복을 입고 군무에 종사함이고, 기기(曁曁)는 과감(果敢)하고 씩씩한 모양이며, 액액(詻詻)은 단호하게 결단하여 복종하지 않는 사람에게 불끈불끈 화를 내는 모양이요, 려(厲)는 비분강개함이며, 숙(肅)은 숙연(肅然)함이다. 청명(淸明)은 전쟁상황을 냉철히 분석하여 필승의 작전으로 탁월한 전략전승을 개발했기 때문에 평정심을 잃지 않은 결과이다.

13-19-7────────────立容은 辨卑하되 毋讇하며
頭頸은 必中하되 山立하며 時行엔
盛氣顚實하야 揚休하되 玉色이니라.

『서는 모양은 분별하여 낮추되 아첨하지 말며, 머리와 목은 반드시 가운데로 하되 산처럼 세우며, 때로 다님에는 왕성한 기운이 한결같이 충실하여 아름다움을 드날리되 옥빛처럼 은은하니라.』

◑ 이 절은 고급관료와 군자가 서 있는 자세와 걸어가는 태도를 기술하였으니 앞에 입용덕(立容德)과 두용직(頭容直) 그리고 족용중(足容重)을 분해하였다.

변비(辨卑)는 위아래를 분별하여 어른에게 자기의 몸을 낮추는 것이고, 첨(諂)은 아첨이니 곧 비굴하게 낮추는 것이다. 중(中)은 기울거나 기대지 아니함이요, 산립(山立)은 산처럼 균형이 있게 서는 것이며, 시행(時行)은 서 있다가 걸어갈 일이 있으면 걷는 것이고, 전(顚)은 오로지 한결같음이다. 양휴(揚休)는 내면에 충만한 아름다운 기운을 밖으로 발산하여 드날리는 것이니 곧 기운이 넘치고 활달하여 호연(浩然)한 기상과 쾌활한 기분이 솟아나는 것이며, 옥색(玉色)은 은은하게 광택을 내는 색깔이니 지나치게 번쩍번쩍하지 않도록 절제한다는 뜻이다.

13-20-1 ——— 凡自稱에 天子는 曰予一人이요 伯은 曰天子之力臣이니라.

『무릇 자기 자신을 호칭함에 천자는 말씀하시기를 '나 한 사람'이라 하고, 지방의 제후는 말하기를 '천자를 위하여 힘쓰는 신하'라고 하니라.』

◑ 이 장은 천자와 제후 그리고 대부와 선비의 호칭법을 기술하였다.

자칭(自稱)은 자기 자신을 호칭하는 말이니 곧 제1인칭 대명사이고, 1인(一人)은 자주 독립적인 지도력과 책임을 감당하는 사람이라는 뜻이요, 백(伯)은 방백(方伯)이니 지방의 제후를 범칭한 것이며,

천자지력신(天子之力臣)은 천자의 정치목적을 실현하기 위하여 노력하는 신하라는 뜻이다.

13-20-2─────────────────────────── 諸侯之於天子엔 曰某土之守臣某요
其在邊邑엔 曰某屛之臣某니라.

『제후가 천자에 대하여 자기를 호칭함에는 말하기를 '아무 영토를 지키는 신하 아무개'라고 하고, 그 변방의 읍에 있음에는 말하기를 '아무 변방을 지키는 신하 아무개'라고 하니라.』

◎ 이 절은 지방의 제후가 천자에 대하여 자기 자신을 호칭하는 법을 기술하였으니 앞에 2-9-5를 참조하라.

모토(某土)의 모(某)는 국명(國名)이고 토(土)는 봉토(封土)이며, 신모(臣某)의 모(某)는 제후의 성명(姓名)이다. 변읍(邊邑)은 변경지대에 위치한 읍이요, 병(屛)은 변병(藩屛)이니 곧 국경선을 지키는 책무가 있는 것이다.

13-20-3─────────────────────────── 其於敵以下엔 曰寡人이요
小國之君은 曰孤요 擯者도 亦曰孤니라.

『그 맞상대 이하에겐 말하기를 '과인'이라 하고 작은 나라의 임금은 말하기를 '고'라고 하고, 주인 측의 손님 도우미도 또한 말하기를

'고'라고 하니라.』

☯ 이 절은 제후가 자기의 관작보다 낮은 사람에게 자기 자신을
호칭하는 법을 기술하였다.

적(敵)은 필적(匹敵)이니 맞상대이고, 과인(寡人)은 학덕이 부족
하고 공적이 적은 사람이라는 뜻이요, 고(孤)는 앞에 2-8-5에서 이
미 해설하였으며, 빈자(擯者)는 주인 측에서 손님을 접대하는 사람이
니 여기에서는 임금보다 관작이 약간 낮은 경대부(卿大夫)이다.

13-20-4 ────────────────────────── 上大夫는 曰下臣이요
擯者는 曰寡君之老이며 下大夫는 自名이요
擯者는 曰寡大夫이며 世子는 自名이요
擯者는 曰寡君之適이니라.

『상대부는 말하기를 '아래 신하'라 하고, 주인 측의 손님 도우미는
말하기를 '과군의 늙은이'라 하며, 하대부는 자기의 이름을 부르고,
주인 측 손님 도우미는 말하기를 '덕이 적은 대부'라 하며, 세자는 자
기의 이름을 부르고, 주인 측 손님 도우미는 '덕이 적은 임금의 맏아
들'이라고 하니라.』

☯ 이 절은 앞 절에 이어 상급관료가 자기의 신분보다 낮은 사람
에게 자기 자신을 호칭하는 법을 기술하였으니 특히 다른 나라의 낮
은 관리에게 자기를 호칭할 때에는 극히 몸을 낮추어야 됨을 강조하

였다.

하신(下臣)은 아래 신하라는 뜻이고, 빈자왈(擯者曰)은 주인 측 손님 도우미가 대부나 세자를 수행하여 따라온 손님 측의 낮은 신하에게 자기를 호칭하는 것이며, 과군(寡君)은 자기 나라의 임금을 낮추어 호칭함이요, 적(適)은 맏아들인데 다른 나라의 세자가 손님으로 왔으므로 주인 쪽의 손님 도우미도 임금의 맏아들이 맡아야 함을 뜻한다.

13-20-5─────────── 公子는 曰臣孽이라 하고 士는 曰傳遽之臣이라 하나니 於大夫엔 曰外私라 하니라.

『공자는 말하기를 '신하인 서자'라 하고, 선비는 말하기를 '전달하고 연락하는 신하'라고 하나니, 대부에게는 말하기를 '외국의 사사로운 사람'이라고 하니라.』

◉ 이 절은 앞 절에 이어 하급관료가 자기의 신분보다 낮은 사람에게 자기 자신을 호칭하는 법과 또한 대부에게 자기를 호칭하는 법을 기술하였다.

공자(公子)는 세자(世子)를 제외한 임금의 아들이고, 신얼(臣孽)은 신하임과 동시에 임금의 서자(庶子)라는 뜻이다. 전(傳)은 역참(驛站)에서 전거(傳車)를 타고 전하는 사람이고, 거(遽)는 역말을 타고 연락하는 사람이며, 외사(外私)는 외국의 개인 신분이라는 뜻이다.

 大夫가 私事로 使엔 私人이 擯이어든
則稱名하고 公士가 擯이어든
則曰寡大夫나 寡君之老라 하니라.

『대부가 사사로운 일로 사자(使者)를 보냄에 사사로운 사람이 주인 측의 손님 도우미이거든 곧 이름을 일컫고, 국가공무원인 선비가 주인 측의 손님 도우미이거든 곧 하대부의 사자는 '덕이 적은 대부'라 하고, 상대부의 사자는 '덕이 적은 임금의 늙은이'라고 하니라.』

◉ 이 절은 대부가 사사로운 일로 사자(使者)를 보냈을 때에 주인 측의 손님 도우미 신분에 따라서 다르게 호칭해야 됨을 밝혔으니 곧 개인으로 맞이하면 개인으로 호칭하고, 공식적으로 맞이하면 공식적으로 호칭하는 것이다.

시(使)는 사자(使者)이고, 사인(私人)은 대부의 가신(家臣)이며, 공사(公士)는 국가의 공무원인 선비이다. 과대부(寡大夫)는 하대부(下大夫)를 낮추는 말이요, 과군지로(寡君之老)는 상대부(上大夫)를 낮추는 말이니 사자(使者)가 자기의 대부 신분에 따라서 선택해야 된다.

 大夫가 有所往엔 必與公士라야 爲賓也니라.

『대부가 갈 데가 있음에는 반드시 국가공무원인 선비를 수행토록 해야만 국빈이 되는 것이니라.』

◐ 이 절은 대부가 가신(家臣)만을 수행토록 하면 개인 자격일 뿐이고, 반드시 국가공무원인 선비를 수행토록 해야만 국빈(國賓) 자격을 가지게 됨을 기술하였다.

빈(賓)은 국빈(國賓)이니, 정식 외교사절로 맞이한 것이다.

14. 명당위(明堂位)

명(明)은 정체(正體)를 밝히는 것이니 종묘(宗廟)에서는 왕통(王統)의 소목(昭穆)을 밝혀 그 정체를 뚜렷이 하고, 조정(朝廷)에서는 대통(大統)의 천명(天命)을 밝혀 왕의 정체를 뚜렷이 함과 동시에 일백 관료의 관직과 작위의 서열을 밝혀 그 권한과 책임을 뚜렷이 하는 것이다.

당(堂)은 천자(天子)가 선왕(先王)에게 제사를 지내고 이어 제후(諸侯)의 조근(朝覲)을 받으며 정치를 논하는 곳으로 곧 선왕의 정신을 이어받아 정치를 논하는 정사당(政事堂)이니 오늘날 의사당(議事堂)과 비슷하다. 이에 조정(朝廷)에서는 중앙정부가 정책을 의결하고, 태묘(太廟)에서는 천자가 조상신에게 보고하며, 명당(明堂)에서는 지방제후의 자문을 얻어 천하에 그 집행을 명령하는 절차가 있었다.

이 편에서 주공(周公)이 성왕(成王)을 도와서 주(周)나라의 관직제도를 정착하는 과정을 확인할 수 있는바 고대의 정치제도를 연구할 수 있는 귀중한 자료이다.

14-1-1 ────────────────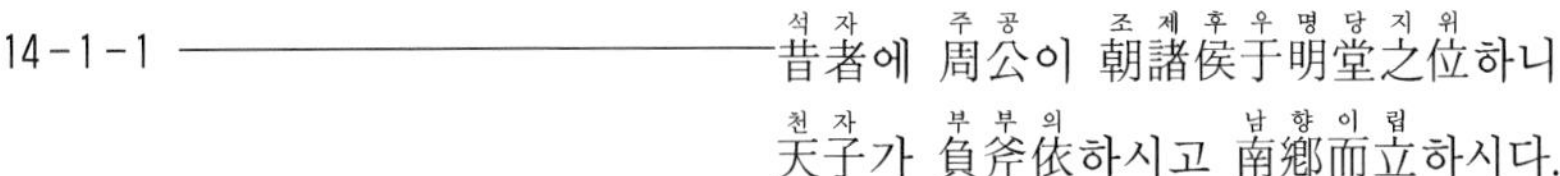

昔者에 周公이 朝諸侯于明堂之位하니
天子가 負斧依하시고 南鄕而立하시다.

『옛날에 주공이 제후를 명당의 자리에서 조회하게 하니 천자가 도끼병풍을 등지고, 남쪽을 향하여 서시다.』

◑ 이 장은 주공(周公)이 천하의 제후를 명당(明堂)으로 소집하여 성왕(成王)에게 조회하게 하였음을 사관이 기술하였는데 천자가 명당에서 남향함을 밝혔다.

조(朝)는 제후가 봄에 천자를 뵈는 행사이고, 명당(明堂)은 편제 해설에서 이미 설명했으며, 천자(天子)는 성왕(成王)이요, 부의(斧依)는 앞에 2-9-1에서 의(依)를 해설한 것과 같다. 남향(南鄕)은 남향(南向)인데 정치적 최고지도자는 남쪽의 밝은 빛을 향하여 만사를 밝게 경영해서 문명사회를 개척해야 된다는 뜻을 담은 상징적인 위치와 방향이다.

살피건대 무왕(武王)이 주(紂)를 정벌하고 혁명한 지 2년에 붕(崩)하니 성왕(成王)이 3년의 상복을 입은 기간에 주공(周公)이 총재(冢宰)로서 주(周)나라의 정사를 총괄적으로 관리하였는데 또 관숙(管叔)과 채숙(蔡叔)이 반란을 일으키므로 주공이 동정(東征)하여 평정한 지 2년 만에 돌아와서 성왕에게 친정(親政)토록 하였으니 아마도 이때에 천하의 제후를 소집하여 성왕에게 조회를 하는 행사를 개최하였을 것이다.

14-1-2 ──────────────────────── 三公은 中階之前에 北面東上하고
諸侯之位는 阼階之東에 西面北上하고
諸伯之國은 西階之西에 東面北上하고
諸子之國은 門東에 北面東上하고
諸男之國은 門西에 北面東上하니라.

『3공은 가운데 계단의 앞에서 북쪽을 향하되 동쪽을 상석으로 하고, 여러 후작의 자리는 섬돌 계단의 동쪽에서 서쪽을 향하되 북쪽을 상석으로 하고, 여러 백작의 나라는 서쪽 계단의 서쪽에서 동쪽을 향하되 북쪽을 상석으로 하고, 여러 자작의 나라는 남문 안의 동쪽에서 북쪽을 향하되 동쪽을 상석으로 하고, 여러 남작의 나라는 남문 안의 서쪽에서 북쪽을 향하되 동쪽을 상석으로 하니라.』

◑ 이 절은 5작(五爵)을 받은 신하와 제후가 천자를 조회할 때에 작위와 계급에 따라 정렬하는 명당 내의 위치와 방향과 차례를 기술하였다.

3공(三公)의 태사(太師), 태부(太傅), 태보(太保)로 모두 공작(公爵)인데 공작국(公爵國)의 임금도 그 뒤에 선다. 중계(中階)는 중앙에 있는 계단이고, 전(前)은 앞마당이며, 면(面)은 얼굴을 향하는 것이요, 상(上)은 상석(上席)으로 함이니 계급이 높은 사람의 자리로 하는 것이다. 제(諸)는 여러분을 모두 지칭함이요 후(侯)는 후작(侯爵)이며, 위(位)는 자리이니 후작을 받은 천자국의 경대부(卿大夫)와 후작국의 임금이 서는 자리로서 인원이 많으면 겹겹으로 서는 것이다. 조계(阼階)는 섬돌 계단인데 동쪽 계단을 지칭하고, 백지국(伯之國)은 백작국(伯爵國)의 임금이며, 자지국(子之國)은 자작국의 임금이요, 문(門)은 명당(明堂)의 남문 안이며, 남지국(男之國)은 남작국의 임금이다. 다섯 작위의 신하와 제후를 다섯 방위로 정렬하여 가지런하고도 엄숙하니 매우 인상적인 배열이다.

九夷之國은 東門之外에 西面北上하고
八蠻之國은 南門之外에 北面東上하고
六戎之國은 西門之外에 東面南上하고
五狄之國은 北門之外에 南面東上하니라.

『아홉 개의 동이 나라는 동문 밖에서 서쪽을 향하되 북쪽을 상석으로 하고, 여덟 개의 남만 나라는 남문 밖에서 북쪽을 향하되 동쪽을 상석으로 하고, 여섯 개의 서융 나라는 서문 밖에서 동쪽을 향하되 남쪽을 상석으로 하고, 다섯 개의 북적 나라는 북문 밖에서 남쪽을 향하되 동쪽을 상석으로 하니라.』

◉ 이 절은 천자가 다스리는 국경 밖에서 자유롭게 거주하는 다른 민족국가의 위치와 방향과 차례를 기술하였다.

9이(九夷)는 아홉 개의 동이족(東夷族)이요, 8만(八蠻)은 여덟 개의 남만족(南蠻族)이며 6융(六戎)은 여섯 개의 서융족(西戎族)이고 5적(五狄)은 다섯 개의 북적족(北狄族)으로 상고시대로부터 자체적인 생활문화를 가지고 독립국을 건설해서 문화중심국과 외교관계를 맺고 교역을 하였으므로 주공(周公)이 명당(明堂)의 조회행사에 초청하여 문밖에서 참관하게 하였던 것이니 아름다운 정치문화를 보급하기 위한 것이므로 『서경(書經)』 우공(禹貢)을 참조하라.

살피건대 모든 차례가 오른쪽을 상석(上席)으로 하였으나 5적지국(五狄之國)은 북문 밖에서 남쪽을 향하되 동쪽을 상석으로 하였으니 예절에 남향과 북향으로 자리를 폄에는 동쪽을 상석으로 하는 원칙에 의거한 것이라고 하겠다.

14-1-4 ────────────────^{구 채 지 국} ^{응 문 지 외} ^{북 면 동 상}
九采之國은 應門之外에 北面東上하니라.

『아홉 채지의 나라는 정문의 밖에서 북쪽을 향하되 동쪽을 상석으로 하니라.』

◑ 이 절은 천자국의 관리로 채지(采地)를 받은 나라의 임금은 명당(明堂)의 정문(正門) 밖에서 조회에 참가함을 밝혔다.

9(九)는 9주(州)에 각각 속해 있으므로 아홉 개가 되며, 채(采)는 앞에 5-3-3에서 이미 해설하였고, 응문(應門)은 명당(明堂)의 남쪽에 있는 정문(正門)으로 가장 밖에 있는 대문이다.

살피건대 채국(采國)이 이만융적(夷蠻戎狄)의 나라보다도 밖에 위치한 까닭은 주인과 손님의 관계이기 때문이니 채국(采國)은 천자국의 신하로 천자를 보필하여 받드는 직책이 있고, 이만융적(夷蠻戎狄)의 나라는 멀리 변방지대에서 찾아온 외교사절의 신분이므로 특별히 존대해서 채국보다 안으로 들게 하여 보호한 것이다.

14-1-5 ────────────────四塞는 世告至하니 此가 周公明堂之位也니
明堂也者는 明諸侯之尊卑也니라.

『4방 변방국가의 임금은 한 세대에 한 번 보고하여 이르러 오나니, 이것이 주공이 제정한 명당의 위치와 순서인 것이니 명당이라는 것은 제후의 높고 낮은 서열을 밝힌다는 뜻이니라.』

◉ 이 절은 사방의 변방지대의 작은 민족자치국은 한 세대에 한 번만 명당에 와서 보고하면 되는 것을 기술하고 명당의 뜻을 밝혔다.

새(塞)는 변방의 밖에 거주하는 소수민족의 독립자치국이요, 세(世)는 30년이며, 고(告)는 새로 즉위한 것을 보고함이고, 지(至)는 스스로 이르러 오는 것이니 강요하지 않는 것이다.

14-2-1 ──────────────────── 昔에 殷紂가 亂天下하야 脯鬼侯하야
以饗諸侯한대 是以로 周公이 相武王하야
以伐紂어늘 武王이 崩하시고 成王이 幼弱이라
周公이 踐天子之位하야 以治天下러니
六年에 朝諸侯於明堂하고 制禮作樂하며 頒度量한대
而天下가 大服이러니 七年에 致政於成王하니라.

『옛날에 은나라 주가 천하를 어지럽게 하여 귀나라 임금을 죽여 포를 떠서 제후들에게 향연을 베푼대 이래서 주공이 무왕을 도와 주를 정벌하였거늘 무왕이 승하하시고, 성왕이 어린지라 주공이 천자의 직무를 겸섭하여 천하를 다스리더니 6년에 제후를 명당에서 조회하고, 예법을 제정하며, 음악을 창작하며, 도량형기를 반포한대 천하가 크게 복종하더니 7년에 정사를 성왕에게 반납하니라.』

◉ 이 장은 주(周)나라 혁명과업 완수에 탁월한 공을 세운 주공(周公)의 업적을 기리는 내용을 기술하였으나 공적을 지나치게 수식한 나머지 사실과 부합하지 않는 것도 있으니 사관(史官)의 과실이다.

귀후(鬼侯)는 북방에 있는 귀나라 임금이니 폭군 주(紂)가 귀나라

임금을 살해하여 포를 떠서 향연을 베풀었으니 패역무도의 극치이다. 주공(周公)이 천천자지위(踐天子之位)는 앞에 8-2-1에서 이미 해설한 주공상천조(周公相踐阼)와 같이 주공은 당시 총재(冢宰)로서 섭정(攝政)을 했을 뿐이거늘 사관이 사실을 철저하고 정밀하게 분석하지 못하여 섭정(攝政)으로 왕권을 대행한 것을 즉위(卽位)하여 왕권을 행사한 것으로 오해한 것이다. 주공은 서경(書經) 주서(周書)의 락고(洛誥)편에서 보듯이 성왕에게 보고하며 행정하였으니 성왕(成王)의 통치권을 대행하는 데 그쳤을 뿐이다.

14-2-2 ──────── 成王이 以周公으로 爲有勳勞於天下라 하사
是以로 封周公於曲阜하시니 地方七百里요
革車千乘이며 命魯公하야 世世에
祀周公以天子之禮樂하라시니
是以로 魯君이 孟春에 乘大路하며 載弧韣하며
旂十有二旒에 日月之章하고 祀帝于郊하되
配以后稷하니 天子之禮也라.

『성왕이 주공은 천하에 훈로가 있다고 하사 이리하여 주공을 곡부에 봉하시니 땅이 사방 700리요, 전차가 1,000승이며, 노나라 임금에게 명하여 대대로 주공을 천자의 예절과 음악으로 제사 지내라고 하시니 이래서 노나라 임금이 초봄에 큰 수레를 타며, 활과 활집을 실으며, 12술의 깃발에 해와 달 문양의 기를 세우고, 교외에서 하느님 제사를 지내되 후직으로 배향하니 천자의 예절인 것이니라.』

◐ 이 절은 성왕이 주공(周公)의 아들 백금(伯禽)을 노(魯)나라 임금으로 봉하고, 주공을 천자의 예악으로 제사 지내라고 명령한 사실을 사관이 기술하였으나 국가의 예법제도에 어긋나고, 당시의 역사적 사실에도 부합하지 않으므로 후세에 날조한 사건으로 볼 수밖에 없다.

지방7백리(地方七百里)의 7(七)은 오식이니 앞에 5-1-3에서 고찰하면 공후(公侯)는 100리일 뿐이다. 노공(魯公)은 노후(魯侯)의 오기이니 노나라는 춘추(春秋)에서 모두 후작국(侯爵國)으로 기술하였으며, 맹춘(孟春)은 주(周)나라의 정월(正月)이니 곧 자월(子月)이요, 태로(大路)는 앞에 11-3-6에서 이미 해설하였으며, 호독(弧韣)은 활과 활집으로 기폭을 펼쳐서 세우기 위하여 가는 대나무로 만든 간주대이다. 십유이류(十有二旒)는 앞에 13-1-1에서 이미 해설하였고, 후직(后稷)은 주(周)나라의 시조인데 노(魯)나라에서 또한 시조로 받드는 것은 종법(宗法)에 어긋나는 무례(無禮)이다. 하늘에는 태양이 하나이고, 땅에는 왕(王)이 하나이거늘 어찌 주공이 신하로서 왕의 대우를 받으리오. 주공의 예법정신을 망각한 자들의 망령된 상상이라고 할 것이다.

그러므로 공자는 당시에 노나라의 교제(郊祭)를 비례(非禮)로 예운(禮運) 편에서 탄식하였고, 정자(程子)는 성왕과 백금이 반드시 그런 사실이 없었을 것이라고 의심하였다.

14-2-3 ─────────────季夏六月에 以禘禮로 祀周公於大廟하니라.

『끝 여름 6월에 하느님을 배향하는 예절로 태묘에서 주공을 향사
지내니라.』

　◐ 이 절은 노(魯)나라 종묘에서도 주공(周公)을 하느님에 짝하여
제사지내는 체제(禘祭)로 여름 제사 지낸 사실을 기술하였으나 체제
(禘祭)는 천자국에서만 지내는 것이므로 노나라의 체제(禘祭)는 있
을 수 없는 것이니 아래 제기도 모두 분수를 벗어난 참람이다.
　종묘 제향은 네 철의 중월(中月)에 지내거늘 계하(季夏) 유월(六
月)에 지냄은 때가 이미 지난 것이고, 제사는 때가 지나면 지내지 않
는 것이니 실례 중에 또 실례한 것이다. 체(禘)는 앞에 5-12-2에서
이미 해설하였고, 태묘(大廟)는 천자국의 조상사당이니 노나라는 종
묘(宗廟)라고 해야 되거늘 태묘라고 함은 참람이다.

14-2-4 ────────── ^{생 용 백 모}牲用白牡하며 ^{주 용 사 상 산 뢰}尊用犧象山罍하며 ^{울 준 용 황 목}鬱尊用黃目하며

『희생은 흰 수소를 쓰며, 술통은 소 모양의 술통과 코끼리 모양의
술통과 산과 구름을 그린 술통을 쓰며, 울창주의 술통은 황금으로 눈
을 장식한 것을 쓰며』

　◐ 이 절부터 아래는 노나라 종묘에서 사용하는 제물과 제기를 기
술하였으나 모두 천자의 태묘에서 사용하는 그릇이기 때문에 노나라
가 사용할 수 없는 그릇이다.
　백모(白牡)는 앞에 11-3-6에서 이미 해설하였으니 제후가 쓰는

것은 참람이라고 경고하였고, 준(尊)은 제기로 쓰는 술통인데 사(犧)
는 소 모양으로 만든 청동술통이요, 상(象)은 코끼리 모양으로 만든
청동술통이며, 산뢰(山罍)는 산과 구름을 그린 술 단지이다. 울준(鬱
尊)은 강신주로 쓸 울창주를 담는 술통이요, 황목(黃目)은 황금으로
눈의 모양을 장식한 술통이니 모두 천자국의 태묘에서만 사용하는
제기로 제후국의 종묘에서 사용하면 참람이다.

14-2-5 ——————————— 灌用玉瓚大圭하며 薦用玉豆彫簋하며
爵用玉琖仍彫하며 加以璧散璧角하며 俎用梡嶡하며

『강신주를 땅에 부음은 옥 술잔에 큰 옥으로 된 손잡이가 있는 구
기를 쓰며, 제물을 올림에는 옷으로 장식한 제기와 무늬를 넣은 대나
무제기를 쓰며, 술잔은 옥 술잔에 조각한 것을 쓰며, 이어서 옥으로
장식한 무늬 없는 손잡이 술잔과 무늬 있는 손잡이 술잔으로 하며,
제기도마는 네 발 달린 도마와 네 발에 가로 막대를 댄 도마를 쓰며』

○ 이 절은 천자국의 태묘(大廟)에서 천자와 왕비가 제향을 거행
하면서 차례로 사용하는 제기를 기술하였으니 노나라가 사용해서는
안 된다.

관(灌)은 제사의식의 시작단계로 강신주를 땅에 부어 신령을 불러
내는 것이요, 옥찬(玉瓚)은 옥으로 만든 옥 술잔이며, 대규(大圭)는
그 손잡이를 큰 홀처럼 생긴 옥으로 만든 것이다. 조산(彫簋)은 무늬
를 조각한 대나무제기이고, 옥잔(玉琖)은 옥 술잔이요, 잉조(仍雕)는

인하여 그 술잔에 조각을 함이니 태묘제사에 첫 번째로 천자가 올리는 술잔이며, 가(加)는 이어서 더 올리는 술이고, 벽산(璧散)은 옥으로 술잔의 주둥이를 둥글게 한 무늬 없는 손잡이 술잔으로 태묘제사에 두 번째로 왕비가 올리는 술이다. 벽각(璧角)은 벽산(璧散)과 같으나 구름을 그린 것이 다르니 태묘제사에 세 번째로 천자가 올리는 술잔이고, 조(俎)는 회생을 올리는 도마제기인데 완(梡)은 네 발이 달린 도마이고, 궐(嶡)은 네 발에 가로 막대를 댄 도마니 모두 천자의 제기요, 제후의 제기가 아니다.

　살피건대 옥잔(玉瓚)은 향음주례에서 헌(獻)하는 술잔이요, 벽산(璧散)은 수(酬)하는 술잔이며, 벽각(璧角)은 연음(燕飮)하는 술잔의 절차에 따른 것으로 보이니 참고하기 바란다.

14-2-6 ──────────────────── 升歌淸廟하고 下管象朱干玉戚으로
冕而舞大武하며 皮弁素積으로 裼而舞大夏하며
昧는 東夷之樂也요 任은 南蠻之樂也니
納夷蠻之樂於太廟는 言廣魯於天下也니라.

『사당 뜰방에 올라 깨끗한 사당을 노래하고, 뜰방 아래에서 피리와 나팔로 상춤의 가락을 연주하며, 붉은 방패와 옥도끼를 들고 면류관을 쓰고 대무를 춤추며, 가죽고깔을 쓰고 흰색 치마로 등거리를 입고 대하를 춤추며, 매 노래는 동이의 음악이고, 임 노래는 남만의 음악이니 태묘에 동이와 남만의 음악을 바침은 천하에 노나라의 덕이 널리 퍼졌음을 말하는 것이다.』

◉ 이 절은 천자국의 태묘에서 연주하던 음악을 노나라의 종묘에서 연주한 이유를 서술했으나 참람한 일이다.

승(升)은 사당의 당(堂) 위로 오름이고, 청묘(清廟)는 주송(周頌)으로 문왕(文王)의 깨끗한 사당을 노래하는 시인데 주공(周公)의 사당에서 연주함은 옳지 못하니 노나라는 노송(魯頌)의 비궁(閟宮) 편을 연주해야 마땅하다. 하(下)는 당하(堂下)이고, 관(管)은 피리와 나팔이며, 상(象)은 상무(象舞)요, 주간(朱干)은 붉은 방패, 옥척(玉戚)은 옥으로 장식한 도끼인데 모두 무무(武舞)에 들고 춤추는 도구이다. 대무(大武)는 무왕(武王)의 음악이고, 대(大夏)는 우(禹) 임금의 음악이며, 소적(素積)은 흰 비단으로 허리를 접어서 만든 치마요, 석(裼)은 가죽으로 만든 등거리이다. 매(昧)와 임(任)은 모두 음악의 이름이고, 납(納)은 바침이며, 광노(廣魯)는 노나라 주공(周公)의 공덕이 사방으로 널리 보급되었다는 말이다.

14-2-7 ─────────────── 君이 卷冕으로 立于阼하고 夫人이 副褘로
立于房中하며 君이 肉袒로 迎牲于門하고
夫人이 薦豆籩하며 卿大夫는 贊君하고 命婦는
贊夫人하나니 各揚其職하되 百官이 廢職이어든
服大刑하니 而天下가 大服하니라.

『임금이 곤룡포와 면류관으로 동쪽 계단에 서고, 부인이 첩지와 검은 비단에 꿩을 많이 그린 옷으로 방 안에 서며, 임금이 윗도리를 벗고 육체를 드러낸 채로 문에서 희생을 맞이하고, 부인이 나무제기

와 대나무제기로 제물을 올리며, 경대부는 임금을 돕고, 첩지를 받은
여자들은 부인을 돕나니 각각 그 직책을 거행하되 일백 관리가 직책
을 거행하지 아니하거든 큰 형벌을 복역게 하니 천하가 크게 복종하
니라.』

　◉ 이 절은 노(魯)나라 임금과 부인이 종묘에서 제향하는 절도를
기술하였으나 천자의 곤룡포와 면류관과 왕비의 첩지와 휘의(褘衣)
를 입는 것은 참람이다.

　곤(卷)은 앞에 13-1-1에서 이미 해설하였고, 부(副)는 첩지로
머리에 꽂아 신분을 나타내며, 휘(褘)는 앞에 13-11-1에서 해설하
였다. 방(房)은 사당의 동남쪽에 있는 곁방이고, 육단(肉袒)은 웃옷
을 벗고 육체를 드러낸 것이니 힘든 일을 할 때의 모습이요, 명부(命
婦)는 경대부(卿大夫)의 부인이다. 양(揚)은 거행함이고, 폐(廢)는
거행하지 않음이며, 대복(大服)은 주공(周公)이 예절과 음악을 제정
하여 보급한 공덕에 크게 감복힘이다.

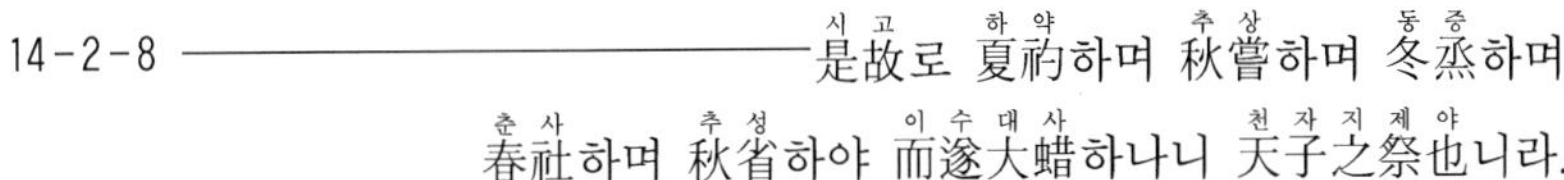

14-2-8 ──────────────────────────是故로 夏礿하며 秋嘗하며 冬烝하며 春社하며 秋省하야 而遂大蜡하나니 天子之祭也니라.

『이런 까닭으로 여름에는 약제향 지내며, 가을에는 상제향 지내며,
겨울에는 증제향 지내며, 봄에는 사직향사 지내며, 가을에는 풍년과
흉년을 살펴서 마침내 크게 뭇 신에게 한 해의 일을 마치는 향사를
지내나니 천자의 제사인 것이니라.』

◉ 이 절은 노나라 종묘에서 천자의 제향인 4시정제(四時正祭)를 거행한 사실을 기술하였으나 앞에 5-12-2, 4와 그 다음에 11-8-1을 보면 참람한 일이다.

시고(是故)는 앞 절의 천하가 주공의 공덕에 크게 감복한 결과이고, 성(省)은 가을에 곡식의 수확량을 살펴 풍년인지, 평년작인지 또는 흉년인지를 평가하여 다음 해의 예산을 편성하는 일이다.

14-3-1 ───────────────────────── 大廟는 天子之明堂이요 庫門은 天子之皐門이요 雉門은 天子之應門이라.

『노나라의 태묘는 천자의 명당이요, 노나라 태묘의 고문(庫門)은 천자의 고문(皐門)이요, 노나라 태묘의 치문(雉門)은 천자의 응문(應門)이니라.』

◉ 이 장은 노나라 태묘(太廟)의 건물구조와 장식에 대하여 기술하였는데 여기에서는 노나라의 태묘에는 대문이 2개뿐이었음을 밝혔다.

태묘(太廟)는 노(魯)나라의 종묘이고, 명당(明堂)의 제도에 천자국은 5문(門)이니 가장 안으로부터 노문(路門), 응문(應門), 치문(雉門), 고문(庫門), 고문(皐門)이 있는데 노나라의 태묘에는 고문(庫門)으로 가장 밖에 있는 고문(皐門)을 겸하고, 치문(雉門)으로 응문(應門)을 겸용하였음을 밝혔다.

『조정에서 나무방울 종을 흔들며 명령을 하나니 천자의 정치명령
이니라.』

☯ 이 절은 노(魯)나라의 태묘(太廟)에서 노나라 임금이 주변국
제후들의 조회를 받을 때 천자처럼 목탁을 흔들며 명령을 내렸음을
밝혔으니 참람한 일이다.

목탁(木鐸)은 작은 쇠 방울이나 쇠 종속에 나무방울을 매달아 흔
들어서 소리를 내는 것이니 천자가 정치명령을 내릴 때에 경계하여
각성시키는 절차로 사용하는 의전용 도구이다.

14-3-3 ───────────────────────── ^{산 절 조 절}山節藻梲하며

『기둥 끝에 산을 그리고, 동자기둥에 마름을 그리며』

☯ 이 절은 노나라 태묘의 기둥에 산과 마름을 그린 것을 밝혔다.
절(節)은 기둥 상단 부분이고, 절(梲)은 동자기둥이니 앞에 10-4
-6에서 이미 해설하였다.

14-3-4 ───────────────────────── ^{복 묘 중 첨}復廟重檐하며

『사당의 위패를 모신 곳을 덮어 처마를 이중으로 하며』

◐ 이 절은 사당의 내부에 위패(位牌)를 모신 곳을 덮어서 2중으로 처마를 만들었음을 밝혔으니 천자의 태묘제도를 노나라에서도 쓴 것으로 참람이다.

복(復)은 덮는 것이요, 묘(廟)는 조상의 위패(位牌)를 모신 신위(神位)이며, 중첨(重檐)은 처마를 2중으로 만들어 처마 끝을 새가 날 듯이 높이 올려서 보기가 좋게 하는 것이다.

『기둥은 깎아서 사방으로 통하게 하며』

◐ 이 절은 앞 절의 사당 내부에 위패를 모신 곳을 덮어서 이중으로 처마를 만드는 기둥은 깎고 다듬어서 세우기만 하고 벽이나 문을 설치하지 아니하여 사방으로 훤히 통하게 함을 밝혔다.

괄(刮)은 깎고 문질러서 윤택하게 함이고, 영(楹)은 위패의 위를 덮는 처마를 지탱하는 네 개의 기둥이며, 달(達)은 달통함이고, 향(鄉)은 향(向)이니 사방으로 훤하게 통함이다. 전배들은 이러한 사당의 내부구조를 파악하지 못하고 창문으로 오역하였기에 내가 바로잡았다.

『반점은 술통의 밖에 있으며』

◉ 이 절은 앞 절에서 말한 괄영(刮楹)의 밖에 술통을 놓는 준소 (尊所)가 있고 또 술통의 남쪽에 반점(反坫)이 있음을 밝혔다.

반점(反坫)은 두 임금이 술을 권하는 헌수(獻酬)에 술을 마시고 술잔을 놓은 곳이니 앞에 11-3-7에서 이미 해설하였고, 출(出)은 밖이라는 뜻이니 여기에서는 남쪽이요, 준(尊)은 술통이다.

『높은 술잔 받침대와 큰 홀과 조각한 병풍은 천자의 사당에 장식한 것이니라.』

◉ 이 절은 천자의 사당제도는 제후의 종묘와 다름을 밝히고, 노나라의 태묘에서 천자의 사당제도를 사용하는 것은 참람임을 암시했다.

숭(崇)은 높은 것이고, 점(坫)은 술잔을 받치는 4각형의 평면도마이며, 강(康)은 길고 큰 것이요, 소(疏)는 조각하여 그림을 새기는 것이다.

『란거는 순 님금의 수레요, 구거는 하나라 임금의 수레요, 태로는
은나라 임금의 수레요, 승로는 주나라 임금의 수레니라.』

◑ 이 장은 왕조가 바뀜에 따라 태묘(大廟)의 의전제도와 명칭이
변천하였음을 기술하였으니 여기에서는 천자가 타는 수레의 제도와
명칭이 시대마다 바뀐 것을 밝혔다.

란거(鸞車)는 방울이 달린 수레이고, 로(路)는 로(輅)와 같으니 임
금의 수레를 일컬으며, 구거(鉤車)는 갈고리로 장식한 튼튼한 수레이
다. 태로(大路)는 앞에 10−3−9에서 이미 해설하였고, 승로(乘路)는
옥(玉)으로 장식한 아름다운 수레이니 과학기술이 발달함에 따라 천
자의 수레를 더욱 튼튼하고 크고 아름답게 제작하였음을 알 수 있다.

14-4-2 ──────────────────── 有虞氏之旂에 夏后氏는 之綏하고
殷은 之大白하고 周는 之大赤하니라.

『순 임금의 쌍룡기에 하나라 임금은 그 깃발을 늘어지게 하고, 은
나라는 그 깃발을 흰빛으로 하고, 주나라는 그 깃발을 붉은빛으로 하
니라.』

◑ 이 절은 임금을 상징하는 쌍룡기의 깃발이 시대에 따라 변천한
것을 기술하였다.

기(旂)는 쌍룡을 그린 기로 천자(天子)의 무한한 경영능력을 상징
하며, 지(之)는 목적격 대명사로 순 임금의 쌍룡기를 지칭한다. 유

(綏)는 쌍룡기의 가장자리에 술을 달아서 늘어지게 함이니 오늘날 우승기에 금실로 장식한 모양과 같으며, 대백(大白)은 흰 천으로 기의 가장자리에 붙여서 깃발을 만든 것이고, 대적(大赤)은 붉은 천으로 깃발을 만든 것이니 대(大)는 하나로 붙어 있다는 뜻이다.

살피건대 춘추시대까지도 천자의 기는 쌍룡기로 일관하여 왔는데 전배들이 유(綏)는 쇠꼬리기요, 대백(大白)은 흰색기이며, 대적(大赤)은 적색기라고 하였으니 전혀 근거가 없는 억지해석이기에 내가 바로잡았다.

14-4-3 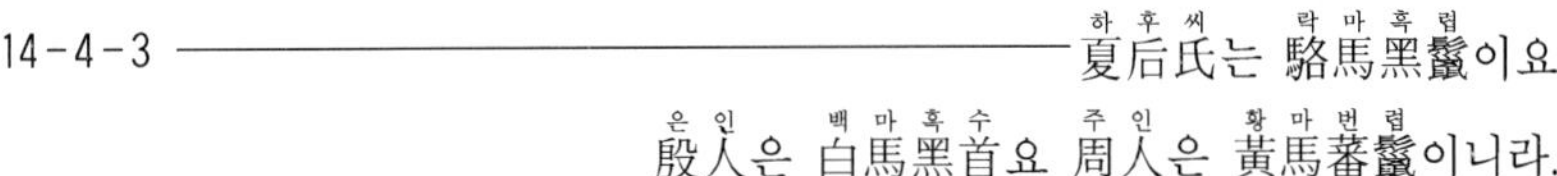

『하나라 임금은 가리온말에 검은 갈기요, 은나라 임금은 흰말에 검은 머리요, 주나라 임금은 노랑말에 더부룩한 갈기이니라.』

◉ 이 절은 임금이 타는 말의 종류와 색깔도 시대에 따라 변천하였음을 기술하였다.

락(駱)은 가리온말이니 몸에 털은 흰색이고, 말갈기가 검은색이요, 번렵(蕃鬣)은 말갈기가 붉은 것이다.

14-4-4 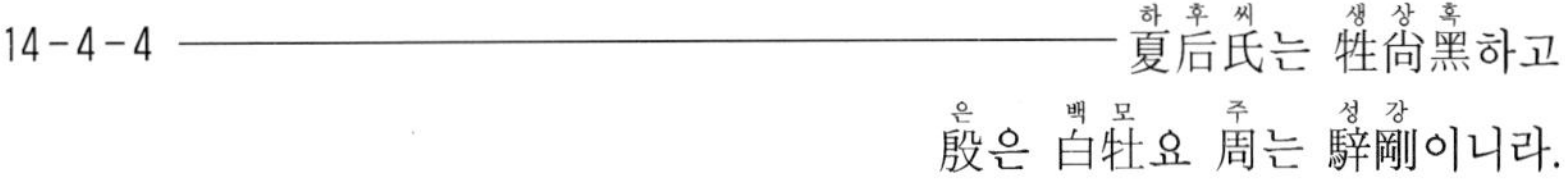

『하나라 왕조는 희생에 검은 짐승을 숭상하고, 은나라는 하얀 수
짐승이요, 주나라는 붉고 살찐 수소이니라.』

　◑ 이 절은 제사에 희생으로 바치는 짐승의 색깔도 시대에 따라
변천하였음을 기술하였으니 앞에 3-10-1을 참조하라.
　성(騂)은 붉은 수소이고, 강(剛)은 살찌고 튼튼한 것이다.

14-4-5 ─────────────────────────── 泰는 有虞氏之尊也요
山罍는 夏后氏之尊也요
著은 殷尊也요 犧象은 周尊也니라.

『오지술동이는 순 임금의 술통이요, 산과 구름을 그린 오지술동이
는 하나라의 술통이요, 바닥이 넓적한 항아리는 은나라의 술통이요,
소와 코끼리 모양의 술통은 주나라의 술통이니라.』

　◑ 이 절은 술통의 모양과 그림도 시대에 따라 변천하였음을 기술
하였다.
　태(泰)는 오지그릇으로 만든 술동이요, 산뢰(山罍)는 산과 구름과
우레를 그린 오지술동이요, 착(著)은 바닥이 넓적한 술항아리요, 사
(犧)는 사준(犧尊)이니 소를 그리거나 소의 모양으로 된 술통이고
상(象)은 상준(象尊)이니 코끼리 모양의 술통이다.

14-4-6 ――――――――爵은 夏后氏는 以琖이요 殷은 以斝요 周는 以爵이니라.

『술잔은 하나라 임금은 옥으로 장식한 사발 술잔을 쓰고, 은나라는 옥으로 장식한 세 발이 달린 술잔을 쓰고, 주나라는 청동으로 참새처럼 만든 세 발 술잔을 쓰느니라.』

◑ 이 절은 제기(祭器)로 쓰는 술잔의 모양과 재질도 시대에 따라 변천하였음을 기술하였다.

작(爵)은 제기술잔이고, 잔(琖)은 옥으로 장식한 사발처럼 생긴 술잔이요, 가(斝)는 세 개의 발이 있는 둥근 술잔에 옥으로 장식한 것이며, 작(爵)은 청동으로 새의 모양을 하고 세 개의 다리가 있는 술잔이다.

14-4-7 ――――――――――――――――――― 灌尊에는 夏后氏는 鷄夷요
殷은 以斝요 周는 以黃目이니라.

『강신주 술통에는 하나라 임금은 닭의 그림을 새기고, 은나라는 곡식의 그림을 새기고, 주나라는 노랑으로 눈의 그림을 새기느니라.』

◑ 이 절은 강신주(降神酒)로 쓸 술을 담는 술통에 새긴 그림도 시대에 따라 변천하였음을 기술하였다.

관(灌)은 술을 땅에 부어 신령이 강림하게 하는 의식이고, 계이(鷄夷)는 닭의 모양을 평면도로 그린 술통이며 계이(雞彝)라고도 한

다. 가(斝)는 곡식을 그림으로 새긴 것이고, 황목(黃目)은 노랑색의
눈이니 노랑은 중앙을 상징하고, 눈은 보는 기관이니 속을 마음으로
본다는 뜻이다.

14-4-8 ──────────────── 其勺에는 夏后氏는 以龍勺이요
殷은 以疏勺이요 周는 以蒲勺이니라.

『그 강신주를 뜨는 구기는, 하나라 임금은 용의 머리를 그린 구기
로 하고, 은나라는 용의 머리를 조각한 구기로 하고, 주나라는 부들
을 조각한 구기로 하니라.』

◐ 이 절은 강신주를 떠서 땅에 붓는 구기의 손잡이 장식도 시대
에 따라 변천하였음을 기술하였다.

용(龍)은 용을 그린 문양이고, 소(疏)는 앞에 14-3-7 중 소병
(疏屛)의 소(疏)와 같이 조각한 것이며, 포(蒲)는 부들로 줄기는 하
나인데 끝이 오리의 주둥이처럼 약간 갈라진 것이다.

14-4-9 ──────────────── 土鼓와 蕢桴와 葦籥은 伊耆氏之樂也요

『오지통북과 비름북채와 갈대피리는 이기씨의 악기요』

◐ 이 절은 선사시대에 최초로 개발한 악기를 열거하였다.

토고(土鼓)는 흙을 구워 북통 틀을 만들고 가죽으로 면(面)을 만든 북이며, 궤부(蕢桴)는 비름으로 만든 북채인데 비름은 현채(莧菜)라고도 한다. 이기씨(伊耆氏)는 고대에 음악에 정통한 사람으로 인류 최초로 악기를 창제하였다.

14-4-10─────────────────────────── 附搏과 玉磬과 揩擊과 大琴大瑟과
中琴小瑟은 四代之樂器也라.

『작은 북과 옥경쇠와 문대는 어와 치는 축과 큰 거문고와 작은 비파와 중간 거문고와 작은 비파는 4대의 악기니라.』

◐ 이 절은 순 임금 시대로부터 하(夏), 은(殷), 주(周)에 이르기까지 고급악기가 개발되었음을 기술하였다.

부박(附搏)은 타악기로 절고(節鼓)보다 작은 북인데 서경(書經: 盆稷편)에서는 박부(搏拊)라고 하였다. 개(揩)는 문대는 악기 어(敔)이고, 격(擊)은 치는 악기 축(柷)인데 음악을 절도 있게 시작하고 끝내는 악기이며, 4대(四代)는 우(虞), 하(夏), 은(殷), 주(周) 4대 왕조이다.

14-4-11─────────────────────────── 魯公之廟는 文世室也요
武公之廟는 武世室也라.

『노공의 사당은 문왕의 세실과 같고, 무공의 사당은 무왕의 세실
과 같으니라.』

　◐ 이 절은 주(周)나라 태묘(太廟)에 문왕과 무왕의 세실(世室)이
있듯이 노나라의 태묘에도 노공과 무공의 세실이 있음을 기술하였다.
　노공(魯公)은 주공(周公)의 아들 백금(伯禽)이요, 세실(世室)은 대
대로 사당에 모시고 제향을 지내는 사당이며, 무공(武公)은 백금(伯
禽)의 현손(玄孫)이니 이름이 오(敖)로 은공(隱公)의 증조(曾祖)이다.

14-4-12 ──────────────────────────── 米廩은 有虞氏之庠也요
序는 夏后氏之序也요
瞽宗은 殷學也요 頖宮은 周學也라.

『미곡창고는 순 임금의 학교요, 무술교육은 하나라 임금의 학교요,
음악교육은 은나라의 태학이요, 인격교육기관은 주나라의 태학이니라.』

　◐ 이 절은 학교의 종류와 교육과정도 시대에 따라 변천하였음을
기술하였다.
　미름(米廩)은 미곡창고로 학교의 재정을 독립하기 위하여 특별히
설립한 학교재단이요, 상(庠)은 어린이에게 효도(孝道)를 가르치는
공민교육기관이다. 서(序)는 무예(武藝)를 가르치는 학교로 활쏘기와
말 타기 등 무예는 반드시 짝을 지어 그 차례를 존중하기 때문에 질
서(秩序)를 배우는 학교라고 불렀다. 고(瞽)는 장님인데 청각이 발달

하여 음악에 밝으므로 예로부터 악사(樂師)를 지칭하며 종(宗)은 으뜸가는 표준이니 고종(瞽宗)은 표준음악교육이요, 학(學)은 국학(國學)으로 국립대학이며, 반궁(頖宮)은 반궁(泮宮)이니 사상이 원만한 도덕적 인격을 수양하는 기관이라는 뜻이다.

14-4-13 ——————————————————— 崇鼎과 貫鼎과 大璜과 封父龜는
天子之器也요 越棘과 大弓은 天子之戎器也라.

『숭나라의 솥과 관나라의 솥과 큰 반쪽 둥근 패옥과 봉부나라의 거북은 천자의 그릇이요, 월나라의 창과 큰 활은 천자의 병기이니라.』

◐ 이 절은 주(周)나라의 국보(國寶)를 열거하였다.

숭(崇)과 관(貫)과 봉부(封父)와 월(越)은 모두 나라이름이요, 정(鼎)은 큰 솥이며, 황(璜)은 반쪽 둥근 패옥이고, 극(棘)은 극(戟)이다.

14-4-14 ——————————————————— 夏后氏之皷는 足이요
殷은 楹皷요 周는 縣皷요
垂之和鍾과 叔之離磬과 女媧之笙簧이니라.

『하나라 임금의 북은 다리가 있고, 은나라는 기둥 북이요, 주나라는 매단 북이요, 수의 화합하는 종과 숙의 격리하는 경쇠와 여와의 생황이니라.』

☯ 이 절은 시대에 따라 북의 모양이 다양하게 되고 종과 석경과 생황의 기능을 기술하였다.

족(足)은 북에 네 개의 다리가 있는 것이고, 영(楹)은 북에 기둥을 끼워서 세우는 것이며, 현(縣)은 현(懸)이니 북을 북 다는 틀에 매다는 것이니 하나라의 북은 큰 북이요, 은나라의 북은 중간 북이며, 주나라의 북은 작은 북이다. 수(垂)는 순(舜) 임금의 신하로 서경(書經: 舜典편)에 보이고, 숙(叔)과 여와(女媧)는 추측하건대 요순시대의 음악가인 듯하며, 화종(和鍾)은 종을 쳐서 화음을 이루게 하는 종이고, 이경(離磬)은 경쇠를 쳐서 음절을 분리하게 하는 경쇠이다.

14-4-15──────── _{하 후 씨 지 룡 순 거} 夏后氏之龍簨虡하고 _{은 지 숭 아} 殷之崇牙하고 _{주 지 벽 삽} 周之璧翣하니라.

『하나라 임금은 북 다는 틀 설주에 용을 그리고, 은나라는 용의 이빨을 높이 그리고, 주나라는 북 다는 틀 설주에 옥과 깃으로 장식한 부채를 양쪽에 걸었느니라.』

☯ 이 절은 악기 틀의 장식이 시대의 변천에 따라 더욱 아름답고 화려하게 변화했음을 기술하였다.

용(龍)은 용의 형상을 그려서 용이 춤추는 것을 상징한 것이요, 순거(簨虡)는 북 다는 틀 설주인데 순(簨)은 가로 막대(횟대)이고 거(虡)는 세로로 세운 설주이다. 숭아(崇牙)는 직6각형의 흰 문양을 가로로 나열하여 용의 이빨을 상징한 것이며, 벽삽(璧翣)은 옥과 깃으로 장식한 술이 있는 부채를 북 다는 틀 설주에 늘어뜨린 것이다.

14-4-16 ──────────────────────────────── 有虞氏之兩敦하고 夏后氏之四璉하고
殷之六瑚하고 周之八簋하니라.

『순 임금은 기장 담는 옥그릇을 두 개로 하고, 하나라 임금은 기장 담는 옥그릇을 네 개로 하고, 은나라는 기장 담는 옥그릇을 여섯 개로 하고, 주나라는 기장 담는 대그릇을 여덟 개로 하니라.』

☯ 이 절은 기장을 담는 밥그릇의 모양과 수량도 시대의 변천과 더불어 바뀌었음을 기술하였다.

대(敦)는 기장을 담는 제기로 밥그릇에 해당하는바 공처럼 둥근 밥그릇에 발과 손잡이와 뚜껑이 있다. 연(璉)과 호(瑚)는 그것을 옥으로 장식한 것이요, 궤(簋)는 대나무로 엮어서 만든 종묘의 제기이다. 시대마다 2개씩 증가한 이유는 농산물이 풍부하고, 행사의 규모가 커져서 수요가 증가했기 때문이다.

14-4-17 ──────────────────────────────── 俎를 有虞氏는 以梡이요
夏后氏는 以嶡요
殷은 以椇요 周는 以房俎하니라.

『도마제기를 순 임금은 네 발이 있는 도마로 하고, 하나라 임금은 네 발끝에 4면으로 가로 막대를 단 도마로 하고, 은나라는 네 발 끝에 양쪽으로만 가로 막대를 단 도마로 하고, 주나라는 네 발에 4면으로 널빤지를 댄 도마로 하니라.』

◉ 이 절은 희생(犧牲)을 담는 도마제기도 시대에 따라 그 모양이 변천하였음을 기술하였으니 대개 기술이 발달하고, 미적(美的) 감각이 변화한 까닭이다.

완(梡)은 토막나무에 네 발을 단 도마제기요, 궐(嶡)은 네 발의 끝에 4면으로 가로 막대를 댄 도마제기이며, 구(椇)는 네 발 가운데 양쪽으로만 가로 막대를 댄 도마제기이고, 방조(房俎)는 도마제기의 네 발에 4면으로 널빤지를 조각하여 대서 도마제기의 하단이 마치 방처럼 생긴 것이다.

14-4-18───────── 夏后氏는 以梡豆요 殷은 玉豆요 周는 獻豆니라.

『하나라 임금은 나무를 깎아서 만든 나무제기요, 은나라는 옥으로 장식한 나무제기요, 주나라는 봉황의 깃을 조각한 나무제기니라.』

◉ 이 절은 나무제기도 시대에 따라 그 장식이 변천하였음을 기술하였다.

갈(楬)은 나무를 깎아서 나무의 결을 그대로 나타나게 하는 질박한 모양이고, 옥(玉)은 옥으로 아름답게 장식한 것이며, 사(獻)는 봉황의 깃을 조각하거나 그리거나 또는 산호로 장식한 것이다.

14-4-19───────── 有虞氏는 服韍이요 夏后氏는 山이요
殷은 火요 周는 龍章이니라.

『순 임금은 가죽무릎가리개를 입으시고, 하나라 임금은 가죽무릎
가리개의 하단에 산을 그리고, 은나라는 가죽무릎가리개의 상단에 불
을 그리고, 주나라는 가죽무릎가리개의 중앙에 쌍룡을 그리니라.』

◉ 이 절은 가죽무릎가리개도 시대에 따라 더욱 첨가하여 아름답
게 변화하였음을 기술하였다.

불(戟)은 가죽으로 만든 4각형의 무릎가리개인데 필(韠)이라고도
한다. 산(山)은 무릎가리개의 하단에 산을 그려서 임금은 산처럼 중
후해야 됨을 상징하고, 화(火)는 그 상단에 불꽃을 그려서 임금은 광
명(光明)해야 됨을 상징하며, 용장(龍章)은 그 중앙에 양쪽으로 쌍룡
(雙龍)을 그려서 임금의 자유자재한 경영능력을 상징하였다.

14-4-20 ──────────────── 有虞氏는 祭首하고 夏后氏는 祭心하고
殷은 祭肝하고 周는 祭肺하니라.

『순 임금은 희생의 머리를 먼저 제물로 바치고, 하나라 임금은 희
생의 심장을 먼저 제물로 바치고, 은나라는 희생의 간을 먼저 제물로
바치고, 주나라는 희생의 폐를 먼저 제물로 바치니라.』

◉ 이 절은 희생을 먼저 바치는 부위도 시대에 따라 서로 다르게
하였음을 기술하였으니

제(祭)는 희생을 잡아서 가장 먼저 신령께 바치는 것인데 앞에 월
령편에서 대체로 5장(五臟)을 5행(行)에 배속하여 비(脾)는 나무의

성질로 봄에 왕성하고, 폐(肺)는 불의 성질로 여름에 왕성하고, 심 (心)은 흙의 성질로 중월에 왕성하고, 간(肝)은 쇠의 성질로 가을에 왕성하고, 신(腎)은 물의 성질로 겨울에 왕성하다고 하였는바 왕조마 다 5행을 각각 숭상하였기 때문에 먼저 바치는 부위도 각각 다르게 된 것이다.

14-4-21 ──────── 夏后氏는 尚明水하고 殷은 尚醴하고 周는 尚酒하니라.

『하나라 임금은 깨끗한 물을 숭상하고, 은나라는 단술을 숭상하고, 주나라는 술을 숭상하니라.』

◉ 이 절은 하나라는 물로 강신하고 은나라는 단술로 강신하고 주 나라는 울창주로 강신하니 강신주(降神酒)도 시대에 따라 술의 종류 가 다름을 기술하였다.

상(尙)은 제사 지낼 때에 먼저 바치는 것이니 곧 강신주(降神酒) 로 쓰는 것이요, 명수(明水)는 샘에 달이 비칠 때에 떠 온 물이며, 주(酒)는 울창주(鬱鬯酒)니 주나라에서는 울창주로 강신하였다.

14-4-22 ──────────────────────────── 有虞氏는 官이 五十이요
夏后氏는 官이 百이요
殷은 二百이요 周는 三百이니라.

『순 임금의 중앙정부는 벼슬이 100명이요, 하나라 왕조는 벼슬이 100명이요, 은나라는 200명이요, 주나라는 300명이니라.』

◉ 이 절은 중앙정부의 관원수(官員數)도 시대에 따라 점점 많아졌음을 기술하였으니 인구의 증가와 정치문화의 발전에 의한 것이다.

관(官)은 관원수(官員數)이고, 50(五十)은 백(百)으로 보아야 한다.

살피건대 『서경(書經)의』 주관(周官)에 보면 당우(唐虞)시대에 백관(百官)을 두었다고 하였고, 하상(夏商)은 관원수를 배로 늘렸다고 하였는데 여기에서는 순 임금은 관원이 50이고, 하나라는 100이라고 하였는바 순전(舜典)에 이미 백규(百揆)라고 분명히 밝혔으니 여기의 50은 100으로 수정해야 마땅하다.

14-4-23

유 우 씨 지 유　　　　하 후 씨 지 도 련
有虞氏之綏하고 夏后氏之綢練하고
은 지 숭 아　　　　주 지 벽 삽
殷之崇牙하고 周之璧翣하니라.

『순 임금은 상여의 상층부에 펄럭이는 천 조각을 매달고, 하나라 임금은 상여의 깃대를 흰 천으로 감싸 묶고, 은나라는 상여의 하층부에 큰 이빨 모양의 길쭉한 6각형의 그림을 붙이고, 주나라는 옥과 깃으로 장식한 부채를 상여의 앞뒤에 세우니라.』

◉ 이 절은 상여의 장식도 시대에 따라 변천하였음을 기술하였다.

유(綏)는 피(披)와 같으니 피(披)와 도련(綢練)은 앞에 3-38-4에서 이미 해설하였고, 숭아(崇牙)와 벽삽(璧翣)은 앞에 14-4-15를 보라.

14-4-24 ──────────── 凡四代之服과 器와 官을 魯가 兼用之하니
是故로 魯의 王禮也를 天下가 傳之久矣니
君臣이 未嘗相弑也하며 禮樂刑法政俗이
未嘗相變也라 天下가 以爲有道之國이라
是故로 天下가 資禮樂焉이니라.

『무릇 4대의 의복과 그릇과 관직을 노나라가 아울러 사용하니 이런 까닭으로 노나라의 천자국 예절을 천하가 전통으로 인정한 지가 오래되었으니 임금과 신하가 일찍이 서로 시해하지 아니하며, 예절, 음악, 형법, 법률, 정치, 풍속이 일찍이 서로 변경하지 아니하므로 천하가 도덕이 있는 나라로 생각하는지라. 이런 까닭으로 예절과 음악을 바탕하니라.』

◑ 이 절은 앞에 말을 총결하여 노나라는 4대의 천자국 문화를 모두 갖추고 있음을 증명하여 천하문명을 지켜 온 역사적 공적을 자랑하였다. 그러나 노나라는 제후국으로 천자의 예절을 사용하였으니 도덕과 윤리와 예절에 어긋난 참람이 아닐 수 없으며 하늘을 속이고 인민을 기만하는 허례허식에 지나지 않은 것이다.

그리고 여기의 문장은 역사적 사실에도 배치하는바 임금과 신하가 시해하는 사건도 없었다고 하였으나 춘추시대에 즉 은공(隱公) 11년 11월에 우보(羽父)가 은공을 시해하였고, 또 경보(慶父)가 장공(莊公) 32년 10월에 자반(子般)을 시해하고 민공(閔公) 2년 8월에 민공까지 시해한 사실이 『춘추(春秋)』에 뚜렷한 것이다.

다음으로 예악(禮樂)을 참람하게 어겨서 교제(郊祭)와 체제(禘祭)

를 지냈고, 3가(三家)가 국가권력을 전천하여 권력자로 오래 군림하였거늘 노나라가 예악형법정속을 서로 변경하지 아니했다는 말은 전혀 사실에 부합하지 않는 것이다.

그럼에도 불구하고 이 편을 예기에 편입하여 지금에 이르게 한 것은 고대의 구체적인 예절의 발전과정을 여기에서 확인할 수 있는 까닭이니 다행이로다. 다행이로다.

15. 상복소기(喪服小記)

　상복(喪服)은 사람이 죽었을 때에 삼베로 만든 옷을 입고 애도하는 예절을 표시하는 것인데 가정에서는 혈연관계를 기준으로 삼고 나라에서는 벼슬을 기준으로 삼아 참최(斬衰), 자최(齊衰), 대공(大功), 소공(小功), 시마(緦麻) 등의 5복(服)으로 나누고, 그 기간은 3년, 1년, 9월, 5월, 3월이 있으니 『의례(儀禮)』의 상복(喪服) 편에 전한다.

　소기(小記)는 부분적으로 자상하게 기록한 것인즉 『의례』의 상복전(喪服傳)과 사상례(士喪禮)의 내용을 부분적으로 더욱 자세하게 해설한 기록이란 뜻이다.

　상례는 그 뜻이 깊고, 절차가 많으며 또한 다시 할 수 없는 예절이므로 세밀하게 익혀야 여한이 없을 것이다.

15-1-1 ──────────────────────────

斬衰는 括髮以麻하고
爲母는 括髮以麻하되 免而以布하니라.

　『아버지의 참최복을 입은 남자는 머리를 삼으로 묶고, 어머니의 자최복을 입은 남자는 머리를 삼으로 묶되 그 위에 삼베로 만든 통건을 쓰느니라.』

　◉ 이 장은 상복을 입음에 남자와 여자의 차이점이 있는 것을 기

술하였으니 여기에서는 남자가 부모상에 소렴을 마치면 머리를 묶되 어머니 상에는 통건을 쓰는 절도를 밝혔다.

참최(斬衰)는 상복 가운데 가장 무거운 3년복으로 아버지가 죽었을 때에 입는 것이고, 괄발이마(括髮以麻)는 사망 당일에 관을 벗고 머리를 풀었다가 사망 다음 날 소렴(小斂)을 마치면 삼으로 머리를 묶는 것이다. 위모(爲母)는 어머니가 죽었을 때에 입는 상복이니 곧 자최(齊衰)이고 문이이포(免而以布)는 베로 만든 통건이니 삼으로 묶은 머리 위에 쓰는 상관(喪冠)이다.

15-1-2 ──────────────────────── 齊衰는 惡笄로 以終喪하니라.

『자최복을 입은 여자는 조악한 비녀로 상기를 마치느니라.』

◉ 이 절은 여자가 자최상복을 입음에 조악한 비녀를 찌르고 상기를 마쳐야 됨을 밝혔다.

악계(惡笄)는 조악한 비녀니 곧 개암나무가지로 만든 것이고, 종상(終喪)은 상기를 마치고 상복을 벗을 때까지이다.

15-1-3 ──────────────────── 男子는 冠이요 而婦人은 笄라
男子는 免하고 而婦人은 髽하나니
其義가 爲男子則免이요 爲婦人則髽니라.

『남자는 관을 쓰고, 부인은 비녀를 꽂으므로 남자는 통건을 쓰고, 부인은 북상투를 하나니 그 뜻이 남자의 상복에는 통건을 쓰고, 여자의 상복에는 북상투를 하나라.』

◉ 이 절은 상복(喪服)을 입음에 남자와 여자의 머리 모양을 다르게 하는 이유를 기술하였다.

관(冠)은 길관(吉冠)이요, 계(笄)는 길계(吉笄)이며, 문(免)은 상관(喪冠)이고, 좌(髽)는 상좌(喪髽)이다. 의(義)는 남자와 여자를 분별하고, 또한 길례(吉禮)와 흉례(凶禮)를 구분하는 뜻이니 이러한 분별과 구분에서 윤리도덕이 밝혀지는 것이다.

15-1-4 ───────────────────────── 

苴杖은 竹也요 削杖은 桐也라.

『검은 지팡이는 대나무로 만들고, 깎은 지팡이는 오동나무로 만드니라.』

◉ 이 절은 참최(斬衰)복의 지팡이와 자최(齊衰)복의 지팡이가 다름을 기술하였다.

저(苴)는 검은빛이니 저장(苴杖)은 검은 대나무지팡이로 뿌리 쪽을 땅으로 가게 짚는데 참최복에 사용하고, 삭장(削杖)은 오동나무가지의 껍질을 벗겨 뿌리 쪽을 땅으로 가게 짚는데 자최복에 사용한다.

보통 지팡이는 뿌리 쪽을 손잡이로 하지만 상장(喪杖)은 그와 반대로 뿌리 쪽을 땅으로 가게 짚어서 구별하고, 참최복은 슬픔이 크기 때문에 단단하고 질긴 대나무를 사용하며, 자최복은 슬픔이 조금 작

기 때문에 부드럽고 약한 오동나무를 사용하니 슬픔의 크기에 비례
하여 지팡이를 구분하였다. 그러므로 오동나무지팡이를 짚은 사람이
대나무지팡이를 짚은 사람보다 더 슬퍼하는 것은 삼가야 된다.

15-2-1 ──────────────── 祖父가 卒而后에 爲祖母後者는 三年이니라.

『할아버지가 돌아가신 뒤에 할머니의 상복을 입은 후계자는 3년복
이니라.』

◉ 이 장은 상주(喪主)의 절도를 기술하였으니 여기에서는 할아버
지가 돌아가신 뒤에 승중(承重) 조모상(祖母喪)의 상기(喪期)는 자
최 3년(齊衰三年)임을 밝혔다.

후자(後者)는 아들이 죽어서 큰 손자가 후계자가 된 것이니 곧 승
중(承重)이요, 3년(三年)은 자최 3년이다. 아버지가 살았을 때에 어머
니가 죽으면 자최장기(齊衰杖期)이고, 아버지가 죽었을 때에 어머니가
죽으면 자최 3년이니 승중(承重)한 큰 손자도 이와 같은 것이다.

15-2-2 ──────────────── 爲父母長子에 稽顙하며

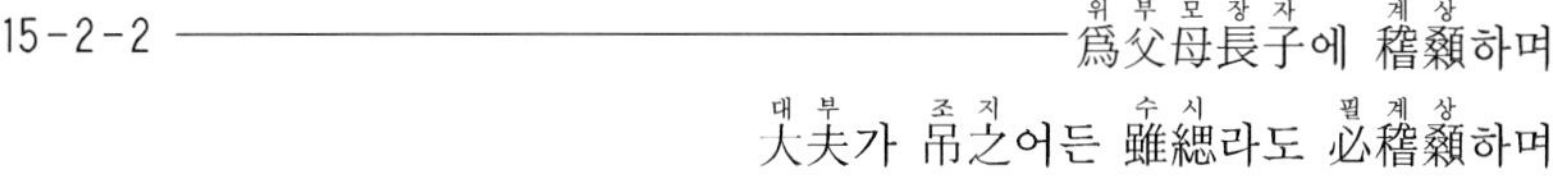

大夫가 弔之어든 雖緦라도 必稽顙하며

『아버지와 어머니와 큰아들의 상복을 입음에는 머리를 땅에 댄 뒤
에 조문객에게 절하며, 대부가 조문하거든 비록 시마복이라도 반드시

머리를 땅에 댄 뒤에 절하니라.』

　◉ 이 절은 상주(喪主)가 조문을 받으면서 슬픈 감정을 표현하는 절도를 기술하였다.

　위(爲)는 상복(喪服)을 입는 것이고, 부모(父母)는 자식의 근본(根本)이요, 장자(長子)는 부모의 정체(正體)이니 부모와 장자의 상복은 가장 무겁기 때문에 조문을 받음에 먼저 계상(稽顙)한 다음에 조문객에게 절하는 것이다. 그리고 대부(大夫)는 고귀한 신분이므로 비록 시마(緦麻)라도 감격하여 반드시 계상(稽顙)하나니 계상(稽顙)은 앞에 3-5-1에서 이미 해설하였다.

15-2-3 ──────────── 婦人은 爲夫與長子에 稽顙하고 其餘則否니라.

『부인은 남편과 큰아들의 상복을 입음에 머리를 땅에 댄 뒤에 조문객에게 절하고, 그 나머지는 곧 머리를 땅에 대지 아니하니라.』

　◉ 이 절은 앞 절에 이어 부인은 남편과 큰아들의 3년상복을 입을 때에만 머리를 땅에 대고 그 밖에 1년상복에는 머리를 땅에 대지 아니함을 밝혔다.

　기여(其餘)는 시부모와 친정부모의 상복이니 여자가 시집을 가면 친정부모의 상복은 자최부장기(齊衰不杖期)이고, 또한 시부모의 상복도 『의례(儀禮)』에서는 자최부장기(齊衰不杖期)이니 모두 모두 3년복이 아니므로 머리를 땅에 댈 정도로 애통할 일이 아니다.

살펴건대 『의례(儀禮)』에서는 부인이 참최(斬衰)복을 두 번 입지 않는 원칙에 의하여 시부모의 상복을 자최부장기로 하였는데 『주자가례(朱子家禮)』에서 부인은 남편의 상복을 따른다는 기준에 의하여 시아버지의 상복은 참최 3년이고 시어머니의 상복은 시아버지가 살았으면 자최 1년이요, 시아버지가 죽었을 때에는 자최 3년이라고 하였으니 이것은 부인에게 너무 지나친 것이므로 마땅히 『의례(儀禮)』를 취하여 부인의 시부모상복을 경감시켜야 옳다.

15-2-4 ──────────────── 男主는 必使同姓하고 婦主는 必使異姓이니라.

『바깥상주는 반드시 같은 성씨로 하고, 안상주는 반드시 다른 성씨로 하니라.』

◐ 이 절은 상례(喪禮)에는 반드시 안상주와 바깥상주가 있어야 하고, 또 바깥상주는 같은 성씨로 하며, 안상주는 다른 성씨로 정해야 됨을 밝혔다.

남자(男主)는 남자주인이니 곧 바깥상주로 장자(長子)나 장손(長孫)이 상주(喪主)가 되는 것이요, 부주(婦主)는 며느리주인이니 곧 안상주로 큰며느리나 큰손자며느리가 주부(主婦)가 되는 것인데 남자조문객은 바깥상주가 영접하고, 여자조문객은 안상주가 영접한다.

15-2-5 ──────────────── 爲父後者는 爲出母에 無服이니라.

『아버지의 뒤를 이은 큰아들은 이혼하여 나아간 어머니의 상에 상복을 입지 아니하니라.』

◐ 이 절은 아버지의 후계자는 이혼하여 떠나간 어머니의 초상에 상복이 없음을 기술하였다.

출모(出母)는 아버지와 이혼하여 집을 나간 어머니로 본래 그 아들은 자최장기(齊衰杖期)의 상복을 입는 것이다. 그러나 아버지에게 이혼한 아내의 상복이 없으므로 장자(長子)는 아버지를 좇아 상복을 입지 않으니 장자는 아버지의 정통주체(正統主體)이기 때문에 곧 부자일체(父子一體)의 도리가 있다.

15-2-6 ─────────── 親親하되 以三爲五하며 以五爲九하나니 上殺하며 下殺하며 旁殺하야 而親이 畢矣니라.

『어버이를 친하되 3대로써 5대가 되며, 5대로써 9대가 되나니 위를 덜어 내며, 아래를 덜어 내며, 옆을 덜어 내어서 친함이 다하니라.』

◐ 이 절은 상복을 입는 유복친(有服親)의 구성원리는 자기를 중심으로 하는 혈통의 세계(世系)와 촌수(寸數)임을 밝혔다.

친친(親親)은 어버이를 친히 모시고 의식주(衣食住)를 공양(供養)할 뿐만 아니라 또한 관혼상제(冠昏喪祭)의 전통예절을 지켜서 서로 가까이 사랑하고 공경하는 혈연관계이다. 3(三)은 아버지와 나와 아들 셋이니 나를 중심으로 하여 위아래로 맺어진 부자(父子)관계로 이 세상에 가장 친근한 혈연관계이며, 5(五)는 할아버지와 아버지와 나와 아들과 손자의 다섯 관계인데 이것은 아버지와 나와 아들의 3대를 위아래로 한 번 확대한 혈연관계이다. 9(九)는 5대를 다시 위아래로 확대한 것이니 곧 고조(高祖), 증조(曾祖), 할아버지, 아버지, 나, 아들, 손자, 증손(曾孫), 현손(玄孫) 9대 가족이다. 상쇄(上殺)는 고조(高祖) 이상은 상복을 덜어 내서 입지 않는 것이고, 하쇄(下殺)는 현손(玄孫) 이하는 상복을 덜어 내서 입지 않는 것이며, 방쇄(旁殺)는 고조(高祖)의 자손, 즉 8촌 형제까지만 상복을 입고, 그 밖에 10촌 형제부터는 상복을 덜어 내서 입지 않는 무복친(無服親)으로 하는 것이다. 친필(親畢)은 유복친(有服親)이 다하여 종결했다는 뜻이다.

『왕 노릇을 하는 사람은 그 시조가 비롯하여 나온 하늘에 종묘대제를 지내되 그 시조를 배향(配享)하여 4사당을 세우시나니 서자가 왕이라도 또한 그와 같이 하니라.』

◉ 이 장은 사당에서 제향하는 절도를 기술하였으니 여기에서는 천자의 태묘(大廟)에는 하느님을 모시고 시조를 배향(配享)하여 체제(禘祭)를 지내야 함을 밝혔다.

왕자(王者)는 왕 노릇 하는 사람이니 곧 대통(大統)을 계승한 천
자(天子)이고, 체(禘)는 앞에 5-12-2에서 이미 해설하였으며 조
(祖)는 시조(始祖) 또는 태조(太祖)요, 소자출(所自出)은 비롯하여
나오는 바이니 여기에서는 곧 하느님이다. 배(配)는 나란히 모시는
배향(配享)이고, 4묘(四廟)는 고조(高祖), 증조(曾祖), 조(祖)의 사당
과 아버님의 사당인데 천자는 7묘(七廟)이거늘 4는 7의 오기(誤記)
이며, 서자(庶子)는 적장자(嫡長子) 이외의 아들이다.

15-3-2 ─────────────────────── 別子가 爲祖면 繼別은 爲宗이니 繼禰者는
爲小宗이라 有五世而遷之宗하니 其繼高祖者也라
是故로 祖遷於上이요 宗易於下하나니
尊祖故로 敬宗이니 敬宗이 所以尊祖禰也니라.

『다른 아들이 임금이 되어 시조가 되면 임금이 된 다른 아들을 계
승한 사람은 종가가 되나니 아버지사당을 계승한 사람은 작은 종가
가 되니라. 5세로서 신주를 옮기는 종가가 있나니 그 고조를 계승한
사람이니라. 이런 까닭으로 시조는 위에서 옮기고, 종가는 아래에서
바꾸나니 시조를 높이는 까닭으로 종가를 공경하나니 종가를 공경함
이 조상과 아버지사당을 높이는 원리이다.』

◑ 이 절은 종묘(宗廟)에 조상의 위패를 모시는 절도와 종통(宗
統)이 바뀌는 원칙을 기술하였다.

별자(別子)는 적장자(嫡長子)가 아닌 여러 아들이나 서민이 공

(公), 후(侯), 백(伯), 자(子), 남(男) 5작(爵)을 받아 임금이 된 사람이요, 조(祖)는 시조(始祖), 태조(太祖), 고조(高祖)이며 계별(繼別)은 별자(別子)의 적장자(嫡長子) 또는 적장손(嫡長孫)이고, 종(宗)은 종통(宗統)을 계승한 종가(宗家), 종자(宗子), 종손(宗孫)이다. 계니자(繼禰者)는 별자(別子)의 적장자(嫡長子)를 제외한 여러 아들의 적장자들이 각각 그 아버지를 자기 집의 사당에 모시고 제사 지내는 사람이며, 소종(小宗)은 대종가(大宗家)에서 분파(分派)하여 나온 소종가(小宗家)이다. 5세(五世)는 고조(高祖)의 아버지이고, 천(遷)은 종묘(宗廟)에서 위패를 철거하여 영녕전(永寧殿)으로 옮기는 것이며, 상(上)은 상세(上世)의 조상이요, 하(下)는 하세(下世)의 자손이다.

15-3-3 ─────────────────── 庶子가 不祭祖者는 明其宗也니라.

『여러 아들이 시조를 제사 지내지 않는 것은 그 종통을 밝히기 위한 것이니라.』

◐ 이 절은 종자(宗子)가 죽고, 종손이 없거나 또는 종가가 망했을지라도 서자(庶子)는 아버지만 제사 지낼 뿐이요, 그 이상의 조상은 제사 지내지 못하는 예절을 기술하였는데 다만 서자(庶子)의 적장자(嫡長子)는 조상의 제사를 지낼 수 있다.

종(宗)은 종통(宗統)이니 본종(本宗)과 지파(支派)를 분별하여 그 정체(正體)를 명확하게 함이다.

15-3-4 ──────────────── 庶子는 不爲長子斬하나니 不繼祖與禰故也니라.

『여러 아들은 큰아들이 죽었을 때에 참최 3년복을 입지 아니하나니 할아버지와 아버지사당을 계승하지 않은 까닭이니라.』

◉ 이 절은 부모조상의 사당을 모시지 않는 여러 아들은 그 큰아들이 죽었을 때에 참최(斬衰) 3년의 상복을 입지 않고, 자최부장기(齊衰不杖期)의 상복을 입는 까닭을 기술하였다.

참(斬)은 참최(斬衰) 3년의 상복이다.

15-3-5 ──────────────── 庶子는 不祭殤與無後者하나니 殤與無後者는 從祖祔食이니라.

『여러 아들은 미성년으로 죽은 사람과 후계자가 없는 귀신을 제사 지내지 않으니 미성년으로 죽은 사람과 후계자가 없는 귀신은 조상을 따라 붙어서 제삿밥을 먹느니라.』

◉ 이 절은 집안의 미성년으로 죽은 사람과 후계자가 없는 귀신은 종가(宗家)에서만 제사 지내고, 서자(庶子)의 집에서는 제사 지내지 못함을 기술하였으니 앞에 7-16-3을 참조하라.

종조부식(從祖祔食)은 조상의 사당에 길제(吉祭)를 지내는 날에 함께 지내되 사당이 아닌 종갓집 대청이나 모퉁이 방에서 따로 제물을 차려 제사 지내는 것이니 곧 양엽(陽厭)이다.

 ──────────────────────────────── 庶子가 不祭禰者는 明其宗也니라.

『여러 아들이 아버지사당에 제사 지내지 않는 것은 그 종통을 명확히 함이니라.』

☯ 이 절은 비록 서자(庶子)가 종자(宗子)보다 높은 벼슬을 하였어도 자기 집에 아버지사당을 지어 제사 지낼 수 없는 이유를 기술하였으니 앞에 7-15-2를 참조하라.

 ──────────────────── 親親과 尊尊과 長長과
男女之別이 人道之大者也니라.

『어버이를 친함과 높은 이를 높임과 어른을 어른으로 대접함과 남자와 여자의 분별이 인도주의의 큰 것이니라.』

☯ 이 장은 상례(喪禮)와 제례(祭禮)에 있어서 반드시 분별하여 조리질서를 가지런히 해야 되는 중대 사항을 기술하였다.

친친(親親)은 어버이를 친하는 윤리로 뿌리와 가지를 밝히는 종통(宗統)의 원리이고, 존존(尊尊)은 작위(爵位)가 높은 사람을 존중하는 윤리로 국가사회에 기여한 공덕을 평가하는 기치관의 원리이며, 장장(長長)은 장유유서(長幼有序)의 윤리로 미성년자와 성인(成人)을 나이로 구별하는 원리이며, 남녀(男女)는 신체적 구조의 특성에 따라 역할을 분담하는 가정윤리로 주인과 주부의 책임을 분담하는

원리이다. 인도(人道)는 인도주의(人道主義)로 사람이 마땅히 지켜야
하는 떳떳한 도의(道義)이다.

15-4-2 ──────────────────────── 從服者는 所從이 亡則已하되
屬從者는 所從이 雖沒也라도 服하니라.

『상복을 좇아서 입은 사람은 따를 사람이 죽으면 그치되 상복을
이어서 따라 입은 사람은 따를 사람이 비록 죽었더라도 입느니라.』

◉ 이 절은 죽은 사람과 간접적인 관계로 상복을 입는 절도를 기
술하였으니 종복(從服) 가운데 속복(屬服)은 특별함을 밝혔으니 아
래 16-3-2를 참조하라.

종복(從服)은 사회의 의리(義理)로 맺어진 인간관계의 간접 상복
으로 따라서 입은 것이니 남편이 벼슬을 하여 임금이 죽었을 때나
또는 임금의 부모, 부인, 큰아들, 조부모가 죽었을 때에 상복을 입음
에 그 아내도 남편을 따라서 입는 상복이요, 소종(所從)은 따를 사람
이니 곧 남편이며 망(亡)은 망명하거나 사망함이고, 이(已)는 그치는
것으로 관리의 상복을 벗고 평민복을 입는 것이다. 이것은 인간관계
는 직접 관계가 단절되면 그로 인한 간접관계도 해체되는 것으로 일
시적인 관계라는 뜻이다. 속종(屬從)은 인간의 혈연으로 맺어진 가족
관계의 간접 상복인데 접속(接屬)하여 따라 입는 것이니 자녀가 어
머니를 인연하여 외가(外家)의 상복을 입고, 부인이 남편을 인연하여
시집의 상복을 입으며, 남편이 아내를 인연하여 처가의 상복을 입는

것이며, 몰(沒)은 죽은 것이다. 이것은 가족관계는 영원하기 때문에
비록 어머니가 죽었어도 외가의 상복을 입어야 되고, 또 남편이 죽었
어도 시집의 상복을 입어야 되며, 역시 아내가 죽었어도 처가의 상복
을 입어야 된다.

15-4-3 ——————————————————— 妾이 從女君而出이어든
則不爲女君之子하야 服이니라.

『첩이 본부인을 따라서 이혼하고 나왔거든 곧 본부인의 아들이 죽
었을 때에 상복을 입지 않느니라.』

◉ 이 절은 의리로 맺어진 혈연관계는 따를 바가 끊어지면 해체됨
을 기술했으니 혈통은 이혼을 했어도 천륜(天倫)관계를 끊지 못하고
인륜(人倫)관계는 끊어짐을 밝혔다.
　첩(妾)은 혼례(昏禮)를 거행하지 않고 사는 동거녀(同居女)이고
여군(女君)은 첩이 정실부인을 호칭하는 말이며, 출(出)은 이혼(離
婚)하여 시집에서 나온 것이다. 정실부인은 비록 그 남편과 이혼하였
어도 그 아들과의 모자관계는 존속하는 것이나 그 첩은 남편과 이혼
하여 떠났으면 그 정실부인 아들과의 서모(庶母)관계도 단절되는 것
이다.

15-4-4 ——————————————————— 禮에 不王이면 不禘니라.

『예절에 왕 노릇을 아니하면 종묘에서 하느님을 제향 지내지 못하 니라.』

❂ 이 절은 천자(天子)가 천명(天命)을 받들고 민심(民心)에 순응 하여 대동태평(大同太平) 사회나 소강평화(小康平和) 사회를 이룩하 였을 때에만 체제(禘祭)를 지낼 수 있고, 전쟁, 기근, 질병, 천재지변 이 일어났을 경우에는 지내지 못하며, 또한 패도정치(覇道政治)나 권 도정치(權道政治) 그리고 세도정치(勢道政治)를 하는 독재자는 결단 코 종묘에서 체제(禘祭)를 지내지 못함을 선언하였다.

체(禘)는 앞에 15-3-1에서 이미 해설하였으니 체제(禘祭)는 길 제(吉祭)이기 때문에 흉한 시대에는 지내지 않은 것이다.

15-4-5 ──────────────────────────────

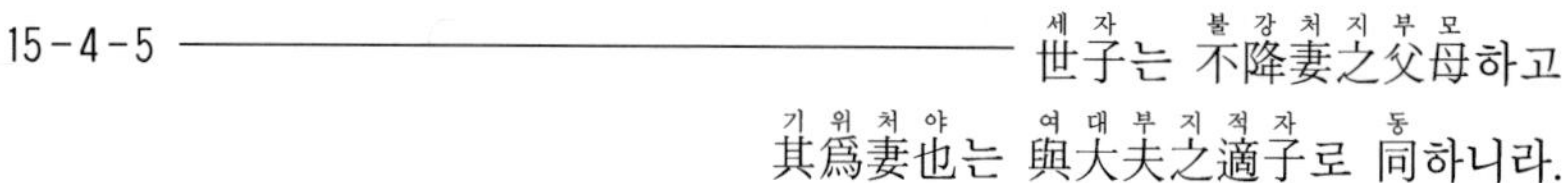

『세자는 아내의 부모에 대한 상복을 덜어 내지 아니하고, 그 아내 가 죽었을 때의 상복은 대부의 맏아들과 더불어 동일하니라.』

❂ 이 절은 임금의 세자(世子)나 대부(大夫)의 적자(適子)는 일반 선비와 똑같이 모든 상복(喪服)을 다 입어야 되는 예절을 기술하였다.

예법에 천자와 제후는 3년복만 입고 1년상복 이하를 입지 않으며, 대부(大夫)는 자최복만 입고 대공(大功) 이하의 상복은 입지 않으나 천자제후의 후계자인 세자(世子)와 대부의 맏아들은 여기에 해당되지 않으므로 모두 선비의 신분과 똑같이 5복(五服)을 다 입어야 되는 것이다. 선비는 장인·장모가 죽었을 때 시마(緦麻) 3월의 상복을 입고, 아내가 죽었을 때는 자최장기(齊衰杖期)의 상복을 입는다.

15-4-6 ──────────────────────────── 父爲士요 子爲天子諸侯어든
則祭以天子諸侯하고 其尸服은 以士服이니라.

『아버지는 선비가 되고, 아들이 천자나 제후가 되었거든 곧 제물은 천자나 제후로 차리고, 그 시동의 옷은 선비의 옷을 입히니라.』

◎ 이 절은 천자나 제후의 아버지가 선비이면 제기(祭器)와 제물(祭物)은 천자나 제후의 제례(祭禮)로 종묘에서 거행하되 다만 그 시동(尸童)의 의복은 선비의 의복을 입는 절도를 기술하였다.

시복(尸服)은 시동이 입는 옷이니 무릇 상례(喪禮)는 죽은 사람의 신분으로 거행하고, 제례(祭禮)는 산 사람의 신분으로 거행하는 것이나 시동의 옷은 죽은 사람의 신분으로 입혀야 되는 것이다.

15-4-7 ──────────────────────────── 父爲天子諸侯요 子爲士어든
祭以士하고 其尸服은 以士服이니라.

『아버지는 천자나 제후가 되었고, 아들은 선비가 되었거든 제물은 선비로서 차리고, 그 시동의 옷은 선비의 옷을 입히니라.』

◉ 이 절은 천자나 제후의 자손이 나라를 잃고 선비로 전락했으면 그 제물을 선비의 제례(祭禮)로 차릴 뿐만 아니라 그 시동(尸童)의 옷까지 선비의 옷으로 낮추어 입히는 절도를 기술하였다.

앞 절에서는 아들이 비록 천자나 제후가 되었어도 그 아버지의 신분이 상승하지 못함을 밝히고, 여기에서는 아버지가 비록 천자나 제후가 되었어도 그 아들이 선비로 전락하면 그 아버지의 신분까지 따라서 내려감을 밝혔으니 아버지는 아들과 더불어 운명을 같이하되 그 영광은 신분까지 함께 상승할 수 없고, 그 오욕(汚辱)은 신분까지 같이 하강할 수 있다는 사실을 논증한 것이다.

15-5-1 ──────────────────────── 

『며느리가 시부모의 초상을 당하여 이혼해서 집을 나아가면 곧 상복을 벗느니라.』

◉ 이 장은 상복을 벗을 경우와 계속 입을 경우를 기술하였는데 여기에서는 부인이 이혼을 하면 시부모와의 가족관계도 해체되므로 시부모의 상복도 벗어야 함을 밝혔다.

당상(當喪)은 시부모를 비롯한 시집식구의 초상을 당하여 상복을 입는 것으로 앞에 15-4-2에서 말한 속복(屬服)인데 이혼하여 부부의 인연을 끊었으므로 시집의 가족관계도 해체된 것이다.

 ───────────────── 爲父母喪하야 未練而出인댄

則三年하고 旣練而出인댄 則已하며

『친정부모의 상복을 입음에 아직 소상이 되기 전에 이혼하고 친정
으로 왔으면 3년복을 입고, 이미 소상이 지나서 상복을 벗고 이혼하
였으면 곧 중지하며』

　◉ 이 절은 이혼한 딸이 친정부모의 상복을 입음에 이미 시집간
딸이 입는 1년복을 벗기 전에 이혼했으면 3년복을 입고, 1년복을 벗
고 이혼하였으면 그것으로 그치는 것임을 기술하였으니 예절은 다시
할 수 없는 원리에 따른 것이다.
　연(練)은 1주기에 지내는 소상(小祥)의 상복이다.

15-5-3 ───────────── 未練而反인댄 則期하고 旣練而反인대 則遂之니라.

『이혼한 딸이 친정부모의 상복을 입음에 아직 소상이 되기 전에
시집으로 되돌아가면 곧 1년복을 입고, 이미 소상이 지나서 시집으로
되돌아가면 곧 마저 3년복을 입고 마치느니라.』

　◉ 이 절은 이혼한 딸이 다시 재결합하여 시집으로 돌아가게 될
때에 친부모의 상복을 입는 절도를 기술하였으니 소상 이전에 재결
합을 했으면 시집간 딸의 신분으로 1년복만 입고, 만일 소상이 지난
뒤에 재결합을 했으면 3년복을 마저 입고 마치는 절도를 기술하였으

니 예절은 중간에 임의로 그만둘 수 없는 원리를 따른 것이다.

15-5-4 ──────────────── 再期之喪은 三年也요 期之喪은 二年也요
九月七月之喪은 三時也요 五月之喪은 二時也요
三月之喪은 一時也니 故로 期而祭는 禮也요
期而除喪은 道也니 祭는 不爲除喪也니라.

『2주기의 상복은 3년이요, 1주기의 상복은 2년이요, 9월과 7월의
상복은 세 철이요, 5월의 상복은 두 철이요, 3월의 상복은 한 철이니
그러므로 1주기에 소상의 제사를 지냄은 예절이요, 1주기에 상복을
벗는 것은 도리이니 제사는 상복을 벗기 위함이 아닌 것이다.』

◉ 이 절은 성왕(聖王)의 상복제도(喪服制度)를 제정하는 원리가
천시(天時)의 변화법칙을 기준으로 삼았음을 기술하여 상기는 인간
이 임의로 재단할 수 없는 까닭에 비록 소상·대상의 제사를 지내지
못했어도 상복을 벗어야 됨을 밝혔다.

기(期)는 1주년이고, 7월(七月)의 상복은 주(周)나라『의례(儀禮)』
의 대공(大功) 상복(殤服) 조항에 "장상(長殤)은 모두 9월로 수질
(首経)에 늘어진 끈이 있고, 중상(中殤)은 7월로 수질에 늘어진 끈을
하지 않는다"라는 문장이 있다. 시(時)는 계절이요, 예(禮)는 은혜에
보답하는 의식이며, 제상(除喪)은 제복(除服), 탈복(脫服)이고, 도
(道)는 하늘이 운행하는 자연변화의 법칙이다. 따라서 소상(小祥)과
대상(大祥)은 어버이를 공양(供養)하는 예절이요, 소상에 연복(練服)

을 입고, 대상에 상복을 벗는 것은 천시(天時)의 운행변화에 순응하는 도덕이므로 비록 소상이나 대상의 제사를 지내지 못했더라도 반드시 상복은 벗어야 되는 것이다.

15-5-5 ——————————————————— 三年而后에 葬者는 必再祭니
其祭之間을 不同時而除喪이니라.

『3년이 지난 뒤에 장사 지낸 사람은 반드시 두 번 제사 지내니 그 제사 지낸 사이를 같은 때에 하지 않고 상복을 벗느니라.』

◉ 이 절은 장사 지내지 못하면 3년이 지났어도 상복을 벗지 않는 절도를 기술하였으니 반드시 장사 지낸 다음에 날을 받아 소상과 대상을 각각 지내고 상복을 벗어야 됨을 밝혔다.

3년이후(三年而后)는 시신을 찾지 못하거나 전란으로 인하여 부득이 장사 지내지 못한 경우와 임금이나 아버지를 시해(弑害)한 역적을 토벌하여 복수하지 못한 상황에서 시신을 매장한 경우이다. 재제(再祭)는 소상과 대상이요, 부동시(不同時)는 같은 절기가 아닌 것이니 소상날을 봄으로 잡았으면 대상날은 여름이어야 된다는 뜻이다.

살피건대 앞 절에서는 이미 장사 지냈으면 비록 소상과 대상의 제사를 지내지 못했더라도 반드시 상복을 벗어야 된다고 하면서 이 절에서는 장사 지내지 못했으면 3년이 지난 뒤에도 상복을 벗지 않고 있다가 반드시 장사 지낸 다음에 날을 받아 소상과 대상을 지내면서 벗으라고 하였으니 상복은 죽은 사람의 혼령이 편안해야만 벗는 것

임을 알 수 있도다.

 ──────────────── 大功者가 主人之喪하야 有三年者이어든
　　　　　　　　　　　　　　　　　　　　　　　　　　　　　　　　則必爲之再祭하고 朋友는 虞祔而已라.

『대공의 상복을 입은 사람이 상례를 주관하여 3년복을 입은 사람이 있거든 곧 반드시 소상과 대상까지 상복을 입어야 하고, 붕우는 3우제와 부제일 뿐이라.』

　● 이 절은 방계 친척으로 대공(大功)의 상복을 입고 그 상주(喪主)를 대행하는 사람은 소상과 대상까지 상복을 입고 대행하되 붕우의 상주 노릇을 대행하는 사람은 3우제와 졸곡 다음 날 지내는 부제(祔祭) 때까지 상복을 입고 대행해야 됨을 기술하였다.

　대공(大功)은 가까운 방계친척이 입는 9월의 상복이고, 주(主)는 상주를 대신하여 조문을 받고 상례를 주관하는 것이며, 인(人)은 방계의 친척이요, 유3년자(有三年者)는 3년의 상복을 입은 사람이 있는 것이니 부모가 죽은 어린 아들딸 그리고 이혼한 딸 또 남편이 죽은 아내 및 큰아들이 죽은 늙은 부모이다. 위지재제(爲之再祭)는 소상과 대상까지 대공의 상복을 연장하여 입고 상주를 대행하는 것이니 친척은 혈연관계이므로 대상까지 보호하는 책임이 있는 까닭이다. 그러나 붕우(朋友)관계는 대상까지 책임을 지는 의리가 없으므로 그 부모가 늙거나 그 아들이 어리더라도 우제(虞祭)와 부제(祔祭)까지만 상주(喪主)의 역할을 대행하고 그치는 것이 예절이다.

 ─────────────────────── 士는 妾에 有子어든
而爲之緦하고 無子어든 則已니라.

『선비는 첩의 죽음에 자녀가 있거든 시마 3월의 상복을 입고, 자녀가 없거든 곧 그치느니라.』

◉ 이 절은 첩(妾)의 죽음에 자녀를 낳았으면 시마(緦麻) 3월의 복을 입는 것이 선비의 예절임을 기술하였다.

이(已)는 첩의 죽음에는 상복이 없다는 것이다. 살피건대 『의례(儀禮)』 시마장(緦麻章)에 귀신(貴臣)과 귀첩(貴妾)은 시마 3월의 상복을 입는다고 하였으니 귀첩(貴妾)은 자녀를 낳은 첩임을 알 수 있다.

 ─────────────────────── 生不及祖父母와 諸父昆弟어든
而父는 稅喪하고 已則否니라.

『살아서 할아버지, 아버지, 어머니와 여러 아버지 그리고 형제를 뵈지 못하고 초상에도 미치지 못했거든 아버지의 상복은 추가로 3년 복을 입고, 그 밖에는 이미 상기(喪期)가 지났으면 추가로 상복을 입지 아니하니라.』

◉ 이 장은 추가로 상복을 입는 경우와 입지 않는 경우를 기술하였으니 대체로 가장 큰 상복과 가장 가벼운 상복은 추복한다.

생불급(生不及)은 살았을 때에 뵈지 못한 것이니 고향을 떠나 외지에서 사는 까닭에 소식이 끊어져서 나중에야 죽은 것을 알게 된 것이다. 태(稅)는 앞에 3-31-1에서 이미 해설하였으니 추가로 상복을 입는 것이요, 이(已)는 상기(喪期)가 이미 지나감이며, 부(否)는 추가로 상복을 입지 않는 것이다.

15-6-2 ──────────────────────── 爲君之父母妻長子에 君이
已除喪而后에야 聞喪이어든 則不稅니라.

『임금의 아버지, 어머니, 아내, 큰아들이 죽어서 상복을 입음에 임금이 이미 상복을 벗은 뒤에야 죽었다는 소식을 들었거든 곧 추가로 상복을 입지 아니하니라.』

◯ 이 절은 종복(從服)은 상주(喪主)가 탈상(脫喪)했으면 추복(追服)하지 않는 절도를 기술하였다.

처(妻)는 임금의 정부인(正夫人)이니 천자나 제후는 1년복 이하는 상복을 입지 않으나 신하는 그 임금의 정부인의 죽음에 자최부장기(齊衰不杖期) 상복을 입는 것이 예절이다.

15-6-3 ──────────────────────── 降而在緦小功者는 則稅之니라.

『상복을 덜어서 시마나 소공의 상복을 입은 사람은 곧 추가로 상

복을 입느니라.』

 ◐ 이 절은 상주(喪主)가 아직 탈상(脫喪)하지 않았을 때에 3월이
나 5월의 가벼운 상복은 이미 상기(喪期)가 지났을지라도 추가로 상
복을 입어야 되는 절도를 기술하였다.

 강(降)은 여자로 시집을 갔거나 또는 죽은 사람이 미성년자이면
그 상복을 강쇄(降殺)하여 가벼운 상복을 입는 절도이고, 시마(緦麻)
3월과 소공(小功) 5월은 비교적 가볍고 짧기 때문에 이러한 상복은
추후에라도 입지 않으면 무복친(無服親)처럼 멀어지게 되는 까닭에
앞에 3-31-1에서 증자도 추복해야 함을 강조하였다.

15-6-4 ──────────────────────── 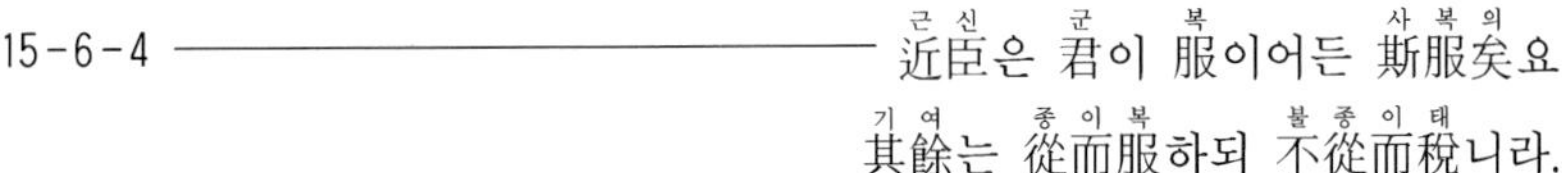

『가까운 신하는 임금이 상복을 입거든 이에 상복을 입는 것이요,
그 나머지는 좇아서 상복을 입되 좇아서 추가로 상복을 입지는 아니
하니라.』

 ◐ 이 절은 임금을 측근에서 모시는 신하만 임금이 추가로 상복을
입으면 따라서 상복을 입는 것이요, 그 이외의 신하와 인민은 임금이
추복(追服)하더라도 상기가 이미 지났으면 상복을 입지 않는 절도를
기술하였다.

 근신(近臣)은 측근에서 임금을 모시는 궁중의 시종과 궁녀이고,

기여(其餘)는 정부의 신료(臣僚)와 인민대중이며, 종이복(從而服)은 상기(喪期)가 아직 남아 있을 때 임금을 따라서 상복을 입는 것이다. 부종이태(不從而稅)는 상기가 이미 지나갔을 때에는 임금이 추가로 상복을 입더라도 정부관료와 인민대중은 추가로 상복을 입지 않는다는 뜻이다.

15-6-5 ──────────────────────君雖未知喪이라도 臣은 服已니라.

『임금이 비록 초상이 난 줄을 알지 못하더라도 신하는 복을 입을 뿐이다.』

◉ 이 절은 임금이 타국에 있어서 임금의 부모나 아내 및 큰아들이 죽은 것을 알지 못하더라도 본국의 신하는 예절에 정한 상복을 입어야 됨을 기술하였다.

15-7-1 ──────────────────────虞엔 杖을 不入於室하고
　　　　　　　　　　　　　　　　　祔엔 杖을 不升於堂이니라.

『우제에는 지팡이를 짚고 방에 들어가지 아니하고, 부제에는 지팡이를 짚고 뜰방에 오르지 아니하니라.』

◉ 이 장은 상례(喪禮)의 세부적 사항을 기술하였다.

실(室)은 영위(靈位)를 모신 방이요, 당(堂)은 사당의 뜰방이나
영위를 모신 곳의 뜰방이다. 시간이 흘러 슬픔이 조금씩 가시고 밥을
먹어 체력이 차차 회복하므로 지팡이에 의지하지 않고 스스로 공경
하여 예절을 갖추는 것이다.

15-7-2 ─────────────────────────── 爲君母後者는 君母가 卒이어든
則不爲君母之黨服이니라.

『아버지 정실부인의 후계자가 되어 상복을 입은 사람은 아버지의
정실부인이 죽거든 곧 아버지의 정실부인 친정집안에 상복을 입지
아니하니라.』

☯ 이 절은 의리로 맺어진 혈연관계는 따를 바가 죽으면 끊어지는
절도를 밝혀 첩자(妾子)로서 아버지 정실부인의 후계자가 된 사람은
아버지의 정실부인 즉 적모(嫡母)에 대하여 적모가 살았을 때에만
그 친정을 외가(外家)로 인정하여 속복(屬服)하고 적모가 죽으면 그
친정을 외가로 인정하지 아니하여 종복(從服)에 소종(所從)이 사망
하면 그치는 예절로 대함을 기술하였으니 앞에 15-4-2를 참조하라.
　군모(君母)는 아버지의 정실부인으로 곧 적모(嫡母)이고, 후자(後
者)는 뒤를 이은 후계자이며, 군모지당(君母之黨)은 아버지의 정실부
인 친정집안으로 곧 후계자의 외가(外家)이다.
　살피건대 외가(外家)는 가족관계의 간접 상복을 입는 속복(屬服)
이기 때문에 그 혈연관계가 영원하여 비록 그 어머니가 죽었어도 외

가의 상복을 입어야 되는 것이다. 그러나 친생자가 아닌 첩자(妾子)
가 아버지의 후계자가 되었을 때에는 적모(嫡母)가 생존할 때에만
적모의 친정을 외가로 인정하여 상복을 입고, 이에 적모가 죽으면 그
의리(義理)가 끊어져서 인간관계로 전락하여 상복을 입지 않는 것이
니 앞에 15-4-3에서 임금의 첩이 축출당하면 정부인의 아들이 죽
었을 때에 상복을 입지 않는 논리와 같은 것으로 의리로 맺어진 혈
연관계는 의리가 끊어지면 혈연도 끊어지는 것이다.

15-7-3 ──────────────── 経殺는 五分而去一하나니 杖은 大如絰이니라.

『삼 띠를 차례로 줄임은 5분의 1을 제거하나니 지팡이는 크기가
삼 띠와 같게 하니라.』

◑ 이 절은 상복의 수질(首絰)과 요대(腰帶)와 지팡이의 제도를
기술하였다.

질쇄(経殺)는 상복(喪服)의 수질(首絰)과 요질(腰絰)의 크기를 5
복제도에 따라 차례로 5분의 1씩 제거하여 줄이는 것이니 참최(斬
衰)의 수질(首絰)은 대개 한 뼘이라고 하였으니 9촌(寸)으로 하고
요질(腰絰)은 그것의 5분의 1을 제거하여 7촌 2푼으로 한다. 그리고
자최(齊衰)의 수질은 참최의 요질과 같이 7촌 2푼으로 하고 요대(要
帶)는 5분의 1을 제거하여 5촌 7푼 6리로 하며, 또한 대공(大功)의
수질은 5촌 7푼 6리로 하고 요대는 5분의 1을 제거하여 4촌 6푼 8리
로 하며, 또 소공(小功)의 수질은 4촌 6푼 8리로 하고 요대는 5분의

1을 제거하여 3촌 7푼 9리 정도로 하며, 끝으로 사마(緦麻)의 수질은 3촌 7푼 9리로 하고 요대는 3분의 1을 제거하여 3촌 정도로 한다. 이와 같이 5분의 1씩 제거하여 줄이는 것은 그 슬픔의 정도와 차이를 5등분 하는 5복제도에 담았기 때문이다. 장(杖)은 상장(喪杖)이요, 대(大)는 지팡이의 굵기이며, 여질(如絰)은 요질(腰絰)과 같은 것이니 참최의 대나무지팡이는 둘레가 7촌 2푼이요 자최의 오동나무지팡이는 둘레가 5촌 7푼 6리이다.

15-7-4 ──────────────── 妾은 爲君之長子에 與女君으로 同하니라.

『첩은 임금의 큰아들이 죽어서 상복을 입음에 정부인과 더불어 한 가지로 상복을 같이 입느니라.』

☯ 이 절은 임금의 세자(世子)가 죽었을 때 첩도 성부인과 같이 자최 3년의 상복을 입는 절도를 기술하였다.

살피건대 첩도 노후(老後)를 장자에게 의지하므로 그 상복이 같으나 앞에 15-4-3에서 보았듯이 헤어지고 집을 떠나면 상복이 없는 것이다.

15-7-5 ──────────────── 除喪者는 先重者하고 易服者는 易輕者하니라.

『상복을 벗는 것은 무거운 상복부터 먼저 벗고, 상복을 바꾸어 입는 것은 가벼운 상복부터 먼저 바꾸어 입느니라.』

　● 이 절은 가족이 같은 날 죽었을 경우에 상복(喪服)을 입는 절
도를 기술하였으니 장례(葬禮)는 가벼운 초상부터 먼저 장사 지내고
제사는 무거운 초상부터 먼저 제사 지내는 원칙에 따라 상기(喪期)
는 가벼운 초상부터 끝내되 상제(喪祭)는 무거운 초상부터 지내야
함을 밝혔다.

　제상(除喪)은 상복을 벗음이니 상주가 무거운 상복을 먼저 벗어야
되는 까닭은 소상(小祥)과 대상(大祥) 및 담제(禫祭)를 먼저 무거운
제사부터 지내기 위함이다. 그리고 역복(易服)은 상중(喪中)에 일정
한 기간이 지나면 옷을 바꾸어 입는 것이니 1주기가 되면 생베옷을
빨아서 연복(練服)으로 바꾸어 입고, 2주기 되면 흰 갓과 직령(直領)
으로 바꾸어 입고, 담제(禫祭)에는 칠한 갓과 흰 도포로 바꾸어 입으
며, 길제(吉祭)에는 평상의 예복으로 바꾸어 입는 것인데 상주가 가
벼운 상복부터 먼저 바꾸어 입는 것은 무거운 상복을 더욱 오래 입
고자 하는 마음의 표시이다.

　전배들은 이 절의 본의를 파악하지 못하여 남자와 여자의 절도로 해
설하였으나 전혀 설득력이 없기에 내가 바로잡았으니 살피기 바란다.

15-7-6 ─────────────── 無事어든 不辟廟門하고 哭은 皆於其次하니라.

　『행사가 없거든 빈소의 문을 열지 아니하고, 곡은 모두 상제가 거
처하는 방에서 하니라.』

☯ 이 절은 빈소(殯所)의 문은 행사가 있을 때에만 열고 개별적으로 슬퍼서 곡(哭)할 때에는 상차(喪次)에서 울어야 함을 밝혔다.

사(事)는 상례(喪禮)를 거행하는 일이고, 벽(辟)은 여는 것이며, 묘문(廟門)은 빈궁(殯宮), 빈소(殯所)니 곧 영위(靈位)이다. 곡(哭)은 개별적으로 슬퍼서 우는 것이요, 차(次)는 상차(喪次)니 상제(喪制)가 거상(居喪)할 때에 머무는 곳이다. 이것은 신령을 존엄하게 모시어 예절의 공식행사로 받들고, 감히 개인의 사사로운 감정으로 대하여 번거롭게 하지 않도록 하기 위함이다.

15-7-7 ─────────────── 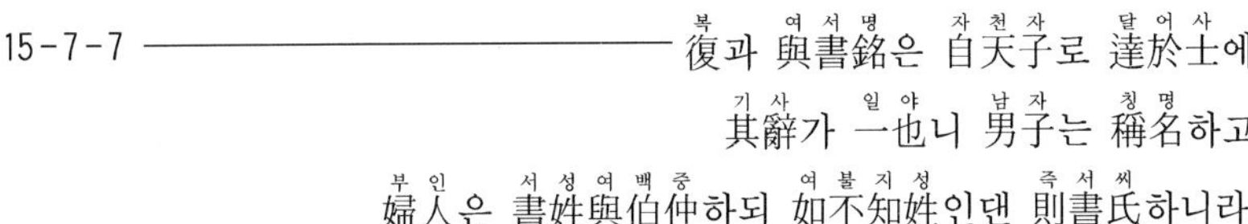

『혼을 부르는 복과 죽은 사람의 신분을 밝히는 명정은 천자로부터 신비에 이르기까지 그 말씀이 동일한 것이니 남자는 성명을 호칭하고, 부인은 성과 첫째, 둘째를 쓰되 만일 성을 알지 못하거든 곧 씨를 쓰니라.』

☯ 이 절은 사람이 죽어서 상례를 거행함에는 정통성과 개별성을 구체적으로 밝혀서 그 신분의 정체(正體)를 뚜렷이 하는 절도를 기술하였다.

복(復)은 사람이 죽으면 그 혼을 부르는 초혼(招魂)이요, 명(銘)은 죽은 사람의 신분을 밝히는 명정(明旌)이며 명(名)은 성명(姓名)

이다. 성(姓)은 국가에서 국민의 신분을 확인하기 위하여 인민에게 성(姓)을 내려서 그 자손이 대대로 이름 앞에 쓰게 하여 혈통이 같은 겨레임을 상징하게 하는 호칭이고, 씨(氏)는 인민이 성(姓)이 없거나 또는 성(姓)이 있더라도 특별히 구별하여 호칭함으로써 자연적으로 사회에 널리 알려졌기 때문에 그 자손들이 이름 앞에 써서 혈통이 같은 겨레임을 나타내는 호칭이다. 따라서 후세에는 성(姓)과 씨(氏)를 모두 공인하여 같이 썼으나 성은 원래의 뿌리를 상징하고 씨는 본족에서 갈라진 지파(支派)를 상징한다.

백중(伯仲)은 큰딸, 가운데 딸이니 대체로 옛날에는 여자의 이름을 부르지 않고 큰딸, 가운데 딸 등으로 부르는 것을 예의로 인식하였다. 따라서 성씨(姓氏)는 혈통을 이은 정통(正統)임을 상징하고, 명(名)은 인격의 독립적 주체(主體)임을 상징하여 모든 사람은 성명(姓名) 또는 씨명(氏名)으로 그 정체(正體)를 뚜렷이 확인하는 까닭에 사람이 죽음에 천자로부터 선비에 이르기까지 일률적으로 성명을 호칭하여 일생을 마감하고 공적을 표창하며 귀신을 받드는 것이니 앞에 1-29-1을 참조하라.

15-7-8 ──────────── 斬衰之葛은 與齊衰之麻로 同하며

齊衰之葛은 與大功之麻로

同하니 麻同이어든 皆兼服之니라.

『참최복의 칡 띠는 자최복의 삼 띠와 더불어 크기가 같으며, 자최복의 칡 띠는 대공복의 삼 띠와 더불어 크기가 같으니, 삼 띠가 같거

든 모두 겸용으로 입느니라.』

　☯ 이 절은 졸곡(卒哭)에 마질(麻絰)을 갈질(葛絰)로 바꾸는바 그 크기도 한 등급을 낮추어 줄이는 절도를 기술하였으니 삼처럼 질긴 슬픔이 졸곡이 됨에 칡처럼 약한 슬픔으로 바뀌었다는 뜻인데 앞에 3-44-4에서 이미 해설하였다.

　갈(葛)은 갈질(葛絰)이니 사망한 지 100일 되어 졸곡했다는 표지요, 마(麻)는 마질(麻絰)이니 사망한 지 아직 한 철도 지나지 아니하여 슬픔이 많다는 표지이다. 앞에 15-7-3에서 논한 크기로 보면 참최의 수질은 7촌 2푼이고 요질은 5촌 7푼 6리이며 자최의 수질은 5촌 7푼 6리이고 요질은 4촌 6푼 8리이다.

15-7-9 ──────────────────^{부 장 자}報葬者는 ^{부 우}報虞하니 ^{삼 월 이 후}三月而後에 ^{졸 곡}卒哭이니라.

『빨리 장사 지내는 사람은 빨리 우제를 지내되 3개월이 지난 뒤에 졸곡하니라.』

　☯ 이 절은 가정형편이나 또는 다른 급한 이유로 장례기일을 앞당겨서 빨리 장사 지내면 우제(虞祭)도 따라서 장사 지낸 날에 빨리 지내야 함을 기술하였다.

　부(報)는 빨리 급하게 함이니 부(赴)와 같으며, 부장(報葬)은 장례기간이 되기 전에 급히 서둘러 빨리 장사 지내는 것이요, 부우(報虞)는 장사 지낸 날에 서둘러 우제(虞祭)를 지내서 혼백이 편안히

머무르게 함이다.

 ─────────────────── 父母之喪이 偕어든 先葬者를
不虞祔하고 待後事하니 其葬에 服斬衰하니라.

『아버지와 어머니의 초상이 같거든 먼저 장사 지낸 신주를 조상과 합하는 초우(初虞)를 지내지 아니하고, 뒤에 행사를 기다리나니 그 장례에 참최상복을 입느니라.』

◉ 이 절은 아버지와 어머니가 같이 죽었을 때에 장례는 어머니부터 거행하되 초우(初虞)의 부제(祔祭)는 아버지의 장례를 기다려서 함께 지내고 아버지의 상복인 참최복을 입고 장사 지냄을 기술하였다.

선장자(先葬者)는 어머니의 신주(神主)이니 장례는 가벼운 상복부터 거행하므로 아버지와 어머니가 같이 죽었을 때에 어머니의 장례를 먼저 거행한다. 그러나 제사는 무거운 상복부터 먼저 지내는 것이다. 따라서 후사(後事)는 아버지의 장례를 치르고 우제(虞祭)를 지냄이니 이때에 아버지 신주와 어머니 신주를 조상과 합하는 부제(祔祭)를 지내는 바 초우(初虞)제를 지냄에 아버지의 초우(初虞)를 먼저 지내고 다음에 어머니의 초우(初虞)를 지낸다. 기장(其葬)은 어머니의 장례이고, 참최(斬衰)는 아버지의 상복을 입고 어머니의 장례를 거행하는 것이다.

『대부는 그 여러 아들의 상복을 감손하되 그 손자는 그 아버지의 상복을 감손하지 아니하니라.』

◐ 이 절은 대부는 여러 아들의 상복을 자최장기(齊衰杖期)에서 대공(大功) 9월로 낮추되 그 여러 아들의 아들은 그 아버지의 상복이 참최 3년임을 기술하였다.

천자와 제후는 1년 상복은 입지 않으므로 여러 아들의 자최장기의 상복을 입지 않으니 강쇄(降殺)할 필요가 없으나 대부는 자최(齊衰)는 입고 대공(大功) 이하를 입지 않으므로 여러 아들의 상복을 자최장기에서 대공 9월로 낮추어서 상복을 입지 않게 하였다. 그러나 여러 아들의 아들은 아버지의 상복이므로 절대로 낮출 수 없는 것이다.

『대부는 선비의 초상을 주관하지 아니하니라.』

◐ 이 절은 후계자가 없는 선비의 죽음에 그 친척 가운데 대부(大夫)는 그 초상을 주관하지 않고 선비급의 친척이 주상(主喪)이 되어야 함을 기술하였다.

살펴건대 대부(大夫)는 나라의 일에 전념해야 되므로 여러 아들의 상복도 대공(大功)으로 낮추어 입지 않거늘 어찌 집안의 후계자가

없는 선비의 죽음에 상주(喪主)가 되어 나라의 일을 소홀히 하겠는
가? 그러므로 대부는 가급적 집안일에 얽매이지 않도록 한 것이다.

15-7-13───────────────────────爲慈母之父母에 無服이니라.

『자모의 부모가 죽음에 상복이 없느니라.』

◉ 이 절은 자모(慈母)의 상복은 자최 3년이지만 자모의 부모가
죽음에는 상복이 없음을 기술하였다.
무복(無服)은 종복(從服)이나 속복(屬服)의 대상이 아니기 때문에
상복이 없는 것인즉 앞에 15-4-2를 참조하라.

15-7-14───────────────夫가 爲人後者어든 其妻가 爲舅姑에 大功이니라.

『지아비가 다른 사람의 양자가 되었거든 그 아내는 시아버지와 시
어머니가 죽음에 대공 9월의 상복을 입느니라.』

◉ 이 절은 남편이 다른 사람의 양자(養子)가 되면 그 아내는 남
편의 생가(生家) 부모가 죽음에 대공(大功) 9월의 상복을 입음을 기
술하였다.
구고(舅姑)는 양가(養家)의 시부모가 아니고 생가(生家)의 시부모
이다.

 ──────────────────士를 祔於大夫어든 則易牲이니라.

『선비의 신주를 대부의 신주 곁에 붙여 놓거든 곧 희생을 바꾸느니라.』

◑ 이 장은 신주(神主)를 사당에 붙여 놓는 절도를 기술하였다.

부(祔)는 졸곡(卒哭) 다음 날에 지내는 부제(祔祭)이고, 역생(易牲)은 선비의 제물(祭物)을 대부의 제물로 바꾸는 것이다.

무릇 장례는 죽은 사람의 신분으로 거행하고, 제례는 살아 있는 자손의 신분으로 지내는 것인데 부제(祔祭)는 새 신주를 조상의 신주 곁에 붙여 놓는 일종의 신고식이므로 특별히 조상의 신분을 존중하여 제물만 대부의 희생으로 차리게 한 것이다.

 ──────────────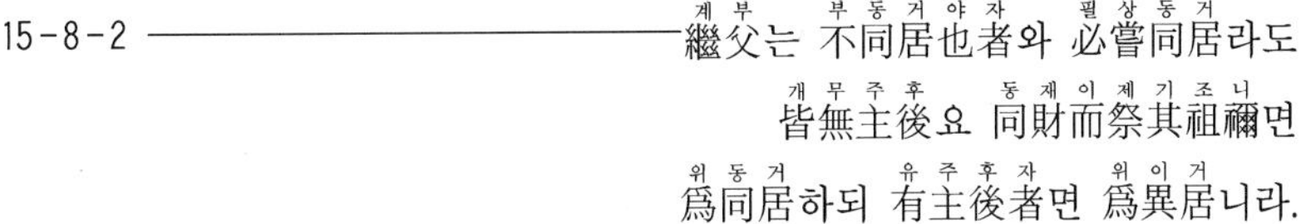
繼父는 不同居也者와 必嘗同居라도 皆無主後요 同財而祭其祖禰면 爲同居하되 有主後者면 爲異居니라.

『의붓아버지는 함께 같이 살지 않았던 사람과 반드시 일찍이 함께 같이 살았을지라도 모두 후계자로 주장함이 없고, 재산을 공동으로 하면서 그 조상과 아버지의 사당에 제향을 지내면 함께 사는 상복을 입되 후계자로 주장하는 사람이 있으면 따로 사는 상복을 입느니라.』

◑ 이 절은 계부(繼父)의 상복 입는 절도를 기술하였다.

부동거야자(不同居也者)는 의붓아버지와 함께 살지 않는 사람이고, 상동거(嘗同居)는 어려서 함께 살았으나 지금은 자립하여 각각 사는 사람이며 무주후(無主後)는 후계자임을 주장함이 없는 것이니 상복(喪服)이 없다는 뜻이다. 동재(同財)는 의붓아버지의 재산을 공동으로 사용함이고 제기조이(祭其祖禰)는 의붓아버지가 아내의 전남편의 아들을 길러서 혼인을 시켜 가정을 이루어 그 조상과 아버지의 사당에 제사를 지내도록 은덕을 베푼 것이다. 위동거(爲同居)는 함께 사는 의붓아버지의 상복을 입는 것이니 동거계부(同居繼父)의 상복은 자최부장기(齊衰不杖期)이고, 유주후자(有主後者)는 의붓아버지의 후계자로 주장하는 사람이 있는 것이니 곧 의붓아버지에게 친아들이 있는 것이요, 위이거(爲異居)는 따로 사는 상복을 입는 것이니 곧 부동거계부(不同居繼父)의 상복인 자최(齊衰) 3월을 입는 것이다.

살피건대 어머니가 재가(再嫁)할 때에 따라가지 않았거나 비록 따라갔어도 성장하여 자립하였으면 의붓아버지의 상복이 없는 것이다. 그러나 의붓아버지와 함께 살면서 혼인하여 가정을 이루고 조상과 아버지의 제사를 지내는 은덕을 입었으면 의붓아버지가 죽음에 자최부장기의 상복을 입되 만일 의붓아버지에게 친아들이 있으면 자최 3월로 낮추어 입는 것이니 의붓아버지의 후계자를 존중하는 원리이다.

15-8-3 ────────────────── 哭朋友者는 於門外之右에 南面이니라.

『붕우의 부고를 받고 곡하는 사람은 문밖의 오른쪽에서 남쪽을 향하니라.』

◑ 이 절은 붕우(朋友)가 죽었다는 부고(訃告)를 받고 곡(哭)하는 위치를 기술하였으니 앞에 3−32−2를 참조하라.

문(門)은 침문(寢門)이고 우(右)는 서쪽이니 평소에 손님이 와서 서는 자리이며 남면(南面)은 손님이 오는 곳을 바라봄이다. 붕우는 사당과 관계가 없으므로 침문 밖에서 곡한다.

15−8−4 ────────────────── 부 장 자 　 불 서 택
　　　　　　　　　　　　　　　　祔葬者는 不筮宅이니라.

『합장하는 사람은 묏자리를 점치지 아니하니라.』

◑ 이 절은 이미 있는 묘에 붙여서 합장할 때에는 유택(幽宅)의 길흉을 점치지 않는 절도를 기술하였다.

부장(祔葬)은 배우자의 묘에 붙여서 합장(合葬)함이고 택(宅)은 유택(幽宅)으로 묘지인데 이미 처음 묘를 쓸 때에 점을 쳤기 때문에 다시 점칠 필요가 없다.

15−8−5 ──────────────── 사 대 부 　 불 득 부 어 제 후
　　　　　　　　　　　　　士大夫는 不得祔於諸侯하고
　　　　　　　　부 어 제 조 부 지 위 사 대 부 자 　 기 처
　　　　　祔於諸祖父之爲士大夫者하며 其妻는
　　　　　　　　부 어 제 조 고 　 첩 　 부 어 첩 조 고
　　　　　祔於諸祖姑요 妾은 祔於妾祖姑니
　　　무 즉 중 일 이 상 이 부 　 부 필 이 기 소 목
　　　亡則中一以上而祔하고 祔必以其昭穆이니라.

『선비와 대부의 신주는 제후의 신주 곁에 붙여 놓을 수 없고, 여

러 할아버지 가운데서 선비와 대부가 된 신주 곁에 붙여 놓으며, 그 아내는 여러 시할머니의 신주 곁에 붙여 놓으며, 첩은 첩시할머니의 신주 곁에 붙여 놓으니, 없으면 중간에 1대 이상의 첩시할머니의 신주 곁에 붙여 놓고, 신주를 조상에게 붙여 놓음에는 반드시 그 소목의 차례로 하니라.』

◑ 이 절은 같은 자손이라도 선비와 대부는 제후의 종묘(宗廟)에 신주를 붙여 놓지 못하고, 방계(傍系)의 선비와 대부의 가묘(家廟)에 신주를 붙여 놓는 절도를 기술하였으니 제후의 종묘(宗廟)는 국가의 공실(公室)에 부속한 국가공공기관이기 때문에 이미 사사로운 혈연관계를 초월한 것이다.

제조부(諸祖父)는 여러 큰할아버지와 작은할아버지요, 제조고(諸祖姑)는 여러 큰 시할머니와 작은 시할머니이며, 첩조고(妾祖姑)는 첩시할머니, 무(亡)는 첩시할머니가 없는 것이고, 중일이상(中一以上)은 중간에 1대(代) 이상을 올라감이니 첩시할머니가 있는 세대까지 올라가는 것이다.

이것은 모두 공(公)과 사(私)를 분별하고, 정실(正室)과 측실(側室)을 구별하는 예절이니 공명정대한 기강이다.

15-8-6 ──────────────── 諸侯는 不得祔於天子하되
天子諸侯大夫는 可以祔於士니라.

『제후의 신주는 천자의 신주 곁에 붙여 놓지 못하되 천자와 제후

와 대부의 신주는 선비의 신주 곁에 붙여 놓을 수 있느니라.』

◑ 이 절은 같은 자손이라도 제후의 신주는 천자의 태묘(太廟)에 붙여 놓지 못하고 앞 절에서처럼 여러 할아버지의 신주 곁에 붙여 놓아야 됨을 기술하고, 또한 천자와 제후와 대부의 신주는 선비의 신주 곁에 붙여 놓을 수 있음을 밝혔으니 이것은 선비의 자손도 천자와 제후와 대부가 될 수 있다는 만민평등사상의 예법정신이다.

사(士)는 천자와 제후와 대부의 아버지나 할아버지의 신주(神主)이다.

15-9-1 ──────────── 爲母之君母하되 母卒하면 則不服이니라.

『어머니의 아버지의 정실부인의 상복을 입되 어머니가 죽으면 곧 입지 않느니라.』

◑ 이 장은 여러 어머니에 대한 상례(喪禮) 절도를 기술하였다.

군모(君母)는 앞에 15-7-2에서 이미 해설하였으니 모지군모(母之君母)는 곧 정실외조모(正室外祖母)이다.

살피건대 생모와 정실외조모는 혈연관계가 없기 때문에 속복(屬服)으로 인정하지 않고 종복(從服)으로 인정한 까닭이다.

15-9-2 ──────────────── 宗子는 母在라도 爲妻禫이니라.

『종가의 큰아들은 어머니가 살아 있을지라도 아내의 상복을 입음
에 담제를 지내느니라.』

　◐ 이 절은 종자(宗子)의 처상(妻喪)은 여러 아들의 처상(妻喪)보
다 존엄함을 기술하였다.

　대저 처상(妻喪)은 자최장기(齊衰杖期)이므로 의당 담제(禫祭)가
있는데 다만 부모가 살았으면 자최부장기이므로 담제를 지내지 않는
것이다. 그러나 종자(宗子)는 존귀하기 때문에 비록 어머니가 살았어
도 자최장기의 상복을 입고 담제를 지내니 이것이 여러 아들과 차이
점이다.

15-9-3 ──────────────── 爲慈母後者하거나 爲庶母하여도
　　　　　　　　　　　　可也며 爲祖庶母하여도 可也니라.

『자모의 후계자가 되거나 서모의 후계자가 되어도 좋고, 서조모의
후계자가 되어도 좋으니라.』

　◐ 이 절은 첩(妾)의 아들로 자모(慈母)나 서모(庶母)의 후계자로
양자입적(養子入籍)할 수 있음을 기술하였다.

　자모(慈母)는 어머니가 죽은 어린 아들을 양육해 준 아버지의 첩
(妾)으로 자식이 없기 때문에 아버지가 양모(養母)와 양자(養子)가
되라고 명령한 것이다. 서모(庶母)는 아버지의 첩에게 자식이 없거나
죽었으면 다른 첩의 아들로 후계자를 삼게 해서 양모와 양자가 되라

고 명령한 것이고, 조서모(祖庶母)는 할아버지의 첩인데 만일 그 자식이 죽어서 후계자가 없으면 아버지의 첩이 낳은 아들로 대를 이어 양조모(養祖母)와 양손자(養孫子)가 되라고 명령한 것이다.

살펴건대 양모(養母)와 자모(慈母)의 상복은 모두 자최 3년인데 아버지가 살았으면 자최장기(齊衰杖期)이니 이것은 자모(慈母)와 서모(庶母)의 공로를 인정하고 인생을 보람 있게 하며 죽은 다음에도 슬프게 장사 지내고 길이 추모하여 제사를 지내게 해서 영원히 안락을 누리게 하는 예절이다.

15-9-4 ─────────────────────────── 爲父母妻長子에 禫이니라.

『아버지와 어머니 그리고 아내 및 큰아들의 상복을 입음에 담제를 지내느니라.』

◉ 이 절은 담제(禫祭)의 대상을 기술하였다.

담(禫)은 상복을 벗고도 남은 슬픔이 있어서 담담하게 제사를 지내고 정상생활로 돌아간다는 뜻이다. 그러므로 부모가 죽은 아들딸과 아내가 죽은 남편과 큰아들이 죽은 아버지와 어머니는 모름지기 담제를 지내고 힘을 내서 씩씩하게 정상생활로 돌아가야 되는 것이다. 그러나 남편이 죽은 아내는 도저히 정상생활로 돌아갈 수 있는 여건이 아니기 때문에 담제가 없고 또한 다른 사람은 상복을 벗으면 남은 슬픔이 없으므로 담제를 지낼 필요가 없는 것이다.

『자모와 첩모는 대를 이어 제사 지내지 아니하니라.』

◐ 이 절은 자모(慈母)와 첩모(妾母)의 제사는 그 아들이 살았을 때에만 지내고 그 손자의 세대에는 지내지 아니하는 절도를 기술하였다.

불세제(不世祭)는 대대로 제사를 지내지 아니함이니 그 은혜와 의리(義理)가 다하였기 때문이다.

15-9-6 ──────────────────────────── ^{장 부}　^{관 이 불 위 상}
丈夫는 冠而不爲殤하고
^{부 인}　^{계 이 불 위 상}
婦人은 笄而不爲殤하니
^{위 상 후 자}　^{이 기 복}　^{복 지}
爲殤後者는 以其服으로 服之니라.

『사나이는 관례를 했으면 미성년자로 장사 지내지 아니하고, 부인은 계례를 했으면 미성년자로 장사 지내지 아니하며, 미성년으로 죽은 사람의 후계자가 상복을 입으면 성인의 상복으로 입느니라.』

◐ 이 절은 비록 미성년의 나이로 죽었더라도 이미 관례(冠禮)나 계례(笄禮)를 거행하였거나 또는 양자(養子)를 두어 후계자가 있으면 성인(成人)으로 대우하여 상례(喪禮)를 거행할 것이요, 결코 미성년의 상례(殤禮)로 거행할 수 없음을 밝혔다.

위상후자(爲殤後者)는 비록 미성년자로 죽었지만 이미 혼외(婚外) 자녀가 있어서 아버지나 어머니의 상복을 입는 것이요, 기복(其服)은

아버지가 죽었으면 참최 3년이고, 어머니가 죽었으면 자최 3년이나
자최장기(齊衰杖期)의 상복이다.

15-10-1 ——————————————————— 久而不葬者는 唯主喪者가 不除하고
其餘以麻終月數者는 除喪則已니라.

『오래도록 장사 지내지 않은 사람은 오직 초상집 주인만 상복을
벗지 아니하고, 그 나머지 마질(麻絰)의 달수를 마친 사람은 상복을
벗고 곧 그치느니라.』

◑ 이 장은 상복을 입음에 주상(主喪)과 종상(從喪)의 차이가 있
는 경우를 기술하였으니 여기에서는 오래도록 장사 지내지 않은 때
에 주상(主喪)만 상복을 벗지 않고, 그 나머지는 상기(喪期)에 따라
벗어야 됨을 밝혔다.

주상(主喪)은 초상집 주인이니 아버지상에는 큰아들이요, 남편상
에는 아내이며, 승중(承重)은 장손(長孫)이다. 기여(其餘)는 상주(喪
主)를 제외한 상제(喪制)들이고, 마(麻)는 마질(麻絰), 최질(衰絰)이
니 삼으로 만든 수질(首絰)과 요대(要帶)이며, 월수(月數)는 장례기
일과 상복을 입는 기간이고, 이(已)는 그치는 것이니 장례식날 이외
에는 다시 입지 않는 것이다.

　　　　　　　　　　　　　　　　箭笄는 終喪三年이요

齊衰三月이 與大功으로 同者는 繩屨니라.

『대나무비녀는 3년상으로 마치고, 자최 3월이 대공 9월로 더불어 같은 것은 삼신이니라.』

◉ 이 절은 참최(斬衰)와 자최(齊衰) 그리고 대공(大功)의 차이점을 기술하였다.

전계(箭笄)는 가는 대나무비녀로 미혼의 딸과 이혼한 딸이 아버지가 죽었을 때에 입는 참최 3년의 상복이다. 여자는 참최 3년의 상복을 입으면 결코 혼인을 할 수 없기 때문에 반드시 3년상을 마쳐야만 시집갈 수 있으니 대단히 중대한 상복이므로 앞에 15-1-2에서 기술한 악계(惡笄)와 비교한 것이다. 자최 3월은 자최 가운데 가장 가벼운 상복이요, 대공(大功)은 9월이니 기간은 9월이 더욱 길지만 상복은 자최 3월이 더욱 무거운 상복으로 오직 같은 것은 삼신뿐임을 밝혔으니 그 진정(眞情)과 사모하는 생각에 차이가 있는 것이다. 승구(繩屨)는 삼끈으로 만든 신인데 대단히 질기며 미투리라고 한다.

　　　　　　　　　　　　　　　練에는 筮日筮尸視濯하되 皆要絰杖繩屨니

有司가 告具而后에 去杖하고

筮日筮尸하며 有司가 告事畢而后에

杖하야 拜送賓하나니 大祥에는 吉服而筮尸니라.

『소상에는 날을 산가지 점치고, 시동을 산가지 점치며, 제기를 씻는 것을 보되 모두 칡 허리띠를 매고 지팡이를 짚고 삼신을 신으니 책임자가 예의를 갖출 것을 아뢴 다음에 지팡이를 놓고 날을 산가지 점치고 시동을 산가지 점치며, 책임자가 일을 마쳤음을 아뢴 다음에 지팡이를 짚고 손님을 절하여 보내나니 대상에는 길한 옷을 입고 시동을 점치느니라.』

◉ 이 절은 소상(小祥)과 대상(大祥)의 차이점을 기술하였으니 소상에는 연복(練服)을 입고 대상에는 길복(吉服)을 입음을 밝혔다.

연(練)은 1주기에 상복을 빨아 입고 제사를 지내는 소상(小祥)이고, 서(筮)는 산가지로 점을 치는 주역점(周易占)이며, 시탁(視濯)은 제기(祭器)를 공개적인 장소에서 씻는 것이다. 요질(要絰)은 갈대(葛帶)인데 수질(首絰)은 소상에 제거하므로 칡 머리띠는 언급하지 않았으며, 승구(繩屨)는 소상에 신고, 유사(有司)는 책임을 맡은 집사(執事)이며, 구(具)는 예모(禮貌)를 갖춤이니 주인이 사당 뜰방의 동쪽에 서는 것이요, 거장(去杖)은 앞에 15-7-1에서 이미 해설하였으니 부제(祔祭)를 지내면 지팡이를 짚고 사당의 뜰방에 오르지 않는 것이 예절이다. 장(杖)은 마당으로 내려와서 다시 지팡이를 짚음이고, 빈(賓)은 산가지점을 친 손님과 집사이며, 길복(吉服)은 길제(吉祭)에 입는 제복(祭服)이니 앞에 15-7-5에서 이미 해설하였다.

15-10-4─────────── 庶子가 在父之室하면 則爲其母에 不禫이니라.

『여러 아들은 아버지의 집에 있으면 그 어머니의 상복을 입음에 담제를 지내지 아니하니라.』

● 이 절은 아버지와 한집에 사는 여러 아들은 아버지의 슬픔을 배려하여 여러 아들은 자제하고 그 어머니의 상복을 입음에 담제를 지내지 않는 절도를 기술하였다.

15-10-5 ──────────────────── 庶子는 不以杖으로 卽位하니라.

『여러 아들은 지팡이를 짚고 영위 앞에 나아가지 아니하니라.』

● 이 절은 상주(喪主)인 장자(長子)만 지팡이를 짚고 영위(靈位) 앞에 나아가고, 차자(次子) 이하는 상주를 배려하여 지팡이를 놓고 궤연(几筵) 앞에 나아가야 함을 밝혔다.

15-10-6 ──────────────────── 父는 不主庶子之喪하나니
則孫은 以杖으로 卽位가 可也니라.

『아버지는 여러 아들의 초상에 주인 노릇을 아니하나니 곧 손자는 지팡이를 짚고 영위에 나아감이 옳으니라.』

● 이 절은 아버지는 큰아들의 초상에 그리고 시아버지는 큰며느

리의 초상에 상주(喪主)가 되어 주관하니 그 손자는 지팡이를 짚고 영위 앞에 나아가지 못하고, 차자(次子) 이하와 여러 며느리의 초상에는 아버지나 시아버지가 상주가 되지 아니함으로 그 손자가 상주가 되어야 함을 기술하였다.

손(孫)은 여러 아들의 큰아들이고, 가(可)는 옳다는 뜻이니 곧 상주(喪主) 노릇을 해야 된다는 뜻이다.

15-10-7—————————————————————— 父在하셔도 庶子는 爲妻에 以杖으로 卽位가 可也니라.

『아버지가 계셔도 여러 아들은 아내의 상복을 입음에 지팡이를 짚고 영위 앞에 나아감이 옳으니라.』

◉ 이 절은 시아버지는 큰며느리의 초상에만 상주가 되고 여러 며느리의 죽음에는 상주가 되지 않으므로 큰아들만 지팡이를 짚고 영위(靈位) 앞에 나가지 못하고, 차자(次子) 이하는 아내의 초상에 스스로 상주가 되기 때문에 지팡이를 짚고 영위 앞에 나아가야 됨을 밝혔다.

15-11-1—————————————— 諸侯가 弔於異國之臣이어든 則其君이 爲主하니라.

『제후가 다른 나라의 신하에게 조문을 하거든 곧 그 임금이 초상집 주인이 되니라.』

　◑ 이 장은 제후의 조문에는 공적(公的)으로 대우하여 사인(私人)과 다름을 기술하였다.

　살피건대 임금은 다른 나라의 신하에게 개인적으로 조문하는 예절이 없으므로 반드시 그 나라의 임금을 통하여 공식적인 외교의전으로 조문하는 까닭에 그 나라의 임금이 조문사절을 맞아야 마땅하다.

15-11-2────────────────────── 諸侯가 弔에 必皮弁錫衰니 所弔가
雖已葬이라도 主人이 必免하니
主人이 未喪服이어든 則君이 亦不錫衰하니라.

『제후가 조문함에는 반드시 가죽고깔을 쓰고 희고 굵은 삼베옷을 입으니 조문할 바가 비록 이미 장사 지냈을지라도 주인은 반드시 통건을 쓰나니 주인이 아직 상복을 입지 않았거든 곧 임금도 또한 희고 굵은 삼베옷을 입지 아니하니라.』

　◑ 이 절은 제후가 신하의 죽음에 조문할 때의 의관에 대한 절도를 기술하였다

　피변(皮弁)은 제후가 집무 시에 쓰는 관이고, 석(錫)은 흰색이며 최(衰)는 굵은 삼베이니 곧 삶아서 희고 굵은 삼베옷이요, 소조(所弔)는 조문의 대상이다. 문(免)은 앞에 15−1−3에서 이미 해설한 통건인데 대공(大功) 이상은 사망일부터 졸곡까지만 쓰고 벗으며, 소공

(小功) 이하는 빈소(殯所)를 설치하면 벗었다가 장사 지낼 때에 다시 쓰고 졸곡이 지나면 벗는다. 미상복(未喪服)은 아직 성복(成服)을 아니함이다.

15-12-1 —————————————— 養有疾者는 不喪服하고 遂以主其喪하며
非養者는 入主人之喪인댄 則不易己之喪服하니
養尊者는 必易服하고 養卑者는 否니라.

『질병이 있는 사람을 간호한 사람은 상복을 입지 아니하고, 마침내 그 초상에 주인 노릇을 하며, 간호함이 없는 사람이 남의 초상에 주인으로 들어갈진댄 곧 자기의 상복을 바꾸지 아니하니 존귀한 사람을 간호함에는 반드시 상복을 바꾸어 입고, 비천한 사람을 간호함에는 바꾸어 입지 아니하니라.』

☯ 이 장은 존귀한 사람과 비천한 사람을 분별하여 대우하는 절도를 기술하였으니 여기에서는 이미 상복을 입고 대처하는 경우를 밝혔다.

양(養)은 부양(扶養)의 의무가 있는 직계가족을 간호함이고, 비양(非養)은 부양의 책임이 없으므로 간호하지 않음이며, 인(人)은 남이나 방계의 먼 친척이다. 존(尊)은 부모나 형이요, 비(卑)는 자녀나 아우이며, 부(否)는 상복을 바꾸어 입지 아니함이다.

15-12-2──────────────────妾이 無妾祖姑者인댄 易牲而祔於女君이 可也라.

『첩이 첩시할머니가 없을진댄 희생을 바꾸어 정실부인의 신주 곁에 첩의 신주를 붙여 놓는 것이 옳으니라.』

◉ 이 절은 정실(正室)과 측실(側室)의 차이를 기술하였으니 앞에 15-8-5를 참조하라.

역생(易牲)은 간소한 제물을 성대한 제물로 바꾸는 것이요, 여군(女君)은 정실(正室)이니 정실부인의 신주나 시할머니의 신주이며 가(可)는 옳다는 뜻이니 비록 첩이라도 그 혼령이 의지할 곳이 없어 허공에 떠돌게 해서는 안 된다는 말이다.

15-12-3──────────────────婦之喪에 虞卒哭은 其夫若子가 主之하고 祔는 則舅가 主之니라.

『며느리의 초상에 우제와 졸곡은 그 지아비 및 아들이 주관하고, 부제는 곧 시아버지가 주관하니라.』

◉ 이 절은 여러 며느리의 초상에도 부제(祔祭)는 시아버지가 제주(祭主)가 됨을 기술하였으니 적부(適婦)는 우제와 졸곡도 시아버지가 주관하니 앞에 15-10-7을 참조하라.

약(若)은 급(及)과 같고 주지(主之)는 주관하는 것이니 상주(喪主)또는 제주(祭主)가 됨이다.

15-12-4 ──────────────────── 士는 不攝大夫하니 士攝大夫는 唯宗子니라.

『선비는 대부의 초상에 상주를 대행하지 아니하니, 선비가 대부의 초상에 상주를 대행함은 오직 종자뿐이니라.』

◑ 이 절은 후계자 없는 대부의 죽음에 선비는 상주(喪主)를 대행(代行)하지 못하고 오직 종자(宗子)는 비록 선비의 신분이라도 대행할 수 있음을 기술하였으니 앞에 15-7-12에서는 대부가 선비의 초상에 상주가 되지 않음을 밝혔고 여기에서 선비가 대부의 초상에 상주가 되지 않음을 밝혔으니 신분의 높고 낮음이 서로 다르기 때문이다.

섭(攝)은 섭주(攝主)이니 상주를 대행하는 것이다.

15-12-5 ──────────────────── 主人이 未除喪하야 有兄弟自他國至어든

則主人이 不免而爲主니라.

『주인이 아직 상복을 벗지 아니하야 형제가 다른 나라로부터 이르러 옴이 있거든 곧 주인이 통건을 쓰지 아니하고, 상주 노릇을 하니라.』

◑ 이 절은 상주가 이미 졸곡을 하고 통건을 벗은 다음에는 비록 형제가 다른 나라에서 이르러 왔을지라도 다시 통건을 쓰지 않음을 기술하였으니 앞에 15-11-2에서 기술한 제후(諸侯)와는 다름을 밝혔다.

陳器之道는 多陳之而省納之가 可也며 省陳之而盡納之가 可也니라.

『저승그릇을 진열하는 법도는 많이 진열했어도 덜어서 무덤에 넣는 것이 옳으며, 덜어서 진열했어도 모두 무덤에 넣는 것이 옳으니라.』

◉ 이 장은 사람과 상황에 따라 선후(先後)와 본말(本末)의 절도가 다름을 기술하였으니 여기에서는 명기(明器)의 많고 적음에 따라 조절하는 법도를 기술하였다.

진기(陳器)는 발인(發靷) 직전에 무덤 속에 묻을 명기(明器)를 진열하고 견전(遣奠)하는 것이요, 다(多)는 죽은 사람의 신분에 초과하여 넘침이며, 생(省)은 덜어서 줄이는 것이고, 납(納)은 무덤 속에 넣는 것이다. 견전(遣奠)의 명기(明器)는 선비, 대부, 제후, 천자의 등급이 있으니 분수에 넘치거나 부족하지 않아야 된다.

奔兄弟之喪할새 先之墓而後之家하야 爲位而哭하고 所知之喪은 則哭於宮而後之墓니라.

『형제의 초상집으로 달려갈 때에 먼저 묘에 간 다음에 집으로 가서 영위의 자리에 나아가 곡하고, 아는 사람의 초상에는 곧 빈소에서 곡한 다음에 묘에 가니라.』

◉ 이 절은 이미 장사 지낸 뒤에는 그 형제와 아는 사람의 조상

(吊喪) 절도가 다름을 기술하였다.

　형제는 천륜(天倫)이므로 인사의 예절보다도 형제의 정(情)이 앞서기 때문에 먼저 묘를 찾고 다음에 가족을 찾으며 끝으로 영위(靈位)에 나아가 곡하는 것이다. 그러나 아는 사람은 인륜(人倫)이므로 우정(友情)보다는 인사(人事)의 예절이 먼저이기 때문에 빈소(殯所)에 가서 곡하고 묘를 찾는 것이니 궁(宮)은 빈궁(殯宮)으로 곧 빈소이다.

15-13-3————————————————————————父는 不爲衆子하야 次於外니라.

『아버지는 여러 아들의 상복을 입음에 가운데 문밖에서 거처하지 아니하니라.』

　◯ 이 절은 아버지는 적장자(嫡長子)의 죽음에만 중문(中門) 밖의 상차(喪次)에서 거처(居處)하고, 그 나머지 여러 아들의 죽음에는 평상시에 거처하는 방에서 기거함을 기술하였다.

　차(次)는 머무는 것이고, 외(外)는 중문(中門) 밖의 상주가 머무는 상차(喪次)이다.

15-13-4————————————————————————與諸侯로 爲兄弟者는 服斬이니라.

『제후와 더불어 형제가 되는 사람은 제후가 승하하였을 때에 참최

3년의 상복을 입느니라.』

　◉ 이 절은 천자나 제후와 형제가 되는 사람은 천자나 제후가 승하하였을 때에 참최(斬衰) 3년의 상복을 입어야 됨을 기술하였으니 천자나 제후는 공인(公人)이므로 군신관계로 임하고, 사적인 형제관계로 임하지 못함을 밝힌 것이다.

　『의례(儀禮)』에 형제의 상복은 자최부장기(齊衰不杖期)이고, 임금이 승하하면 경대부(卿大夫)는 참최(斬衰) 3년이라고 하였으니 만일 임금의 형제가 자최부장기를 입으면 그 경대부보다도 가벼운 상복을 입게 되는 까닭에 공적인 신하의 상복을 입도록 배려한 것이다.

15-13-5 ——————————————————— 下殤小功은 帶澡麻하되 不絶本하니 詘而反하야 以報之니라.

　『11세부터 8세까지의 죽음에 입는 소공 5월의 상복은 허리띠는 씻어서 바랜 삼으로 만들되 뿌리를 자르지 아니하니 굽혀서 돌이켜 합치느니라.』

　◉ 이 절은 소공(小功) 5월의 상복(殤服) 허리띠를 만드는 방법을 기술하여 상복(喪服)의 요질(要経)과 차이가 있음을 밝혔다.

　하상(下殤)은 11세로부터 8세까지의 죽음에 장사 지내는 예절이요, 대(帶)는 요질(要経)이며, 조(澡)는 씻어서 바랜 흰색이다. 본(本)은 삼의 뿌리이고, 굴(詘)은 굽히는 것이며, 반(反)은 돌이키는 것이요

보(報)는 합치는 것이다. 본래 상복의 마질(麻絰)은 삼의 뿌리를 잘라서 줄기로만 만드는 것이다. 그러나 하상(下殤)의 요질(要絰)은 삼의 뿌리를 자르지 아니하여 슬픔의 줄기뿐만 아니라 슬픔의 뿌리까지도 발산해서 완전히 제거해야 하는 절도를 상징하였다.

15-13-6 ──────────────────────── 婦를 祔於祖姑할새 祖姑가
有三人이어든 則祔於親者니라.

『며느리의 신주를 시할머니의 신주 곁에 붙여 놓을 때에 시할머니가 3인이거든 곧 친한 시할머니의 신주 곁에 붙여 놓느니라.』

◉ 이 절은 시할머니가 3인일 때는 시아버지를 낳은 시할머니의 신주 곁에 며느리의 신주를 붙여 놓는 절도를 기술하였다.

3인(三人)은 계조고(繼祖姑)가 2인이 있는 경우인즉 시할아버지가 상처(喪妻)하고 재혼을 거듭한 결과이며 친(親)은 친생모(親生母)로 시아버지를 낳은 어머니이다. 학자는 여기에서 같은 어머니라도 친어머니가 더욱 가까움을 살펴야 할 것이다.

15-13-7 ──────────────────────── 其妻가 爲大夫而卒이어늘 而后에
其夫가 不爲大夫인댄 而祔於其妻이어든
則不易牲하고 妻가 卒而后에 夫가 爲大夫인댄
而祔於其妻어든 則以大夫牲이니라.

『그 아내가 대부가 되어서 졸하였거늘 그 뒤에 그 지아비가 대부가 되지 못했을진댄 그 아내의 신주 곁에 붙여 놓거든 희생을 바꾸지 아니하고, 아내가 졸한 뒤에 지아비가 대부가 되었을진댄 그 아내의 신주 곁에 붙여 놓거든 곧 대부의 희생으로 하니라.』

☯ 이 절은 아내의 품계가 남편의 품계에 따라서 오르고 내림을 기술하였다.

위대부(爲大夫)는 남편이 대부가 되었기 때문에 아내도 대부의 품계를 받은 것이요, 불위대부(不爲大夫)는 강등 또는 파면되어 대부의 신분이 아닌 것이다. 불역생(不易牲)은 선비의 희생으로 함이니 그 아내도 선비의 아내로 강등한 것인즉 앞에 15-8-1을 참조하라. 이 대부생(以大夫牲)은 그 아내를 대부의 품계로 승진시킨다는 뜻이니 아내는 비록 죽었어도 그 남편의 품계에 따라 오르는 것이다.

무릇 혼례에서 남편과 아내는 완전히 평등함을 상징하여 한 마리의 희생으로 반씩 나누어 제사를 지내고 표주박으로 술을 마시게 하여 영원한 한 쌍의 부부(夫婦)임을 공인하였으니 그 작위의 품계가 생전에는 물론이고 죽은 다음에도 똑같은 것은 당연하다.

15-13-8─────────────────── 爲父後者는 爲出母에 無服이니
無服也者는 喪者가 不祭故也니라.

『아버지의 후계자가 된 사람은 이혼한 어머니의 초상에 상복이 없으니 상복이 없는 것이란 상복을 입은 사람은 제사를 지내지 않는

까닭이니라.』

◑ 이 절은 아버지의 후계자에게 출모(出母)의 상복이 없는 이유를 기술하였다.

상자(喪者)는 초상을 당한 사람이니 곧 상복을 입은 사람이고 불제(不祭)는 흉복(凶服)을 입고 길제(吉祭)를 지내지 못함이다.

무릇 이혼한 어머니의 상복을 입는 것은 어머니와 아들 사이의 인정(人情)이고 조상의 제사를 지내는 것은 조상과 자손 사이의 도리(道理)이므로 개인적인 인정을 절제하여 조상을 받들고 종족(宗族)을 사랑하는 종통(宗統) 계승자의 도리가 더욱 중대한 것이다.

15-13-9————————婦人은 不爲主라도 而杖者니 姑在하되
爲夫엔 杖하고 母는 爲長子에 削杖하며
女子기 子在室하야 爲父母에 其主喪者가
不杖이어든 則子一人이 杖하니라.

『부인은 상주가 되지 않아도 지팡이를 짚고 영위에 나아가니, 시어머니가 있되 지아비의 상복을 입음에 대나무지팡이를 짚고 영위 앞에 나아가며, 어머니는 큰아들의 상복을 입음에 오동나무지팡이를 짚고 영위 앞에 나아가며, 여자는 미혼이나 이혼한 딸로 부모의 상복을 입음에 그 상주가 지팡이를 짚지 아니하거든 곧 딸 1인이 지팡이를 짚고 영위 앞에 나아가느니라.』

◉ 이 절은 부인이나 여자는 상주(喪主)가 아니더라도 지팡이를 짚고 영위(靈位) 앞에 나아가는 경우를 기술하였으니 앞에 15-10-5, 6, 7을 참조하라.

부인(婦人)은 여자가 혼인하여 시부모를 뵌 아낙네로 비록 남편이 죽었어도 상주가 되지 못하니 남편이 큰아들이면 시아버지가 상주가 되고 아니면 그 아들이 상주가 된다. 그리고 어머니는 큰아들의 죽음에 상주가 되지 못하니 아버지나 아들이 상주가 되며, 삭장(削杖)은 오동나무 지팡이이다. 여자(女子)는 미혼(未婚)의 처녀와 이혼(離婚)한 독신녀요, 자재실(子在室)은 딸이 집안 살림을 하는 것이니 곧 부모와 함께 사는 딸로 오빠나 남동생이 없는 사람인데 비록 부모가 돌아가셔도 여자는 상주가 될 수 없으므로 집안의 형제항렬에서 섭주(攝主)를 세워 상주 노릇을 하게 해야 된다. 부장(不杖)은 자최부장기(齊衰不杖期) 이하에 해당하는 사람을 상주로 세웠다는 뜻이요, 자일인(子一人)은 딸 한 사람이다.

15-14-1 ──────────────────────緦小功도 虞卒哭이어든 則免이니라.

『시마와 소공도 우제와 졸곡이어든 곧 통건을 쓰니라.』

◉ 이 장은 통건을 써야만 되는 경우를 기술하였으니 여기에서는 비록 가벼운 상복이라도 우제(虞祭)와 졸곡(卒哭)에는 문(免)을 써야만 됨을 밝혔다.

시(緦)는 3월이요, 소공(小功)은 5월이니 가장 가벼운 상복이므로 빈소를 설치하면 통건을 벗는다. 그리하여 계빈(啓殯)하기 전까지는 비록 일이 있어도 통건을 쓰지 않다가 바야흐로 장례식과 우제(虞祭)와 졸곡에는 반드시 문(免)을 다시 써야 되나니 장례식과 우제와 졸곡은 상례(喪禮)의 중대한 의식이기 때문에 그 일가친척이 모여서 회장(會葬)하는 의리가 있는 까닭이다.

15-14-2——————————————既葬而不報虞어든 則雖主人이라도
皆冠하고 及虞어든 則皆免이니라.

『이미 장사 지내고도 빨리 우제를 지내지 않았거든 곧 비록 주인 이라도 모두 관을 쓰고, 우제를 지냄에 미치거든 곧 모두 통건을 쓰 니라.』

☯ 여기에서는 장기(葬期)가 지나서 늦게야 장사 지내고도 또한 우제(虞祭)까지 빨리 지내지 않고 늦추는 사람은 비록 상주라고 하 여도 통관을 벗어야 되는 절도를 기술하였다.

부우(報虞)는 앞에 15-7-9에서 이미 해설하였고 관(冠)은 상기 (喪期)가 지나서 상복을 벗고 쓰는 흰색의 관이며, 개(皆)는 상주로 부터 시마(緦麻)와 소공(小功)까지의 모든 상복이다.

살피건대 앞에서 말한 부장(報葬)은 빨리 장사 지내는 갈장(渴葬) 을 경계함이요, 여기에서 말한 기장(既葬)은 늦게 장사 지내는 만장 (慢葬)을 경계함이니 예절을 공경하여 지킬지어다.

爲兄弟에 旣除喪하고 已及其葬也어든
反服其服하며 報虞卒哭이어든
則免하되 如不報虞어든 則除之니라.

『형제의 상복을 입음에 이미 상복을 벗고 조금 있다가 그 장사 지냄에 미치거든 돌이켜 그 상복을 입으며, 빨리 우제와 졸곡을 지내거든 곧 통건을 쓰되 만약에 빨리 우제를 지내지 아니하거든 벗느니라.』

◐ 이 절은 늦게 장사 지내는 형제의 상복을 벗는 절도를 기술하였다.

이(已)는 '조금 있다가'를 뜻하는 시제부사이니 형제의 상복은 자최부장기(齊衰不杖期)인즉 1년이 넘어서 장사 지낸다는 말이고, 반(反)은 '돌이켜'의 뜻이며, 여(如)는 만약이라는 가정법의 구문이다.

遠葬者는 比反하야 哭者가 皆冠하고
及郊而後에 免하야 反哭하니라.

『멀리 장사 지낸 사람은 돌아감에 미쳐 상제가 모두 관을 쓰고, 교외에 이른 다음에 통건을 쓰고 반곡하니라.』

◐ 이 절은 장지(葬地)가 멀리 교외(郊外)에 있을 때 장사 지내고 집으로 돌아감에 통건을 벗고 관을 쓰는 절도를 기술하였다.

원(遠)은 교외(郊外)에 있는 산야(山野)이고, 비(比)는 급(及)과 같으며 곡자(哭者)는 상주(喪主) 이하 상복을 입은 사람들이다. 교(郊)는 도읍의 주변이요, 반곡(反哭)은 장사 지내고 집에 돌아와 슬프게 우는 예절이다.

무릇 장사 지내면 통건을 벗어야 하므로 통건을 벗고 관을 쓰는 것이다. 그러나 반곡(反哭)과 우제(虞祭)에는 통건을 쓰는 것이므로 교외에 이르러 다시 통건을 쓰는 것이니 이것은 당일에 돌아올 수 없을 때에 행하는 예절이다.

15-14-5 ——————————————————— 君이 弔이든 雖不當免時也라도
主人이 必免하고 不散麻하며
雖異國之君이라도 免也니 親者는 皆免이니라.

『임금이 조문하거든 비록 통건을 쓰는 때에 해당하지 않더라도 주인이 반드시 통건을 쓰고, 그 요질(要絰)에 삼을 흩어지지 않게 하며, 비록 다른 나라의 임금이라도 통건을 쓰나니 친족은 모두 통건을 쓰니라.』

◉ 이 절은 임금이 조문할 때에 통건을 쓰는 절도를 기술하였으니 앞에 15-11-1, 2를 참조하라.

부당문시(不當免時)는 이미 우제(虞祭)와 졸곡(卒哭)이 지난 시기이고, 불산마(不散麻)는 요질(要絰)에 꽂은 삼이 흩어진 것을 다시 다듬어 가지런히 함이며, 친자(親者)는 친족(親族)이니 대공(大功) 이상의 상복을 입은 사람들이다.

除殤之喪者는 其祭也에 必玄하고
除成喪者는 其祭也에 朝服縞冠이니라.

『미성년자의 상복을 벗는 사람은 그 제사에 반드시 현관(玄冠)과 현단복(玄端服)으로 하고, 성인의 상복을 벗는 사람은 그 제사에 조복(朝服)과 호관(縞冠)으로 하니라.』

◉ 이 장은 상례(喪禮)는 은의(恩義)와 인정(人情)을 세밀히 분석하는 절도를 기술하였으니 여기에서는 상(殤)과 상(喪)의 차이점을 밝혔다.

상(殤)은 미성년자의 죽음에 초상 치는 예절이고 성상(成喪)은 성인(成人)의 죽음에 초상 치는 예절인데 기제(其祭)는 대상(大祥)을 지칭하며, 현(玄)은 현관(玄冠), 현단복(玄端服)이니 앞에 13-1-2에서 말한 길복(吉服)이다. 조복(朝服)은 조정(朝廷)에서 벼슬할 때에 입는 관복(官服)으로 치의소상(緇衣素裳)인데 예복(禮服)이요, 호관(縞冠)은 흰색의 관이니 앞에 13-6-3에서 보았으며 본래 조복에는 현관(玄冠)을 쓰지만 아직 슬픔이 남아 있음을 상징하며 흰 관을 쓰는 것이다.

살피건대 미성년자가 죽은 상례(殤禮)는 그 의전격식을 감손하여 우제(虞祭)와 졸곡(卒哭)과 소상(小祥)이 없고, 성인(成人)의 죽음에만 그 의전격식을 모두 갖추어 상례(喪禮)를 완성하며 또한 대상(大祥)에 현단복(玄端服)이나 조복(朝服)을 입는 것은 선비나 대부(大夫)만이 입는 것이 아니고 모든 사람이 일반적으로 입는 것인즉 이것은 성왕(聖王)이 제정한 상례(喪禮)를 지킨 훌륭한 인격을 표창하

고 또한 도덕과 윤리와 예절을 사회에 보급한 공로를 인정하여 대상
(大祥)의 제례복(祭禮服)으로 제정했으니 이것은 조정에서 벼슬할
수 있는 자격을 부여한다는 징표이다.

15-15-2 ——————————————— 奔父之喪하얀 括髮於堂上하고
祖하야 降踊하고 襲経于東方하며
奔母之喪하얀 不括髮하고 祖於堂上하고
降踊하며 襲免于東方하며 経卽位成踊하고
出門哭止하니 三日而五哭三祖이니라.

『아버지의 초상집으로 달려왔을 때에는 빈소의 뜰방에서 삼으로
머리를 묶고 왼쪽 소매를 벗고, 마당으로 내려와서 가슴을 치고 뛰며
울고, 동쪽에서 상복을 덧입고 수질(首経)과 요대(要帶)를 하며, 어
머니의 초상집으로 달려왔을 때에는 삼으로 머리를 묶지 않고 빈소
의 뜰방에서 왼쪽 소매를 벗고, 마당으로 내려와서 가슴을 치고 뛰며
울고, 동쪽에서 상복을 덧입고 통건을 쓰며 수질과 요대를 하고 궤연
(几筵) 앞에 나아가 가슴을 치고 뛰면서 울고는 문을 나아가서 곡을
그치나니 3일에 곡을 다섯 번 하고, 왼쪽 소매를 세 번 벗느니라.』

　● 이 절은 멀리 객지(客地)에서 부음(訃音)을 듣고 빈소(殯所)를
설치한 뒤에야 초상집에 도착했을 때에 아버지의 초상과 어머니의
초상에 그 절도가 다름을 기술하였으니 대개 참최(斬衰)와 자최(齊
衰)의 차이점인즉 아버지의 초상에는 삼으로 머리를 묶고 수질(首

經)을 하고, 어머니의 초상에는 삼으로 머리를 묶지 않고 통건을 쓰는 것이 다르다.

분(奔)은 분상(奔喪)이니 가족이나 친척이 죽었다는 부고(訃告)를 받고 즉시 초상집으로 달려가는 예절이다. 괄발(括髮)은 삼으로 머리를 묶어 상투를 매는 것이니 슬픔의 극치를 상징하고, 당상(堂上)은 빈궁(殯宮)의 뜰방이며, 습(襲)은 입은 옷에 상복을 덧입는 것이요, 동방(東方)은 빈소의 동쪽이다. 출문(出門)은 빈소의 문밖으로 나아가서 상차(喪次)에 거처함이요, 3일(三日)은 처음 이른 날로부터 연속 3일이며, 5곡(五哭)은 첫날에 한 번 곡하고 그 다음 날 아침과 저녁에 곡하며 또 다음 날 아침과 저녁에 곡함이다. 3단(三袒)은 첫날에 왼쪽 소매를 벗고 둘째 날과 셋째 날에는 아침에만 왼쪽 소매를 벗는 것이다.

15-15-3───────── 適婦라도 不爲舅姑後者인댄 則姑가 爲之小功이니라.

『큰며느리라도 시아버지와 시어머니의 후계자가 되지 못한 사람은 곧 시어머니가 소공 5월의 상복을 입느니라.』

◯ 이 절은 비록 큰며느리라도 시부모의 후계자가 되지 못하면 여러 며느리와 같이 상복을 입는 절도를 기술하였다.

의례(儀禮)에 시부모의 의식주를 봉양하고 제물을 장만하는 큰며느리의 상복은 대공(大功) 9월이고, 여러 며느리의 상복은 소공(小功) 5월임에도 큰며느리가 시부모를 섬기지 아니하고 지아비를 따라 멀리 떠나가서 조상의 사당도 지키지 않는다면 여러 며느리와 다를 것이 없으므로 시어머니는 소공 5월의 상복을 입는 것이다. 그러나 시아버지는 그 아들과 손자를 생각하여 대공 9월의 상복을 입어야 된다.

16. 대전(大傳)

　대(大)는 대사(大事)이니 크게 섬기는 일이다. 이 세상에 가장 큰 일은 성왕(聖王)이 밝은 덕(德)을 천하에 밝히어 인민을 새롭게 하고 지선(至善)의 세계에 멈추게 해서 위로 천명(天命)을 받들고 아래로 민심(民心)을 얻어 대동세계(大同世界)를 건설하여 억조(億兆) 인류가 각각 그 정체성(正體性)을 확립하는 것이다.

　전(傳)은 오랫동안 대대로 이어 가는 전통(傳統)이니 곧 요(堯), 순(舜), 우(禹), 탕(湯), 문무(文武)의 정치사업을 승계하는 대통(大統)이다.

　따라서 이 대전(大傳) 편은 주(周)나라의 성왕(聖王)이 정치사업에 있어서 가장 큰 일로 여겼던 교사(郊社)와 종묘(宗廟)의 제법(祭法)과 복제(服制)와 종법(宗法)을 세밀하게 분별하여 바르게 지킨 사유를 기술하였으니 역시 주나라의 정치이념을 여기에서 확인할 수 있는 것이다.

　무릇 근본을 바로 세우면 아무리 큰일이라도 순조롭게 성공하고 그 근본이 어지러우면 비록 작은 일이라도 성공하기 어려운 것이니 큰일에 뜻을 둔 사람은 먼저 근본에 힘쓸지어다.

16-1-1───────────────── 禮^예에 不王^{불왕}이면 不禘^{불체}니 王者^{왕자}가 禘其祖之所自出^{체기조지소자출}하사 以其祖^{이기조}로 配之^{배지}하시니라.

『예절에 왕 노릇을 아니하면 하느님 제사를 지내지 못하니 왕 노
릇을 하는 사람은 그 조상이 비롯하여 나오는 바에 하느님 제사를
지내시어 그 시조로서 배향하시니라.』

◑ 이 장은 교사(郊社)와 종묘(宗廟)의 제사를 성대하게 지내려면
먼저 왕 노릇을 잘하여 문명국가를 건설하고 세계평화를 보장하는
위대한 정치업적이 있어야 됨을 기술하였다. 불왕(不王)과 불체(不
禘)는 앞에 15-4-4에서 이미 해설하였고, 체기조지소자출(禘其祖之
所自出)도 앞에 15-3-1에서 해설하였다.

16-1-2—————————————諸侯는 及其太祖하고 大夫士는 有大事어든
省於其君하야 干祫하니 及其高祖이라.

『제후는 그 태조까지 제향 지내고, 대부와 사는 큰 사적이 있거든
그 임금에게 살피게 하여 합동제사를 청구하니, 그 고조에까지 미치
느니라.』

◑ 이 절은 비록 대부(大夫)나 선비라도 국가사회에 큰 공적이 있
으면 불천위(不遷位)가 될 수 있음을 기술하였다.
앞에 5-12-1에서는 천자의 태묘(大廟)와 제후의 종묘(宗廟) 그
리고 대부(大夫)와 선비의 가묘(家廟)제도를 밝혔으나 여기에서는
대부와 선비는 국가사회에 큰 공로가 있는 조상이 있으면 임금에게
건의하여 특별히 고조(高祖)까지 사당에 모시고 제사 지낼 수 있는

것임을 밝혔으니 곧 부조묘(不祧廟) 또는 불천위(不遷位)의 제도이다. 대사(大事)는 큰일을 이룩한 사적(事績)이고 성(省)은 공적을 심사하는 것이며 간(干)은 청구(請求)함이요, 협(祫)은 앞에 5-12-4에서 이미 해설하였다.

　살피건대 제후여야 고조(高祖)를 종묘에 모시는 것인데 대부(大夫)나 선비도 국가사회에 큰 공적을 세우면 그 가묘(家廟)에 고조까지 위패를 모실 수가 있으니 모름지기 신전(神殿)에 들어가는 것은 신분에 따른 것이 아니고, 공적(功績)에 따른 것인즉 비록 임금이라도 포악하고 용열하여 국가사회를 어지럽게 했다면 결코 종묘에 들어가지 못하는 것임을 알아야 한다.

16-1-3─────────────── 牧之野는 武王之大事也라 旣事而退하사
柴於上帝하시며 祈於社하시며 設奠於牧室하시고
遂率天下諸侯하사 執豆籩하고 逡奔走하며
追王大王亶父와 王季歷과 文王昌하시니 不以卑로 臨尊也니라.

『목땅의 벌판에서 정벌함은 무왕의 큰 공적이라. 이미 정벌사업을 성공하고 물러오시어 위 하느님께 제향 지내시며, 영토신에게 고사 지내시며, 목야의 군진에 모신 조상의 위패에 간소한 제물을 바치고, 마침내 천하의 제후를 인솔하사 종묘에서 나무제기와 대나무제기를 들고 공경하여 부지런히 제향을 돕게 하며, 태왕 단보와 왕계 력과 문왕 창을 왕으로 추존하시니 낮은 벼슬로 높은 자리에 임하지 않게 하는 것이니라.』

◑ 이 절은 자손이 뛰어난 공적을 이루어 벼슬이 높아지면 그 조상을 추존할 수 있음을 기술하였으니 무왕(武王)이 폭군 주(紂)를 정벌하고 혁명을 하여 천자(天子)의 자리에 오르니 제후국이었던 주(周)나라의 종묘(宗廟)가 천자국의 태묘(太廟)로 승격하므로 제후였던 조상의 위패를 태묘에 모실 수 없기 때문에 모두 왕(王)으로 추존(追尊)한 역사적 사실로 논증하였다.

목지야(牧之野)는 상(商)나라 도읍의 교외(郊外)에 있는 목땅의 벌판인데 무왕이 주(紂)를 정벌하여 승리한 곳으로『새 시대를 위한 서경(書經)』목세(牧誓) 편을 보라. 대사(大事)는 폭군을 제거하고 인민을 해방하여 혁명의 대업을 완수한 공적이요, 시(柴)는 불을 피우고 하느님께 제향하는 것이며 상제(上帝)는 위 하느님으로 곧 황천상제(皇天上帝)니 천명(天命)을 내리는 유일한 절대자이다. 기(祈)는 고사(告祀)이고 목실(牧室)은 무왕이 출정할 때에 깨끗한 수레에 모시고 갔던 조상의 위패(位牌)를 모신 방이며, 준(逡)은 공경하고 소심함이요, 분주(奔走)는 부지런히 애쓰는 것이다. 추(追)는 추존(追尊)이니 자손의 공덕으로 그 부모와 조상의 벼슬을 높이는 것이고 태왕(大王)과 왕계(王季)와 문왕(文王)은 시호(諡號)이며 단보(亶父)와 력(歷)과 창(昌)은 이름이요, 비(卑)는 제후(諸侯)이니 곧 공(公)의 시호이며 존(尊)은 천자(天子)의 태묘(太廟)이니 곧 왕(王)의 신위(神位)이다.

16-1-4———————————— 上治祖禰는 尊尊也요 下治子孫은 親親也니
旁治昆弟하야 合族以食하며
序以昭繆하야 別之以禮義면 人道가 竭矣이라.

『위로 조상과 아버지의 사당을 반듯하게 다듬음은 높은 사람을 높이는 것이요, 아래로 자손을 반듯하게 다듬음은 친한 사람을 친하게 하는 것이니 옆으로 형제를 반듯하게 다듬어서 겨레가 화합하여 음식을 먹으며, 차례를 좌우로 교대하여 예의로써 분별하면 사람의 도리를 다하는 것이니라.』

◐ 이 절은 위대한 조상을 공경하여 뚜렷하게 빛내고 자손을 사랑하여 반듯하게 가르치며 형제가 우애하여 겨레가 화합해서 선왕(先王)의 예절에 따라 제사를 지내는 것이 인도(人道)의 대의(大義)임을 기술하였다.

치(治)는 반듯하게 다듬은 것이요, 존존(尊尊)은 덕(德)이 높은 사람을 높이 받드는 것이며, 친친(親親)은 혈연관계가 가까운 사람은 사랑하여 친근히 함이다. 식(食)은 배식(配食)이니 나누어 함께 먹는 것이고, 목(繆)은 목(穆)이며, 갈(竭)은 다하여 나머지가 없는 것이니 곧 모든 정체(正體)가 뚜렷하고 충실하여 어그러짐이 없는 것이다.

살피건대 조상의 사당을 세우고 제사를 지내는 것은 먼 조상을 추모하고 뿌리에 보답하는 정신인즉 모름지기 자기의 정체를 확인하는 작업이다. 따라서 조상이 뚜렷하고 자손이 확실하며 형제가 건재하여 겨레가 화합해야만 사람의 정체(正體)가 온전하게 되는 것이다.

16-2-1───────────────────────────── 聖人이 南面而聽天下할새

所且先者가 五에 民不與焉하나니

一曰治親이요 二曰報功이요 三曰擧賢이요

四曰使能이요 五曰存愛라 五者가 一得於天下면

民이 無不足하며 無不贍者요 五者에
一物이라도 紕繆면 民이 莫得其死하나니
聖人이 南面而治天下가 必自人道始矣니라.

『성인이 남쪽을 향하여 천하의 정사를 듣고 처리할 때에 또한 먼저 할 바가 다섯 가지에 인민이 관여하지 못하나니 첫째는 말하기를 어버이를 반듯하게 섬김이요, 둘째는 말하기를 공덕을 갚음이요, 셋째는 말하기를 어진 이를 뽑아 등용함이요, 넷째는 말하기를 능력자를 부림이요, 다섯째는 말하기를 사랑하는 인간성을 간직하는 것이니라. 다섯 가지가 천하에 한결같이 잘하면 민중이 부족함이 없으며, 넉넉지 못함이 없는 것이고, 다섯 가지에 한 물건이라도 잘못하여 어그러지면 민중이 그 죽을 자리를 얻지 못하나니 성인이 남쪽을 향하여 천하를 다스림은 반드시 인간의 도리로부터 시작하는 것이니라.』

◉ 이 장은 인민을 위한 정치에 있어서 먼저 국체(國體)의 대통(大統)을 확립하고, 정체(政體)의 도통(道統)을 정립하며, 사체(事體)의 정통(正統)을 수립하는 일은 성인(聖人)이 독자적으로 수행해야 함을 기술하였다.

민불여(民不與)는 인민이 관여(關與)하지 못하는 사항이니 임금이 스스로 책임을 져야지 절대로 인민의 탓으로 돌릴 수 없다는 뜻이다. 치친(治親)은 조상의 사당을 반듯하게 세움이요, 보공(報功)은 공신(功臣)을 현창하여 사당에 불천위(不遷位)로 모시게 함이며, 거현(擧賢)은 어진 이를 선거하여 고급관료로 임명함이고, 사능(使能)은 능력자를 고시(考試)하여 하급관료로 채용해서 사령장(使令狀)을 주는 것이며, 존(存)은 보존함이니 존애(存愛)는 인애심(仁愛心)을 간직하여 공명정대(公明正大)한 인간성으로 행정함이다. 전배들은 존애(存愛)를 사랑하는 사람을 감찰하는 것이라고 하였으나 옳지 않다. 무릇 성왕의 마음은 공명(公明)하여 편벽되게 사랑함이 없고 또한 『중용(中庸)』의 9경(九經)과 비교하면 체군신(體郡臣), 자서민(子庶民), 래백공(來百工), 유원인(柔遠人)에 해당하니 인간의 정치, 사랑의 정치로 봄이 옳다고 할 것이다. 일득(一得)은 일능(一能)과 같으니 한결같이 잘함이고, 부족(不足)은 정신적 불만이며 불섬(不贍)은 물질적 불만이요, 비류(紕繆)는 잘못되어 어긋남이다. 막득기사(莫得其死)는 도덕이 무너지고 윤리가 풀어지며 예절이 없으므로 가정이 해체되고 가족이 흩어져서 임종(臨終)할 곳이 없고 초상 치고 장사 지내고 제사 지내는 풍속이 사라진 까닭에 자살자와 변사자로 전락하게 된다는 것이다.

16-2-2─────────────── 立權度量하며 考文章하며 改正朔하며
易服色하며 殊徽號하며 異器械하며
別衣服하나니 此其所得與民變革者也라.

『저울추와 척도와 말의 크기를 정립하며, 문장을 고안하며, 정월과 초하루를 고치며, 의복의 색깔을 바꾸며, 깃발의 무늬를 다르게 하며, 기계를 다르게 하며, 의복을 분별 나게 하나니 이것은 그 인민과 더불어 변혁할 수 있는 것이다.』

◑ 이 절은 인민을 위한 정치에 있어서 행정(行政)제도와 체계를 능률적이고 편리하도록 새롭게 바꿈에는 인민의 뜻에 따라야 됨을 기술하였다.

입(立), 고(考), 개(改), 역(易), 수(殊), 이(異), 별(別)은 모두 기존의 낡은 것을 변혁(變革)하여 새롭게 다시 만든 것이요, 도량형기(度量衡器)와 아름다운 교육문화제도와 달력과 관복의 색깔과 깃발 및 그릇과 기계와 의복은 모두 행정의 제도와 체계를 능률적이고 편리하게 수행하기 위한 도구인 것이다.

권(權)은 형(衡)과 같고, 문장(文章)은 예절과 음악이 아름다운 교육문화제도이며, 정(正)은 해의 으뜸인 정월(正月)이요, 삭(朔)은 달의 으뜸인 초하루이다. 복색(服色)은 관리의 직종과 직급을 나타내는 관복(官服)의 모양과 색깔이고, 휘호(徽號)는 지휘관의 신분을 상징하는 깃발과 그 이름이며, 기계(器械)는 그릇과 기계요, 의복(衣服)은 인민의 의복이다.

16-2-3————————————

其不可得變革者가 則有矣니 親親也와

尊尊也와 長長也와 男女有別이니라

此其不可得與民變革者也니라.

『그 변혁할 수 없는 것이 곧 있으니 어버이를 친하는 것과 높은 사람을 높이는 것과 어른을 어른으로 여기는 것과 남자와 여자가 분별이 있게 함이니라. 이것은 그 인민과 더불어 변혁할 수 없는 것이니라.』

◑ 이 절은 인민을 위하는 정치행정에 있어서 인간의 도덕과 윤리와 예절은 국가사회의 기강(紀綱)이기 때문에 절대로 인위적으로 허물어서 변혁할 수 없는 것임을 기술하였다.

친친(親親)은 혈연관계를 사랑하는 기본이요, 존존(尊尊)은 상하(上下)관계를 정의롭게 하는 기본이며, 장장(長長)은 장유(長幼)관계를 공경하는 기본이고, 남녀유별(男女有別)은 부부(夫婦)관계를 화합하는 기본이다.

16-2-4————————————————— 同姓은 從宗하야 合族屬하고
異姓은 主名하야 治際會니
名著而男女有別이니라.

『같은 성은 종통을 좇아 겨레붙이를 합하고, 다른 성은 이름을 주장하여 서로 만나는 모임을 다스리니 이름이 드러나야 남자와 여자가 분별이 있느니라.』

◑ 이 절은 앞 절에 이어 인위적으로 변혁할 수 없는 윤리도덕의 질서에 있어서 동성(同姓)은 종통(宗統)을 위주로 하고, 이성(異姓)은 명분(名分)을 위주로 함을 기술하였다.

동성(同姓)은 아버지가 같은 부자형제자매이고, 종(宗)은 종통(宗統)이니 대종(大宗)과 소종(小宗)의 계통이며, 합(合)은 화합질서이다. 이성(異姓)은 성이 다른 어머니, 며느리, 아내, 형수, 제수 등이요, 주명(主名)은 명분(名分)을 주장함이며, 치(治)는 질서를 찾아

기강을 세움이고, 제회(際會)는 서로 직접 만나서 함께 모여 사는 것이다. 명저(名著)는 가족 구성에 있어서 성이 다른 사람에게는 반드시 어머니, 아내, 며느리, 형수, 제수 등의 이름이 있으므로 정확한 이름을 호칭해야만 이성(異姓)이 동성(同姓)의 가족관계에 편입된다는 뜻이고, 남녀유별(男女有別)은 남편과 아내는 평등하되 그러나 아내는 시아버지, 시어머니, 시숙, 시동생, 시누이 등의 호칭을 써서 남편과는 그 분수(分數)에 다름이 있음을 밝히는 것이 곧 남자와 여자가 분별이 있는 윤리라는 뜻이다.

16-2-5 ─────────── 其夫가 屬乎父道者엔 妻도 皆母道也요
其夫가 屬乎子道者엔 妻도 皆婦道也니
謂弟之妻를 婦者가 是嫂를 亦可謂之母乎아
名者는 人治之大者也니 可無愼乎아.

『그 지아비가 아버지의 항렬에 해당한 사람에게는 아내도 모두 어머니의 항렬인 것이요, 그 지아비가 아들의 항렬에 해당한 사람에게는 아내도 모두 며느리의 항렬인 것이니 아우의 아내를 며느리라고 하는 사람이 이에 형수를 또한 어머니라고 일컬을 수 있겠는가? 이름이라는 것은 사람이 다스리는 큰 것이니 신중함이 없을 것인가?』

◉ 이 절은 앞 절에 이어 아내는 남편의 신분과 같으면서도 아버지와 어머니 그리고 아들과 며느리처럼 남자와 여자의 분별이 있어야 됨을 기술하였다.

촉(屬)은 나란히 붙음이니 여기에서는 해당함이요, 도(道)는 순서의 위치로 곧 항렬(行列) 또는 소목(昭穆)의 원칙이며, 인치(人治)는 인간이 다스리는 사회질서와 국가의 기강으로 도덕을 세우고 윤리를 밝히며 예절을 지키는 것이고, 대자(大者)는 이성(異姓)의 모임에서 그 이름을 바르게 호칭하는 것이다.

16-2-6─────── 四世而緦는 服之窮也요 五世에 袒免은 殺同姓也니 六世엔 親屬이 竭矣라 其庶姓이 別於上하고 而戚이 單於下하나니 昏姻을 可以通乎아.

『4세조부모의 상에 시마를 입는 것은 상복이 다하는 것이요, 5세조부모의 상에 저고리의 왼팔을 벗고 통권만 쓰는 것은 같은 성의 상복을 내리는 것이니 6세조부모에게는 가까운 친족의 소속이 다한 것이므로 그 씨(氏)가 위에서 나누어지고, 동시에 씨가 다른 친척이 아래에서 단위(單位)를 이루나니 혼인관계를 맺을 수 있겠는가?』

◯ 이 절은 상복(喪服)에 있어서 유복친(有服親)과 무복친(無服親)의 한계를 밝히고 비록 무복친(無服親)이라도 성(姓)이 같으면 같은 조상의 자손이므로 혼인을 해서는 안 되는 예절을 기술하였다.

4세(四世)는 고조(高祖)요, 시(緦)는 시마(緦麻)니 고조할아버지가 같은 현손(玄孫: 高孫)의 항렬로 8촌 형제까지는 가장 가벼운 시마복을 입는 것이다. 복지궁(服之窮)은 상복의 끝으로 궁극적 한계라는 뜻이다. 5세(五世)는 고조(高祖)의 아버지이고, 단문(袒免)은 초상집에 가서 일을 도움에 왼쪽 소매를 벗고 통건을 쓰는 것으로 상복은 입지 않되 애도(哀悼)를 표하면서 초상 치는 일을 도울 의무가 있다는 뜻이니 곧 5대손의 항렬인 10촌 형제들의 협조사항이다. 쇄(殺)는 강쇄(降殺)로 내려서 감손(減損)함인데 같은 성(姓)의 혈통을 받았기 때문에 슬픈 마음이 있겠지만 그러나 예절의 절도에는 한계가 없을 수 없으므로 그 슬픈 감정을 절제하여 덜어 내고 낮추어서 상복을 입지 않는 무복친(無服親)으로 규정한 것이다. 6세(六世)는 고조(高祖)의 할아버지이고, 친속(親屬)은 근친족속(近親族屬)이니 초상이 났을 때에 상복을 입는 8촌 이내나 또는 반드시 초상집에 가서 왼쪽 소매를 벗고 통건을 쓰며 상사(喪事)를 돕는 9촌이나 10촌의 친족이며, 갈(竭)은 다하여 없어지는 것이니 초상에 상복이 없을 뿐만 아니라 반드시 초상집에 가서 왼쪽 소매를 벗고 통건을 쓰며 상사(喪事)를 도울 의무가 없는 11촌 이외의 종친(宗親)으로 조의(弔意)를 표하고 협조해야 되는 관계라는 뜻이다. 서성(庶姓)은 씨(氏)이니 성(姓)은 정성(正姓), 씨(氏)는 서성(庶姓)이라고 하며, 별(別)은 별파(別派)로 나눔이요, 상(上)은 윗대의 조상이고 척(戚)은 성(姓)이 같으나 씨(氏)가 다른 친척이며, 단(單)은 단위(單位)이니 독립적 단위의 씨족(氏族)이 형성되는 것이요, 하(下)는 후대의 자손이다. 혼인(昏姻)은 본래 성(姓)이 다른 남녀가 혼례를 거행하는 것이 예법이므로 비록 씨(氏)가 다르더라도 성(姓)이 같은 겨레끼리는 절대로 혼인관계를 맺을 수 없는 것이다.

16-2-7 ─────────── 繫之以姓而弗別하며 綴之以食而弗殊하나니
雖百世而昏姻을 不通者는 周道然也니라.

『성으로 얽어 묶어서 나누지 아니하며, 음식으로 연결하여 다르게
하지 아니하나니, 비록 100세대에 이르러도 혼인관계를 맺지 못하는
것은 주나라의 예법이 그렇게 정한 것이니라.』

　☯ 이 절은 앞 절에 이어 11촌이 넘는 종친(宗親)은 비록 상복(喪
服)도 없고 반드시 초상집에 가서 왼쪽 소매를 벗고 통건을 쓰며 상사
(喪事)를 도울 의무는 없지만 그래도 동성(同姓)의 종친(宗親)이고 길
흉사(吉凶事)에 함께 모여 음식을 같이 먹는 의리(義理)가 있으므로
동성혼(同姓昏)을 금지하는 것이 주(周)나라의 예법임을 기술하였다.
　계(繫)는 연계(聯繫)니 연줄로 얽어 묶는 것이요, 지(之)는 초상
치고 제사 지내는 길흉사(吉凶事)이며, 별(別)은 나누어 차별해서 낮
춤이고, 수(殊)는 따로 갈라서 각별히 높임이다. 철(綴)은 맞추어 연
결함이고, 사(食)는 밥인데 11촌이 넘는 종친은 집안의 길흉사에 연
줄로 찾아 모이되 가까운 친척과 먼 친척을 차별하지 않으며 식사시
간에 밥을 함께 먹되 같은 항렬에 맞추어 좌석을 연결해서 따로 먹
게 하지 않는 것이 동성(同姓)의 의리(義理)라는 뜻이다. 주도(周道)
는 주례(周禮)로 이성혼(異姓昏)만을 혼례(昏禮)로 인정하고 동성혼
(同姓昏)을 금하는 주(周)나라의 예절이고, 연(然)은 인간의 정체성
(正體性)을 뚜렷이 밝히기 위하여 천연적인 혈통으로 종통(宗統)을
삼은 자연질서라는 뜻이다.

16-3-1─────────────── 服術이 有六하니 一曰親親이요 二曰尊尊이요
三曰名이요 四曰出入이요 五曰長幼요 六曰從服이니라.

『상복을 정하는 방법은 여섯 가지가 있으니 첫째는 말하기를 친한 사람을 친근하게 함이요, 둘째는 말하기를 높은 사람을 존엄하게 함이요, 셋째는 말하기를 명칭이요, 넷째는 출가하여 나아가고 입적하여 들어옴이요, 다섯째는 어른과 어린이요, 여섯째는 좇아서 상복을 입음이니라.』

● 이 장은 상복(喪服)의 경중(輕重)을 정하는 방법을 기술하였으니 모두 죽은 사람과의 가족관계와 인간관계를 밝혀서 그 정체(正體)를 뚜렷이 확립하는 것임을 논증하였다.

복(服)은 복제(服制)이고, 술(術)은 정하는 방법이며, 친친(親親)은 친한 사람을 친근하게 함이니 아버지와 남편 및 큰아들이 가장 친하므로 그 죽음에 참최 3년(斬衰三年)의 상복을 입게 하였다. 존존(尊尊)은 높은 사람을 존엄하게 함이니 임금이 가장 높으므로 그 승하함에 공경대부(公卿大夫)는 참최 3년의 상복을 입게 하였으며, 명(名)은 명칭(名稱)이니 계모(繼母), 적모(嫡母)와 백모(伯母), 숙모(叔母) 및 자부(子婦), 질부(姪婦)처럼 가족관계에 직접 호칭하는 명칭이 있는 사람은 상복을 입는다. 출(出)은 출가(出家)하여 시집가거나 다른 사람의 후계자가 된 사람이니 그 친부모에 대하여 상복을 한 등급 낮추고, 입(入)은 입양(入養)하여 양자(養子)로 들어오거나 이혼하여 다시 친정으로 돌아온 딸이니 원래의 상복을 입는 것이다. 장(長)은 장상(長殤)이니 19세에서 17세까지의 미성년자의 죽음이나 15세에서 12세까지의 중상(中殤)과 11세에서 8세까지의 하상(下殤)을 모두 지칭하고 있으며, 유(幼)는 8세 미만의 죽음으로 상복을 입지 않는 무복지상(無服之殤)을 일컫는다. 종복(從服)은 아래 경문(經文)에서 자세하게 기술하였다.

무릇 상복제도를 정함에 이와 같이 자세하게 분별하는 까닭은 가족관계의 체계를 세우고 인간관계의 질서를 확립하여 모든 사람의 정체(正體)를 뚜렷이 밝혀 그 사랑하는 마음과 공경하는 정신을 절도 있게 발양하여 전체가 아름답게 조화(調和)해서 인류문명을 크게 드날리기 위함이니 학자는 여기에서 번거롭다고 불평하지 말고 복합구조에서 중용(中庸)의 화합을 이룩하는 지혜를 개발하여 획일주의의 편벽됨을 깨닫기 바란다.

16-3-2─────────────────── 從服이 有六하니 有屬從하며 有徒從하며
有從有服而無服하며 有從無服而有服하며
有從重而輕하며 有從輕而重하니라.

『상복을 좇아서 입음은 여섯 가지가 있으니 상복을 이어서 따라 입음이 있으며, 공연히 따라 입음이 있으며, 상복이 있는 것을 따르되 상복이 없는 것이 있으며, 상복이 없는 것을 따르되 상복이 있는 것이 있으며, 상복이 무거운 것을 따르되 가벼운 것이 있으며, 상복이 가벼운 것을 따르되 무거운 것이 있느니라.』

☯ 이 절은 앞 절에서 말한 종복(從服)에는 6가지가 있음을 구체적으로 기술하였다.

종복(從服)과 속종(屬從)은 앞에 15-4-2에서 이미 해설하였고, 도(徒)는 공연(空然)히 함이니 아무런 까닭이나 필요가 없는 것으로 도종(徒從)은 상복을 입을 구체적인 까닭이나 필요가 없지만 인간관

계에 있어서 간접적인 연관이 있으므로 마지못하여 상복을 입는 것
인데 신하가 임금을 좇아서 임금 가족의 죽음에 상복을 입고, 아내가
남편을 좇아서 남편의 임금이 승하함에 상복을 입으며, 첩이 본부인
의 친정가족이 죽음에 상복을 입고, 첩자(妾子)가 적모(嫡母)의 친정
부모가 죽음에 상복을 입는 것이다. 상복이 있는 사람을 따르되 상복
이 없는 것은 남편은 형제의 상복을 입지만 그 아내는 시숙 즉 남편
의 형제에 대하여 상복을 입지 않으며 또 아내는 친정형제의 상복을
입되 남편은 처남이나 처형제에 대하여 상복이 없는 것이다. 그리고
상복이 없는 사람을 따르되 상복이 있는 것은 부인은 남편의 형제에
대한 상복이 없으나 동서끼리는 상복을 입는 것이다. 무거운 상복을
좇아서 가벼운 상복을 입는 것은 아내는 친정부모에 대하여 1년복을
입지만 남편은 장인장모의 상복이 시마(緦麻) 3월이다. 그리고 가벼
운 상복을 따라서 무거운 상복을 입는 것은 어머니는 그 형제의 아
들딸에 대하여 대공(大功) 9월의 상복을 입지만 자식은 어머니를 따
라서 상복을 입되 시마(緦麻) 3월을 입는다.

16-3-3─────── 自仁率親하야 等而上之하야 至于祖를 名曰輕이요
自義率祖하야 順而下之하야 至于禰를
名曰重이니 一輕一重이 其義然也니라.

『인애심을 말미암아 어버이를 좇아 등급의 차례로 올라가서 조상
에 이르는 것을 이름 하여 가벼워진다고 말하고, 정의심을 말미암아
조상을 좇아 종통의 순서로 내려와서 아버지사당에 이르는 것을 이

름 하여 무거워진다고 말하나니, 한쪽은 가볍고 한쪽은 무거움이 그
의리가 그러한 것이니라.』

　◐ 이 절은 가족의 상복제도(喪服制度)를 정하는 기준으로 인간의
본성인 인애심(仁愛心)과 정의심을 제시하고 인간의 천부적인 본성
에 있어서 어버이를 사랑하는 마음과 어버이를 공양(供養)하는 의무
가 가장 중대한 것임을 밝혀 어버이는 3년의 상복을 입게 하고 할아
버지와 할머니는 자최부장기(齊衰不杖期)를 입으며 증조부모는 자최
3월(齊衰三月)을 입게 하였으니 여기에서는 아버지와 할아버지의 상
복에 대한 차이점을 밝혔다.
　자(自)는 말미암는 것이요, 솔(率)은 쫓는 것이니 모두 인정(人情)
의 자연스러운 나타남이며, 등(等)은 등급의 차례이고, 조(祖)는 조
상이다. 경(輕)은 점점 멀어질수록 측은한 마음이 가벼워지는 것이
요, 순(順)은 종통(宗統)의 수서이며, 중(重)은 점점 가까워질수록
마땅히 섬겨야 되는 의무감(義務感)이 무거워지는 것이다. 1경(一輕)
은 할아버지 상복을 가볍게 함이고, 1중(一重)은 어버이의 상복을 무
겁게 함이며, 의(義)는 의리(義理) 또는 원리로 자연적인 인정(人情)
과 인사(人事)의 조리체계이다.
　전배들은 이 절을 오해하여 인(仁)은 어버이가 무겁고 조상이 가벼우
나 의(義)는 조상이 무겁고 어버이가 가볍다고 주장하였는데 억설이다.
인(仁)은 사랑의 본성이고 의(義)는 알맞게 절제하는 본성이니 본래 두
가지가 아니요, 하나이기 때문에 사랑이 무거우면 의무와 책임도 무겁
고 의무와 책임이 가벼우면 사랑도 가벼운 것이다. 따라서 어버이에 대
한 사랑이 무거우면 그 의무와 책임도 무거운 것이고, 조상에 대한 사
랑이 가벼우면 그 의무와 책임도 가벼운 것이니 어찌 천하에 사랑이 무

거운데 그 의무와 책임이 가벼우며, 사랑이 가벼운데 그 의무와 책임이
무거운 것이 있겠는가? 예절을 연구하는 사람은 헤아리기 바란다.

16-3-4─────────────────────── 君은 有合族之道이어든
族人은 不得以其戚으로 戚君하고 位也니라.

『임금은 겨레를 화합하는 도리가 있거니와 겨레사람은 그 친척관
계로써 임금을 친척으로 대할 수 없고, 벼슬로써 대하는 것이니라.』

◉ 이 절은 국상(國喪)의 상복제도를 정하는 조건으로 임금의 종
친(宗親)은 국가공공(國家公共)의 조직체계를 따르고 사사로운 가족
관계로 임금의 상복을 입을 수 없는 것을 기술하였으니 제례와 상복
제도에 사가(私家)와 공가(公家)의 차이점을 밝혔다.

합족(合族)은 겨레를 화합하는 것이니 임금은 종친(宗親)을 화합
하여 위로 조상을 받들고 나라를 빛내도록 배려하는 책임이 있는 것
이다. 족인(族人)은 임금의 종족(宗族)이며 척(戚)은 친척관계요, 위
(位)는 벼슬이니 국가조직의 공(公)적인 신분이다.

살피건대 일반가정의 상복제도는 오로지 가족의 혈연관계를 기준으
로 삼되 나라의 왕실(王室)의 상복제도는 모름지기 조정의 작위와 관
직을 기준으로 삼는 것이니 사가(私家)와 공가(公家)의 차이점을 여기
에서 밝혔으므로 왕도(王道)는 지공무사(至公無私)함을 알아야 한다.

庶子가 不祭함은 明其宗也요
庶子가 不得爲長子三年은 不繼祖也니라.

『여러 아들이 제사를 지내지 않는 것은 그 종통을 밝히기 위한 것이요, 여러 아들이 맏아들의 죽음에 3년복을 입지 아니함은 할아버지의 사당을 이어받지 않기 때문이니라.』

☯ 이 절은 제례와 상복제도에 있어서 적자(嫡子)와 서자(庶子)의 차이점을 밝히기 위하여 여기에서 다시 한 번 강조하였으니 그 뜻은 앞에 15-3-3~6에서 이미 해설하였다.

이상 3절의 상복제도에는 아버지와 할아버지의 차이가 있고, 사가(私家)와 공가(公家)의 차이가 있으며, 적장자(嫡長子)와 서자(庶子)의 차이가 있는 것을 명확히 밝혔으니 예절을 연구하는 학자는 깊이 분별하라.

別子가 爲祖면 繼別은 爲宗이니
繼禰者는 爲小宗이라 有百世不遷之宗하며
有五世則遷之宗하나니 百世不遷者는 別子之後也라
宗其繼別子之所自出者도 百世不遷者也요
宗其繼高祖者는 五世則遷者也라
尊祖故로 敬宗하니 敬宗은 尊祖之義也라.

『다른 아들이 임금이 되어 시조가 되면 임금이 된 다른 아들을 계승한 사람은 종가가 되나니 아버지사당을 계승한 사람은 작은 종가가 되니라. 100세에 걸쳐 사당의 위패를 옮기지 않은 종가도 있으며, 5세가 되면 사당의 신주를 옮기는 종가가 있나니 100세에 걸쳐 위패를 옮기지 않은 것은 임금이 된 다른 아들의 후계자인 것이므로 임금이 된 다른 아들이 말미암아 나온 바도 100세에 걸쳐 옮기지 않는 것이요, 그 고조를 계승한 종가는 5세가 되면 신주를 옮기는 것이다. 조상을 높이는 까닭으로 종가를 공경하니 종가를 공경함은 조상을 높이는 의리이다.』

　◐ 이 장은 제후(諸侯)에게 있어서 대종(大宗)과 소종(小宗)의 종묘(宗廟)제도에 차이점을 기술하였으니 불천위(不遷位)가 있으면 대종(大宗)이 됨을 밝혔다.

　별자(別子)와 조(祖), 종(宗)은 앞에 15-3-2에서 이미 해설하였고 백세불천지종(百世不遷之宗)은 큰 공훈(功勳)이 있어 영원히 종묘(宗廟)나 사당에 모시도록 나라에서 허락한 분의 신위(神位)이다. 별자지후(別子之後)는 별자(別子)의 후계자로 나라에 큰 공훈을 세운 임금이고, 별자지소자출(別子之所自出)은 별자(別子)의 아버지나 또는 시조로서 천자(天子)나 제후(諸侯)가 아닌 사람을 임금으로 추존(追尊)한 신위(神位)이다. 주자(朱子)는 별자(別子)를 천자나 제후의 서자(庶子)로서 임금이 된 사람으로 파악했기 때문에 지소자출(之所自出)을 연문(衍文)이라고 하였으나 왕도정치(王道政治) 사회에서는 대부(大夫)나 사서인(士庶人)의 별자(別子)도 나라에 공훈을 세워 임금이 될 수 있었으니 후직(后稷)에서 볼지어다.

　살피건대 같은 제후의 종묘(宗廟)라도 임금이 나라에 큰 공훈(功勳)을 세워서 불천위(不遷位)가 되면 성대한 대종(大宗)의 종묘가 되고 그렇지 못하면 일반적으로 태조(太祖)를 중심으로 고조(高祖)

까지만 위패(位牌)를 모시는 소종(小宗)의 종묘가 되나니 종묘나 사당의 제도는 국가에 이바지한 공로에 의거하고 세대(世代)의 장구(長久)함에 있지 않으니 종묘와 사당의 신성함은 오직 천하국가에 이바지한 큰 공훈으로 평가함을 깨달을지어다.

16-4-2───────────── 有小宗而無大宗者하며 有大宗而無小宗者하며
有無宗亦莫之宗者니 公子가 是也니라.

『작은 종가는 있는데 큰 종가가 없는 사람도 있으며, 큰 종가는 있는데 작은 종가가 없는 사람도 있으며, 종가도 없고 또한 종가가 될 수도 없는 사람도 있나니 임금의 여러 아들이 이들이니라.』

◯ 이 절에서는 임금의 여러 아들이 처할 수 있는 세 가지 경우를 기술하였다.

작은 종가는 있는데 큰 종가는 없는 것은 임금의 여러 아들인 공자(公子)는 제후가 되어 작은 종가가 되었으나 세자(世子)는 임금이 되었다가 나라를 잃어 큰 종가가 망한 경우이고, 다음으로 큰 종가는 있으나 작은 종가가 없는 것은 임금에게 공자(公子)가 없거나 또는 있어도 공적을 이루지 못하여 제후가 되지 못한 경우이며, 끝으로 종가도 없고 또한 종가가 될 수도 없는 것은 세자(世子)가 임금이 되어 나라를 잃어 큰 종가가 망하고, 공자(公子)도 역시 무능하여 제후가 되지 못한 경우이다. 공자(公子)는 임금의 세자(世子)를 제외한 여러 아들이요, 시(是)는 이들이라는 긍정사이다.

16-4-3────────── 公子가 有宗道하니 公子之公은 爲其士大夫之庶者하야
宗其士大夫之適者가 公子之宗道也니라.

『임금의 여러 아들은 종가가 되는 길이 있으니 임금의 여러 아들로서 임금이 된 사람은 그 선비와 대부의 여러 아들이 그 선비와 대부의 맏아들을 종가로 삼은 것처럼 하나니 임금의 여러 아들이 종가가 되는 길이니라.』

◑ 이 절은 공자(公子)가 제후(諸侯)가 되어 종묘(宗廟)를 따로 세우는 길을 기술하였다.

종도(宗道)는 종법(宗法)이니 대종(大宗)과는 별도로 소종(小宗)을 세우는 제도이고 공자지공(公子之公)은 임금의 여러 아들로서 제후(諸侯)가 된 사람이다.

대저 선비의 여러 아들이 선비가 되고, 대부의 여러 아들이 대부가 되면 그 맏아들을 종가로 하여 사당을 세워서 소종(小宗)이 될 수 있는 것이니 공자(公子)도 임금이 되면 종묘(宗廟)를 세우는 것이다.

16-4-4──────────────── 絶族은 無移服하니 親者는 屬也니라.

『가족의 범위를 넘어가면 상복도 옮김이 없나니 친족이라는 것은 종속한 것이다.』

◑ 이 절에서는 근친가족(近親家族)만 상복을 입고 종가(宗家)가 되는 이유를 기술하였으니 살아서 함께 살 수 있는 관계이기 때문이다.

절(絶)은 초과(超過)함이니 살아서 함께 살 수 없는 자연적 한계를 넘어감이다. 이(移)는 옮김이니 전파하여 뻗어나감이요, 친(親)은 친족(親族)으로 혈연공동체이며 속(屬)은 종속(從屬)하여 서로 사랑하고 부양하는 도리와 책무가 있는 관계인데 곧 고조(高祖)의 자손으로 3종형제(三從兄弟)까지의 유복친(有服親)을 친족으로 규정함을 뜻한다.

16-4-5 ────────── 自仁率親하야 等而上之하야 至于祖하며
自義率祖하야 順而下之하야 至于禰하니
是故로 人道는 親親也라 親親故로 尊祖하니
尊祖故로 敬宗하고 敬宗故로 收族하고 收族故로
宗廟가 嚴하고 宗廟가 嚴故로 重社稷하고
重社稷故로 愛百姓하고 愛百姓故로 刑罰이 中하고
刑罰이 中故로 庶民이 安하고 庶民이 安故로
財用이 足하고 財用이 足故로 百志가 成하고
百志가 成故로 禮俗이 刑하고 禮俗이 刑然後에 樂하나니
詩云不顯不承하야 無斁於人斯로다 하니 此之謂也니라.

『인애심을 말미암아 어버이를 좇아 등급의 차례로 올라가서 조상에 이르며 정의심을 말미암아 종통의 순서로 내려와서 아버지사당에 이르나니 이런 까닭으로 사람의 도리는 어버이를 친하는 것이니라. 어버이를 친하는 까닭으로 조상을 높이니 조상을 높이는 까닭으로

종가를 공경하고, 종가를 공경하는 까닭으로 종족을 거두고, 종족을 거두는 까닭으로 종묘가 장엄하고, 종묘가 장엄한 까닭으로 사직이 중대하고, 사직이 중대한 까닭으로 백성을 사랑하고, 백성을 사랑하는 까닭으로 형벌이 적중하고, 형벌이 적중한 까닭으로 서민이 안락하고, 서민이 안락한 까닭으로 재물과 비용이 풍족하고, 재물과 비용이 풍족한 까닭으로 일백 가지 뜻이 성공하고, 일백 가지 뜻이 성공한 까닭으로 예절풍속이 이루어지고, 예절풍속이 이루어진 뒤에 아악을 연주하나니 시경에 이르기를 나타내지 않고, 떠받들지 않으므로 사람에게 싫어함이 없으시도다 하니 이것을 일컬음이니라.』

◑ 이 절은 효자(孝子)가 천하로써 어버이를 섬기는 정체(正體) 확립의 대도(大道)를 기술하여 위대한 전통의 극치를 변증하였다.

자인(自仁)과 자의(自義)는 앞에 16-3-3에서 이미 해설하였고, 인도(人道)는 인간의 도리(道理)니 사람이 살아가는 자연의 진리이다. 친(親)은 친근(親近)함이고, 존(尊)은 존숭(尊崇)함이며, 경(敬)은 공경(恭敬)함이요, 수(收)는 수용(收容)함이다. 엄(嚴)은 장엄(莊嚴)함이고, 중(重)은 중대(重大)함이며, 애(愛)는 박애(博愛)함이요, 중(中)은 적중(的中)함이다. 안(安)은 안락(安樂)함이고, 족(足)은 풍족(豊足)함이며, 성(成)은 성공(成功)함이요, 형(刑)은 모범(模範)의 본보기가 형성(形成)됨이며, 악(樂)은 아악(雅樂)을 연주하여 천지귀신을 화평하게 함이다. 시(詩)는 『시경(詩經)』 주송(周頌)의 청묘(淸廟) 편이니 내가 역주한 『새 시대를 위한 시경(詩經)』 주송(周頌) 청묘(淸廟) 편에 자세히 해설하였다.

무릇 임금은 공인(公人)이므로 어버이를 친함에 서민대중처럼 사사롭게 어버이를 현창(顯彰)하거나 떠받들어서는 안 되고 모름지기 공명정대한 국체(國體)와 대동공화(大同共和)하는 정체(政體)와 신성 탁월한 사체(事體)를 두루 원만하게 갖추어 천하 만민이 공경하고 즐거워하는 임금의 정체를 확립하는 정치사업으로 어버이를 섬겨야만 되는 것이니 이것이 천하에서 가장 위대한 효도이며 또한 주(周)나라 역사의 위대한 전통이다.

17. 소의(少儀)

소(少)는 젊고 어린 것으로 나이가 노인보다 적은 사람인데 곧 늙음의 반대말이며 의(儀)는 의례(儀禮)로 부분적인 언어와 행동의 아름다운 격식이나 보편적인 사회준칙이니 소의(少儀)는 나이가 젊은 사람이 늙은 어른을 직접 대할 때에 스스로 갖추어야 되는 모범적인 언어동작의 준칙이다.

따라서 이 소의(少儀) 편은 곡례(曲禮), 내칙(內則) 편 등과 함께 고대의 소학교에서 가르치던 교과내용을 모아서 엮은 것으로 그 내용이 가정이나 관청에서 노인을 존중하고 어른을 섬기는 범절이라고 주자(朱子)가 말하였으니 소학교육에 대단히 중요한 자료이다.

17-1-1 ──────────────────── 聞始見君子者엔 辭하야 曰某가
固願聞名於將命者하오니 不得階主하나이다 適者엔
曰某가 固願見이라 하며 罕見엔 曰聞名이라 하며
亟見엔 曰朝夕이라 하고 瞽엔 曰聞名이라 하니라.

『듣건대 처음으로 군자를 뵘에는 사양하여 말하기를 "아무개가 안내인에게 이름을 들려 드리기를 진실로 청원하오니 섬돌의 주인을 얻지 못하나이다"라고 하며, 대등한 사람에게는 말하기를 "아무개가 진실로 뵙고자 하나이다"라고 하며, 드물게 뵘에는 말하기를 "이름을 알려드리고자 하나이다" 하며, 자주 뵘에는 말하기를 "아침저녁으로

뵙기를 바라나이다"라고 하며, 장님에게는 말하기를 "이름을 알려드리고자 하나이다"라고 하니라.』

◉ 이 장은 젊은 사람이 학덕과 벼슬이 높은 군자를 찾아뵙는 예절과 군자가 죽은 초상집에 가서 인사하는 절도를 기술하였다.

문(聞)은 전문(傳聞)으로 간접적으로 전하여 들은 것이며, 사(辭)는 젊은 사람이 군자를 뵘에 사양하는 말이다. 문명(聞名)은 군자가 눈을 지그시 감고만 계시면 젊은이가 들어가서 뵙고 이름을 알려드리고 가겠다는 뜻이요, 장명자(將命者)는 군자를 수행하면서 그 명령을 받드는 사람이니 곧 주인집의 집사 또는 안내인이며, 부득(不得)은 허락을 얻지 못함이고, 계(階)는 섬돌 계단이니 주인이 사용하는 동쪽 계단이며, 주(主)는 주인인데 젊은 사람은 군자를 뵘에 반드시 빈주(賓主)의 대등한 관계로 맞이하는 것을 사양하고 주종(主從)의 종속관계로 뵙기를 청하여 손님이 이용하는 서쪽 계단을 사양하며 주인의 뒤를 쫓아 동쪽 계단을 이용할 수 있도록 허락을 요청하는 것이 예절이다. 적(適)은 대등함이니 적(敵)과 같고 한(罕)은 '드물게 가끔'이며 기(亟)는 자주 거듭함이다.

17-1-2──────── 適有喪者엔 曰比라 하며 童子엔 曰聽事라 하며

『상복이 있는 사람에게 감에는 말하기를 "나란히 함께 일하기를 바라나이다"라고 하며, 어린 상주에게는 말하기를 "일을 맡겨 주기 바라나이다"라고 하며』

◐ 이 절은 학덕이 있는 군자가 죽었을 때에 젊은 사람이 그 상주(喪主)에게 문상(問喪)하고 상사(喪事)를 돕고자 하는 뜻을 안내인에게 전하는 말을 기술하였다.

적(適)은 가는 것이요, 유상자(有喪者)는 상복(喪服)이 있는 사람이니 여기에서는 군자가 죽고 그 맏아들이 상주(喪主)가 되어 가족장(家族葬)으로 장사 지낸 사람이다. 비(比)는 비류(比類)니 상사(喪事)를 돕는 여러 젊은 사람들과 나란히 함께 일하겠다는 뜻이다. 동자(童子)는 군자가 죽고 그 후계자인 상주(喪主)가 어린 미성년자에게 갈 경우요, 청사(聽事)는 상사(喪事)에 도울 수 있는 일거리를 맡겨 달라고 스스로 청하는 것이다.

17-1-3—————————————  適公卿之喪엔 則曰聽役於司徒라 하니라.

『공경의 초상에 감에는 곧 말하기를 "교육부장관에게 역힐을 받겠나이다"라고 하니라.』

◐ 이 절은 국가에서 예장(禮葬)을 거행하는 공경(公卿)의 죽음에 젊은 사람이 상주에게 문상하고 장사 지내는 일을 돕고자 하는 뜻을 안내인에게 전하는 말을 기술하였다.

공경지상(公卿之喪)은 국가에서 예장(禮葬)으로 거행하기 때문에 가족장(家族葬)처럼 상주(喪主)가 주관하지 않고 정부가 주관하는데 인력동원은 교육부장관이 담당하는 것이다.

17-2-1──────────────── 君이 將適他하실새 臣이 如致金玉貨貝於君엔
則曰致馬資於有司라 하고 敵者엔 曰贈從者라 하니라.

『임금이 장차 다른 곳에 가실 때에 신하가 만약 금은보화를 임금
에게 드림에는 곧 말하기를 "거마비를 책임자에게 드렸나이다"라고
하고, 계급이 동등한 사람에겐 말하기를 "금은보화를 수행원에게 주
었나이다"라고 하니라.』

◉ 이 장은 신하가 임금이나 또는 같은 동료에게 물건을 드릴 때
에 말하는 예절을 기술하였으니 여기에서는 여행경비를 드리는 예절
을 밝혔다.

적타(適他)는 조회(朝會)하기 위하여 다른 나라로 출국함이고, 치
(致)는 드리는 것이며, 화패(貨貝)는 돈이다. 마자(馬資)는 거마비
(車馬費)니 노자(路資)와 같고, 적자(敵者)는 관작(官爵)의 계급이
대등한 동료이며, 종자(從者)는 수행원 또는 종사관(從事官)이다.

살피건대 임금이나 동료 벼슬아치에게 금은이나 돈을 직접 드리지
않고 반드시 책임자 또는 수행원에게 주어서 간접 전달하는 이유는
청렴한 조정의 기풍을 세우기 위함이니 뇌물로 타락하는 풍조를 방
지하는 예절인즉 앞에 13-16-9를 참조하라.

17-2-2──────────────── 臣이 致襚於君엔 則曰致廢衣於賈人이라 하고
敵者엔 曰襚라 하며 親者와 兄弟엔 不以襚進하니라.

『신하가 임금에게 주검옷을 드림에는 곧 말하기를 "버리는 옷을 임금의 옷을 관장하는 사람에게 드리나이다"라고 하고, 대등한 동료에게는 말하기를 "주검옷을 집사에게 드리나이다" 하며, 친근한 사람과 형제에게는 주검옷으로 올린다고 하지 않느니라.』

◯ 이 절에서는 주검옷을 드리는 예절을 기술하였다.

수(襚)는 주검옷이니 죽은 사람에게 입혀 저승으로 보내도록 선물하는 옷이고, 폐의(廢衣)는 만일 필요가 없으면 버려도 된다는 뜻이며, 가인(賈人)은 옷의 가치를 평가하는 전문가로 임금의 옷을 주관하는 관리이다. 친자(親者)는 친근한 사람이요, 불이수진(不以襚進)은 차마 주검옷이라는 말로 올리지 못한 것이니 아직 죽었다고 인정할 수 없기 때문이다.

17-2-3─────── 臣이 爲君喪하야 納貨貝於君엔 則曰納甸於有司라 하고 賵馬는 入廟門하되 賻馬와 與其幣大白兵車는 不入廟門이니라.

『신하가 임금의 초상에 쓰기 위하여 임금에게 돈을 드림에는 곧 말하기를 "토산물을 책임자에게 드리나이다"라고 하고, 상여를 이끄는 말은 종묘의 문에 들어가되 부의금을 실은 말과 그 예물, 큰 흰 깃발, 전차는 종묘의 문에 들어가지 않느니라.』

◯ 이 절은 군상(君喪)에 신하가 토산물을 상사(喪事)의 비용으로 바치는 예절을 기술하였다.

군상(君喪)의 군(君)은 승하하신 임금이요, 어군(於君)의 군(君)은 후계자로 상주(喪主)가 된 임금이며, 전(甸)은 본래 도읍 주변의 직할영토인데 여기에서는 영지(領地)에서 생산된 토산물(土産物)을 일컬으며, 봉(賵)은 장례에 사용할 수레와 말을 기증함이니 상여(喪輿)를 이끌 말이므로 빈궁(殯宮)이 있는 종묘의 문에 들어가는 것이다. 부마(賻馬)는 부의금(賻儀金)을 실은 말이고, 폐(幣)는 예물이며 대백(大白)은 흰 비단으로 만든 큰 깃발이요, 병거(兵車)는 전차(戰車)로 모두 상사(喪事)의 비용이나 장례(葬禮)의 예물 그리고 장례 행렬의 의장도구이므로 종묘의 문밖에서 사용하는 까닭에 종묘의 문에 들어가지 않도록 하였다.

17-2-4─────────────────────────────── 賻者는 旣致命하면 坐委之어든
擯者가 擧之하고 主人이 無親受也니라.

『부의금을 드리는 사람은 이미 주인으로부터 받겠다는 전갈을 받으면 앉아서 땅에 놓거든 주인의 도우미가 그것을 들고 주인이 몸소 받음이 없는 것이니라.』

◐ 이 절은 초상집에 부의금(賻儀金)을 드리는 예절을 기술하였으니 부의금은 상주(喪主)에게 직접 주지 않고 호상소(護喪所)에 전하는 것임을 밝혔다.

부자(賻者)는 부의금을 드리는 사람이고, 치(致)는 이르는 것이며 명(命)은 주인으로부터 부의금을 받겠다고 허락하는 명령이다. 위

(委)는 위탁(委託)함이니 여기에서는 부의금을 땅에 놓고 주인의 도
우미에게 맡기는 것이요, 거(擧)는 들고 들어가서 전하는 것이다.

17-2-5───────── 受立授立에 不坐로되 性之直者는 則有之矣니라.

『주는 사람이 서고, 받는 사람이 서 있음에 앉지 아니하되 천성이
곧은 사람은 곧 앉은 사람도 있느니라.』

◑ 이 절은 일반적으로 물건을 주고받음에 어른이 앉고 섬에 따라
어린 사람의 자세도 다름을 기술하였으나 특별히 초상집에서는 천성
이 정직한 사람은 순수한 감정을 이기지 못하여 앉아서 주고받아도
됨을 밝혔다.
　수립(受立)과 수립(授立)은 앞에 1-12-2에서 이미 해설하였고
성(性)은 천성(天性)이며 직(直)은 성식(正直)하여 마음씨가 곧아
수식하지 못하는 사람이며, 유지(有之)는 어른이 서서 주어도 반드시
무릎 꿇고 받고, 어른이 서서 받아도 반드시 무릎 꿇고 드리는 착한
어린이가 있다는 뜻이다.
　이러한 자세는 물론 지나친 공손으로 보편적인 행실이 아니기 때
문에 과공비례(過恭非禮)에 해당되지만 그러나 천성이 착한 마음에
서 저절로 나온 행동이라면 어여쁘게 보아야 마땅할 것이다.

17-3-1──────────────── 始入而辭하나니 曰辭矣라 하니라.

『비로소 대문을 들어감에 사양하나니 말하기를 "사양하나이다"라고 하니라.』

◉ 이 장은 손님이 주인의 안내를 받아 주인집에 들어가서 처신하는 예절을 기술하였으니 여기에서는 손님이 주인집의 대문에 들어갈 때에 사양하는 절도를 밝혔다.

시입(始入)은 주인이 대문 밖에 나와서 손님에게 인사하고 먼저 들어가도록 세 번 청(請)하는 것이요, 사(辭)는 손님이 주인의 요청을 세 번 사양하는 예절이니 주인이 3청(三請)하고 손님이 3사(三辭)하는 것은 사상견례(士相見禮)와 향음주례(鄕飮酒禮)에 있어서 주인과 손님의 기본예절이다.

17-3-2──────────────────────── 

卽席할새 曰可矣라 하니라.

『자리에 나아갈 때에 말하기를 "괜찮습니다"라고 하니라.』

◉ 이 절은 주인이 손님을 방으로 안내하고 손님의 방석을 바르게 놓으려고 하면 손님이 그냥 두어도 된다고 말리는 예절을 기술하였다.

즉석(卽席)은 주인이 손님의 자리로 가서 손님이 앉을 방석을 바르게 놓음이고 가(可)는 그냥 두어도 되므로 주인의 자리로 되돌아가라는 말이다.

　　　　　　　　　　　　排閨하야 說履於戶內者는
一人而已矣니 有尊長在어든 則否니라.

『문짝을 밀고 방문 안에서 신을 벗는 사람은 한 사람일 뿐이니 높은 어른이 있어 방 안에 계시면 곧 방문 안에서 신을 벗지 못하니라.』

◯ 이 절은 손님 가운데 최고로 높은 어른 한 사람만이 방문 안에서 신을 벗고 나머지는 모두 방문 밖에서 신을 벗는 예절을 기술하였으니 손님의 대표자를 공경하는 까닭이다.

배(排)는 미는 것이고, 합(閨)은 문짝이며, 탈(說)은 탈(脫)과 같고 일인(一人)은 학덕(學德)이 높고 나이가 가장 많은 사람이다.

17-3-4　　　　　　　　　　　　問品味할새 曰子는 亟食於某乎아 하고
問道藝할새 曰子는 習乎某乎아 子는 善於某乎아 하니라.

『음식물의 맛을 물을 때에는 말하기를 "선생은 아무 물건에 대하여 자주 먹으십니까?" 하고, 도덕과 예술을 물을 때에는 말하기를 "선생은 아무 도덕을 익혔나이까?" "선생은 아무 예술을 잘하나이까?"라고 하니라.』

◯ 이 절은 주인과 손님이 자리에 앉아서 문답(問答)할 때에 질문하는 예절을 기술하였으니 날카로운 직설법을 피하고, 은근하게 접근하는 비유법이 한결 부드럽고 친밀하게 됨을 밝혔다.

품미(品味)는 음식물의 맛이고, 도예(道藝)는 도덕과 예술이니 사
람을 사귀고 따름에는 그 사람의 음식에 대한 취향과 도덕사상 그리
고 예술의 경지를 알아야 된다.

17-3-5——————————————— 不疑在躬하며 不度民械하며
不願於大家하며 不訾重器니라.

『몸에 있는 것을 의심하지 아니하며, 인민의 기계를 헤아리지 아
니하며, 큰 집에 대하여 바라지 아니하며, 귀중한 그릇을 비방하지
아니하나니라.』

◉ 이 절은 손님이 주인집에 처신하는 예절을 기술하였으니 경거
망동을 하지 말고, 엄숙하고 방정(方正)하게 해야 됨을 밝혔다.

불의재궁(不疑在躬)은 자기의 몸에 간직한 물건을 분실하거나 도
둑맞을 염려가 있다고 의심하여 확인하거나 단속하지 않는 것이니
주인집 사람을 의심하는 행위로 비쳐지는 까닭이다. 불탁민계(不度民
械)는 인민의 기계(機械)나 도구가 비록 새롭고 신기하여도 만지거
나 시험하지 않는 것이니 손님이 찾아온 목적이 주인에 대한 흠모가
아니라 다른 일에 관심이 있는 것처럼 비쳐지는 까닭이다. 대가(大
家)에 대하여 바라지 않는 것은 물질적인 호화사치에 관심이 있는
것처럼 비쳐지고, 중기(重器)는 대대로 전하는 귀중한 물건인데 남의
가보(家寶)를 비방하고 헐뜯는 것은 주인을 무시하는 천박한 짓이
아닐 수 없다. 무릇 손님은 주인의 자존심을 상하게 해서는 안 된다.

17-4-1 ─────────────── 氾埽엔 曰埽라 하며 埽席前엔 曰拚이라 하나니
拚席할새 不以鬣하며 執箕膺擖이니라.

『넓게 쓸어 청소함엔 말하기를 "쓸겠습니다"라고 하며, 자리 앞에만 쓸고 청소함엔 말하기를 "치우겠습니다"라고 하나니 자리를 치울 때에는 비 끝으로 쓸지 않으며, 쓰레받기를 들되 쓰레받기의 바닥끝이 자기의 가슴을 향하게 하니라.』

◉ 이 장은 사회에서 젊은 사람이 어른을 곁에서 모시는 일반적인 예절을 기술하였으니 여기에서는 청소하는 절도를 밝혔다.

범(氾)은 넓은 것이니 범소(氾掃)는 전체를 쓸어서 깨끗하게 청소함이요, 분(拚)은 지저분한 쓰레기를 치우는 것이다. 엽(鬣)은 비의 끝이니 비의 끝으로 쓸면 먼지가 날리므로 어른 앞에서는 비를 눕혀서 비의 중등으로 쓰는 것이 예절이다. 응(膺)은 가슴이요, 엽(擖)은 키의 바닥끝이니 곧 쓰레받기의 입구이다.

17-4-2 ─────────────── 不貳問하며 問卜筮엔 曰義與아
志與아 하야 義則可問이요 志則否니라.

『두 번 묻지 아니하며 거북점과 산가지점을 물음에는 말하기를 "의리로 판단하리까? 의지로 결정하리까?"라고 하여, 의리로 판단하라고 하면 물을 수 있고, 의지로 결정하라고 하면 묻지 않느니라.』

◉ 이 절은 젊은 사람이 어른에게 질문하는 예절을 기술하였으니
불성실하게 질문하거나 스스로 해결할 수 있는 문제는 질문하지 않
는 것임을 밝혔다.

불이문(不貳問)은 같은 내용을 반복하여 질문하지 않음이니 같은
내용을 다시 질문하는 것은 어른을 모독함이며, 의(義)는 의리(義理)
를 밝혀 합리적으로 판단할 중대한 사항이고, 지(志)는 스스로의 지
각(知覺)과 경험에 따라 결정할 쉬운 문제이다.

17-4-3───────────── 尊長이 於己에 踰等이어든 不敢問其年하며
燕見에 不將命하며 遇於道에 見則面하고
不請所之하며 喪에 俟事하고 不犆弔니라.

『높은 어른이 자기에게 등급을 넘어가거든 감히 그 나이를 묻지 아
니하며, 한가히 집에 계실 때에 찾아뵙에 안내인을 통하여 명령을 받
들지 아니하며, 길에서 우연히 만나거든 보시면 얼굴을 향하고 가시는
곳을 묻지 아니하며, 초상에 일을 기다리고 홀로 조문하지 않느니라.』

◉ 이 절은 젊은 사람이 어른을 만나는 예절을 기술하였다.

등(等)은 같은 등급(等級)이요, 연(燕)은 연거(燕居)이며 장명(將
命)은 안내인을 통하여 의사를 전달해서 간접적으로 주인의 명령을
받드는 것이니 이것은 주인과 손님의 예절이기 때문에 어른과 어린
이 사이에는 거행하지 못한다. 면(面)은 얼굴을 어른 쪽으로 향하는
것이요, 사사(俟事)는 상사(喪事)에 도울 일을 기다리는 것이며 특

(牖)은 하나이며 특조(牖吊)는 한 사람씩 단독(單獨)으로 조문함이
니 이것은 어른을 번거롭게 하기 때문에 젊은 사람은 집단적으로 조
문하는 것이 예절이다.

17-4-4─────────────────────── 侍坐에 弗使어든 不執琴瑟이니라.

『곁에서 모시고 앉음에 시키지 아니하거든 거문고와 비파를 들지
아니하니라.』

◐ 이 절은 젊은 사람이 어른을 곁에서 모시고 앉아 있는 예절을
기술하였으니 어른의 소중한 물건을 함부로 만지거나 사용하면 안
됨을 밝혔다.

17-4-5─────────────────────── 不畫地하며 手無容하며
不翣也하니 寢則坐而將命이니라.

『땅바닥에 금을 긋지 아니하며, 손은 휘저음이 없으며, 부채질을
아니하나니 어른이 누우시면 앉아서 명령을 받드느니라.』

◐ 이 절은 앞 절에 이어 어른을 곁에서 모시는 젊은 사람의 몸가
짐을 기술하였다.
획(畫)은 금을 긋는 것이고 용(容)은 휘저어 흔드는 것이며 삽

(翣)은 부채질을 함이요, 침(寢)은 자리에 누워 쉬는 것이다. 어른을 곁에서 모시는 사람은 조용하고 편안하게 도울 일이요, 번거롭고 산란하게 하거나 교만하고 방자하게 보여서는 안 된다.

17-4-6 ──────────────────────────── 侍射^{시 사}어든 則約矢^{즉 약 시}하고

『어른을 곁에서 모시고 활쏘기를 하거든 곧 한 개의 화살을 오른손 손가락으로 모아 쥐고』

◯ 이 절은 젊은 사람이 어른과 짝이 되어 활쏘기를 할 때에 화살을 쥐는 절도를 기술하였다.

『의례(儀禮)』의 향사례(鄕射禮)에 의거하면 무릇 활쏘기를 할 때에 왼쪽 소매를 벗고 왼손으로는 활의 손잡이를 잡고 오른손으로는 활줄을 잡으며 또한 화살 네 개를 받아 3개는 오른쪽 허리띠에 꽂고 1개는 오른손의 검지와 장지 사이에 끼우고 사대(射臺)에 오르는 것이 예절이다. 그러나 젊은 사람은 특별히 어른을 존경하는 뜻으로 화살 3개는 오른쪽 허리에 꽂되 1개의 화살은 오른손 검지와 장지 사이에 끼우지 않고 손가락을 모아서 쥐는 것이니 약(約)은 모아서 쥔다는 뜻이다. 전배들은 화살을 한 개씩 받지 않고 한꺼번에 4개의 화살을 받는다고 하였으나 향사례(鄕射禮)에 화살을 1개씩 주는 절차가 없다.

17-4-7 ──────────────────────────── 侍投^{시 투}어든 則擁矢^{즉 옹 시}하며

『어른을 곁에서 모시고 투호를 하거든 곧 왼손으로 화살을 쥐어 가슴에 안고, 오른손으로 화살 1개씩을 항아리에 던지며』

◑ 이 절은 젊은 사람이 어른과 짝을 지어 투호를 할 때에 왼손에 쥔 화살을 가슴에 안는 절도를 기술하였다.

투호(投壺)도 역시 화살 4개씩을 교대로 던지는데 주인으로부터 화살 4개를 받은 손님은 오른손으로 1개의 화살을 던지고 나머지 3개의 화살은 왼손에 쥐고 왼팔을 내리는 것이나 젊은 사람은 주인의 화살을 공경하여 그 왼팔을 올려 가슴에 대서 마치 화살을 안은 것처럼 하는 것이다.

17-4-8 ———————————————————— 勝이어든 則洗而以請하고
客亦如之니 不角하며 不擢馬니라.

『이기거든 곧 잔을 씻어서 술을 마시기를 청하고, 손님에게도 또한 그와 같이 하나니 겨루기를 아니하며, 말 뽑기를 아니하니라.』

◑ 이 절은 앞 절에 이어 활쏘기와 투호에서 젊은 사람이 이기면 술잔을 씻어서 진 사람에게 술을 권하고, 단둘이 겨루기를 하거나 말 뽑기를 하지 말아야 됨을 기술하였다.

승(勝)은 활쏘기와 투호는 주인 편에 3인, 손님 편에 3인을 선발하여 주인 편에 1인과 손님 편에 1인이 짝을 지어 2인 1조(組)씩 사대(射臺)에 올라가 화살 4개로 승패를 겨루는데 이기면 그 표지로

말(목마: 木馬) 1개를 세우니 말 3개를 세우면 그 편이 승리한 것으로 판정하는 것이다. 세(洗)는 술잔을 씻는 것이요, 청(請)은 이긴 사람이 진 사람에게 술을 마시라고 청하는 것이니 진 사람에게 술을 마시고 힘을 내라는 뜻이다. 객(客)은 활을 쏘지 않은 사람에게도 잔을 씻어 술을 권하여 격려함이요, 각(角)은 각희(角戲)로 집단적으로 편을 짜지 않고 오직 단둘이서만 맞붙어 승패를 겨루는 것이니 감정이 격화할 염려가 있으며, 탁마(擢馬)는 한 편이 말을 3개 세울 때까지 계속 돌아가면서 겨루거나 아니면 2:1의 무승부로 끝내지 않고, 2개의 말을 세운 쪽이 1개의 말을 세운 쪽의 말을 뽑아다가 합쳐서 3개의 말을 세워서 승리한 것으로 인정하는 것이니 이것은 소위 말 뽑기 또는 말 빼앗기로서 단판싸움인즉 사양하고 반성하여 덕성을 기르는 예절에 크게 해로운 것이다.

전배들은 각(角)을 술잔으로 보고, 탁마(擢馬)를 어른은 하지만 어린이는 하지 않는 것이라고 하였으나 옳지 않기에 내가 바로잡았으니 살피기 바란다.

17-5-1 ──────────────────────────── 執君之乘車어든 則坐하니 僕者가 右帶劍하고 負良綏하야 申之面하고 拖諸幦하니 以散綏로 升하야 執轡然後步니라.

『임금이 타는 수레의 말고삐를 잡거든 곧 무릎을 꿇고 타나니 마부가 오른쪽 허리에 칼을 차고, 좋은 수레고삐를 등지고 전면으로 펴서 수레덮개 쪽을 잡아당기나니 나쁜 수레고삐를 잡고 수레에 올라, 말고삐를 잡은 다음에 임금이 수레에 타는 승강대로 다섯 걸음을 가니라.』

◑ 이 장은 하급관료가 임금이나 고관(高官)을 곁에서 모시는 예절을 기술하였으며 여기에서는 임금이 타는 수레를 운전하는 절도를 밝혔으니 앞에 1-31-1~6을 참조하라.

좌(坐)는 궤승(跪乘)이니 앞에 1-31-3에서 이미 해설하였고 마부(馬夫)가 오른쪽 허리에 칼을 차는 까닭은 왼쪽에는 임금이 타기 때문이며 양수(良綏)는 정수(正綏)로 임금이 수레를 탈 때는 잡는 수레고삐요, 신(申)은 펴는 것이며 면(面)은 자기의 얼굴 쪽으로 곧 수레의 전면이다. 타(拖)는 잡아당겨서 튼튼함을 확인함이고 멱(幦)은 수레고삐를 맨 수레덮개이며 산수(散綏)는 거친 수레고삐로 이수(貳綏)라고도 하니 앞에 1-31-3에서 역시 해설하였으며 보(步)는 다섯 걸음을 가는 것이니 앞에 1-31-4를 보라.

17-5-2───────────── 請見이요 不請退하나니 朝廷엔 曰退요
燕遊에 曰歸요 師役엔 曰罷니라.

『뵙기를 청하고 물러가기를 청하지 아니하나니 조정에서는 말하기를 "물러가나이다"라고 하며, 잔치나 놀이에서는 말하기를 "돌아가나이다"라고 하며, 군사훈련이나 부역에서는 말하기를 "일을 마치고 해산하나이다"라고 하니라.』

◑ 이 절은 하급관료가 업무상으로 상급관료에게 뵙기를 청하여

일을 마치고 물러가는 보고의 예절을 기술하였다.

청현(請見)은 하급관료가 상급관료에게 업무지시를 받기 위함이니 당연히 접견신청을 해야 된다. 그러나 하급관료가 일을 마치고 돌아가는 것은 보고사항이지 허가사항이 아니므로 물러가기를 청하지 않는 것이다. 조정(朝廷)은 임금이 항상 있는 곳이므로 물러간다고 하고, 연회(燕會)나 놀이에는 주인이 있으므로 손님은 돌아간다고 하며, 전쟁이나 부역에는 일을 마치고 모두 헤어져서 각자의 집으로 흩어지기 때문에 파(罷)라고 하는 것이다.

17-5-3───────────────── 侍坐於君子할새 君子가 欠伸하며
運笏하며 澤劍首하며 還屨하며
問日之蚤莫어든 雖請退라도 可也니라.

『군자의 곁에서 모시고 앉았을 때에 군자가 하품과 기지개를 하며, 홀을 돌리며, 칼끝을 닦으며, 신을 돌려놓으며, 날이 이르고 저묾을 묻거든 비록 물러가기를 청하더라도 괜찮느니라.』

◯ 이 절은 젊은 사람이 개인적인 일로 군자를 곁에서 모시고 있을 때에는 물러가기를 청해도 됨을 기술하였다.

흠신(欠伸)과 문일지조모(問日之蚤莫)는 앞에 1−16−1에서 이미 해설하였고 운(運)은 회전하는 것이며 택(澤)은 닦는 것이요, 선(還)은 돌려놓은 것이다.

17-5-4———————— 事君者는 量而后에 入하고 不入而后에 量하나니
凡乞假於人과 爲人從事者도 亦然하니라
然故로 上無怨하며 而下遠罪也니라.

『임금을 섬기는 사람은 헤아린 다음에 들어가고, 들어간 뒤에는 헤아리지 아니하나니 무릇 남에게 구걸하거나 빌리는 사람과 남을 위하여 열심히 일하는 사람도 또한 그러하니라. 그런 까닭에 위로 원망이 없으며, 아래로 죄를 멀리하는 것이다.』

◉ 이 절은 스스로 책임을 완수할 수 있는 자격을 갖춘 다음에 벼슬길에 나아가야 되는 예절을 기술하였다.

량(量)은 헤아림이니 자기 자신의 정치적 경영도량과 행정적 추진능력을 헤아려서 평가함이요, 입(入)은 조정(朝廷)에 들어가서 관직을 맡음이다. 걸(乞)은 얻는 것이고 가(假)는 빌리는 것이며, 종사(從事)는 열심히 일하는 것이요, 역연(亦然)은 있는 집에 가서 필요한 만큼만 얻어야 되고 자기가 할 수 있는 일을 맡아야 된다는 뜻이다. 연고(然故)는 책임을 완수할 수 있는 관직을 맡음이며 상(上)은 임금이고 하(下)는 인민대중이다.

정치적으로 신임을 얻고 행정적으로 책임을 완수하는 것은 신하의 당연한 의무인데 벼슬을 맡았다가 마침내 감당하지 못하고 사퇴한다면 이로써 정부를 불신임하게 되고 정책실패에 대한 책임자처벌을 요구하는 사태가 일어나는 것이다.

17-5-5─────────── 不窺密하며 不旁狎하며 不道舊故하며 不戲色이니라.

『비밀문서를 엿보지 아니하며, 친근한 사람과 오락가락하지 아니하며, 옛날 친구를 말미암지 아니하며, 여색을 희롱하지 아니하니라.』

◑ 이 절은 관료의 복무수칙(服務守則)을 기술하였으니 앞에 1−16−4를 참조하라.

규(窺)는 엿보는 것이고 밀(密)은 국가의 비밀문서이며 방(旁)은 오락가락하는 것이요, 압(狎)은 친근하게 흉허물 없이 지내는 사람이다. 도(道)는 말미암는 것이고 구고(舊故)는 옛날부터 사귄 오래된 벗이며 희(戲)는 희롱함이요, 색(色)은 여색(女色)이다.

모름지기 국가의 공무원은 공명정대하게 관직(官職)에 종사해야지 국가의 기밀을 누설하거나, 친근한 사람과 사사롭게 당파를 만들거나 친구나 연고자를 통하여 구원(救援)을 받거나 여색을 즐기면 안 되는 것이니 그 부정비리(不正非理)가 크면 처벌을 받고 적으면 견책을 당하는 것이다.

17-5-6─────────── 爲人臣下者는 有諫而無訕하며 有亡而無疾하며 頌而無讇하며 諫而無驕하며 怠則張而相之하고 廢則埽而更之하나니 謂之社稷之役이니라.

『남의 신하가 된 사람은 간하여 말림은 있어도 비방함은 없으며, 벼슬을 버리고 망명함은 있어도 미워함은 없으며, 칭송은 하여도 아

첨함은 없으며, 강직하게 간하지만 교만함은 없으며, 임금이 게을리
하면 긴장시켜서 돕고, 낡아서 폐지하면 깨끗이 쓸어버리고 새로 고
치나니 국가의 힘써 일하는 사람이라고 일컫느니라.』

◉ 이 절은 고급관료의 복무수칙을 기술하였다.

선(訕)은 비방함이고 망(亡)은 망명(亡命)이며 질(疾)은 미워함이
요, 첨(諂)은 아첨함이다. 태(怠)는 임금이 정치를 태만히 함이고 장
(張)은 긴장시킴이니 위기의식을 고취하는 것이며 상(相)은 돕는 것
이요, 폐(廢)는 낡아서 허물어지는 정책이나 행정기구이며 경(更)은
개신(改新)함이며 역(役)은 힘써 일하는 사람이니 곧 사직지신(社稷
之臣)이라는 뜻이다.

17-6-1─────────────────────────── 母拔來하며 母報往하며

『빨리 오지 아니하며, 빨리 가지 아니하며』

◉ 이 장은 사회생활에 있어서 선비의 모범적인 행실을 기술하였
으니 여기에서는 여러 사람과 함께 행동을 하지 않고 유별나게 돌출
적으로 오고 가는 행동을 경계하였다.

발(拔)은 유별나게 빠른 것이요, 부(報)는 부(赴)와 같다.

17-6-2───────────────────── 母瀆神하며 母循枉하며 母測未至니라.

『귀신을 모독하지 말며 굽은 것을 따르지 말며, 아직 이르지 않은 것을 추측하지 말지니라.』

◉ 이 절은 사회생활을 함에 있어서 자의적인 독단으로 경박하게 행동하는 것을 경계하였다.

독신(瀆神)은 귀신을 모독하는 것이니 자존망대(自尊望大)하여 귀신을 업신여기는 것이요, 순왕(循枉)은 굽은 것을 따라감이니 자기의 지조(志操)와 절개(節介) 그리고 주의주장(主義主張)도 없이 시비선악(是非善惡)을 가리지 않고 오직 이해득실(利害得失)에 연연하여 비리부정(非理不正)한 길을 따라가는 것이다. 미지(未至)는 아직 이르지 않은 것이니 하늘의 이치가 오묘하고 인간의 본심이 은미하기 때문에 사물의 운명도 가볍게 예측할 수 없는 것이다. 따라서 성실하고 정직하며 미래에 대한 확신을 가지고 살아야만 선비가 되는 것이다.

17-6-3————————————————— 士는 依於德하며 游於藝하고
工은 依於法하며 游於說이니라.

『선비는 덕에 의거하며 예술에 놀고, 기능공은 법에 의거하며 말씀에서 노니라.』

◉ 이 절은 선비와 장인의 생활신조를 기술하여 그 차이점을 밝혔다.

사(士)는 인문과학을 전공하는 학자이고 의(依)는 의거(依據)함이며 덕(德)은 인간의 고유한 인의예지(仁義禮智)의 덕성(德性)이요,

유(游)는 헤엄치며 노는 것이니 온몸을 던져 그 속에 몰입해서 놀며 실력을 기르는 것이고, 예(藝)는 학문과 예술로 곧 예(藝), 악(樂), 사(射), 어(御), 서(書), 수(數)이다. 공(工)은 공업기술을 전공하는 장인(匠人)이고 법(法)은 만물의 자연법칙과 국가의 법률제도요, 설(說)은 학설(學說)이니 곧 과학이론이나 기술설명에 대한 이야기이다. 따라서 선비가 인간의 양심을 지키지 못하고 학문과 예술을 떠나면 선비가 아니요, 기능공(技能工)이 사물의 법도를 지키지 못하고 과학과 기술을 떠나면 기능공이 아니다.

17-6-4————————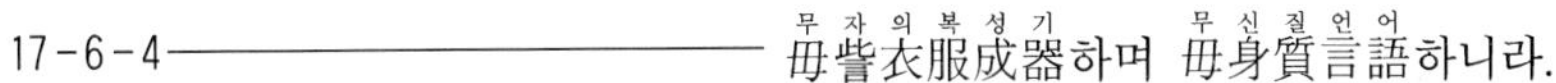

『의복과 완성한 그릇을 비방하지 말며, 몸으로 말에 저당 잡히지 말지니라..』

◉ 이 절은 선비의 식견이 저열함을 경계하였다.

자(訾)는 비방하여 헐뜯어 말함이요, 의복(衣服)은 겉모양이며 성기(成器)는 완성한 그릇이니 곧 결과물(結果物)이고 질(質)은 저당 잡혀 보증함이다.

선비는 겉보다는 속을 중시하고 결과보다는 동기와 과정을 중시하는 것이다. 그러나 천박한 식견은 겉으로 나타난 결과만 보고 평가하여 호언장담(豪言壯談)하며 큰소리를 치기 때문에 실수가 많은 것이다.

言語之美는 穆穆皇皇이요
朝廷之美는 濟濟翔翔이요
祭祀之美는 齊齊皇皇이요
車馬之美는 匪匪翼翼이요
鸞和之美는 肅肅雍雍이니라.

『말과 토론의 아름다운 모양은 그윽하고 성대함이요, 조정의 아름다운 모양은 깨끗하고 활발함이요, 제사의 아름다운 모양은 가지런하고 성대함이요, 수레와 말의 아름다운 모양은 빛나고 씩씩함이요, 임금의 수레방울소리와 말방울소리의 아름다운 모양은 조용하고 부드러움이니라.』

◐ 이 절은 모임체의 성격에 따라 각각 아름다운 모양의 극치를 기술하였다.

미(美)는 아름다운 모양의 극치이고 목목(穆穆)은 심오(深奧)하고 공경함이요, 황황(皇皇)은 성대(盛大)하고 뚜렷함이니 앞에 2-9-9에서 이미 해설하였으며, 제제(濟濟)는 단정(端正)하여 깨끗함이고 상상(翔翔)은 웅장(雄莊)하여 활달함이다. 제제(齊齊)는 정제(整齊)하여 가지런함이고, 비비(匪匪)는 문채(文彩)가 빛나는 모양이며, 익익(翼翼)은 건장(健壯)하여 씩씩함이요, 난화(鸞和)는 임금의 수레와 말에 매단 방울의 소리이며 숙숙(肅肅)은 정숙(靜肅)하여 조용함이고 옹옹(雍雍)은 온화(溫和)하여 부드러움이다.

살피건대 언어의 극치미(極致美)는 말이 심오하고 토론이 성대함에 있고, 조정의 극치미는 관료가 단정하고 행사가 웅장함에 있고,

제사의 극치미는 제물이 가지런하고 의식이 성대함에 있고, 수레와 말의 극치미는 수레의 문채가 아름답고 말이 건장함에 있고, 임금의 수레방울과 말방울의 극치미는 정숙하고 온화하게 울림에 있으니 모두 그 본질속성에 충실한 것이다.

17-7-1————問國君之子長幼어든 長엔 則曰能從社稷之事矣라 하고 幼엔 則曰能御나 未能御라 하며 問大夫之子長幼어든 長엔 則曰能從樂人之事矣라 하고 幼엔 則曰能正於樂人이나 未能正於樂人이라 하며 問士之子長幼어든 長엔 則曰能耕矣라 하고 幼엔 則曰能負薪이나 未能負薪이라 하니라.

『나라 임금의 아들이 크고 어림을 묻거든 크면 말하기를 "능히 국가사직의 일에 종사할 만하나이다"라고 하며, 어리면 말하기를 "능히 말을 타나이다"나 "아직은 능히 말을 다지 못히나이다"라고 하며, 대부의 아들이 크고 어림을 묻거든 크면 말하기를 "능히 음악 하는 사람의 일에 종사할 만하나이다"라 하고, 어리면 말하기를 "능히 음악 하는 사람에게 배우나이다"나 "아직은 음악 하는 사람에게 배우지 못하나이다"라고 하며, 선비의 아들이 크고 어림을 묻거든 크면 말하기를 "능히 밭을 갈 만하나이다"라고 하며, 어리면 말하기를 "능히 땔감을 질 만하나이다"나 "아직은 땔감을 지지 못하나이다"라고 하니라.』

◐ 이 장은 일반적인 언어동작의 예절을 기술하였으니 여기에서는 남의 아들의 크고 어림을 표현하는 절도를 밝혔다.

국군지자(國君之子)는 제후(諸侯)의 세자(世子)이고, 장(長)은 장
성(長成)이니 20세 이상이며 유(幼)는 유소년(幼少年)이니 19세 이
하의 미성년자이다. 사직지사(社稷之事)는 앞에 2-11-2에서 이미
해설하였고, 대부지자(大夫之子)는 앞에 2-11-3과 조금 다르니 악
인(樂人)은 음악(音樂)을 연주하는 사람이요, 정(正)은 바로잡음이니
곧 배우는 것이다. 사지자(士之子)도 앞에 2-11-4와 다르며 부신
(負薪)은 앞에 2-11-5에서 이미 해설하였는바 여기에서는 선비의
아들과 서민의 아들을 아울러서 말하였다.

17-7-2———————————— 執玉執龜筴엔 不趨하며 堂上엔 不趨하며
城上엔 不趨하며 武車엔 不式하며 介者는 不拜니라.

『옥을 잡고 거북과 산가지를 잡음에는 빨리 걷지 않으며, 뜰방 위
에서는 빨리 걷지 않으며, 성 위에서는 빨리 걷지 않으며, 전차에서
는 일어나서 경의를 표하지 않으며, 갑옷을 입은 군인은 엎드려 절하
지 않느니라.』

◉ 이 절은 귀중한 그릇과 중요한 곳과 특별한 임무를 수행할 때
에는 신중하게 처신해야 됨을 기술하였다.

귀협(龜筴)은 앞에 1-30-4에서 이미 해설하였고, 당상불추(堂上
不趨)는 앞에 1-12-1에서 해설하였으며, 개자불배(介者不拜)는 앞
에 1-31-12에서 이미 해설하였다.

婦人은 吉事엔 雖君賜라도 肅拜하고

爲尸坐엔 則不手拜하고 肅拜하며

爲喪主엔 則不手拜니라.

『부인은 길한 일에는 비록 임금이 내리더라도 손을 내리고 앉아서 읍하고 절하며, 시동이 되어 앉음에는 곧 손을 땅에 대고 머리를 숙여 이마를 손등에 대고 절하지 아니하고, 손을 내리고 앉아서 읍하여 절하며, 상주가 됨에는 손을 땅에 대고 머리를 숙여 이마를 손등에 대고 절하지 아니하니라.』

◉ 이 절은 부인의 절은 남자와 다름을 기술하였으니 앞에 12-18-2를 참조하라.

숙배(肅拜)는 두 손을 아래로 내리고 앉은 다음에 두 손을 포개서 이마에 대고 허리를 굽혀 약간 머리를 앞으로 숙였다가 허리를 펴서 손을 내리고 일어나는 것이다. 위시(爲尸)는 시할머니의 제향에 시(尸)가 되는 것이니 길사(吉事)이고, 수배(手拜)는 배수(拜手)로 무릎을 꿇고 엎드려 손을 땅에 대고 머리를 숙여서 이마를 손등에 대고 절하는 것이요, 위상주(爲喪主)는 남편이나 큰아들이 죽었을 때에 아내나 어머니가 상주가 되는 경우인데 이것은 흉사(凶事)이므로 계상재배(稽顙再拜)나 돈수재배(頓首再拜)를 해야 되니 앞에 3-5-1, 3-37-1, 4-4-4를 참조하라.

葛絰而麻帶하며

『상복의 머리띠는 칡으로 하되 허리띠는 삼으로 하며』

◐ 이 절은 앞 절에 이어 졸곡(卒哭)에 칡 띠로 바꾸는 것도 부인은 남자와 다름을 기술하였다.

처음 상복(喪服)을 입을 때에는 남자나 여자가 모두 삼으로 된 머리띠와 허리띠를 하지만 졸곡(卒哭)에 남자는 허리띠를 칡 띠로 바꾸고, 여자는 머리띠를 칡 띠로 바꾸니 남자는 마음이 조금 가벼워지고, 여자는 정신이 조금 가벼워진다는 뜻이다. 그러나 소상(小祥)에 남자는 수질(首絰)을 벗고, 여자는 요질(要絰)을 벗는다.

17-7-5———————————— 取俎하고 進俎함에 不坐하니라.

『도마제기를 거두고 도마제기를 올림에 앉아서 하지 아니하니라.』

◐ 이 절은 앞 절에 이어 부인은 무거운 제기를 거두고 올림에 앉지 않고 서서 함을 기술하였다.

남자는 힘이 강건하므로 무거운 제기(祭器)라도 앉아서 거두고 드리지만 부인은 힘이 연약하므로 서서 거두고 올리게 하였으니 부인을 배려한 예절이다.

17-8-1———————————— 執虛하되 如執盈하며 入虛하되 如有人이니라.

『빈 그릇을 들되 마치 가득 찬 그릇을 들듯이 하며, 빈방에 들어가되 마치 사람이 있는 듯이 하니라.』

◑ 이 장은 제사 지내는 자세는 마땅히 정성스럽고 엄숙하며 공경스러워야 됨을 기술하였다.

집허(執虛)는 빈 그릇을 드는 것이니 제물을 담지 않은 제기(祭器)를 드는 것이요, 입허(入虛)는 빈방에 들어가는 것이니 곧 사당에 들어가는 것이다.

17-8-2──────────────── 凡祭於室中堂上에 無跣이니 燕則有之니라.

『무릇 사당 안과 뜰방 위에서 제사 지냄에 신을 벗음이 없으며, 연회를 하면 신을 벗음이 있느니라.』

◑ 이 절은 제복(祭服)에는 관(冠)과 의복과 신을 갖추는 것이므로 제사에 신을 신는 것이 공경하는 자세임을 기술하였다.

실중(室中)은 사당의 방 안이고 선(跣)은 맨발이니 신을 벗은 것이며 연(燕)은 연모(燕毛)로 제사를 마치고 나이순으로 앉아서 연회를 하는 것인데 이때에는 신을 벗고 뜰방으로 올라가서 자리에 앉아 음식을 먹는 것이 예절이다.

17-8-3──────────────────── 未嘗엔 不食新이니라.

『아직 사당에 드리지 아니함에는 새로운 음식을 먹지 아니하니라.』

◉ 이 절은 사당의 신령을 공경하여 새로운 음식을 반드시 먼저 드린 다음에 자손이 먹어야 됨을 기술하였다.

상(嘗)은 새로운 음식물을 사당에 먼저 드리는 것이요, 신(新)은 철에 따라 처음 생산한 곡식이나 과일 등이다.

17-9-1─────────── 僕於君子하되 君子가 升下어든 則授綏하며
始乘則式하고 君子가 下行然後에 還立하나니
乘貳車則式하고 佐車則否니라.

『군자에게 마부 노릇을 하되 군자가 오르거나 내리거든 곧 수레고삐를 군자에게 드리며, 처음 수레에 오르거든 곧 수레 가로 막대를 잡고 서서 경의를 표하고, 군자가 내려서 가신 다음에 수레를 돌려서 세우나니 예비수레를 타고 감에는 곧 수레 가로 막대를 잡고 서서 경의를 표하고, 호위하는 수레를 타고 감에는 곧 아니하니라.』

◉ 이 장은 젊은 사람이 군자에게 마부 노릇을 하는 절도를 기술하였다.

복(僕)은 마부(馬夫) 노릇을 함이요, 시승(始乘)은 군자가 수레에 오르기 시작하는 때이며, 이거(貳車)는 부거(副車)로 만약을 위하여 예비적으로 동행하는 수레이고, 좌거(佐車)는 호위하기 위하여 수행하는 수레이며, 부(否)는 식(式)을 하지 아니함이다. 이거(貳車)는

군자가 타는 수레이므로 비록 군자가 타지는 않았지만 군자를 모신 것처럼 식(式)하여 공경하고, 좌거(佐車)는 군자를 호위하는 책임만 있으므로 식(式)하지 않는 것이다.

17-9-2─────────────── 貳車者는 諸侯가 七乘이요 上大夫가 五乘이요 下大夫가 三乘이니 有貳車者之乘馬服車를 不齒하며 觀君子之衣服服劍乘馬를 不賈니라.

『예비수레는 제후가 7승이요, 상대부가 5승이요, 하대부가 3승이니 예비수레가 있는 사람이 타는 말과 타는 수레를 나란히 하지 않으며, 군자의 의복과 차는 칼과 타는 말을 보고 값을 매기지 아니하니라.』

◐ 이 절은 예비수레를 소유하는 제도를 기술하였으니 활동의 영역이 넓고 좁음과 손님이 많고 적음에 따라 나름을 밝혔다.

제후7승(諸侯七乘)은 대체적으로 말한 것이다. 주례(周禮)에서는 더욱 구체적으로 말하였으니 공(公)은 9승이요, 후백(侯伯)은 7승이요, 자남(子男)은 5승이라고 하였다. 불치(不齒)는 나란히 동등하게 하지 않는 것으로 그 재질과 장식을 똑같이 만들지 못함이고, 가(賈)는 값을 매기는 것이다. 무릇 예비수레가 없는 사람이 예비수레가 있는 사람의 것과 동일하게 치장하면 분수를 넘어 참람하게 되고, 군자의 의복과 소유물에 값을 매기면 천박하고 불경스럽게 된다.

 ——————————— 其以乘壺酒와 束脩와 一犬으로 賜人하거나
若獻人이어든 則陳酒執脩하야 以將命이니
亦曰乘壺酒束脩一犬이라 하니라.

『그 네 항아리의 술과 한 묶음의 포와 한 마리의 개로 사람에게 내리거나 또는 사람에게 드리거든 곧 술항아리는 땅에 진열하고, 포는 들고서 명령을 받드나니 역시 말하기를 "네 항아리의 술과 한 묶음의 포와 한 마리의 개입니다"라고 하니라.』

● 이 장은 젊은 사람이 군자의 심부름을 함에 있어서 물건을 전달하는 절도를 기술하였으니 여기에서는 술과 포와 개를 전달하는 예절을 밝혔다.

승(乘)은 같은 물건 네 개를 일컫고, 속수(束脩)는 마른 포(脯) 10개를 묶은 것이며, 사(賜)는 아랫사람에게 주는 것이요, 헌(獻)은 윗사람에게 드리는 것이다. 장명(將命)은 군자의 명령을 받드는 것이니 곧 심부름을 하는 것이고, 역왈(亦曰)은 물건의 종류와 수량을 명확히 밝혀서 말하고 전달해야 된다는 뜻이다. 아래에 열거한 물건을 전달할 때에도 반드시 그 종류와 수량을 말하고 전달해야 된다.

 ——————————— 其以鼎肉이어든 則執以將命하며

『그 신선한 살코기로 사당에 올려도 되거든 곧 들고서 명령을 받들며』

◑ 이 절은 신선한 살코기를 전달하는 절도를 기술하였다.

정(鼎)은 제기(祭器)솥이니 세 발이 있고 삶은 고깃국을 담는다. 예절에 제사 지낸 고기는 사당에 올리지 않고 먹지만 제사를 지내지 않은 깨끗한 살코기는 조상에게 드리고 먹는 것이므로 그 고귀함을 상징하여 심부름꾼도 들고 전달하는 것이다.

17-10-3─────────────────────── 其禽이 加於一雙이어든
則執一雙하야 以將命하고 委其餘하며

『그 날짐승이 한 쌍보다 더 많거든 곧 한 쌍만을 들고, 명령을 받들고, 그 나머지는 맡기며』

◑ 이 절은 날짐승을 전달하는 절도를 기술하였다.

가(加)는 더욱 많은 것이고 위(委)는 다른 사람에게 지키도록 맡기는 것이다.

17-10-4─────────────────────── 犬則執緤하니 守犬과 田犬은
則授擯者하며 旣受하고 乃問犬名하며

『개는 곧 개 목줄 끈을 잡으니 집 지키는 개와 사냥개는 곧 주인집의 도우미에게 주며, 이미 받고 이에 개의 이름을 물으며』

◑ 이 절은 개를 주고받는 절도를 기술하였다.

설(緤)은 개의 목줄 끈이고, 수견(守犬)은 집이나 가축을 지키는 개이며, 전견(田犬)은 사냥개요, 문(問)은 주인집의 도우미가 심부름꾼에게 묻는 것으로 장차 잘 기르겠다는 의사의 표시이다.

17-10-5———————————— 牛則執紖하고 馬則執靮하되 皆右之니라.

『소는 곧 소고삐를 잡고 말은 곧 말고삐를 잡되 모두 오른손으로 잡느니라.』

◑ 이 절은 소나 말을 전달하는 절도를 기술하였다.

진(紖)은 소고삐요, 적(靮)은 말고삐이며, 우(右)는 오른손으로 잡는 것이니 오른손이 힘세기 때문이다.

17-10-6———————————————— 臣은 則左之하며

『포로는 왼손으로 잡으며』

◑ 이 절은 정벌에서 생포한 포로를 바친 예절을 기술하였다.

신(臣)은 포로(捕虜)이고, 좌지(左之)는 왼손으로 포로의 오른쪽 소매를 잡은 것이니 비상시에 오른손을 쓰기 위함이다.

　　　　　　　　　車則說綏하고 執以將命하며 甲若有以前之어든
則執以將命하고 無以前之어든 則袒櫜奉胄하며

『수레는 수레고삐를 벗겨서 들고 명령을 받들며, 갑옷은 만약 앞에 올림이 있거든 곧 들고서 명령을 받들고, 앞에 올림이 없거든 곧 자루를 열어서 투구를 받들며』

◑ 이 절은 수레와 갑옷을 바치는 예절을 기술하였다.

전(前)은 전에도 바친 바가 있는 것이요, 단(袒)은 열어서 푸는 것이며, 고(櫜)는 갑옷을 담은 함이나 자루이며 주(胄)는 투구이니 갑옷은 투구가 가장 소중하므로 투구만 올리는 것이다.

　　　　　　　　　器則執蓋하고 弓則以左手屈韣하야 執拊하며

『그릇은 곧 뚜껑을 잡고, 활은 곧 왼손으로 활전대를 굽혀서 활손 잡이를 잡으며』

◑ 이 절은 그릇과 활을 바치는 절도를 기술하였다.

개(蓋)는 그릇의 뚜껑이니 가벼운 까닭에 들고 드리며, 독(韣)은 활을 넣은 전대로 길기 때문에 가운데를 굽혀서 잡으며, 부(拊)는 활의 손잡이니 가볍기 때문에 모두 왼손에 드는 것이다.

17-10-9 —————— 劍則啓櫝하야 蓋를 襲之하고 加夫襓與劍焉하니라.

『칼은 곧 상자를 열고 칼집을 칼과 합치고, 칼옷 위에 칼을 놓아서 드리니라.』

◑ 이 절은 칼을 바치는 절도를 기술하였다.

독(櫝)은 칼을 넣은 나무상자인데 그 나무상자를 열고 개(蓋)는 칼날을 넣은 칼집이며 습(襲)은 합하는 것으로 칼과 칼집을 나란히 합쳐서 놓은 것이다. 부요(夫襓)는 칼을 싸는 보자기인데 이 보자기를 상자 위에 깔고 그 위에 칼과 칼집을 나란히 놓아서 바치는 것이다.

17-10-10 —————— 笏과 書와 脩와 苞苴와 弓과 菌과 席과 枕과 几와 穎과 杖과 琴과 瑟과 戈有刃者는 櫝하며 筴과 籥은 其執之에 皆尚左手하며 刀卻刃하야 授穎하고 削授拊하나니 凡有刺刃者를 以授人인댄 則辟刃이니라.

『홀과 책과 포와 꾸러미와 활과 화살과 자리와 베개와 안석과 송곳과 지팡이와 거문고와 비파와 창에 날이 있는 것은 함에 넣으며, 산가지와 피리는 그것을 들 때에 모두 왼손을 숭상하며, 칼은 칼날을 반대로 향하게 하여 손잡이를 주고, 새김칼은 손잡이를 주나니 무릇 찌르고 날이 있는 것을 사람에게 줄진댄 곧 칼날을 옆으로 향하게 하니라.』

◑ 이 절은 여러 가지 귀중한 물건과 위험한 물건을 주는 절도를

기술하였다.

포저(苞苴)는 생선이나 살코기를 싼 꾸러미이고, 균(菌)은 균(箘)
이니 화살이며, 영(穎)은 송곳이요, 독(櫝)은 함 또는 상자나 궤이며
협(筴)은 점치는 산가지이다. 상좌수(尚左手)는 왼손으로 위를 잡고
오른손으로 아래를 받드는 것이니 양(陽)을 높이고 음(陰)을 낮추어
주인을 높이고 손님이 자기를 낮추는 예절이다. 각(卻)은 반대쪽으로
향하게 함이고, 영(穎)은 칼의 손잡이이며, 삭(削)은 조각용의 새김칼
이요, 부(拊)는 새김칼의 손잡이며, 벽(辟)은 옆으로 향하게 함이다.

17-10-11 ────────────── 乘兵車하야 出엔 先刃하고
入엔 後刃하며 軍은 尚左하고 卒은 尚右하니라.

『군용차를 타고 나아감에는 칼날을 앞으로 향하고, 들어옴에는 칼
날을 뒤로 향하며, 장군은 좌측통행을 숭상하고, 졸병은 우측통행을
숭상하니라.』

◑ 이 절은 군인이 행군할 때에 취하는 자세와 절도를 기술하였다.

선인(先刃)은 칼날을 앞으로 향하게 함이니 공격의 자세이고, 후
인(後刃)은 칼날을 뒤로 향하게 함이니 수비의 자세이며, 군(軍)은
군관(軍官)이니 장군이요, 좌(左)는 좌측통행이며, 졸(卒)은 졸병(卒
兵)이고 우(右)는 우측통행이다.

장군은 좌측통행하면서 전군을 지휘감독하고, 졸병은 우측통행하
면서 장군의 지휘와 감독을 받는 것이니 같은 길을 행군하면서 좌측

과 우측으로 길을 나누어 사용함으로써 서로 안전과 편리를 도모할
뿐만 아니라 장군은 좌측의 양방(陽方)을 통행하면서 생기(生氣)를
드날리고, 졸병은 우측의 음방(陰方)을 통행하면서 살기(殺氣)를 응
결하는 것이다.

17-11-1 ──────────────────── 賓客엔 主恭하고 祭祀엔 主敬하고
　　　　　　　　　　　　　　　　 喪事엔 主哀하고 會同엔 主詡하고
　　　　　　　　　　　　　　　　 軍旅엔 思險하야 隱情以虞하니라.

『빈객에게는 공손함을 주장하고, 제사에는 경건함을 주장하고, 상
사에는 슬픔을 주장하고, 회동에는 널리 화합함을 주장하고, 군대에
는 위험을 생각하여 진정을 숨기고 미리 생각하여 대비하니라.』

◯ 이 장은 모든 일에 있어서 그 사업의 목적과 모임의 성격에 따
라 각각 주장하는 가치가 있음을 기술하였으니 예절은 획일적으로
거행할 수 없음을 밝혔다.

　주(主)는 주장(主張)이니 가장 중심이 되는 가치로 삼은 것이요,
공(恭)은 따뜻한 마음과 겸손한 태도가 밖으로 나타나는 것이며, 경
(敬)은 엄숙한 생각과 신중한 태도가 몸에 갖추어 있는 것이고, 애
(哀)는 눈물을 흘리고 소리 내어 우는 것이다. 회동(會同)은 제후가
천자에게 조회(朝會)하고 동맹(同盟)하는 일이요, 허(詡)는 널리 화
합함이며, 험(險)은 정쟁과 반란이 일어나는 위험이고 은정(隱情)은
자기의 진정과 부대의 실정을 숨겨서 군사비밀을 발설하지 않음이며,

우(虞)는 미리 생각하여 대비하는 것이다.

손님을 대접함에는 온공(溫恭)스러움이 가장 중요하고, 제사를 지냄에는 엄숙 경건함이 가장 중요하며, 초상 치는 일을 함에는 슬퍼함이 가장 중요하고, 임금의 회동에는 널리 화합함이 가장 중요하며, 군대가 출동함에는 승리가 가장 중요한 것이다.

17-12-1 ──────────── 燕에 侍食於君子할새 則先飯而後已하여
毋放飯하여 毋流歠하며 小飯而亟之하며 數噍하고
毋爲口容하고 客이 自徹하되 辭焉則止니라.

『연회에서 군자를 곁에서 모시고 밥을 먹을 때는 곧 밥을 먼저 먹고 뒤에 그치며, 밥을 흘리지 말며, 국을 흘리거나 혹 들이마시지 말며, 밥숟가락을 작게 떠서 자주 먹으며, 자주 씹고 입의 모양을 내지 말고, 손이 스스로 그릇을 거두되 주인이 사양하면 그치느니라.』

◐ 이 장은 젊은 사람이 상식적으로 알고 지켜야 되는 예절을 기술하였다.

연(燕)은 연례(燕禮)니 곧 연회(燕會)이고 선반(先飯)은 먼저 맛보고 권하기 위함이며, 후이(後已)는 뒤에 그쳐서 더욱 잡수시기를 기다리는 것이다. 방반(放飯)과 유철(流歠)은 앞에 1-20-8에서 이미 해설하였고, 기(亟)는 '자주', 삭초(數噍)는 자주 씹는 것이며, 구용(口容)은 입의 모양이니 물로 입안을 헹구거나 손으로 입 주위를 쓰다듬는 것으로 음식을 다 먹었다는 행동이다. 철(徹)은 그릇을 거

두는 것이니 젊은 사람은 자기가 먹은 그릇을 스스로 거두는 것이 예
절이며, 사(辭)는 주인이 사양함이고, 지(止)는 손이 그치는 것이다.

17-12-2 ——————————— 客爵은 居左하고 其飮엔 居右하며
介爵과 酢爵과 僎爵은 皆居右니라.

『손님 술잔은 왼쪽에 놓고, 그 마심에는 오른쪽에 놓으며, 버금손님
의 술잔과 주인술잔과 버금주인의 술잔은 모두 오른쪽에 놓느니라.』

● 이 절은 향례(饗禮)를 마치고 연례(燕禮)를 함에 손님이 강당
에 올라 남향하여 앉아 독상(獨床)을 받음에 술을 권하는 사람이 술
잔을 상 위에 놓는 위치를 기술하였다.

거(居)는 놓는 것이요, 좌(左)는 왼쪽이니 곧 동쪽이며, 음(飮)은
술을 마신 빈 잔이고 우(右)는 오른쪽이니 곧 서쪽이다. 개(介)는 손
님을 보좌하는 버금손님이고, 작(酢)은 손님이 술을 마시고 주인에게
권하는 술이며, 준(僎)은 향음주례에서 주인을 돕는 사람으로 버금주
인의 역할을 한다.

17-12-3 ——————————— 羞濡魚者는 進尾하며 冬엔 腴하고
夏엔 右鰭하며 祭膴니라.

『삶은 물고기를 특별안주로 함에는 꼬리가 손님 쪽으로 가게 올리

며, 겨울엔 아래 뱃살이 손님 쪽으로 가게 올리고, 여름엔 등지느러미를 오른쪽으로 가게 올리며, 물고기의 뱃살로 제사 지내느니라.』

◉ 이 절은 앞 절에 이어 연례(燕禮)에서 손님상에 특별안주로 물고기를 올리는 절도를 기술하였다.

수(羞)는 별식(別食)이니 특별안주요, 유어(濡魚)는 젖은 물고기니 삶거나 찜을 한 생선이며 미(尾)는 생선의 꼬리인데 생선은 꼬리부터 떼야 살이 잘 떨어진다. 유(腴)는 아래 뱃살로 가장 따뜻하고, 기(鰭)는 등지느러미로 가장 시원하니 겨울에는 따뜻함을 숭상하고 여름에는 시원함을 숭상한 것이며, 무(膴)는 물고기의 뱃살로 살이 부드럽다. 이것은 연례(燕禮)할 때의 배려이고 제사상을 차림에는 일정한 법도가 있으니 살피기 바란다.

17-13-1 ———————————————— 凡齊엔 執之以右하고 居之於左니라.

『무릇 음식을 고루 맛있게 만들되 오른손으로 양념을 들고, 요리할 음식을 왼쪽에 놓느니라.』

◉ 이 장은 음식을 다루는 도우미의 기본자세와 구체적인 절도를 기술하였다.

제(齊)는 고르게 섞는 것인데 오른손으로 섞는 것이 편리하다.

『폐백을 받음에 돕되 왼쪽으로부터 말미암고, 임금이 말씀하신 명령을 전하되 오른쪽으로부터 말미암느니라.』

◑ 이 절은 의식을 돕는 사람이 폐백을 전달할 때와 말을 전달할 때의 위치가 다름을 기술하였다.

찬폐(贊幣)는 임금이 폐백을 받음에 곁에서 도우며 대신 받는 일이고 자좌(自左)는 임금의 왼쪽을 말미암은 것이며, 조사(詔辭)는 임금의 말씀을 사람에게 전달함이요 자우(自右)는 임금의 오른쪽을 말미암은 것이다. 물건은 왼쪽으로 받기가 편하고, 말은 오른쪽으로 하기가 편리한 까닭이다.

『시동의 마부에게 술을 주되 임금의 마부처럼 하니 그 수레에 있을진댄 곧 왼손으로 말고삐를 잡고, 오른손으로 술잔을 들어 좌우의 굴대와 수레 앞 가로막이 나무 앞에 술을 부어 제사 지내고, 이에 마시느니라.』

◑ 이 절은 시동(尸童)의 수레를 모는 마부에게 술을 주고 마시는

절도를 기술하였다.

시지복(尸之僕)은 시동의 수레를 모는 마부이고, 궤(軌)는 수레바퀴를 꿰는 굴대이며, 범(范)은 식전(軾前)으로 수레 앞 가로 막대의 앞이다.

17-13-4 ──────────────── 凡羞는 有俎者인댄 則於俎內에 祭니라

『무릇 별식이 도마제기에 있는 것은 곧 도마제기의 안에다 제사 지내니라.』

☯ 이 절은 특별안주를 제사 지내는 절도를 기술하였다.

조내(俎內)는 도마제기의 안이니 손으로 떼어 놓거나 젓가락으로 별식을 집어서 올렸다가 도로 그 도마제기 위에 내려놓는 의식으로 제사 지낸다는 뜻이다.

17-13-5 ──────────────── 君子는 不食圂腴니라.

『군자는 가축의 아래 뱃살을 먹지 아니하니라.』

☯ 이 절은 군자에게는 가축의 아래 뱃살을 올리지 말아야 됨을 기술하였다.

환(圂)은 소, 양, 돼지, 개 등 가축이고, 유(腴)는 앞에 17−12−3

에서 이미 해설하였다. 대체로 가축의 아래 뱃살은 기름기가 많으므
로 군자가 먹지 않는다.

17-13-6 ──────── 小子는 走而不趨하며 擧爵則坐祭하고 立飮하니라.

『어른을 수행하는 사람은 달리되 빠른 걸음으로 걷지 아니하며,
술잔을 들면 앉아서 제사 지내고, 서서 마시느니라.』

☯ 이 절은 어른을 곁에서 모시는 사람은 어른과 같은 격으로 행
동하지 않고 한 단계 낮은 격으로 행동하는 절도를 기술하였다.
  소자(小子)는 미성년자가 아니고 여기에서는 어른을 수행하는 성
인(成人)이요, 주(走)는 어린이처럼 뛰는 것이며, 추(趨)는 어른이
잦은걸음으로 빨리 걷는 것이니 어른의 예절이다. 술을 마심에도 어
른은 앉아서 마시고, 젊은 사람은 서서 마시는 것이 예절이다.

17-13-7 ────────────────────────── 凡洗에 必盥이니라.

『무릇 씻음에는 반드시 흘러내린 물에 씻느니라.』

☯ 이 절은 모든 예식에서 씻을 때에는 고인 물에 씻어서는 안 되
고 반드시 흘러내리는 물에 씻어야 됨을 기술하였다.
  세(洗)는 술잔과 손을 씻는 것이요, 관(盥)은 밑에 세숫대야를 대

고 바가지로 물을 떠서 위에서 아래로 흘려주는 물로 씻는 것이다.
이것은 깨끗함을 숭상하여 고인 물에 씻지 않고 흐르는 물에 씻어
오염을 방지하기 위함이다.

17-13-8 ──────────────────────── 牛羊之肺를 離而不提心이니라.

『소와 양의 허파를 썰어서 놓되 가운데를 들지 아니하니라.』

◑ 이 절은 짐승의 허파를 먹는 절도를 기술하였다.

이(離)는 허파를 삶아서 접시에 가지런히 썰어 놓는 것이고, 제
(提)는 젓가락으로 들고 먹는 것이며, 심(心)은 가운데이다. 가지런
히 썰어 놓은 음식은 끝에서부터 먹어야지 중앙 부분부터 뽑아 먹는
것은 보기가 사납다.

17-13-9 ──────────────────────── 凡羞가 有湆者는 不以齊니라.

『무릇 별식이 축축함이 있는 것은 맛있게 간을 맞추지 아니하니라.』

◑ 이 절은 축축한 별식은 간을 맞추지 않고 그냥 먹는 절도를 기
술하였다.

수(羞)는 앞에 12-8-8에서 이미 해설하였고, 읍(湆)은 물기가 축
축한 것이다. 축축한 떡은 먹기가 좋으므로 간을 맞출 필요가 없다.

17-13-10 ──────────────────── 爲君子하야 擇葱薤인댄 則絶其本末하며
羞首者는 進喙하며 祭耳이니라.

『군자를 위하여 파와 부추를 다듬을 때에는 곧 그 뿌리와 끝을 잘라 버리며, 머리를 별식으로 먹는 것은 부리를 올리며, 귀를 제사 지내느니라.』

◉ 이 절은 군자를 위하여 음식을 장만하는 절도를 기술하였다.

총(葱)은 파이고 해(薤)는 부추인데 그 뿌리와 끝을 자르는 것은 깨끗하고 신선한 부분만 사용하기 위함이며, 수(首)는 머리가 있는 동물이요, 훼(喙)는 부리나 주둥이이다. 음식은 원형을 보존할 수 있는 것은 가급적 보존하는 것이니 그 원재료를 알고 먹기 위함이다.

17-13-11 ──────────────────── 尊者는 以酌者之左로 爲上尊이니라.

『술 단지를 놓은 사람은 술잔에 술을 따르는 사람의 왼쪽으로 윗술 단지를 삼느니라.』

◉ 이 절은 술 단지를 배열하는 절도를 기술하였다.

준(尊)은 술 단지 또는 술병이고, 작자(酌者)는 술 단지에서 술을 떠서 술잔에 따르는 사람이며, 상준(上尊)은 좋은 술인데 현주(玄酒)가 최상급이요, 예제(禮齊)가 차상급이며 앙제(盎齊)가 중등급이고 청주(淸酒)가 하등급이다. 대체로 술 단지는 제사상 앞의 동남쪽에

배열하고, 술잔에 술을 따르는 사람이 북향하여 술을 술잔에 채우므로 그 좌측이 최상급 술 단지의 자리이다.

17-13-12 ───────────────────── 尊壺者는 面其鼻니라.

『술 단지와 술병을 놓는 사람은 그 코를 앞면으로 놓느니라.』

☯ 호(壺)는 술병이고 면(面)은 전면이니 곧 남쪽을 향하게 함이며, 비(鼻)는 코이니 조각의 도안이나 그림이 있는 부분이다. 이것은 그릇의 아름다운 모양을 모든 사람이 볼 수 있게 함이니 아름답고 성대함을 추구한 것이다.

17-13-13 ─────────────── 飲酒者는 襪者와 醮者와 有折俎어든
不坐하며 未步爵하얀 不嘗羞니라.

『술을 마시는 사람은 목욕하고 먹는 술과 별님에게 제사 지내는 술과 도마제기에 고기를 잘라 놓음이 있거든 앉아서 마시지 아니하며, 아직 술잔을 다 돌리지 않았거든 별식을 맛보지 아니하니라.』

☯ 이 절은 술을 서서 마시는 경우와 별식을 먹는 절도를 기술하였다.

기(襪)는 노인의 기력을 돋우기 위하여 목욕한 다음에 마시는 술

이요, 초(醮)는 관례(冠禮)나 혼례(昏禮) 때에 앞날의 행복을 별님에게 축원하고 관자(冠者)나 계자(笄者) 또는 신랑과 신부가 마시는 술이며, 절조(折俎)는 도마제기에 고기를 잘게 잘라서 놓은 것이다. 보작(步爵)은 행작(行爵)이니 잔을 돌리며 모든 사람이 순배(巡杯)를 같이 하여 행동을 통일하여 마시는 술이요, 상수(嘗羞)는 별식으로 나중에 먹는 후식(後食)이다.

　살피건대 가벼운 술은 서서 마시고 함께 먹는 음식은 행동을 통일하여야 되기 때문에 좌중에 술잔이 돌고 있을 때에는 안주만 먹고 별식은 나중에 먹어야 되는 것이다. 전배들은 수(羞)를 안주로 해석하여 안주까지 먹지 말라고 하였으니 옳지 않다.

17-13-14 ─────────────── 牛與羊魚之腥은 聶而切之하야 爲膾하고
麋鹿은 爲菹요 野豕는 爲軒이니 皆聶而不切하고
麕은 爲辟이요 鷄兎는 爲宛이니 脾皆聶而切之하야
切葱若薤하야 實之醯하야 以柔之니라.

『소고기와 양고기와 물고기의 날것은 회 치고 저며서 회를 만들며, 고라니와 사슴은 가늘게 썰어서 소금에 절이며, 멧돼지는 굵은 회를 만드니 모두 회 치되 저미지는 아니하고, 노루는 넓적하게 썰고, 닭과 토끼는 가늘고 길게 썰어 회를 만드니 하여금 모두 회 치고 저며서 파나 염교를 잘라 초에 버무려 고기를 담가 부드럽게 하니라.』

　◐ 이 절은 날고기로 회를 만드는 여러 가지의 요리방법을 기술하

였으니 앞에 12-9-14를 참조하라.

접(聶)은 회 치는 것이요, 절(切)은 저미는 것이니 먼저 살코기를 썰고 다시 짓이기는 것이다.

17-13-15 ──────────────── 其有折俎者어든 取하야 祭하고 反之하되 不坐하며 燔에 亦如之니 尸는 則坐니라.

『그 도마제기에 고기를 잘라 놓음이 있거든 집어서 제사 지내고 도로 거기에 놓아두되 앉지 아니하며, 구운 고기도 또한 그렇게 하나니 시동은 곧 앉아서 하니라.』

◑ 이 절은 도마제기의 고기를 잘라 놓았을 때에는 앞에 17-13-4 에서처럼 제사 지내고 술을 서서 마시되 시동은 앉아서 마시는 절도를 기술하였다.

절조(折俎)는 앞에 17-13-13에서 이미 해설하였고 번(燔)은 번조(燔俎)니 구운 고기를 차린 제물이다.

17-14-1 ──────────────── 衣服이 在躬하되 而不知其名이 爲罔이라.

『의복이 몸에 있는데도 그 이름을 알지 못함이 흐리멍덩하다고 하니라.』

◑ 이 장은 젊은 사람에게 맑은 정신으로 예절의 본의에 철저해야 됨을 강조하였으니 여기에서는 옷을 입으면 반드시 그 옷의 이름을 알아서 옷에 걸맞은 행동을 하는 것이 예절의 기본임을 깨우쳐 주었다.

망(罔)은 흐리멍덩한 것이니 사체(事體)를 분별하지 못하고 격식을 갖추지 못한 것이다. 무릇 의복에서는 예복(禮服)이 각각 있어서 조정에는 조복(朝服), 관례(冠禮)에는 관복(冠服), 혼례에는 혼례복, 상례에는 상복(喪服), 제례에는 제복(祭服), 군사에는 군복(軍服), 평상시에는 연복(燕服), 일을 할 때에는 작업복이 있으므로 그 옷을 입었으면 그 옷의 이름에 맞게 처신해야 된다.

17-14-2 ───── 其未有燭이어늘 而後至者에겐 則以在者가 告道하며
瞽亦然하며 凡飮酒하되 爲獻主者가 執燭抱燋하되
客이 作而辭한 然後에 以授人하며
執燭하얀 不讓하며 不辭하며 不歌니라.

『그 촛불이 있지 아니하거늘 뒤에 이르는 사람에게는 곧 먼저 와 있는 사람이 길을 알리며, 장님에게도 또한 그렇게 하며, 무릇 술을 마시되 술을 드리게 되는 주인이 촛불을 들거나 횃불을 잡되 손님이 일어나서 사양한 연후에 남에게 주며, 촛불을 들고는 길을 양보하지 않으며, 말을 하지 않으며, 노래를 부르지 않느니라.』

◑ 이 절은 촛불이 없을 때에 안내하는 절도와 촛불을 드는 사람의 자세를 기술하였다.

이재자(以在者)는 먼저 와 있는 사람이고, 고도(告道)는 어둠 속에서 길을 알리는 것이며, 집(執)은 한 손으로 드는 것이요, 포(抱)는 두 손으로 잡는 것이다.

17-14-3 ──────────────── 洗盥과 執食飮者는 勿氣니
有問焉이어든 則辟咡而對니라.

『세숫물을 흘려내려 주는 사람과 음식을 들고 어른 앞에 나아가는 사람은 잠시 숨을 쉬지 말지니, 어른이 묻거든 곧 입아귀를 피하여 대답하니라.』

◐ 이 절은 젊은 사람이 어른과 가까이 접촉할 때에는 입 냄새가 나지 않도록 배려해야 됨을 기술하였다.

세관(洗盥)은 어른이 세수하도록 세숫대야를 받쳐 주고 바가시로 물을 흘려내려 주는 젊은 사람이고, 물기(勿氣)는 잠깐 동안 호흡을 중지함이니 입 냄새가 나지 않도록 배려함이며, 피이(辟咡)는 입아귀를 어른 쪽으로 향하지 않게 함이다.

17-14-4 ──────────────── 爲人祭어든 曰致福이라 하며 爲己祭어든
而致膳於君子하되 曰膳이라 하니라.

『남의 집안 제사를 도와서 제사 지낸 음식이 왔거든 말하기를 "복

을 보냈도다"라고 하며, 자기 집의 제사를 도왔거든 군자에게 고기반찬을 보내되 말하기를 "고기반찬을 보냅니다"라고 하니라.』

◯ 이 절은 길제(吉祭)를 지낸 음식을 받는 사람은 복(福)으로 인식하고, 보내는 사람은 고기반찬으로 생각하는 예절을 기술하였다.

위(爲)는 돕는 것이니 집례(執禮)와 축(祝)이요, 인제(人祭)는 남의 집안의 제사이니 곧 남의 집안 제사를 도운 사람이 그 제사 지낸 음식을 받는 것이다. 치(致)는 보내는 것이요, 복(福)은 하느님이나 귀신이 사람에게 상서롭고 경사스러운 행운을 내려 주시는 것이며, 선(膳)은 고기반찬이니 앞에 12-8-2에서 이미 해설하였다.

17-14-5 ——————————————————————— 附^부練^련엔 曰^왈告^고니라.

『부제와 소상에는 말하기를 "알리나이다"라고 하니라.』

◯ 이 절은 흉제(凶祭)를 지낸 음식을 보냄에는 제사 지낸 사실을 통고하는 일로 여기는 예절을 기술하였다.

부(祔)는 졸곡(卒哭) 다음 날에 신주(神主)를 조상의 사당에 붙여 놓는 부제(祔祭)이고, 연(練)은 1주기(一周忌)에 지내는 소상(小祥)이니 모두 상복(喪服)을 입고 지내는 흉제(凶祭)이며 고(告)는 보고하거나 통고하여 알리기 위하여 제사 지낸 음식을 어른에게 보내는 것이다. 슬퍼하는 일에 복(福)이나 고기반찬을 생각해서는 안 되므로 음식에 대해서는 말하지 않고 다만 "잘 지냈느냐"고 답할 뿐이다.

凡膳을 告於君子할새 主人이 展之하야
以授使者于阼階之南面하고 再拜稽首하야 送하며
反命이어든 主人이 又再拜稽首하니 其禮가 大牢어든
則以牛左肩臂臑로 折九箇하며 少牢어든
則以羊左肩七箇하며 犆豕이든 則以豕左肩五箇니라.

『무릇 고기반찬을 군자에게 보내서 제사 지냈음을 알릴 때에는 주인이 그것을 마당에 진열하고, 섬돌 계단 아래에 남쪽을 향하여 심부름꾼에게 주고 재배하여 머리를 땅에 대면서 보내며, 심부름꾼이 돌아와서 복명하거든 주인이 또 재배하여 머리를 땅에 대나니 그 예절이 나라의 큰 제사에 세 가지 희생을 잡았거든 곧 소의 왼쪽 어깨다리 무릎으로 아홉 개를 자르며, 두 가지 희생을 잡았거든 곧 양의 왼쪽 어깨로 일곱 개를 자르며, 한 마리의 돼지를 잡았거든 곧 왼쪽 어깨로 다섯 개를 자르니라.』

◉ 이 절은 앞 절에 이어 고기반찬을 군자에게 보내는 절도를 기술하였다.

좌견비노(左肩臂臑)는 희생의 왼쪽 어깨로부터 다리의 무릎까지인데 왼쪽은 양기(陽氣)가 많으므로 어른에게 드리고 오른쪽은 음기(陰氣)가 많으므로 아랫사람에게 주는 것이다.

살피건대 전배들이 주(周)나라는 희생의 오른쪽을 숭상하여 오른쪽은 이미 제물로 사용했으므로 왼쪽을 군자에게 보낸다고 말하였으나 옳지 않다. 대저 제물은 오른쪽과 왼쪽 각 부위를 모두 바치는 것이요, 어느 한쪽만을 바치는 것이 아니며 또한 고기반찬은 제사 지낸

음식을 보내는 것이지 제사 지내지 않은 새로운 음식을 보내는 것이
아니다. 만일 제사 지내지 않은 음식이라면 무엇 때문에 복(福)을 보
냈다는 표현을 쓰겠는가?

17-14-7 ──────────── 國家가 靡敝어든 則車不雕幾하며 甲不組縢하며
食器不刻鏤하며 君子가 不履絲屨하며 馬不常秣니라.

『국가가 쇠잔하거든 곧 수레에 조각하거나 거의 완벽하게 칠을 하
지 않으며, 갑옷에 땋은 실과 삼끈으로 꾸미지 않으며, 식기에 조각
하여 새기지 않으며, 군자가 삼신을 신지 않으며, 말에 일상적으로
곡식먹이를 주지 않느니라.』

◑ 여기에서는 국가가 쇠잔할 때에 모든 사람이 사치와 낭비의 풍
조를 막고 근검절약하여 비상시에 대처하는 요령을 기술하였다.
　미폐(靡敝)는 전쟁이나 기근(饑饉)으로 인민대중이 파리하고 나라
가 피폐한 것이며, 기(幾)는 거의 완벽하게 칠을 하여 광채가 나는
것이요, 조(組)는 색실을 조직하여 땋은 끈이며, 등(縢)은 삼으로 꼰
노끈이다. 사구(絲屨)는 비단실로 장식한 삼신이니 곧 미투리이고 말
(秣)은 말먹이곡식이다. 예절은 때와 장소와 사람에게 알맞게 거행하
는 것이므로 어려운 상황에서 검소 질박함을 숭상하는 것은 당연하
고 당연한 일이다.

서정기(徐正淇, 아호: 躍淵·北岳·勳老)

4·19혁명 선봉 및 민족통일전국학생 성대조직위원장
한국유학연구회 유교사상 편집인
동양문화연구소 연구실장
성균관 전학(典學)
한국청년유도회 회장: 예법(관례, 향음주례, 사상견례)부흥운동 전개
동양문화연구소 부소장 및 소장: 세계 속의 한국학운동 전개
건국대학교 대학원 철학과 박사학위 심사위원
민중유교연합 의장: 한글제사축문 보급운동 전개
성균관유교진흥대책위원회 위원장: 도덕성 회복과 새사람 운동 전개
성균관유교문화연구위원회 위원장, 태학지 번역분과 위원장
민주평화통일 자문위원회 상임위원, 성균관 유교신보 편집인 겸 주간 역임
삼경역주 성균훈로상 수상, 성균관 태학지 번역공로상 수상
현) 동양문화연구소 소장
　　(사)한국예절교육협회 상임고문
　　김동식 장군 기념사업회 상임고문
　　(사)충의무예원 고문

『世界 속의 韓國文化』, 『世界 속의 韓國精神』, 『世界 속의 韓國儒敎』, 『世界 속의 韓國禮節』,
『世界 속의 韓國流風』, 『정통가정의례』, 『민중유교사상』,
『實錄기소설 공자』, 『새 시대를 위한 大學·中庸·禮運』, 『새 시대를 위한 春秋』(上·中·下),
『새 시대를 위한 詩經』(上·下), 『새 시대를 위한 書經』(上·下), 『새 시대를 위한 周易』
(上·下), 『새 시대를 여는 길』, 『根源探索』, 『道學統論』,
『成婚錄』, 『김동식 장군』, 『아침 햇살 영롱한 대나무 열매』,
『하늘로 날아라, 못으로 뛰어라』
훈로 서정기 선생 『유교대전』 41권 외 다수

새 시대를 위한

禮記 3

초판인쇄 | 2011년 8월 4일
초판발행 | 2011년 8월 4일

지 은 이 | 서정기
펴 낸 이 | 채종준
펴 낸 곳 | 한국학술정보㈜
주   소 | 경기도 파주시 교하읍 문발리 파주출판문화정보산업단지 513-5
전   화 | 031) 908-3181(대표)
팩   스 | 031) 908-3189
홈페이지 | http://ebook.kstudy.com
E-mail | 출판사업부 publish@kstudy.com
등   록 | 제일산-115호(2000. 6. 19)

ISBN   978-89-268-2403-0 94150 (Paper Book)
         978-89-268-2404-7 98150 (e-Book)
         978-89-268-2397-2 94150 (Paper Book Set)
         978-89-268-2398-9 98150 (e-Book Set)